*Devocional*

# Propósitos

**Rick Warren**

# *Devocional* Propósitos

**365 dias** de esperança e promessas

Vida

Editora Vida
Rua Conde de Sarzedas, 246 — Liberdade
CEP 01512-070 — São Paulo, SP
Tel.: 0 xx 11 2618 7000
atendimento@editoravida.com.br
www.editoravida.com.br
@editora_vida /editoravida

Editora-chefe: Sarah Lucchini
Tradução: Paulo Peres
Revisão de tradução: Sônia Lula e Bárbara Bie
Revisão de provas: Eliane Viza
Coordenadora de design gráfico:
Claudia Fatel Lino
Projeto gráfico, diagramação
e capa (adaptação): Philipe Santos

**DEVOCIONAL PROPÓSITOS**
©2024, por Rick Warren
Originalmente publicado com o título:
*Daily Hope Devotional*
Edição publicada com permissão da
Tyndale House Publishers


■

As opiniões expressas nesta obra refletem o ponto de vista de seus autores e não são necessariamente equivalentes às da Editora Vida ou de sua equipe editorial.

Todos os grifos são do autor, exceto os indicados.

**1. edição:** out. 2024

**Dados Internacionais de Catalogação na Publicação (CIP)**
**(Câmara Brasileira do Livro, SP, Brasil)**

Warren, Rick
Devocional Propósitos : 365 dias de esperança e promessas / Rick Warren. -- 1. ed. -- São Paulo : Editora Vida, 2024.

ISBN 978-65-5584-585-3
e-ISBN: 978-65-5584-586-0

1. Bíblia - Ensinamentos 2. Escrituras cristãs 3. Esperança - Aspectos religiosos - Cristianismo 4. Literatura devocional 5. Oração - Cristianismo - Meditações 6. Promessas - Aspectos religiosos - Cristianismo 7. Reflexões I. Título.

24-224531 CDD-242

**Índice para catálogo sistemático:**

1. Literatura devocional : Cristianismo 242
Aline Graziele Benitez - Bibliotecária - CRB-1/3129

# *Introdução*

## A esperança começa aqui

Já notou quantas pessoas andam por aí com um sorriso no rosto dizendo que estão "bem"? Às vezes, até parece que só você está cansado e enfrentando dificuldades. Então, surge a dúvida: "Será que sempre me sentirei estressado, preocupado e esgotado?".

Independentemente de onde esteja hoje, Jesus tem uma proposta maravilhosa para você: "Venham a mim, todos os que estão cansados e sobrecarregados, e eu darei descanso a vocês" (Mateus 11.28).

É o oposto do que a maioria das pessoas pressupõe que Deus diria. Acreditam que, se o Senhor deseja que se acheguem a ele, algumas exigências serão impostas.

Pensam que lhes dirão algo como "Venham a mim, e darei regras, restrições, uma religião e rituais a vocês".

Contudo, isso não é verdade. Ele diz: "Venha a mim e eu darei descanso a vocês".

Ele quer aliviar o peso dos seus fardos.

Você se encontra em um estado constante de fadiga e estresse? É porque está tentando sobreviver com suas próprias forças, algo que o Altíssimo nunca planejou para você. Em vez disso, ele espera que confie e descanse no poder dele.

Em Colossenses 1.11, está escrito: "[...] que vocês se tornem fortes com toda a força que vem do glorioso poder dele, para que possam suportar tudo com paciência" (NTLH). E a Bíblia também nos promete que "ele fortalece o cansado e dá grande vigor ao que está sem forças" (Isaías 40.29).

Sabe o que é necessário para acessar o poder de Deus? Apenas *esperar*. Pense: com que frequência você investe tempo para ouvi-lo a fim de ser renovado e fortalecido? Este devocional foi criado justamente para ajudá-lo nessa questão. Todos os dias, você dedicará alguns minutos para se conectar com Deus e ler a Palavra. Descanse nas promessas do Senhor, pois ele guarda em perfeita paz todos cujo propósito está firme por confiarem nele (cf. Isaías 26.3).

Se você tem se sentido desanimado, ansioso, sem esperança, cansado ou preocupado, volte-se para Deus, que é a fonte de toda esperança. Ele, que o criou e esteve ao seu lado em todos os momentos da sua vida, conhece tudo sobre você e, ainda assim, o ama. Imagine começar cada dia ancorado na esperança. O seu futuro está nas mãos amorosas do Eterno, e ele é digno da sua total confiança.

Se você está cansado de esperar por mudanças, espere no Senhor. Volte-se para ele hoje e encontre descanso e esperança.

Amigo, estou muito animado por tê-lo comigo todos os dias à medida que buscamos Deus e sua Palavra para encontrar propósito, paz duradoura e promessas nas quais podemos confiar. A minha oração é que você aproveite este tempo para conhecer o Pai Celestial como a sua principal prioridade e paixão diária.

*Pastor Rick*

# *O que ocupa o centro da sua vida?*

[...] Ame o Senhor, o seu Deus de todo o seu coração,
de toda a sua alma e de todo o seu entendimento.
Este é o primeiro e maior mandamento.

(MATEUS 22.37-38)

DEUS DESEJA SER o centro da sua vida. Ele não quer ser apenas um detalhe ou parte dela. O Senhor do Universo, que criou e ama você, quer ocupar o núcleo do seu coração e o eixo da sua existência.

Em outras palavras, ele quer se relacionar com você.

A Bíblia nos ensina: "[...] Ame o Senhor, o seu Deus de todo o seu coração, de toda a sua alma e de todo o seu entendimento. Este é o primeiro e maior mandamento" (Mateus 22.37-38).

A realidade é que você centrará a vida em algo. Talvez em sua carreira ou família, em seus *hobbies*, dinheiro ou busca por popularidade.

No entanto, qualquer coisa que substitua Deus no centro da sua vida se torna um ídolo. Em Êxodo 20.3-4, lemos: "Não terás outros deuses além de mim. Não farás para ti nenhum ídolo, nenhuma imagem de qualquer coisa no céu, na terra, ou nas águas debaixo da terra".

Como descobrir se algo além do Senhor está no centro da sua vida? É simples. Quando ele não está no centro da sua vida, você começa a se preocupar com as coisas, a se estressar e a sentir medo. Estes são indícios de que ele não mais ocupa o núcleo do seu coração.

Por outro lado, como é possível saber se sua vida está centrada no Senhor? Você sente paz e para de se preocupar. Como está escrito na Bíblia: "Antes que vocês percebam, a compreensão da integridade de Deus, que só contribui para o bem, virá e os acalmará. É maravilhoso o que acontece quando Cristo retira a preocupação do centro da vida humana" (Filipenses 4.7, AM).

Pergunte a si mesmo: "O que será o centro da minha vida pelo resto da minha vida?".

Essa é a decisão mais importante que você precisará tomar.

# *Abrace o que Deus está fazendo*

Esqueçam o que se foi; não vivam no passado. Vejam,
estou fazendo uma coisa nova! Ela já está surgindo!
Vocês não a reconhecem? [...]

(Isaías 43.18-19)

**Não é possível** voltar no tempo. Tudo o que você pode fazer é seguir em frente. Portanto, há duas escolhas: permanecer preso ao passado e não mudar nada no presente, ou confiar em Deus para fazer algo novo.

A Bíblia afirma: "Graças ao grande amor do Senhor é que não somos consumidos, pois as suas misericórdias são inesgotáveis. Renovam-se cada manhã [...]" (Lamentações 3.22-23). O Senhor é um Deus de novidade; que não repete as mesmas coisas. Para ter a vida que ele planejou, é necessário estar aberto a tudo o que ele deseja fazer em sua família, carreira, amizades, igreja e no mundo à sua volta.

No entanto, nem sempre as pessoas se interessam pelo que Deus está fazendo. Às vezes, você pode sonhar acordado com o passado e dizer: "Como gostaria de ter vivido naquela época" ou então "Ah, se pudesse voltar àquele tempo da minha vida". Contudo, apegar-se ao passado é como dirigir olhando pelo retrovisor, sem prestar atenção no que está adiante. Se continuar assim, acabará batendo o carro.

Em Isaías 43.18-19, Deus deixa claro: "Esqueçam o que se foi; não vivam no passado. Vejam, estou fazendo uma coisa nova. Ela já está surgindo. Vocês não a reconhecem? [...]". É necessário reconhecer as coisas novas que o Senhor está fazendo antes de abraçá-las. Se você estiver sempre olhando para trás, não reconhecerá "a coisa nova" que Deus está fazendo.

"Abraçar", no caso, vai além de somente concordar com algo ou aceitá-lo de má vontade; significa se contentar com a coisa em questão ou até mesmo amá-la. Afinal, ninguém abraça o que não ama. E Deus quer que você esteja aberto ao que ele está fazendo.

Como mostrar a ele que você está atento às coisas novas que ele está trazendo? Em vez de orar: "Pai, abençoe o que estou fazendo", diga: "Pai, ajude-me a fazer o que o Senhor está abençoando". Quando esta for a sua oração, você será capaz de abraçar as coisas maravilhosas que ele está prestes a fazer.

# *Foque no que é eterno*

As coisas que agora vemos estão aqui hoje, mas desaparecerão amanhã.
Mas as coisas que não vemos agora irão durar para sempre.

(2CORÍNTIOS 4.18, AM)

**OS SERES HUMANOS** conseguem lidar com qualquer tipo de frustração, espera ou dor, desde que tenham esperança.

No entanto, quando perdem a esperança, as pessoas desistem.

Jesus oferece a única esperança que é eterna e nunca falha. Mas, para compreendê-la, é necessário ter a perspectiva correta.

Isso significa que, em vez de apenas olhar para o que está acontecendo agora, você deve focar no que é eterno. Dê mais atenção à Palavra de Deus do que às notícias na televisão, por exemplo.

As dificuldades são temporárias, mas a esperança em Deus dura para sempre. Lembre-se do que a Bíblia afirma: "Três coisas, na verdade, permanecerão: a fé, a esperança e o amor, e a maior delas é o amor" (1Coríntios 13.13, NVT).

Em meu escritório, há uma placa com letras hebraicas pendurada na parede. As pessoas me perguntam o tempo todo o que elas significam. Trata-se da frase: "Isso também passará".

Gosto de olhar para a placa quando estou passando por um momento difícil. Ela me lembra que as minhas circunstâncias, sejam quais forem, são passageiras. Nenhum problema vem para ficar. Em algum momento, ele passará. Mesmo que seja um problema crônico, você não o levará para a eternidade.

Paulo nos lembra disso em 2Coríntios 4.18: "As coisas que agora vemos estão aqui hoje, mas desaparecerão amanhã. Mas as coisas que não vemos agora irão durar para sempre" (AM).

Os seus problemas não vão durar para sempre. A incerteza tampouco.

Todavia, existem coisas invisíveis aos nossos olhos no universo de Deus que *durarão* para sempre. Por exemplo, a fé, a esperança e o amor. Se você confiar em Jesus, passará a eternidade com o Senhor.

Deposite a sua esperança em Cristo. "Não fiquem se arrastando por aí, cabisbaixos, absorvidos com o que está à frente de vocês. Olhem para cima e observem o que acontece ao redor de Cristo. É por aí que devem seguir. Vejam as coisas da perspectiva dele" (Colossenses 3.2, AM).

A sua esperança em Cristo será plenamente satisfatória.

# *Você já foi escolhido, amado e aceito*

Mesmo antes de criar o mundo, Deus nos amou
e nos escolheu em Cristo para sermos santos e sem culpa diante dele.
Ele nos predestinou para si, para nos adotar como filhos por meio
de Jesus Cristo, conforme o bom propósito de sua vontade.
(EFÉSIOS 1.4-5, NVT)

**TODA PESSOA DESEJA** três coisas acima de tudo: ser amada, aceita e escolhida. Tais anseios existem, mesmo que nem sempre sejam expressos.

Mas há uma boa notícia: você já não precisa buscar amor e aceitação, nem questionar o seu valor, porque já foi escolhido, amado e aceito por Jesus. Do ponto de vista do Criador do Universo, você é mais do que importante.

Todos querem ser escolhidos – desde os dias de recreio da infância até ao âmbito profissional da vida adulta e relacionamentos. Ser escolhido é crucial para estabelecer o valor próprio.

A Bíblia nos ensina em Efésios 1.4-5: "Mesmo antes de criar o mundo, Deus nos amou e nos escolheu em Cristo para sermos santos e sem culpa diante dele. Ele nos predestinou para si, para nos adotar como filhos por meio de Jesus Cristo, conforme o bom propósito de sua vontade" (NVT). Deus criou todo o Universo porque queria uma família. A razão pela qual tudo existe é porque ele queria filhos para amar.

De acordo com Efésios 1, quando Deus escolheu você? Antes da criação do mundo.

Ou seja, antes de criar o mundo todo, ele já havia escolhido você. Antes de criar qualquer árvore, os oceanos ou as rochas, ele já havia escolhido você.

Isso é extraordinário – mesmo antes de decidir criar o sol, a lua e as estrelas, o Senhor conhecia você e escolheu amá-lo. Essa é a base da sua identidade.

Ninguém gosta de ser escolhido por último, mas você nunca foi o último nos pensamentos do Altíssimo. Pelo contrário, sempre esteve em primeiro lugar. Ele escolheu você; ele o ama e aceita.

Conhecer e acreditar nessas verdades muda tudo. Quando você se sente seguro na sua identidade como filho de Deus, pode descansar em seu amor e aceitação.

# *Uma verdade imutável em tempos de mudança*

[...] antes, ofereçam-se a Deus como quem voltou da morte para a vida; e ofereçam os membros do corpo de vocês a ele, como instrumentos de justiça.

(ROMANOS 6.13)

**UMA VIDA BEM-SUCEDIDA** não se mede por fatores, como prazer, popularidade, bens, poder ou posição, mas por ter servido a um propósito. Se você deseja medir o sucesso da sua vida, deve se perguntar: "Cumpri os cinco propósitos para os quais Deus me criou?".

Para responder a essa pergunta, é necessário saber quais são esses propósitos, que são os mesmos para todos os seres humanos. Primeiro, Deus quer que você o conheça e ame. Isso se chama adoração. Segundo, ele quer que você pertença à família divina, o que entendemos como comunhão. Terceiro, o Senhor quer que você cresça espiritualmente para se tornar como Jesus; ou seja, discipulado. Quarto, ele quer que você o sirva servindo a outros. Você pode pensar que não pode servir a Deus porque ele não está aqui em pessoa, mas pode servi-lo por meio do serviço que presta a outros. Chamamos isso de ministério. Por fim, ele quer que você conte aos outros as Boas-Novas da salvação; ou o que denominamos de evangelismo.

Portanto, Deus deseja que você o conheça, cresça nele, pertença a ele, sirva a ele e compartilhe-o com os demais. Se ignorar esses cinco propósitos, não terá uma direção clara e perderá a razão pela qual Deus o criou. Você apenas existirá, e passará pela vida à deriva.

No entanto, Deus deseja algo mais para você. Ele o criou para cumprir esses propósitos eternos, que nunca mudarão. Os cinco funcionam como uma âncora em tempos difíceis, quando tudo ao redor parece incerto.

Romanos 6.13 nos exorta: "[...] antes ofereçam-se a Deus como quem voltou da morte para a vida; e ofereçam os membros do corpo de vocês a ele, como instrumentos de justiça". Independentemente do que esteja enfrentando agora, você precisa reafirmar seu compromisso com os cinco propósitos divinos para a sua vida. Quando tudo estiver mudando e você estiver confuso ou em dúvida, à procura de direção – é importante retornar ao básico: a verdade.

Deus ama você. Ele o criou com um propósito e providenciará tudo o que você precisar para cumprir tal propósito à medida que o segue – mesmo nos momentos mais difíceis.

# *Você ainda está no plano A de Deus*

Sabemos que Deus age em todas as coisas para o bem
daqueles que o amam, dos que foram chamados
de acordo com o seu propósito.

(Romanos 8.28)

**Deus não tem** um plano B para sua vida.

Independentemente do que tenha acontecido, você ainda está no plano A do Senhor. O sonho que ele tem para sua vida permanece inalterado. Não importa o que outras pessoas tenham feito contra você ou as decisões erradas que você tenha tomado. Ainda é possível realizar o sonho de Deus para a sua vida.

Até mesmo os seus erros fazem parte do plano de Deus. Compreender essa verdade pode libertá-lo do pensamento: "Não sou digno de sonhar, porque cometi muitos erros. E certamente não mereço ter um grande sonho". Não acredite nessas mentiras. O Deus a quem você serve é maior que isso.

Um dos versículos mais conhecidos da Bíblia diz o seguinte: "Sabemos que Deus age em todas as coisas para o bem daqueles que o amam, dos que foram chamados de acordo com o seu propósito" (Romanos 8.28).

Tudo está nas mãos de Deus – o bom, o mal, o nocivo, as decisões equivocadas e os pecados. Embora não seja o causante de nada disso, ele está no controle de tudo e faz com que tudo coopere para o bem.

A Bíblia não afirma que tudo é bom – porque, de fato, não é. Há muito pecado e maldade no mundo. Mas Deus faz com que todas as coisas trabalhem juntas *para* o bem daqueles que o amam e são chamados conforme o propósito e o sonho que ele tem para cada um.

Quando você pensar que o Senhor não pode juntar os pedaços da sua vida, lembre-se de que ele pode fazer qualquer coisa. Ele ainda está trabalhando no plano dele para você. Se, por acaso, você ainda não o reclamou para si, saiba que ele continua à espera para lhe dar o sonho que preparou para você.

Quando você se render a Deus, ele atuará de tal forma que todas as peças se encaixem, de modo que toda a sua vida sirva aos propósitos dele neste mundo.

# *Foque no que é importante, não no urgente*

Aproveitem ao máximo todas as oportunidades nestes dias maus.

(Efésios 5.16, NVT)

**Pode parecer que** os 365 dias do ano não sejam suficientes para fazer tudo o que você deseja. De fato, é provável que pense não haver minutos suficientes *no* dia para realizar o que é necessário.

Mas há uma boa notícia: Deus não espera que você faça tudo. Ele deu a você tempo suficiente para fazer tudo o que ele deseja – tudo o que ele planejou e destinou para você.

Por isso, é importante estabelecer metas. Ter metas nos ajuda a ter foco. Paulo exemplificou isso ao dizer: "Sendo assim, não corro como quem corre sem alvo e não luto como quem esmurra o ar" (1Coríntios 9.26).

Paulo conhecia seu propósito, e todos os seus planos e objetivos estavam centrados nisso. Você precisa ter esse mesmo tipo de foco.

Muitas pessoas se concentram em causas insignificantes. O Trivial Pursuit[1] não é apenas um jogo; é uma descrição da nossa cultura. A maioria das coisas que acontecem hoje no mundo não terá importância em uma semana – muito menos na eternidade.

Muitos não conseguem distinguir o "urgente" do "importante". O que parece urgente quase nunca é o que, de fato, importa. Muitas vezes, sacrificamos o tempo com a família, o tempo com Deus ou com os amigos para lidar com questões "urgentes" que raramente são imprescindíveis.

Ter metas consiste na maneira de você direcionar a própria vida em busca do que é importante, em vez do que parece urgente. As metas o levam a focar a sua energia e o ajudam a ter saúde e equilíbrio.

Por exemplo, se você definir como meta ser mais saudável este ano, essa decisão focará toda a sua energia nessa tarefa. Quando se sentir tentado a comer refeições altamente calóricas e rápidas ou pular um treino para dormir mais, a sua meta o ajudará a manter o foco, lembrando-o do que é importante.

A Bíblia diz: "Aproveitem ao máximo todas as oportunidades nestes dias maus" (Efésios 5.16, NVT).

Aproveite ao máximo a sua vida estabelecendo algumas metas. Não desperdice outro ano priorizando coisas urgentes em vez do que de fato importa.

[1] Jogo de tabuleiro lançado em 1981, criado pelos canadenses Chris Haney e Scott Abbott. A ideia surgiu em 1979 durante um jogo de Scrabble, levando-os a desenvolver um jogo centrado em perguntas de conhecimentos gerais. O jogo se tornou rapidamente um fenômeno, vendendo mais de 20 milhões de cópias em 1984 e gerando quase 800 milhões de dólares em vendas. O Trivial Pursuit inclui uma variedade de edições temáticas e foi adaptado para várias mídias, incluindo programas de televisão. [N.T.]

# *Um pouco de fé é tudo o que você precisa*

[...] Se vocês tiverem fé do tamanho de um grão de mostarda,
poderão dizer a este monte: "Vá daqui para lá", e ele irá.
Nada será impossível para vocês.

(Mateus 17.20)

**Aqui está uma** verdade surpreendente: é possível ter fé e dúvida ao mesmo tempo.

Você pode confiar em Deus e, ao mesmo tempo, sentir-se nervoso – ou até mesmo apavorado – com algo que ele pediu a você que fizesse. Não é a ausência de medo que define a coragem, mas a escolha de seguir em frente; é cumprir o que Deus o chamou para fazer, apesar do medo.

Em Marcos 9, um homem levou o filho doente até Jesus, e este lhe disse que a cura seria possível se o pai cresse. O homem respondeu: "[...] Creio, ajuda-me a vencer a minha incredulidade!" (Marcos 9.24). Esse homem estava cheio de fé e dúvida. Ele foi até Cristo com uma dúvida sincera, e testemunhou um milagre de Jesus.

Você não precisa de uma fé enorme para ser cristão, pois não é o tamanho da sua fé que importa, mas sim em quem você a deposita. Basta um pouco de fé no grande Deus.

Alguém uma vez me perguntou: "Quero ser batizado e me unir à igreja, mas você não acha que deveria resolver todas as minhas perguntas e dúvidas primeiro?". Claro que não. Sou cristão há mais de cinquenta anos e ainda tenho inúmeras perguntas. Não é necessário entender tudo de antemão. Comece com a fé que você tem.

Mateus 17.20 diz o seguinte: "[...] Se vocês tiverem fé do tamanho de um grão de mostarda, poderão dizer a este monte: 'Vá daqui para lá', e ele irá. Nada será impossível para vocês".

Mesmo que você pense que a sua fé é fraca, ela é suficiente para ajudá-lo a vencer. Por quê? Porque Deus é capaz de realizar muito mais do que você jamais poderia imaginar. Não depende de você. O Senhor quer que você tenha fé. Mas ele também quer que confie nele.

Cada pequeno passo em direção a Cristo o afasta da dúvida e do desânimo. Dê um passo adiante em fé hoje.

# *Escolha a graça, não a amargura*

Cuidem que ninguém se exclua da graça de Deus;
que nenhuma raiz de amargura brote
e cause perturbação, contaminando muitos.
(HEBREUS 12.15)

SE VOCÊ AINDA guarda ressentimento, então alguém está controlando as suas emoções.

Já aconteceu de você dizer a alguém: "Você me deixa tão irritado"? É um indício de que a outra pessoa está controlando você. A única maneira de tirar essa pessoa da sua mente e coração é curar a mágoa com a graça de Deus.

Em Hebreus 12.15, está escrito: "Cuidem que ninguém se exclua da graça de Deus; que nenhuma raiz de amargura brote e cause perturbação, contaminando muitos".

Você já conheceu uma família em que a amargura de um pai afetou todos os membros? A amargura é contagiosa e pode realmente se tornar algo geracional. Alguém precisa quebrar o ciclo – e, se a amargura se enraizou na sua família, esse alguém pode ser você.

Se seus pais são amargos porque os pais deles também eram, está na hora de romper essa corrente. A única maneira de fazer isso é por meio da graça de Deus.

Se você não se abrir para a graça divina, a vida o tornará amargo. Afinal, vivemos em um mundo marcado pelo pecado. Aqui não é o Céu; pessoas más fazem coisas más o tempo todo. A vida é injusta.

O perdão é justo? Claro que não. Mas o perdão não tem a ver com justiça ou vingança; diz respeito à graça.

Você não perdoa alguém porque é justo, mas porque é o certo a fazer. Você não quer reter sentimentos de mágoa e ódio.

O perdão é gratuito, mas não é barato. Custou a vida de Jesus. Custou a Deus o próprio Filho.

Enquanto estava na cruz, com os braços estendidos, Jesus disse: "Pai, perdoa-lhes, pois não sabem o que estão fazendo" (Lucas 23.34). É como se estivesse dizendo: "Amo vocês, amo vocês, amo vocês". Em outras palavras, disse: "Eles não merecem nem sabem o que estão fazendo. Mas, Pai, perdoa-lhes mesmo assim".

Siga o exemplo de Cristo e ofereça perdão hoje. Cure a sua amargura com a graça dele.

# *Como se manter em equilíbrio em meio ao vento*

Peça-a, porém, com fé, sem duvidar, pois aquele
que duvida é semelhante à onda do mar,
levada e agitada pelo vento.

(Tiago 1.6-8)

**Você já tomou** uma decisão difícil e logo depois começou a duvidar? Continuou se perguntando se fez a escolha certa, talvez até se torturando por conta da questão.

A Bíblia compara essa dúvida a uma onda sendo empurrada em uma tempestade: "Peça-a, porém, com fé, sem duvidar, pois aquele que duvida é semelhante à onda do mar, levada e agitada pelo vento. Não pense tal pessoa que receberá coisa alguma do Senhor, pois tem mente dividida e é instável em tudo o que faz" (Tiago 1.6-8).

Quando você se apoia apenas na sua própria sabedoria, fica à mercê das suas dúvidas. Deus quer que você peça orientação a ele antes de tomar uma decisão e, depois, confie nele e em sua bondade uma vez que a decisão tiver sido tomada.

Confiar no Senhor o liberta de ficar se questionando. Você não será jogado de um lado para o outro, mesmo que os ventos mudem e o futuro pareça incerto.

Quando você não confia no Altíssimo, Tiago afirma que a sua lealdade estará dividida entre Deus e o mundo. Em algumas traduções de Tiago 1.8, essa lealdade é traduzida por "mente dividida", cuja origem é uma palavra grega que significa literalmente "de duas almas". Em outras palavras, você está sendo puxado em direções opostas, indeciso e oscilando de um lado para o outro.

Tiago faz um alerta; não faz sentido esperar que Deus lhe dê sabedoria se você estiver se questionando o tempo todo. Afinal, a mente dividida leva a uma vida espiritual instável. Afeta as suas orações e o impede de receber sabedoria do alto.

Mas há uma boa notícia: o Senhor quer lhe dar sabedoria. Quando você confia nele em tempos de incerteza – em todos os momentos –, ele lhe concede tudo o que precisa para tomar decisões sábias.

# *Vale a pena ser paciente*

[...] consideramos felizes aqueles que mostraram perseverança [...]

(Tiago 5.11)

Deus recompensa a paciência. Tiago 5.11 diz: "[...] consideramos felizes aqueles que mostraram perseverança [...]". Ou seja, vale a pena ser paciente.

A paciência fortalece o caráter, ajuda a evitar erros e aumenta as chances de objetivos serem alcançados. Também contribui para que você seja respeitado pelos demais e melhora os relacionamentos. Os benefícios e as bênçãos da paciência são inúmeros.

A Bíblia promete: "E não nos cansemos de fazer o bem, pois no tempo próprio colheremos, se não desanimarmos" (Gálatas 6.9).

Algumas bênçãos são recebidas quando se é paciente em tempos de dificuldade, cansaço e espera – no seu caráter, nas suas circunstâncias, na sua família e na igreja. E não são apenas recompensas para desfrutar agora. A Palavra afirma que haverá recompensas no céu também.

Jesus disse em Mateus 5.11-12: "Bem-aventurados serão vocês quando, por minha causa, os insultarem, os perseguirem e levantarem todo tipo de calúnia contra vocês. Alegrem-se e regozijem-se, porque grande é a sua recompensa nos céus [...]". Quando alguém machuca você, sei que o desejo de retaliar é forte.

Contudo, antes de revidar, pense: "Esse conflito vale mais do que a minha recompensa eterna?". Com certeza, não. Escolha ser paciente.

Como líder, sou frequentemente criticado. As pessoas me julgam mal, questionam e duvidam de mim o tempo todo. Aprendi a não me defender. Fico em silêncio porque descobri que nos parecemos mais a Jesus quando nos recusamos a revidar.

Mesmo quando foi acusado e maltratado, Cristo escolheu fazer o que era certo e não retaliou em meio à crise. Ele escolheu agir com paciência. Ao fazer o mesmo e permitir que Deus cuide das coisas quando alguém ferir você, ele verá a sua postura e o abençoará.

# *Você tem um lugar na casa de Deus?*

E, quando eu for e preparar lugar, voltarei e os
levarei para mim, para que vocês estejam onde eu estiver.
(João 14.3)

**Na noite anterior** à sua crucificação, Jesus estava pensando em *você*.

Ele disse: "Na casa de meu Pai há muitos aposentos; se não fosse assim, eu teria dito a vocês. Vou preparar lugar para vocês. E, quando eu for e preparar lugar, voltarei e os levarei para mim, para que vocês estejam onde eu estiver" (João 14.2-3).

O Deus que criou o Universo com apenas algumas palavras está há dois mil anos preparando um lar eterno para você. E esse lugar é muito além de tudo o que você já pensou.

A Bíblia afirma que "[...] olho nenhum viu, ouvido nenhum ouviu, mente nenhuma imaginou o que Deus preparou para aqueles que o amam" (1Coríntios 2.9).

Não conseguimos imaginar quão maravilhoso o céu será. É um lugar de perfeição, onde desfrutaremos da presença do Pai com alegria. Quero que você esteja lá. Jesus quer que você esteja lá. Ele deu a vida dele para que você pudesse estar lá.

No entanto, ir para o céu não é um processo automático. Para entrar na casa da família de Deus, é preciso se tornar parte dela por meio da fé em Jesus Cristo.

Você faz isso ao confessar a Deus que é pecador, pedir perdão a ele e reconhecer que Jesus é o Filho de Deus que morreu pelos seus pecados e que depois ressuscitou. Em seguida, você toma a decisão de confiar em Cristo para ser salvo, compromete-se a segui-lo como Senhor da sua vida e pede que ele o guie e oriente à medida que você procura fazer a vontade dele e obedecer-lhe.

Ao fazer essas coisas, você mostra ao Senhor que deseja fazer parte da família dele. E isso significa que passaremos a eternidade juntos na casa celestial de Deus.

# *Saiba a hora certa de dar o próximo passo*

[...] há uma hora certa e também uma
maneira certa de agir para cada situação.

(Eclesiastes 8.6)

Em muitos aspectos da vida – desde decisões empresariais até relacionamentos –, o *timing* pode ser decisivo. Como seguidor de Cristo, é fundamental estar alinhado com o tempo de Deus.

Todo grande feito depende do momento adequado. Um bom passe no futebol americano, por exemplo, exige uma sincronia perfeita entre o *quarterback*[1] e o receptor[2]. Nos negócios, o *timing* certo no mercado, especialmente em relação a contratações e expansões, pode ser crucial. Se você canta, sabe como é importante acompanhar o tempo dos músicos.

Há muitos anos, escrevi o livro *Uma igreja com propósitos*. Na introdução, comparo a liderança ao surfe. Nenhum surfista diz: "Vamos produzir algumas ondas hoje". Nenhum surfista consegue criar ondas no oceano. Só Deus pode fazer isso. Os surfistas esperam pelas ondas que o Senhor cria.

Isso significa que passam tempo esperando. Às vezes, deixam passar alguma onda, porque sabem que não é o momento certo. No entanto, quando a onda certa chega, o surfista começa a remar cada vez mais rápido, pega a onda, surfa e sai dela sem cair.

Surfar parece fácil, mas requer bastante habilidade. O mesmo se aplica à vida. É preciso desenvolver a habilidade de identificar o momento certo. A Bíblia nos ensina em Eclesiastes 8.6 que "[...] há uma hora certa e também uma maneira certa de agir para cada situação".

A vida tem um ritmo, e aprender a fazer a coisa certa no momento apropriado exige habilidade. Os cristãos costumam chamar isso de "andar no Espírito". À medida que você cresce como seguidor de Cristo, torna-se mais hábil em sintonizar-se com o Espírito Santo. Para saber o momento e a maneira certa de fazer algo, você precisará pedir ajuda ao Espírito Santo e manter-se atento para identificar em que direção ele está se movendo.

Você pode viver tentando criar as suas próprias ondas ou pode aprender a ver e pegar as ondas que o Senhor está criando ao seu redor.

[1] O *quarterback* ocupa uma posição crucial no futebol americano, sendo responsável por liderar o ataque do time. Atuando como uma espécie de "cérebro" ofensivo, o *quarterback* toma decisões rápidas sobre jogadas, como passar a bola, entregá-la a um corredor ou, em alguns casos, correr com ela. [N.T.]

[2] O receptor, também conhecido como *wide receiver*, é uma posição especializada em capturar passes do *quarterback*. Os receptores são responsáveis por correr rotas predeterminadas para se desmarcar e se posicionar para receber a bola. A capacidade de um receptor de ganhar jardas após a recepção também é vital para o sucesso ofensivo de um time, tornando-os peças fundamentais no jogo aéreo. [N.T.]

# *Deixe as preocupações de lado e entregue-se a Deus*

[...] a batalha não é de vocês, mas de Deus.

(2Crônicas 20.15)

Imagine que você está sentado em um avião prestes a decolar. Enquanto a aeronave acelera na pista, você começa a bater os braços. À medida que a velocidade aumenta e o avião decola, você bate os braços cada vez mais rápido. Uma vez no ar, a comissária de bordo se aproxima e pergunta: "O que você está fazendo?".

E você responde: "Ah, estava ajudando o avião a decolar".

Parece ridículo, não? Mas é basicamente o que acontece quando você tenta fazer o que só Deus é capaz de empreender. Assim como você não precisa sustentar um avião no ar, você não precisa sustentar Deus.

Quer saber por que você está cansado, frustrado ou exausto o tempo todo? Um dos motivos é que está tentando travar batalhas que pertencem a Deus – e você não é Deus.

"[...] a batalha não é de vocês, mas de Deus" (2Crônicas 20.15).

A maioria das pessoas tende a ser independente. Elas veem um problema e pensam: "Preciso resolver isso. É comigo". Mas tentar assumir o papel de Deus é exaustivo porque nunca fomos destinados a carregar esse fardo.

Talvez você esteja correndo em círculos tentando resolver problemas no seu casamento, no seu corpo; nos estudos, nas finanças ou no mundo. Você está tentando resolver tudo com as suas próprias forças e travando a batalha sozinho; isso é cansativo.

Quando você finalmente se dá conta disso e volta para Deus, pode achar que o decepcionou.

A verdade, porém, é que você nunca pode decepcioná-lo, já que ele nunca contou com o seu apoio para ser sustentado em nada. Você não tem Deus nas mãos; ele é quem tem *você* nas mãos *dele*. Talvez pense que o tem na palma da mão, mas esse aí não é Deus. É um ídolo. Se você deposita a sua confiança em algo que acredita poder controlar, é porque isso nada tem a ver com Deus.

Ele não está decepcionado com você porque ele não espera que você faça o que só ele pode fazer. Você não sustenta o Senhor, mas é ele que sustenta você.

Deixe as preocupações de lado e entregue-se a Deus. Então, ele fará algo poderoso em você.

# *Mantenha a confiança no Senhor durante a espera*

[...] Vejam como o agricultor aguarda que a terra produza a preciosa colheita e como espera com paciência até virem as chuvas do outono e da primavera. Sejam também pacientes e fortaleçam o seu coração, pois a vinda do Senhor está próxima.
(Tiago 5.7-8)

Quaisquer que sejam os problemas que você enfrenta, Deus está trabalhando nos bastidores. Você só precisa confiar nele e ser paciente.

No entanto, como podemos desenvolver uma fé firme no Senhor durante a espera? A Bíblia diz: "[...] Vejam como o agricultor aguarda que a terra produza a preciosa colheita e como espera com paciência até virem as chuvas do outono e da primavera. Sejam também pacientes e fortaleçam o seu coração, pois a vinda do Senhor está próxima" (Tiago 5.7-8).

Como o agricultor, você precisa esperar com expectativa. Os agricultores não ficam pensando: "Será que isso crescerá?". Pelo contrário, eles *esperam* que suas colheitas cresçam. Enquanto esperam, preparam-se para a colheita; assim, quando ela chegar, poderão colher os frutos.

Você também pode esperar que Deus atue e proveja. O salmista diz em Salmos 130.5: "Espero no Senhor com todo o meu ser e na sua palavra ponho a minha esperança". Deus nos promete em Isaías 49.23: "[...] aqueles que esperam em mim não ficarão decepcionados".

O que você tem esperado que Deus faça? Talvez que transforme o seu casamento, resolva um problema financeiro, cure uma mágoa ou alcance alguém que não crê nele. Você tem mesmo fé de que ele responderá às suas orações e fará o que tem esperado? Se não estiver se preparando enquanto espera, não está realmente esperando que algo aconteça.

Muitas vezes, quando pensamos que estamos esperando por Deus, na verdade é ele que está à nossa espera. Talvez ele aguarde o seu amadurecimento espiritual a fim de que você esteja pronto para receber a bênção que ele deseja lhe dar.

Para esperar pacientemente no Senhor, lembre-se de sua bondade e graça. Deus está trabalhando na sua vida mesmo quando você não consegue ver o que ele está fazendo ou pense que o tempo dele é lento demais.

Diminua o ritmo, aquiete-se, passe tempo lendo a Palavra de Deus e aprenda a ser mais como Jesus. Então, comece a se preparar para a colheita que virá.

# *Basta um pouco de pecado para fisgar você*

A tentação vem de nossos próprios desejos,
que nos seduzem e nos arrastam.
(TIAGO 1.14, NVT)

PARA O MEU pai, um dia sem pescar era um dia desperdiçado. Não importava o que estivesse acontecendo, ele sempre encontrava tempo para pescar, mesmo que fossem apenas trinta minutos por dia. Enquanto o meu pai pegava peixe após peixe (e eu nada), aprendi uma lição valiosa: os peixes não mordem anzóis sem isca.

Não basta lançar uma linha com um anzol na água e esperar apanhar um peixe. É preciso colocar isca no anzol. E um bom pescador sabe que diferentes peixes são atraídos por diferentes tipos de isca.

Da mesma forma que um pescador sabe como atrair diferentes tipos de peixes, Satanás sabe exatamente como atrair você. Ele conhece os seus pontos fracos e o que chama a sua atenção, quer se trate de uma necessidade emocional não atendida quer de um desejo profundo.

Por esse motivo é importante refletir sobre o que você está pensando. O anzol é o pecado, mas a isca é a mentira usada por Satanás de acordo com a sua vulnerabilidade: "Você se sentirá melhor se fizer *isso*. Será recompensador se fizer *aquilo*. Tudo ficará bem se fizer *aquilo outro*". Mesmo ciente de que há um anzol escondido sob a isca, você pode continuar beliscando por acreditar que não será fisgado. Contudo, a ideia de que você não sairá ferido é mais um dos artifícios de Satanás.

Uma das ilusões mais comuns é pensar que a tentação é causada por fatores externos. O verdadeiro problema não é externo. Tiago 1.14 nos expõe essa questão: "A tentação vem de nossos próprios desejos, que nos seduzem e nos arrastam" (NVT).

A tentação começa com desejos internos – pontos vulneráveis que Satanás usa como isca. Esses desejos levam a ações pecaminosas, e essas ações conduzem à morte. O que você *pensa* influencia seus *sentimentos*, e esses *sentimentos*, por sua vez, influenciam suas *ações*.

Não se habitue a culpar as circunstâncias. Quando somos tentados, talvez pensemos que não podemos evitar o pecado. Mas *podemos sim*. Tudo começa com a mudança da nossa forma de pensar.

Quando for tentado, pare e pergunte a você mesmo: "Em que mentira estou acreditando?". Em seguida, substitua-a pela verdade de Deus. Ela sempre nos levará à vida.

# *Deus está aonde quer que você vá*

Se eu voar para o Oriente ou for viver nos lugares
mais distantes do Ocidente, ainda ali a tua
mão me guia, ainda ali tu me ajudas.

(SALMOS 139.9-10, NTLH)

VOCÊ NUNCA ESTÁ realmente sozinho; afinal, Deus está presente em todas as dimensões ao mesmo tempo.

Ele está no passado, no presente e no futuro; no céu e na terra; no mundo espiritual e no nosso mundo. Dentro e acima de nós, ao nosso redor – porque ele é multidimensional.

Não existem diferentes deuses para cada dimensão; há apenas um único Deus nas pessoas do Pai, Filho e Espírito Santo. Pelo fato de ele ser multidimensional, você nunca está sozinho:

> *Aonde posso ir a fim de escapar do teu Espírito? Para onde posso fugir da tua presença? Se eu subir ao céu, tu lá estás; se descer ao mundo dos mortos, lá estás também. Se eu voar para o Oriente ou for viver nos lugares mais distantes do Ocidente, ainda ali a tua mão me guia, ainda ali tu me ajudas.* (Salmos 139.7-10)

Não adianta tentar brincar de esconde-esconde com Deus. Ele não precisa procurar você, porque, onde quer que você tente se esconder, ele já está lá. Esta é a onipresença do Senhor. Ele está em todos os lugares e em todas as coisas. Ele é o princípio e o fim. Não existe lugar onde você tenha estado, está ou estará que o Senhor já não tenha estado, não esteja ou não estará.

E isso deve encorajá-lo, pois, aonde quer que você vá, ele estará ao seu lado e também estará lá para recebê-lo.

Como Deus está em todas as dimensões do mundo – até mesmo nas que desconhecemos – não há nada em nosso passado, presente ou futuro que não esteja sob o controle dele. Nada o surpreende; nada o impede de querer estar perto de nós; nada muda o amor dele por nós.

Você não pode fugir do Senhor.

Ele deseja que a presença dele traga conforto, paz e alegria para sua vida. Não importa onde você esteja, Deus está perto.

# *Como você responde à graça?*

Agora Deus diz que nos aceitará e nos absolverá.
Ele nos declarará sem culpa mediante a fé em Jesus Cristo,
justiça para todos os que creem, sem qualquer distinção.
(Romanos 3.22, NBV-P)

A salvação é um presente do Senhor. Você pode ter todos os seus pecados perdoados e ainda receber uma entrada grátis para o céu. No entanto, embora seja gratuita, a salvação é também custosa – alguém precisou pagar por ela. Ao ser crucificado, Jesus pagou a dívida para que toda a humanidade fosse perdoada.

Se houvesse outra maneira de ir para o céu, não acha que o Senhor a teria usado? Se houvesse outra maneira de um Deus santo permitir que uma pessoa imperfeita entrasse em um lugar perfeito, não acha que ele teria optado por isso em vez de sacrificar o próprio Filho? Claro que sim.

Algumas pessoas afirmam que é possível ir para o céu apenas sendo uma boa pessoa ou acreditando na existência de Deus. Mas, se isso fosse verdade, por que Jesus precisaria morrer? Ele não teria se submetido a tanta agonia se não fosse absolutamente necessário.

A verdade é que todos pecamos. Não há ninguém que seja de fato bom. A Bíblia diz que cada um de nós está aquém da santidade do Senhor. É por esse motivo que precisamos de um Salvador.

Em Romanos 3.22, está escrito: "Agora Deus diz que nos aceitará e nos absolverá. Ele nos declarará sem culpa mediante a fé em Jesus Cristo, justiça para todos os que creem, sem qualquer distinção" (NBV-P).

Independentemente de quem você é ou do que tenha feito, você pode se achegar a Cristo. Existe gentileza maior do que essa?

Comece com uma oração simples: "Deus, reconheço que pequei e segui as minhas próprias vontades. Creio que Jesus morreu na cruz e ressuscitou para que eu não tivesse de pagar pelos meus pecados e pudesse viver para sempre com o Senhor. Por favor, perdoa os meus erros e me aceita na tua família. Quero entregar a minha vida a ti. Ajuda-me a ser um servo fiel. Em nome de Jesus, amém".

Deixe o pecado para trás e confie que Jesus já pagou o preço ao substituir você na cruz. Está consumado. Esse é o tamanho do amor de Jesus.

# *Planeje o amanhã, mas viva o presente*

Portanto, não se preocupem com o amanhã,
pois o amanhã trará as suas próprias preocupações.
Basta a cada dia o seu próprio mal.

(MATEUS 6.34)

**O LADO BOM DO** futuro é que ele não chega de uma vez. Se toda a sua vida fosse revelada de uma só vez, você se sentiria sobrecarregado. Por isso, Deus divide a vida em segmentos de vinte e quatro horas.

Assim como o Senhor lhe dá apenas um dia de cada vez, ele espera que você encare a vida da mesma forma. Você só precisa vivê-la um dia de cada vez.

Jesus ensinou: "Portanto, não se preocupem com o amanhã, pois o amanhã trará as suas próprias preocupações. Basta a cada dia o seu próprio mal" (Mateus 6.34).

Em outras palavras, pare de se preocupar com o amanhã. Se algo está para acontecer só na próxima semana, não estrague o presente por causa disso.

A preocupação não pode mudar o passado nem controlar o futuro. Ela só faz você se sentir mal no presente.

Deus concede a você toda a graça necessária – mas apenas o suficiente para cada dia. Ele não acumula poder para a próxima semana ou mês. Jesus nos ensinou a orar: "O pão nosso de cada dia dá-nos hoje" (Mateus 6.11, ARA). Ele deseja que você viva um dia de cada vez.

Quando tudo parecer incerto e você não souber quais decisões tomar para o futuro, preocupe-se em cuidar do presente. Deus não quer que você se preocupe com o amanhã. Você pode planejar, orar e confiar no Senhor para o que virá, mas concentre as suas forças em fazer o dia de hoje valer a pena.

Uma maneira prática de fazer isso é reduzir o tempo que você gasta nas redes sociais e se dedicar a coisas que Deus ama e com as quais se preocupa, como seu crescimento espiritual e o cuidado de pessoas necessitadas. É dessa forma que você torna o dia significativo.

A Bíblia ensina o seguinte: "Não anuncie precipitadamente o que você vai fazer amanhã; você nem sabe o que o aguarda no dia seguinte" (Provérbios 27.1, AM). Embora tudo na vida pareça incerto, essa verdade é implacável.

Planeje o amanhã, mas viva o presente. Deus lhe dará tudo o que você precisa para ser obediente em ambos.

# *Faça um inventário da sua vida*

E, por estarem nele, que é o Cabeça de todo
poder e autoridade, vocês receberam a plenitude.
(Colossenses 2.10)

Se você está pronto para começar de novo, precisa realizar um inventário pessoal. Ou seja, fazer um balanço de tudo e avaliar o que ainda deve ser trabalhado. Durante tal processo, pergunte-se:

1. *Quais são os meus ativos?* Pense nos ativos físicos, educacionais e financeiros; lembre-se também dos espirituais. Que trabalho Deus confiou a você?

   Em Colossenses 2.10, está escrito: "E, por estarem nele, que é o Cabeça de todo poder e autoridade, vocês receberam a plenitude".

2. *O que aprendi?* Reserve tempo para refletir a respeito das lições que aprendeu sobre a vida, sobre você mesmo e sobre Deus – considere tudo o que vier à mente. A Palavra diz em Gálatas 3.4: "Será que foi à toa que passaram por tantos sofrimentos? [...]". Você não desperdiçará suas experiências se aprender com elas.

   Dê atenção especial às experiências dolorosas, pois o Senhor nunca desperdiça uma mágoa. Não faça uma festa de autocomiseração. Pare de se arrepender e repetir os mesmos erros; comece a aprender com eles.

   Reveja tudo o que aprendeu com o estudo da Bíblia. Em 2Timóteo 3.14, lemos: "Quanto a você, porém, permaneça nas coisas que aprendeu e das quais tem convicção, pois você sabe de quem o aprendeu".

3. *Quem pode me ajudar a começar de novo?* Provérbios 15.22 diz o seguinte: "Planos fracassam onde não há conselho, mas têm êxito quando há muitos conselheiros" (NVT).

   O orgulho muitas vezes impede as pessoas de alcançarem sonhos e objetivos. Em vez de pedirem conselhos, insistem em resolver as coisas por conta própria.

   A Bíblia alerta que o orgulho leva à destruição, mas Deus dá graça aos humildes por serem receptivos ao ensino. Você nunca terá um novo começo se agir como se já tivesse chegado. Precisamos de outras pessoas que nos digam a verdade, apontem os nossos pontos cegos e nos ajudem a lembrar das promessas de Deus.

Ao fazer um inventário completo e honesto da sua vida, verá como Deus o preparou para começar do zero.

Enquanto reflete sobre essas três perguntas, ore para que o Senhor guie os seus pensamentos e lhe dê sabedoria. Diga: "Deus, por favor, mostra-me como já providenciaste tudo para mim – todas as ferramentas, experiências e pessoas que me deste para aproveitar ao máximo a minha vida. Desejo que até mesmo as minhas experiências dolorosas me moldem na pessoa que queres que eu seja. Ajuda-me a ser humilde e honesto comigo mesmo e com o Senhor, para que eu possa continuar aprendendo e me tornando mais parecido contigo. Em nome de Jesus, amém".

# *Quando é hora de fazer uma limpeza*

[...] livremo-nos de tudo o que nos atrapalha
e do pecado que nos envolve e corramos com
perseverança a corrida que nos é proposta.

(Hebreus 12.1)

Mudanças reais exigem uma limpeza.

Pode ser difícil encontrar ânimo para limpar a sua casa terrena e mais difícil ainda limpar a sua casa espiritual. No entanto, é precisamente nisso que você deve investir a sua energia, pois Deus deseja que você se torne mais semelhante a ele ao longo da sua vida. E tornar-se parecido com ele muitas vezes requer mudanças difíceis. A Bíblia diz o seguinte: "[...] livremo-nos de tudo o que nos atrapalha e do pecado que nos envolve e corramos com perseverança a corrida que nos é proposta" (Hebreus 12.1).

Determinar o que precisa ser limpo na sua casa espiritual é simples; basta descobrir o que precisa ser mudado na sua vida.

Se o objetivo é ter um corpo saudável, você precisa comprar alimentos saudáveis ou estabelecer uma rotina de exercícios, mesmo que comece com apenas 15 minutos por dia.

Se quer ter uma mente saudável, considere cancelar algumas assinaturas ou evitar determinados programas de TV. Talvez seja útil excluir aplicativos desnecessários ou estabelecer limites para o tempo que gasta com dispositivos eletrônicos.

Se deseja uma agenda organizada, precisa priorizar o que é, de fato, importante. Elimine atividades de menor relevância – mesmo que sejam boas – e concentre-se no que realmente importa.

Se deseja um coração limpo, dedique tempo à oração e peça a Deus orientação sobre o que precisa confessar; em seguida, arrependa-se dessas coisas. Esta pode ser a etapa mais difícil da limpeza espiritual. Por meio da confissão, você reconhece e elimina pecados que levam a hábitos prejudiciais em toda a sua casa espiritual.

A Bíblia nos exorta em Efésios 4.22: "Livrem-se de sua antiga natureza e de seu velho modo de viver, corrompido pelos desejos impuros e pelo engano" (NVT).

É hora de fazer uma limpeza, mas lembre-se de que esta é uma prática habitual. Assim como a casa terrena precisa ser limpa regularmente, a sua casa espiritual também precisa de uma avaliação contínua para identificar quais cômodos precisam de faxina. Portanto, com a bênção de Deus, comece a limpar.

# *Com que frequência devemos perdoar?*

Então Pedro aproximou-se de Jesus e perguntou:
"Senhor, quantas vezes deverei perdoar a meu irmão
quando ele pecar contra mim? Até sete vezes?". Jesus respondeu:
"Eu digo a você: Não até sete, mas até setenta vezes sete".

(MATEUS 18.21-22)

RARAMENTE O PERDÃO é pontual. Portanto, com que frequência alguém deve abrir mão do direito de acertar as contas?

Até que a dor finalmente desapareça; então, você saberá que perdoou o outro.

Em Mateus 18.21-22, lemos: "Então Pedro aproximou-se de Jesus e perguntou: 'Senhor, quantas vezes deverei perdoar a meu irmão quando ele pecar contra mim? Até sete vezes?'. Jesus respondeu: 'Eu digo a você: Não até sete, mas até setenta vezes sete'".

Pedro acreditava estar sendo generoso. Segundo a lei judaica, era necessário perdoar uma pessoa três vezes; depois isso, o perdão deixava de ser uma exigência. Então, Pedro pensou: "Se a lei diz três vezes, que tal dobrar e adicionar mais uma para garantir? Sete vezes? Deus certamente ficará impressionado com isso".

Contudo, Jesus disse: "Errado. Você nem chegou perto. Que tal setenta vezes sete?". Com isso, estava dizendo que devemos perdoar até que a dor cesse. Por isso, toda vez que você se lembrar da situação, faça a escolha intencional de dizer: "Deus, essa pessoa realmente me feriu, e a dor ainda é latente. Mas, como desejo ser cheio de amor em vez de ressentimento, decido abrir mão do direito de me vingar. Escolho abençoar quem me machucou. Oro para que tu abençoes essa pessoa, mesmo que ela não mereça. Sei que também não mereço as tuas bênçãos. Mesmo assim, ore para que concedas a ela a graça que tantas vezes concedeste a mim".

Perdoar não é fácil. Não tenho dúvidas de que para alguns leitores o casamento está a ponto de se desintegrar, não pela mágoa em si, mas por falta de perdão. É a recusa em perdoar que destrói uma aliança conjugal.

Você pode dizer: "Não sinto vontade de perdoar". E quem sente? Ninguém *sente* vontade de perdoar. Fazemos isso porque é o certo e desejamos seguir em frente. Esses passos não são fáceis, mas, com a ajuda do poder de Deus, você pode trilhá-los.

# *Você precisa de uma visão fundada na fé, não no medo*

[...] Subamos e tomemos posse da terra.
É certo que venceremos!
(NÚMEROS 13.30)

ENCARAR A VIDA com medo pode levar você a enterrar seus talentos. Quando você olha para o futuro com medo em vez de fé, corre o risco de subestimar as habilidades que Deus lhe concedeu.

Quando Moisés enviou doze espias para explorar a terra prometida, dez disseram ao voltar: "[...] Não podemos atacar aquele povo; é mais forte do que nós" (Números 13.31). Apesar de Deus ter prometido estar ao lado deles, reagiram com medo em vez de demonstrarem fé. Somente Josué e Calebe acreditaram na promessa do Senhor de que poderiam tomar posse da terra.

Uma visão que se origina no medo limitará você para o resto da vida. Oportunidades serão perdidas, e o talento que Deus lhe deu será desperdiçado. Você acabará pavimentando o caminho para o fracasso, já que o medo tende a gerar profecias autorrealizáveis.

Os espias medrosos se consideravam inadequados. Por isso, disseram: "A terra para a qual fomos em missão de reconhecimento devora os que nela vivem. Todos os que vimos são de grande estatura. Vimos também os gigantes [...] diante de quem parecíamos gafanhotos, a nós e a eles" (Números 13.32-33).

De fato, havia gigantes na terra prometida. E isso fez com que israelitas se vissem como pequenos insetos, destinados a serem esmagados. Esta é uma autoimagem derrotista que afetou não apenas a confiança dos espias, como também os levou a projetar seus medos nos outros. Este é o problema de uma visão fundamentada no medo; a forma de ver a vida e a si mesmo contagia as pessoas ao redor.

Se os espias tivessem olhado para a terra prometida com fé, teriam visto a mesma coisa que Josué e Calebe: uma terra que manava leite e mel. Mesmo diante de gigantes, os dois viram o potencial do lugar através dos olhos de Deus. Disseram: "[...] Subamos e tomemos posse da terra. É certo que venceremos!" (Números 13.30).

Nunca subestime o que Deus pode fazer por meio da sua vida quando você lhe obedece com fé.

Seja qual for a missão que o Senhor lhe deu, você certamente pode cumpri-la com a força que vem dele.

# *Você foi criado para algo maior*

A pequenez que sentem vem de dentro de vocês.
A vida que Deus dá não é pequena: vocês é que a vivem
de modo pequeno. Digo isso com franqueza e com grande afeição.
Abram a vida! Comecem a vivê-la plenamente!

(2Coríntios 6.12-13, AM)

Certo dia, um líder empresarial de renome nacional me enviou uma mensagem dizendo: "Aos olhos de todos ao meu redor, sou um grande sucesso. Mas por dentro sinto-me inseguro, insignificante e pequeno". Ele estava se referindo ao que se conhece como "síndrome do impostor". As pessoas que sofrem dessa síndrome se questionam: "Se sou tão bem-sucedido, por que me sinto um impostor? Por que não me sinto realizado? Por que ainda parece que falta algo na minha vida?".

Se você está vivendo para o sucesso, então *há* algo faltando na sua vida. O sucesso por si só não basta, pois não satisfaz ninguém plenamente. Devemos ir além do sucesso e atingir um estado de vida mais elevado, no qual o foco passa do sucesso para o significado. Você foi criado para algo mais do que simplesmente ter dinheiro; foi feito para ter sentido.

Conheço algumas das pessoas mais ricas do mundo, e todas concordam que, embora o dinheiro facilite a vida, ele não lhes dá sentido. Uma vida sem propósito e sentido é pequena, sem significado e trivial. Você foi criado para algo muito maior. Como diz a Palavra do Senhor: "A pequenez que sentem vem de dentro de vocês. A vida que Deus dá não é pequena: vocês é que a vivem de modo pequeno. Digo isso com franqueza e com grande afeição. Abram a vida! Comecem a vivê-la plenamente!" (2Coríntios 6.12-13, AM).

A verdade é que a sua vida é significativa – tanto é que Deus se importou o suficiente para vir até nós, viver uma vida perfeita e depois morrer pelos nossos pecados. Para entender quanto você importa para Deus, basta olhar para Jesus na cruz. Ele preferiu morrer a viver sem você. Ele nos ama tanto que chega a doer.

A sua vida tem um significado eterno, mas é possível que você esteja vivendo de forma insignificante. Se tem priorizado coisas efêmeras em vez do seu relacionamento com Jesus, é hora de ajustar o foco. À medida que você dedicar mais tempo e atenção a Jesus, ele o encherá de paz e poder. Em seguida, ele o impulsionará para cumprir o propósito para o qual você foi criado a fim de que possa fazer parte da missão dele na terra.

Você foi criado para isso.

# *Confiar em Deus significa obedecer a ele por completo*

[...] Cabe-lhes, porém, praticar a lei, e não julgá-la.

(Tiago 4.11, NVT)

Existem duas verdades fundamentais que você precisa entender sobre os mandamentos divinos:

*O padrão de certo e errado de Deus nunca muda.* O que era errado há seis mil anos continua sendo errado hoje. As culturas mudam. A opinião popular muda. Contudo, a verdade permanece a mesma. A verdade é eterna.

*A perspectiva de Deus é mais ampla que a nossa.* Ele enxerga além do que podemos ver. É impossível entendermos o passado antes do início dos tempos ou prever o futuro na eternidade. E não conseguimos compreender totalmente tudo o que acontece ao nosso redor, tanto visível quanto invisível.

Você precisa confiar no Senhor: "[...] Cabe-lhes, porém, praticar a lei, e não julgá-la" (Tiago 4.11, NVT).

A tentação mais antiga é a tentação de duvidar da Palavra de Deus. Satanás ainda utiliza a mesma mentira que usou com Eva quando lhe perguntou: "[...] Foi isto mesmo que Deus disse: 'Não comam de nenhum fruto das árvores do jardim?' " (Gênesis 3.1). Ele a convenceu de que o desejo era mais importante do que os mandamentos de Deus.

Ter fé significa confiar em Deus em todos os detalhes e obedecer por completo, não só quando você entende o que está acontecendo ou sente vontade de fazer algo. Lemos em Provérbios 3.5: "Confie no Eterno do fundo do seu coração; não tente resolver tudo sozinho" (AM).

A história de Naamã em 2Reis 5 ilustra a necessidade de uma obediência incondicional. Naamã, comandante do exército sírio, tinha lepra. Um mensageiro do profeta Eliseu disse a ele que se banhasse no rio Jordão sete vezes para ser curado.

Embora as instruções parecessem absurdas – e Naamã quase as ignorasse – seus servos o persuadiram a tentar. Depois de mergulhar sete vezes no rio, Deus o curou. Imagine se Naamã tivesse voltado para casa com raiva ou mergulhado apenas seis vezes por achar que Deus o estivesse fazendo de tolo. No entanto, ao confiar em Deus e obedecer a ele, Naamã foi curado da lepra.

Imagine o que Deus fará em você quando obedecer a ele de todo o coração.

# *Não se deixe abater pelo desânimo*

E não nos cansemos de fazer o bem, pois no tempo próprio colheremos, se não desanimarmos.

(GÁLATAS 6.9)

ÀS VEZES, FAZER a coisa certa cansa, pois é mais fácil fazer o que é errado. Já percebeu isso?

É mais fácil ser indisciplinado que disciplinado; é mais fácil mentir que dizer a verdade ou ser egoísta em vez de altruísta ou, ainda, ser codependente que confrontar alguém com amor.

Para agir corretamente, precisamos de autocontrole, sabedoria e força de vontade – e é por isso que ficamos cansados. No entanto, Deus promete que, se continuarmos a fazer o que é certo, seremos abençoados mesmo quando estivermos cansados.

Em Gálatas 6.9, está escrito: "E não nos cansemos de fazer o bem, pois no tempo próprio colheremos, se não desanimarmos".

Ao plantar uma semente, ninguém obtém uma planta de forma instantânea. Há um tempo. Você planta em uma estação e colhe em outra.

Da mesma forma, pode haver um intervalo entre o momento em que fazemos a coisa certa e quando vemos a bênção de Deus. Por quê? Porque Deus não é como uma máquina de venda automática, em que você coloca uma boa ação e recebe uma bênção na mesma hora. Por exemplo, não se pode esperar que todos os problemas financeiros desapareçam no dia seguinte após começar a colocar Deus em primeiro lugar e ofertar na vida de alguém. A promessa de Deus não funciona dessa maneira.

Então, o que fazer enquanto o "tempo certo" não chega? Continue fazendo o que é certo.

Um dos grandes testes de fé é como você lida com o tempo – quando faz a coisa certa e não vê uma recompensa imediata.

As promessas de Deus podem dar a você a coragem e a determinação necessárias para continuar quando a vida se torna difícil. Não deixe que o desânimo o domine; em vez disso, lembre-se da recompensa que o espera quando escolhe fazer o que é certo.

Não desista.

# *O que mais importa é conhecer a Deus*

[...] considero tudo como perda, comparado com
a suprema grandeza do conhecimento de Cristo Jesus,
meu Senhor, por quem perdi todas as coisas. Eu as considero
como esterco para poder ganhar Cristo.
(FILIPENSES 3.8)

**PODEMOS DIZER O** que importa a uma pessoa se observarmos do que ela se orgulha. Se os filhos são prioridade, ela se orgulhará deles. Se o trabalho é o foco principal, o orgulho estará vinculado à carreira. Se viajar e ter experiências é o que importa, é sobre isso que você pode falar. O orgulho reflete aquilo que mais valorizamos.

Em Jeremias 9.23-24, Deus nos orienta: "Assim diz o Senhor: 'Não se glorie o sábio em sua sabedoria nem o forte em sua força nem o rico em sua riqueza, mas quem se gloriar, glorie-se nisto: em compreender-me e conhecer-me, pois eu sou o Senhor e ajo com lealdade, com justiça e com retidão sobre a terra, pois é dessas coisas que me agrado'".

Conhecer a Deus é o que realmente importa na vida. O Deus do Universo ama você e deseja ter um relacionamento com você. Aproximar-se dele lhe dará paz e uma nova perspectiva. Como Jesus disse em João 6.63: "[...] As palavras que eu disse são espírito e vida" (João 6.63).

A amizade é demonstrada pelo compromisso com o outro. Nossa amizade com Deus é fortalecida se passamos tempo com ele e ao lermos a Palavra. Contudo, você nunca se tornará amigo de Deus lendo a Bíblia apenas no tempo livre. Para se tornar amigo dele, tenha como prioridade conhecê-lo cada dia mais – até o ponto de ser o tema principal do que fala e pensa. Deus deseja que você queira passar tempo com ele.

Paulo expressa isso claramente: "[...] considero tudo como perda, comparado com a suprema grandeza do conhecimento de Cristo Jesus, meu Senhor, por quem perdi todas as coisas. Eu as considero como esterco para poder ganhar Cristo" (Filipenses 3.8).

Você está fazendo isso? Está buscando com todo o coração conhecer mais Jesus a cada dia? Estar cada vez mais perto de Deus depende da sua escolha. Você se tornará amigo dele quando decidir que deseja conhecê-lo mais que qualquer outra coisa.

Conhecer e amar ao Senhor é deve ser o nosso maior privilégio; ser conhecido e amado por ele, o nosso grande prazer. É isso que nos dá vida.

# *O foco é Jesus*

Mas não pregamos a nós mesmos, mas a
Jesus Cristo, o Senhor, e a nós como escravos
de vocês, por causa de Jesus.
(2CORÍNTIOS 4.5)

**VOCÊ NÃO É** o foco.

Se você deseja ser usado por Deus, é importante lembrar que a vida não gira em torno de você. Tudo diz respeito a Jesus.

O fato de você não ser o centro contrasta com o que a sociedade geralmente ensina. Muitas culturas promovem o egoísmo. Anúncios por toda parte dizem: "Você é o número um! Faça o que for melhor para você. Pense primeiro em você!".

Contudo, você não é o centro do universo – Deus é. Por isso, você se sente frustrado e insatisfeito quando trata cada problema, oportunidade e crítica como algo pessoal. No final, acaba entediado, porque a vida é muito mais do que viver para si mesmo.

A Bíblia ensina em 2Coríntios 4.5: "Lembrem-se de que a Mensagem não é sobre nós mesmos. Nós anunciamos Jesus Cristo, o Senhor. Todos nós somos mensageiros, andarilhos de Jesus por causa de vocês" (2Coríntios 4.5, AM).

Nessa passagem, o apóstolo Paulo enfatiza duas vezes que tudo é por Jesus. Tudo o que Paulo fez foi por Cristo e pelo Evangelho. Em outras palavras, seguir Jesus é uma questão de motivação.

Existem muitas coisas que você pode fazer na vida que agradariam a Deus, e ele diria: "Porque fiz e moldei você, qualquer uma dessas coisas seria boa aos meus olhos".

Deus está muito mais interessado no que motiva você a fazer algo do que na sua metodologia. Você pode usar o método certo e ser muito bem-sucedido na vida, mas, se a sua motivação for errada – ganância, competição, inveja ou culpa –, não terá valor para o Senhor.

Por outro lado, você pode cometer erros e falhar de várias maneiras, mas, se tiver a motivação certa – fazer tudo por Jesus –, Deus dirá: "Isso é bom o suficiente". Ele se preocupa mais com o "porquê" das suas ações do que com "o quê".

Como está escrito em Colossenses 3.17: "Tudo o que fizerem, seja em palavra seja em ação, façam-no em nome do Senhor Jesus, dando por meio dele graças a Deus Pai".

# *Hábitos de pessoas espiritualmente aptas*

Portanto, deixemos os ensinos elementares a respeito de Cristo e avancemos para a maturidade [...]

(Hebreus 6.1)

**O crescimento na fé** não é um fim em si mesmo. À medida que você cresce na fé, torna-se mais preparado para o ministério. Um sinal de maturidade espiritual é a capacidade de compartilhar o Evangelho, as Boas-Novas sobre a salvação em Jesus, com outras pessoas.

A Bíblia diz o seguinte: "Portanto, deixemos os ensinos elementares a respeito de Cristo e avancemos para a maturidade [...]" (Hebreus 6.1).

Deus não quer que você fique preso em um estado de imaturidade espiritual e continue sendo um bebê na fé. Em vez disso, ele deseja que você se torne um aprendiz vitalício e transmita o que aprendeu a respeito dele. A vontade do Senhor é que você seja um professor. Em Hebreus 5.12, está escrito: "Embora a esta altura já devessem ser mestres, precisam de alguém que ensine a vocês novamente os princípios elementares da palavra de Deus [...]".

Nem todos são chamados para ser professores em tempo integral. Mas, em diferentes momentos da vida, há coisas que Deus ainda deseja que você ensine a outros. Às vezes, talvez ensine em conversas individuais com amigos. Outras vezes, pode compartilhar experiências com um grupo de pessoas.

Os melhores professores são em primeiro lugar grandes aprendizes. Quais são alguns hábitos dos aprendizes vitalícios? Dedicam tempo à oração e à leitura da Palavra de Deus. Leem livros sobre crescimento espiritual, participam de estudos bíblicos e se envolvem em pequenos grupos ou aulas que fortalecem a fé. Em outras palavras, exercitam-se na devoção (cf. 1Timóteo 4.7).

Você gostaria de estar espiritualmente apto para ensinar outros a respeito da esperança que tem em Jesus? Comece perguntando: "Em quais áreas da minha vida mais preciso crescer?".

Talvez você precise ter uma melhor compreensão da Bíblia, ou aprender a resistir à tentação, ou desenvolver uma atitude mais semelhante à de Cristo, ou cultivar amor pela comunhão com a igreja. Quando já tiver um bom objetivo em mente, pode começar a desenvolver hábitos que o conduzam à maturidade espiritual.

# *Dê a Deus o melhor do seu tempo*

O Senhor confia os seus segredos aos que o temem,
e os leva a conhecer a sua aliança.

(Salmos 25.14)

A amizade com Deus é como qualquer outra – é preciso dedicar tempo a ela. Se você não passa tempo com os seus amigos, por exemplo, eles não são realmente seus amigos. Da mesma forma, para que o Senhor seja seu *melhor* amigo, é necessário reservar o melhor do seu tempo para ele.

O melhor do seu tempo não é quando está com pressa ou distraído, ou com o que resta no final do dia. Dar a Deus o melhor significa priorizá-lo acima de qualquer outra coisa. Você reserva tempo e se mantém fiel ao compromisso.

A Bíblia nos ensina que, para conhecer o Pai, é necessário estar em silêncio (cf. Salmos 46.10). No ritmo frenético do mundo moderno, é difícil ficar quieto e ter tempo diário com Deus.

Salmos 25.14 afirma: "O Senhor confia os seus segredos aos que o temem, e os leva a conhecer a sua aliança".

Muitas pessoas não conhecem a Deus de verdade. Não experimentam seu amor e poder por não dedicarem tempo a ele. No entanto, a amizade com o Senhor é reservada aos que o reverenciam – ou seja, que desaceleram e passam tempo a sós com ele.

Como a amizade poderia existir se você nunca investisse tempo nela? Toda amizade precisa de atenção. Você nunca conhecerá Deus intimamente se o seu único compromisso com ele for ir à igreja uma vez por semana.

Você precisa ficar em silêncio e se maravilhar com ele. Conforme se concentrar nele, ele se revelará por meio da Palavra e do Espírito Santo. Ao estudar a Bíblia, você aprenderá mais sobre quem ele é, por que pode confiar nele e o que ele deseja fazer no mundo através de você. Quanto mais tempo passar com ele, mais profunda será a amizade entre ambos.

Certamente, você já ouviu dizer que a vida de uma pessoa é moldada pelas amizades. Se é assim, lembre-se de que Deus moldou todos os aspectos da sua vida, e a amizade que desenvolver com ele será a mais significativa da sua existência quando você se dedicar a conhecê-lo e amá-lo mais.

# *Paz que perdura*

Deixo a paz a vocês; a minha paz dou a vocês.
Não a dou como o mundo a dá. Não se perturbe
o seu coração nem tenham medo.

(João 14.27)

**Quando você dá** lugar a Jesus, ele lhe oferece um dos maiores presentes: a paz. Cristo disse: "Deixo a paz a vocês; a minha paz dou a vocês. Não a dou como o mundo a dá. Não se perturbe o seu coração nem tenham medo" (João 14.27).

A paz que o mundo oferece é temporária. Nos últimos trezentos anos, centenas de tratados de paz foram assinados, mas quase nenhum foi mantido.

Afinal, a paz mundial é algo totalmente circunstancial. Por exemplo, se você tem um bom emprego, sente-se paz, mas, se perder o emprego, tal segurança desaparece. Se há dinheiro no banco, você se sente em paz, mas, quando o dinheiro acaba, a tranquilidade se vai.

Jesus, por outro lado, oferece um tipo diferente de paz que, segundo a Bíblia, "[...] excede todo o entendimento [...]" (Filipenses 4.7).

Ou seja, mesmo que tudo ao redor seja caos e não houver razão aparente para estar calmo, por alguma razão inexplicável, você estará em paz. Esta é a paz que excede a nossa compreensão – e a única pessoa que pode oferecê-la é Jesus, o Príncipe da Paz.

Ele quer lhe dar essa paz para que você não fique ansioso nem tenha medo.

Sempre que Jesus está presente em um lugar, ele o enche de paz. Existem áreas na sua vida que foram tomadas por preocupação, desordem, ansiedade ou medo? Então, estas são as áreas nas quais você ainda não convidou Jesus para entrar. As suas preocupações são indicadores dos aspectos que você ainda não submeteu a Deus. Isso pode incluir finanças, vida amorosa, carreira, criação de filhos, agenda ou ministério. Seja o que for, você precisa se desapegar de tudo e render-se a Jesus.

A única maneira de ter paz de verdade é entregar todas as áreas da sua vida a Deus para que ele as use como bem desejar. Só assim você terá a paz que resistirá a todas as pressões da vida.

# *Você está qualificado para servir a Deus*

[...] entreguem-se inteiramente a Deus, pois vocês estavam mortos e agora têm nova vida. Portanto, ofereçam seu corpo como instrumento para fazer o que é certo para a glória de Deus.

(Romanos 6.13, NVT)

Não há alegria maior do que ser usado por Deus para um propósito maior do que você mesmo. A vida não se resume apenas a obter formação, encontrar um emprego, ganhar dinheiro e se aposentar antes de morrer. Possui um significado muito mais amplo de qualquer carreira profissional. Você foi criado para propósitos eternos.

A Bíblia nos ensina: "[...] entreguem-se inteiramente a Deus, pois vocês estavam mortos e agora têm nova vida. Portanto, ofereçam seu corpo como instrumento para fazer o que é certo para a glória de Deus" (Romanos 6.13, NVT).

O problema é que muitas pessoas pensam que Deus nunca poderia usá-las. Algumas se sentem *desqualificadas* por causa de pecados e erros passados, ao passo que outras acreditam que não possuem a formação educacional, os talentos ou os antecedentes adequados.

Talvez você se sinta das duas uma: *desqualificado* ou *não qualificado*. Contudo, basta olhar para a vida do apóstolo Paulo para saber que Deus quer usá-lo de maneiras que você nem pode imaginar.

Poucos ao longo da História foram tão usados por Deus quanto Paulo. Ele praticamente espalhou o cristianismo por todo o Império Romano, plantou igrejas por toda parte e escreveu cerca de metade do Novo Testamento. Paulo viveu com o propósito de agradar a Deus.

Mas você sabe o que Paulo fazia antes de se tornar pregador, pastor e plantador de igrejas? Ele era um ativista que perseguia os cristãos. Em outras palavras, Paulo era exatamente o oposto de alguém, segundo a nossa opinião, que Deus poderia usar. Paulo escreveu: "Vocês sabem como eu era [...] como perseguia com violência a igreja de Deus. Não media esforços para destruí-la. Contudo, ainda antes de eu nascer, Deus me escolheu e me chamou por sua graça. Foi do agrado dele" (Gálatas 1.13,15, NVT).

O seu passado não determina o seu futuro. O passado é passado e não impede você de ser usado por Deus. O fato de ter tido ou não oportunidades não determina se você está qualificado para a missão de Deus.

O Senhor escolheu e chamou você, e deseja usá-lo hoje por sua maravilhosa graça.

# *Não viva mais sob culpa*

E conhecerão a verdade, e a verdade os libertará.

(JOÃO 8.32)

O PESO DA CULPA pode ser esmagador – mas Jesus promete libertá-lo desse fardo. Em João 8.32, ele declara: "E conhecerão a verdade, e a verdade os libertará".

Todos sabemos como é sentir culpa. Ela rouba a nossa felicidade, provoca depressão e pode até nos deixar fisicamente doentes. Quando Davi, rei de Israel, pecou, ele sentiu o peso da culpa e clamou a Deus: "Devolve-me a alegria da tua salvação [...]" (Salmos 51.12).

Deus tem uma resposta para a culpa: a confissão. A Bíblia diz em 1João 1.9: "se confessarmos os nossos pecados, ele é fiel e justo para perdoar os nossos pecados e nos purificar de toda injustiça".

Talvez você tenha lidado com a culpa por anos, sem perceber que a solução é simples: ter a consciência limpa. Para isso, Jesus oferece a você perdão instantâneo.

Deus promete: "[...] eu lhes perdoarei a maldade e não me lembrarei mais dos seus pecados" (Jeremias 31.34).

Satanás quer mantê-lo preso sob o fardo da culpa, a fim de impedir que você viva na liberdade que o Senhor oferece. No entanto, Deus trabalha de uma maneira diferente.

Veja como ele age: você pede perdão; ele perdoa e vai além ao se esquecer completamente do que você fez de errado.

É como se Deus pegasse os seus pecados e os lançasse nas profundezas do oceano, e em seguida colocasse uma placa de "Proibido Pescar". Ele não trará os seus pecados à tona novamente; muito menos quer que você faça isso. Ele deseja que você seja livre.

Está sentindo o peso da culpa hoje? Lembre-se de que Jesus veio para libertá-lo. Quando você confessa os seus pecados, ele o perdoa e liberta da culpa.

Assim, você pode viver na verdadeira liberdade, ciente de que seu passado foi perdoado e de que não está mais preso a ele.

# *Com o que você pode contar em tempos incertos*

Sejam também pacientes e fortaleçam o seu coração,
pois a vinda do Senhor está próxima.

(TIAGO 5.8)

**ESTAMOS VIVENDO TEMPOS** estranhos e incertos. No entanto, independentemente do que esteja acontecendo nas nossas cidades e ao redor do mundo, podemos nos apegar à seguinte verdade: Deus está no controle.

A Bíblia dá este encorajamento: "Portanto, irmãos, sejam pacientes até a vinda do Senhor. Vejam como o agricultor aguarda que a terra produza a preciosa colheita e como espera com paciência até virem as chuvas do outono e da primavera. Sejam também pacientes e fortaleçam o seu coração, pois a vinda do Senhor está próxima. Irmãos, não se queixem uns dos outros, para que não sejam julgados. O Juiz já está às portas!" (Tiago 5.7-9).

Por que Tiago nos lembra várias vezes nesta passagem que o Senhor está voltando? Porque é a prova definitiva de que Deus está no controle.

A História é a história de Deus. Não é circular; não existe um círculo da vida. A história é linear e está a caminho do clímax. Portanto, o Senhor tem um plano e um propósito. E um dia, Jesus voltará.

Tudo está no cronograma divino. Não sabemos quando Cristo voltará, mas a Bíblia fala mais a respeito da segunda vinda dele do que da primeira. Por esse motivo, a antecipação da segunda vinda deve mudar a nossa vida diária. Devemos viver com grande expectativa.

Seja paciente. O tempo de Deus é perfeito. Ele nunca se atrasa e está sempre no controle – mesmo que as circunstâncias pareçam fora de controle e você esteja atravessando momentos dolorosos.

A promessa de Jesus é para você hoje: "[...] quando tudo estiver pronto, virei buscá-los, para que estejam sempre comigo, onde eu estiver" (João 14.3, NVT).

Existem poucas certezas na vida, mas uma delas é que Jesus voltará um dia. Firme a sua esperança nessa certeza. Você não se desapontará.

Quando sentir que não pode contar com mais nada, lembre-se: Deus está no controle, e Jesus voltará em breve para fazer novas todas as coisas.

# *Você vê os outros como Jesus vê?*

Quando Jesus saiu do barco e viu uma grande multidão,
teve compaixão deles, porque eram como ovelhas sem pastor [...]

(Marcos 6.34)

Como você sabe se está olhando para a vida do ponto de vista de Deus? Você começa a ver as pessoas de forma diferente.

Esse é um melhor teste de maturidade espiritual – mais eficaz do que medir o seu conhecimento bíblico, a frequência com que vai à igreja, se serve em alguma área, dá o dízimo ou ora.

A vida consiste em amor e relacionamentos. Portanto, se você quer avaliar a sua maturidade espiritual, reflita sobre como você vê as outras pessoas.

Pense no seguinte: Deus vê o seu cônjuge como alguém valioso, aceitável, amável e digno de perdão. É assim que você o vê?

E quanto ao atendente da mercearia? E a pessoa que o cortou no trânsito? Ou a que pede esmola na rua? O que você vê quando olha para os demais? Você os vê como motivo de irritação ou fardos? Ou reconhece seu valor inerente como criação de Deus?

E a respeito das pessoas com quem você trabalha? Você as vê como inimigas? Concorrentes? Ou as enxerga como Deus: pessoas que ele deseja chamar de filhos amados?

Todas as pessoas importam para Deus. Não importa quem são, o que fizeram ou no que acreditam. Jesus os ama e morreu por eles. Deus tem um plano para cada pessoa e deseja que todas tenham um relacionamento com ele.

A Bíblia diz em Marcos 6.34: "Quando Jesus saiu do barco e viu uma grande multidão, teve compaixão deles, porque eram como ovelhas sem pastor [...]".

É assim que Jesus vê as pessoas. Ele não finge que são perfeitas ou sempre amáveis. Mas sempre olha com olhos de amor e compaixão. Ele escolhe a graça.

E é desse modo que você também pode começar a ver as pessoas. Pode aprender a ter compaixão da sua própria família, dos seus vizinhos, da sua comunidade e do resto do mundo.

Permita que a sua visão espiritual fortaleça aprendendo a ver as pessoas como Jesus as vê.

# *A batalha pela sua mente*

Amo a lei de Deus de todo o coração. Contudo, há outra lei dentro de mim que está em guerra com minha mente e me torna escravo do pecado que permanece dentro de mim.
(Romanos 7.22-23, NVT)

Existe uma batalha incessante na sua mente – até mesmo agora. Talvez entre o certo e o errado, o fácil e o difícil, o saudável e o não saudável.

Todas as emoções negativas – como estresse, ansiedade, solidão, medo e ciúmes – são reflexos dessa luta mental. Todos os seus conflitos, internos ou externos, começam na sua mente.

Tiago 4.1 diz o seguinte: "De onde vêm as guerras e contendas que há entre vocês? Não vêm das paixões que guerreiam dentro de vocês?". A batalha interna entre desejos conflitantes é travada 24 horas por dia, 7 dias por semana, mesmo quando você está dormindo. Ela é intensa e constante porque a sua mente é o seu maior bem ativo. Você *se define* pelos seus pensamentos, sua vontade e suas emoções – pela sua alma. Sem o seu cérebro, você não é *você*.

Em Romanos 7.22-23, está escrito: "Amo a lei de Deus de todo o coração. Contudo, há outra lei dentro de mim que está em guerra com minha mente e me torna escravo do pecado que permanece dentro de mim" (NVT).

Se você segue Jesus, então o Espírito de Deus está em você; faz parte da sua nova natureza. Desse modo, Satanás não pode controlar a sua mente, mas *pode* fazer sugestões. Em outras palavras, ele pode sugerir pensamentos chamem a sua atenção – e isso é algo bastante sério, porque tudo o que chame a sua atenção acaba chamando você. Você terá que decidir se aceitará ou rejeitará as sugestões de Satanás.

Existem muitas coisas acontecendo na sua mente agora, e tudo isso será externalizado com o tempo nas suas atitudes. Peça a Deus que o ajudá-lo a escolher o certo em vez do errado, o saudável em vez do destrutivo e a verdade dele em vez das mentiras de Satanás. Ele está pronto para lhe dar o poder do qual você precisa por meio do Espírito Santo.

# *A obediência deve vir do amor*

Vocês serão meus amigos, se fizerem o que eu ordeno.

(João 15.14)

Você não pode afirmar que ama Jesus e, ao mesmo tempo, viver no pecado. Do mesmo modo, não se pode dizer que é cristão e continuar agindo de forma egoísta ou declarar-se seguidor de Cristo e escolher a quais versículos obedecer ao mesmo tempo em que ignora os demais.

Jesus afirmou em João 15.14: "Vocês serão meus amigos, se fizerem o que eu ordeno". As pessoas que não seguem Cristo não entendem por que seus seguidores lhe obedecem. Pensam que essa obediência é motivada por medo, culpa ou obrigação, e não desejam viver dessa forma. Eu também não desejaria algo assim.

Então, por que *realmente* obedecemos a Deus? Porque ele nos ama. O Senhor quer o melhor para nós. Nosso Pai Celestial nos ama como ninguém jamais nos amará. Não obedecemos a ele por medo, culpa ou obrigação, mas por amor – porque ele nos amou primeiro e nos salvou.

Quando eu estava no ensino médio, alguns achavam que eu não podia fazer o que eles faziam por eu ser cristão. Eu costumava dizer que podia usar todas as drogas que quisesse, ficar bêbado quando quisesse e ir a todas as festas que quisesse – mas Jesus havia mudado a minha *vontade*.

Não fazia essas coisas porque são prazeres baratos e falsos que, embora tenham a aparência de liberdade, não passam de algo momentâneo. Só levam ao desespero, não à dignidade; terminam em depressão, não em alegria.

Por outro lado, obedecer a Jesus conduz à vida. Ele disse: "Como o Pai me amou, assim eu os amei; permaneçam no meu amor. Se vocês obedecerem aos meus mandamentos, permanecerão no meu amor, assim como tenho obedecido aos mandamentos de meu Pai e em seu amor permaneço. Tenho dito estas palavras para que a minha alegria esteja em vocês e a alegria de vocês seja completa" (João 15.9-11).

Deus não deseja que você lhe obedeça por medo dele ou receio de ser punido, mas quer que você lhe obedeça por amor. Quando fizer isso, encontrará a verdadeira alegria e liberdade.

# *Confie em Jesus um dia de cada vez*

[...] não se preocupem com o amanhã,
pois o amanhã trará as suas próprias preocupações.
Basta a cada dia o seu próprio mal.
(Mateus 6.34)

Existem dois dias sobre os quais você nunca deve se preocupar: ontem e amanhã. Como Jesus disse: "[...] não se preocupem com o amanhã, pois o amanhã trará as suas próprias preocupações. Basta a cada dia o seu próprio mal" (Mateus 6.34).

Você não pode viver no passado nem no futuro; só pode viver o presente. Por que viver um dia de cada vez é tão importante? Primeiro, quando você se preocupa com os problemas de amanhã, perde as bênçãos de hoje. Segundo, não é possível resolver problemas futuros com a força de hoje. Quando o amanhã chegar, Deus dará a você poder, perspectiva, graça e sabedoria.

Quando pequeno, eu não me preocupava com nada do que eu *precisava*. Simplesmente ia até os meus pais e lhes pedia o que era necessário. Nunca me preocupava em como eles supririam as minhas necessidades, porque essa responsabilidade era deles. Deus deseja que você tenha essa mesma confiança nele.

Em Mateus 6.30, lemos: "Se Deus veste assim a erva do campo, que hoje existe e amanhã é lançada ao fogo, não vestirá muito mais a vocês, homens de pequena fé?".

Preocupar-se é assumir uma responsabilidade que Deus nunca quis que você carregasse. Talvez você esteja preocupado com muitas coisas que, na verdade, são responsabilidade de Deus. De fato, toda vez que você se preocupa, age como se tudo dependesse de você; como se não tivesse um Pai Celestial que cuida, guia e supre as suas necessidades.

A Bíblia não diz: "Dá-nos hoje o nosso pão semanal", mas "Dá-nos hoje o nosso pão de cada dia" (Mateus 6.11).

Deus quer que você dependa dele um dia de cada vez. Ele proverá *tudo* o que você precisa – para hoje. Por ele ser um Deus bom, você pode confiar que não lhe faltará nada. Planejar para o amanhã é sensato, mas não deixe que a preocupação seja maior. Deposite a sua confiança em Deus a cada novo dia.

# *Tentando superar a tentação sozinho?*

É melhor ter companhia do que estar sozinho, porque maior é a recompensa do trabalho de duas pessoas. Se um cair, o amigo pode ajudá-lo a levantar-se. Mas pobre do homem que cai e não tem quem o ajude a levantar-se!

(Eclesiastes 4.9-10)

Você continua tropeçando na mesma tentação? Talvez esteja relacionada a ciúme, preocupação, luxúria, fofoca ou gula. Independentemente do que seja, você não terá vitória sobre uma tentação persistente se tentar vencê-la sozinho.

A Bíblia afirma: "É melhor ter companhia do que estar sozinho, porque maior é a recompensa do trabalho de duas pessoas. Se um cair, o amigo pode ajudá-lo a levantar-se. Mas pobre do homem que cai e não tem quem o ajude a levantar-se!" (Eclesiastes 4.9-10).

Deus nos criou para precisarmos uns dos outros, pois sabe que somos melhores juntos. Nossa força aumenta quando servimos, adoramos, sofremos, confraternizamos e lutamos contra a tentação em conjunto.

Quem está ao seu lado na luta contra a tentação? A quem você presta contas? Quem o ajuda a crescer espiritualmente? Quem você permite que lhe faça perguntas diretas? E a quem *você* está acompanhando?

Obviamente não é o caso de compartilhar a quem seja as tentações com as quais você luta, mas é essencial contar com alguém. Essa pessoa pode apoiá-lo e ajudá-lo a superar as suas batalhas.

Quando alguém diz: "Nunca contei isso a ninguém antes", esteja atento, pois pode ser o primeiro passo da pessoa para a liberdade. Lembre-se, revelar os seus sentimentos é o começo da cura. Falar sobre as suas tentações é o caminho para superá-las.

Até que ponto você está determinado a mudar? Você não gostaria de sair desta fase da sua vida com uma fé mais forte após superar uma tentação? Por que não procurar um amigo que possa acompanhá-lo?

Alguns maus hábitos na sua vida podem ser impossíveis de superar sem o apoio de um amigo comprometido. Encontre essa pessoa e depois seja essa pessoa para alguém.

# *Onde começa o sonho de Deus para você*

Portanto, se alguém está em Cristo, é nova criação.
As coisas antigas já passaram; eis que surgiram coisas novas.
(2Coríntios 5.17)

Deus tem um grande sonho para você. No entanto, antes de revelar esse sonho, ele quer transformar a maneira de você ver a si mesmo –, pois a autopercepção influencia todos os aspectos da sua vida, até mesmo os seus sonhos.

Muitas vezes, a nossa percepção a respeito de nós mesmos é moldada pelo que disseram a nosso respeito. Contudo, as pessoas que moldaram a sua identidade nem sempre falaram a verdade nem o amaram da mesma forma que Deus o ama.

Uma das maneiras mais profundas de o Senhor agir na sua vida é mudando a sua autopercepção.

Foi exatamente isso que ele fez por Jacó. Depois de lutar com Deus, Jacó recebeu três coisas: uma nova identidade, uma bênção e um lembrete diário de que ele devia depender do Senhor, não de si mesmo.

Deus deu a Jacó um novo nome, Israel, que significa "príncipe de Deus", porque ele via o potencial do filho de Isaque. Além disso, Jacó foi abençoado com um sonho maior do que podia imaginar: como parte do pacto divino, os descendentes de Jacó se espalhariam pela terra. Mas ele também ficou manco a fim de parar de fugir e aprender a descansar e confiar em Deus.

Jacó saiu dessa experiência mais frágil, embora mais forte no poder de Deus e em sua nova identidade. Somente o Senhor pode fazer uma mudança tão radical em alguém a ponto de transformar uma pessoa "enganadora e manipuladora" (o significado do nome "Jacó") em "príncipe de Deus".

Não importa o que outros tenham dito sobre você ou como o rotularam. Não importa quem você é ou o que fez, Deus quer dar a você uma nova identidade. A Bíblia diz em 2Coríntios 5.17: "Portanto, se alguém está em Cristo, é nova criação. As coisas antigas já passaram; eis que surgiram coisas novas".

O Senhor não deseja apenas que você vire a página. Ele quer lhe dar uma vida completamente nova, com um sonho e um propósito além do que você pode imaginar.

# *Não deixe a amargura derrubar você*

A pedra é pesada e a areia é um fardo, mas a irritação causada pelo insensato é mais pesada do que as duas juntas.

(Provérbios 27.3)

Sempre que você alimenta a amargura acaba sufocando o seu espírito.

Quando o seu coração está cheio de amargura, você não consegue respirar espiritualmente. A amargura sufoca a felicidade e as emoções saudáveis, além de sobrecarregar, deprimir e estrangular o espírito. Provérbios 27.3 afirma que "a pedra é pesada e a areia é um fardo, mas a irritação causada pelo insensato é mais pesada do que as duas juntas".

Escolher a amargura é como decidir carregar um enorme peso o tempo todo. É um fardo desnecessário que você escolheu suportar.

Em geral, a amargura surge porque você se apega ao passado, na tentativa de ferir quem o machucou. Você acredita que manter a raiva fará a outra pessoa se sentir mal.

No entanto, a amargura é uma arma inútil. Afinal, ela não fere o outro; pelo contrário, só faz *você* sofrer.

É como beber veneno esperando que a pessoa que o feriu morra. Enquanto isso, ela pode estar por aí, vivendo a melhor fase da vida sem nem sequer se lembrar que você existe. A verdade é que ela nem sequer sabe que você pensa nela, porque simplesmente seguiu em frente.

Isto é exatamente o que você precisa fazer também: seguir em frente, porque continuar usando a amargura como arma é perda de tempo e só machucará você.

Talvez alguém o tenha ferido há muito tempo, e sinto muito por essa dor. Mas a boa notícia é que ninguém mais pode machucar você. A única maneira de continuarem fazendo isso é se você escolher guardar mágoa. A Bíblia diz em Jó 18.4: "Você, que se despedaça em sua ira [...]" (NAA).

Você não precisa mais sofrer. Deixe a dor ir embora. Entregue-a a Deus. Quando fizer isso, respirará o ar fresco e doce da liberdade e poderá seguir em frente com propósito.

# *Você encontrará a luz de Deus na Palavra*

[...] Para alguém aí que não saiba para onde está indo,
alguém que esteja tateando no escuro, aqui está:
confie no Eterno. Fique na dependência do seu Deus!

(Isaías 50.10, AM)

Nos dias sombrios, você precisa da luz de Jesus. Quando não consegue enxergar o caminho à frente, quando está confuso ou indeciso, ou ainda quando não sabe o que é melhor, ou o que fazer a seguir, é sinal de que precisa desse luz.

Quando estamos perdidos, os bem-intencionados podem até dizer: "Confie em si mesmo. Siga os seus instintos". Mas qualquer um que já seguiu por esse caminho sabe que, na melhor das hipóteses, está certo apenas 50% das vezes. No entanto, a sua perspectiva é limitada, e a sua luz é fraca; são como aquelas pequenas lanternas de chaveiro que não iluminam nada. Se confiar apenas em você mesmo, provavelmente terá dificuldade para tomar boas decisões.

Em vez disso, considere o que a Bíblia diz: "[...] para alguém aí que não saiba para onde está indo, alguém que esteja tateando no escuro, aqui está: confie no Eterno e fique na dependência do seu Deus!" (Isaías 50.10, AM). Em vez de confiar na sua própria luz, volte-se para a luz do Eterno.

Se você deseja ter a perspectiva de Deus no que se refere aos seus problemas, então precisa conhecê-lo por meio da Bíblia. Leia, estude e sature a mente e o coração com a Palavra, pois é nela que você sempre encontrará a vontade do Pai.

Fico impressionado com quantas pessoas perdem tempo esperando que Deus lhes dê um sinal em vez de simplesmente lerem as instruções que ele já forneceu. Se quer permanecer no caminho certo, o único que tem a fazer é estudar a Bíblia.

O Senhor promete guiá-lo se você permitir. Ele diz: "[...] vou tomar a mão dos que não sabem o caminho, que não conseguem enxergar por onde estão indo. Serei seu guia pessoal, conduzindo-os através de terras desconhecidas. Estarei ali para mostrar as estradas que devem escolher, para não deixar que caiam nas valetas. São essas as coisas que farei por eles – vou ficar perto deles, não os abandonarei por um minuto sequer" (Isaías 42.16, AM).

Permita que Deus seja o seu guia pessoal a partir de agora. Você nunca tropeçará no escuro se deixar a luz da Palavra iluminar a sua vida.

# *Ore com confiança*

Esta é a confiança que temos ao nos aproximarmos de Deus: se pedirmos alguma coisa de acordo com a vontade de Deus, ele nos ouvirá.

(1João 5.14)

**Por que Deus** não concede cura a todas as pessoas que a pedem?

Quando você orar a ele pedindo cura, creia que o Senhor ouvirá e responderá à sua oração. No entanto, a resposta talvez não seja a que você espera, porque ele age conforme a vontade dele. Que Deus sempre deseja o melhor para nós é fato – contudo, o melhor pode envolver usar uma doença inesperada.

Por vezes, o Altíssimo usa a doença para chamar a nossa atenção e nos redirecionar. Talvez ele precise colocá-lo em um leito a fim de que você olhe para o Alto. Como está escrito em Provérbios 20.30: "Os vergões das feridas são a purificação dos maus [...]" (ARC).

Em outras ocasiões, o Pai Celestial permite a doença para que ela sirva de testemunho. Paulo disse: "Quero que saibam, irmãos, que aquilo que me aconteceu tem, ao contrário, servido para o progresso do evangelho" (Filipenses 1.12). Apesar de estar doente e encarcerado, o que Paulo escreveu serviu de testemunho a respeito de como Deus usou as circunstâncias para espalhar as Boas-Novas.

Demonstrar confiança no Senhor em meio à dor é o testemunho mais poderoso que você pode dar. Na verdade, se reagirmos à pressão e à dor de tal forma que as pessoas se voltem para Deus, isso o glorifica.

Também é possível que Deus use a doença para levar uma pessoa à eternidade. Hebreus 9.27 afirma que "[...] o homem está destinado a morrer uma só vez e depois disso enfrentar o juízo". Se a cura de todas as doenças dependesse apenas de fé, isso quer dizer que, se tivesse fé suficiente, nunca morreria. Certamente esta não é a vontade de Deus.

Quando estiver doente, ore com confiança pedindo a cura divina. Mas por que você deve confiar? "Esta é a confiança que temos ao nos aproximarmos de Deus: se pedirmos alguma coisa de acordo com a vontade de Deus, ele nos ouvirá" (1João 5.14).

O Senhor sempre ouvirá quando você orar conforme a vontade dele. A resposta pode não vir da forma ou no tempo em que você deseja, mas a maneira de Deus responder e usar a sua dor sempre servem a um bom propósito.

# *Em quem você deve confiar?*

Pois a palavra do Senhor é verdadeira;
ele é fiel em tudo o que faz.
(Salmos 33.4)

Esta é uma das grandes questões da vida: em quem você confiará?

A resposta a essa pergunta determinará se você será feliz ou não, se terá sucesso ou fracassará, se aproveitará ao máximo a vida ou se a desperdiçará.

Para decidir em quem confiar, responda às seguintes perguntas: Qual é a pessoa que deseja o melhor para você? Quem o ajuda a tomar decisões importantes? Quem deseja vê-lo ter sucesso?

Confiar na opinião popular pode não ser uma boa ideia; afinal, muda o tempo todo. Os *influencers* também não são uma fonte confiável, já que as tendências e modas desaparecem rapidamente. Tomar decisões essenciais com base no que lê nas redes sociais é arriscado. Só porque algo está disponível na mídia não significa que seja confiável.

E quanto a confiar em você mesmo? Verdade seja dita, as suas emoções podem enganá-lo. A Bíblia ensina: “O coração é mais enganoso que qualquer outra coisa, e a sua doença é incurável. Quem é capaz de compreendê-lo?” (Jeremias 17.9).

Se você confiar a própria vida a alguém, então deve escolher alguém que lhe deseje o melhor, saiba de tudo, seja perfeito e nunca minta a você. Isso limita as suas opções a Deus.

Ninguém mais lhe dirá a verdade *sempre*. Até mesmo alguém que o ama e quer o melhor para você pode filtrar a verdade para torná-la mais agradável. Mas o que você precisa ouvir é a verdade – porque ela liberta.

Embora a verdade liberte, ela pode nos fazer sentir desolados no início; por isso, muitas pessoas a evitam. Ninguém quer ouvir que a maioria dos problemas foram causados por más decisões ou que o próprio ego causa grande parte do estresse que sentem – embora seja a verdade.

Salmos 33.4 diz o seguinte: “Pois a palavra do Senhor é verdadeira; ele é fiel em tudo o que faz”. Todos os dias, vozes ao seu redor tentam ganhar a sua confiança. Mas há apenas uma voz confiável que sempre desejará o melhor para você. Confie em Deus para cuidar tanto do seu presente quanto do seu futuro. Ele nunca o decepcionará.

# *O amor de Deus por você é eterno*

Pois o Senhor é bom; o seu amor dura
para sempre, e a sua fidelidade não tem fim.
(Salmos 100.5, NTLH)

Ninguém ama você como Deus.

O Senhor nos diz: "[...] eu sempre os amei e continuo a mostrar que o meu amor por vocês é eterno" (Jeremias 31.3, NTLH). Não importa quanto as pessoas se amem, esse amor sempre falha de alguma forma. Por exemplo, amo muito a minha esposa, mas às vezes a decepciono. Já cometi erros com os meus filhos, apesar do imenso amor que tenho por cada um deles Amo a comunidade da Igreja Saddleback, mas já desapontei alguns em certas ocasiões.

Contudo, o amor do nosso Pai Celestial é eterno e infalível. A Bíblia afirma que o amor do Senhor nos atrai a ele. E é essencial entender dois aspectos desse amor:

*Primeiro, o amor de Deus é incondicional.* Deus não diz: "Amo você *se* ...". Isso imporia uma condição. O amor condicional se reflete em frases como: "Amo você se me amar", "Amo você se me contentar", "Amo você se agir de *tal* forma", "Amo você, a menos que mude". Isso não é amor de verdade. O que acontecerá quando a pessoa perder a boa aparência ou alguém mais interessante aparecer? O amor simplesmente deixará de existir? Esse tipo de amor é condicional.

No entanto, o Senhor diz: "Amo você e ponto-final. Mesmo que nem sempre me ame, não seja fiel e não faça a coisa certa". O amor de Deus é incondicional.

*Segundo, o amor do Senhor é imutável.* Não é volúvel nem imprevisível. Talvez você tenha crescido com pais inconstantes. Pais assim criam filhos inseguros. Certa vez, um homem me disse: "Nunca sabia se o meu pai ia me abraçar ou me bater. Ele era imprevisível". Este é o tipo de amor instável.

Com Deus, você nunca terá que se perguntar: "Será que Deus me ama hoje?". O amor dele é duradouro e eterno. Salmos 100.5 nos promete: "Pois o Senhor é bom; o seu amor dura para sempre, e a sua fidelidade não tem fim" (NTLH).

Você nunca encontrará outro amor como o de Deus. Ele durará para sempre – não importa o que aconteça.

# *Mova-se rapidamente para fazer o bem – Não hesite em receber a salvação*

Quanto for possível, não deixe de fazer o bem a quem dele precisa.
(Provérbios 3.27)

Determinadas ocasiões exigem uma ação imediata em resposta ao Espírito de Deus, como obedecer-lhe quando ele diz que façamos algo ou peçamos perdão.

Vejamos duas situações em que você deve agir rapidamente.

*Primeiro, mova-se rapidamente quando tiver a oportunidade de fazer o bem.* A Bíblia enfatiza repetidas vezes que, sempre que tivermos a oportunidade de ajudar alguém, é preciso agir sem demora.

Deus frequentemente põe pessoas necessitadas na sua vida – você só precisa estar atento a elas. Talvez tenham necessidades físicas ou emocionais, como a necessidade de ser encorajado ou alvo de gentileza.

Em Provérbios 3.27, está escrito: "Quanto for possível, não deixe de fazer o bem a quem dele precisa". Por exemplo, se vir um sem-teto, não diga: "Preciso ajudar os desabrigados um dia destes". Em vez disso, faça algo para ajudá-lo aquele exato momento.

Lemos em Eclesiastes 11.4: "Quem fica observando o vento não plantará, e quem fica olhando para as nuvens não colherá". Nunca há um momento perfeito para fazer algo. Além disso, você não sabe se haverá um amanhã. Em João 9.4, Jesus diz: "Enquanto é dia, precisamos realizar a obra daquele que me enviou. A noite se aproxima, quando ninguém pode trabalhar".

*Segundo, não hesite quando Deus lhe oferecer a salvação.* Este é o momento que nunca deve ser adiado. O Senhor oferece a você a salvação, e hoje é o dia para recebê-la.

Não tomar uma decisão já é decidir. Ao dizer "ainda não", está dizendo "não" a Cristo. A Bíblia afirma em 2Coríntios 6.2: "[...] De fato, agora é o "tempo certo". Hoje é o dia da salvação!".

Mas como você recebe a salvação? Afastando-se do seu eu e voltando-se para Deus. Você escolhe confiar em Cristo para que ele entre na sua vida, perdoe os seus pecados e faça de você a pessoa que ele almeja.

A salvação é o melhor presente que você poderia ganhar. Não hesite em recebê-la hoje.

# *Um bom momento para desacelerar*

A pessoa que se mantém calma é sábia [...]

(Provérbios 14.29, NTLH)

Às vezes, Deus quer que você aja rapidamente, mas, em outras ocasiões, ele deseja que você desacelere. Como está escrito em Provérbios 14.29: "A pessoa que se mantém calma é sábia [...]" (NTLH).

Quando você deve desacelerar?

*Primeiro, vá devagar quando não tiver todas as informações.* Na sociedade moderna, a impulsividade e a espontaneidade são idolatradas, porque transmitem a ideia de que decisões tomadas no calor do momento são as melhores. No entanto, a Bíblia diz: "Se você se apressa em dar sua opinião, antes de ouvir os fatos, está mostrando que é um tolo e passará vergonha!" (Provérbios 18.13, NBV-P).

Você provavelmente já foi aconselhado a "seguir o que seu coração diz". Mas a Bíblia adverte: "O coração humano é mais enganoso que qualquer coisa e é extremamente perverso [...]" (Jeremias 17.9). Os sentimentos frequentemente nos levam à direção errada. É preciso confiar na verdade alheia a nós mesmos. Portanto, quando ainda não souber todos os fatos, desacelere. Não confie apenas nos seus instintos, coração ou sentimentos. Dedique tempo a buscar a verdade objetiva, que vem do Senhor.

*Segundo, vá devagar quando estiver magoado, zangado ou deprimido.* Quando estamos chateados, é mais fácil reagir e retaliar do que agir com sabedoria.

Tiago 1.19 diz: "[...] Sejam todos prontos para ouvir, tardios para falar e tardios para irar-se". Observe o ritmo desse versículo: prontos para ouvir, tardios para falar e tardios para se irar. Se você é rápido para ouvir e lento para falar, automaticamente será lento para se irar. No entanto, se é lento para ouvir e rápido para falar, provavelmente será rápido para se irar.

Provérbios 15.28 diz o seguinte: "O justo pensa bem antes de responder [...]". Em outras palavras, o justo usa a mente antes de abrir a boca. Às vezes, você se sentirá zangado, magoado ou deprimido – isso faz parte da vida. No entanto, da próxima vez que isso acontecer, desacelere. Lembre-se do que está escrito em Provérbios 14.29: "A pessoa que se mantém calma é sábia, mas a que facilmente perde a calma mostra que não tem juízo".

Evite tomar decisões rápidas movidas por emoções ou quando não tiver todas as informações. Em vez de "seguir seu coração", desacelere e tome uma decisão cuidadosa.

É sábio ser paciente.

# *Como lutar contra a tentação*

Estou decidido a cumprir teus
estatutos para sempre, até o fim.
(Salmos 119.112, NVT)

Quando as pessoas se sentem incapazes ou derrotadas, muitas vezes isso deve a que não sabem como lutar a batalha que ocorre na mente. Não percebem que a tentação envolve um processo e não é um ato isolado. Mesmo sendo um processo, pode acontecer rapidamente em apenas quatro etapas.

*A primeira é o desejo.* Deus deu a você o desejo de beber, dormir, comer e ter relação sexual, e não há nada de errado com tais desejos. No entanto, a tentação transforma um desejo natural em algo desenfreado. Ele se torna mais importante do que outras coisas e domina seus pensamentos.

*A segunda etapa é a dúvida – a respeito de Deus, da Palavra e do amor dele.* A dúvida surge quando você começa a se perguntar: "Bem, sei que a Bíblia diz *isso*, mas será que Deus realmente quis dizer que *isso* se aplica ao sexo [ou à comida ou qualquer outra coisa]?". Você começa a duvidar se pode confiar no Senhor e na Palavra.

*A terceira etapa é a decepção.* Você começa a acreditar em uma mentira. Satanás sabe como chamar a sua atenção e mover você do desejo para a dúvida e, em seguida, para a decepção.

*A quarta etapa é a desobediência e a derrota.* É quando a tentação se torna pecado. O que chamou a sua atenção se transforma em atração, que, por sua vez, se torna uma atitude. Então, a atitude se transforma em ação. A tentação não é pecado – mas a ação sim.

A Bíblia explica essa questão da seguinte maneira: "Cada um, porém, é tentado pelo próprio mau desejo, sendo por este arrastado e seduzido. Então esse desejo, tendo concebido, dá à luz o pecado, e o pecado, após ser consumado, gera a morte" (Tiago 1.14-15).

Você é livre para escolher o que pensa, mas não está livre das consequências das suas escolhas. Por isso, o melhor momento para vencer a batalha da mente é antes de ela ser travada. Salmos 119.112 diz: "Estou decidido a cumprir teus estatutos para sempre, até o fim" (NVT).

Você já decidiu obedecer à Palavra de Deus para sempre e até o fim? Identifique hoje o que pode ser uma tentação e afaste-se dela antes de dar um passo adiante.

# *Alegrando-se quando não faz sentido*

Meus irmãos, considerem motivo de grande alegria o fato de passarem por diversas provações.
(TIAGO 1.2)

INDEPENDENTEMENTE DOS DESAFIOS e das dificuldades que você enfrente, Deus o ajudará a superá-los.

Por isso, você pode se alegrar quando enfrentar dificuldades: "Meus irmãos, considerem motivo de grande alegria o fato de passarem por diversas provações" (Tiago 1.2).

Esse versículo é fácil de ser mal interpretado. Deus não está sugerindo que você busque dificuldades, negue a realidade ou "finja até alcançar seus objetivos". Você não precisa se alegrar com as circunstâncias. Nem com problema algum, mas pode se alegrar *em meio ao* problema porque conhece a verdade.

E qual é a verdade? Deus vê e se importa com tudo o que você tem atravessado. Você nunca está sozinho; o Senhor está sempre ao seu lado e lhe dará força se confiar nele.

Um dos maiores consolos em tempos de dificuldade é a promessa de Deus em Romanos 8.28: "Sabemos que Deus age em todas as coisas para o bem daqueles que o amam [...]".

Deus prometeu transformar o mal em bem – em todas as situações. Essa promessa não é para todos, mas para os que creem, aqueles que seguem Jesus e estão comprometidos a viver de acordo com o plano e o propósito do Senhor.

Quando você está em um momento difícil, pode escolher a alegria ao confiar na bondade de Deus. A alegria se baseia no que você sabe que é verdade e na fé de que o Senhor cumprirá a promessa de fazer que tudo coopera para o bem, de acordo com seu propósito. Como a alegria independe das circunstâncias, você é capaz de escolher se alegrar, não importa em situação.

Em Salmos 34.1, o rei Davi disse: "Bendirei o Senhor o tempo todo! Os meus lábios sempre o louvarão". Você pode agradecer a Deus, louvá-lo e alegrar-se nele – não só nos momentos bons, mas o tempo todo.

# *Deixe as provações tornarem você mais semelhante a Jesus*

Pois vocês sabem que a prova da sua fé produz perseverança. E a perseverança deve ter ação completa, a fim de que vocês sejam maduros e íntegros, sem que falte a vocês coisa alguma.

(Tiago 1.3-4)

Jesus está voltando e, quando ele voltar, tudo será restaurado. Se você é um seguidor de Cristo, passará a eternidade com ele.

Esse é o fim da história, mas o que fazer nesse meio-tempo? Ao longo da vida, você lidará com situações de estresse e dificuldade. Deus quer que você use essas provações para desenvolver perseverança e se tornar mais parecido com Jesus.

A Bíblia diz o seguinte: "Pois vocês sabem que a prova da sua fé produz perseverança. E a perseverança deve ter ação completa, a fim de que vocês sejam maduros e íntegros, sem que falte a vocês coisa alguma" (Tiago 1.3-4).

Tornar-se parecido com Cristo – "maduro e íntegro, sem faltar nada" – parece impossível? A Bíblia afirma que Deus pode realizar essa obra em você: "Que o próprio Deus, o Deus que deixa tudo santo e completo, faça vocês santos, completos e ajustados" (1Tessalonicenses 5.23, AM).

Você se sente inteiro ou fragmentado? Está em pé ou desmoronando? Se está se sentindo fragmentado agora, tudo bem. Não é preciso ter tudo sob controle. É impossível ser perfeito enquanto estamos no mundo terreno.

O que você pode fazer é se preparar espiritualmente para a volta de Jesus Cristo.

É importante manter a forma física e cuidar da saúde mental, mas não negligencie a sua boa forma espiritual. Você não precisa ser o mais forte, rápido ou saudável espiritualmente. Basta continuar cuidando dessa questão e permitir que as dificuldades enfrentadas o ajudem a crescer na fé.

Se você está desempregado, sofrendo com uma doença ou sentindo o peso do preconceito, volte-se para a Palavra e as promessas do Senhor. Quando sentir que está desmoronando, lembre-se de que Deus está trabalhando para torná-lo mais semelhante a Jesus e pode usar até mesmo as circunstâncias mais difíceis para fazer isso.

# *Deus pode usar as suas fraquezas para o bem*

[...] Portanto, eu me gloriarei ainda mais alegremente em minhas fraquezas, para que o poder de Cristo repouse.

(2Coríntios 12.9)

**Deus é forte** quando somos fracos e pode gerar algo bom até mesmo das nossas maiores fraquezas.

Aqui estão quatro maneiras de Deus usar as suas fraquezas para o bem:

*As fraquezas evitam a arrogância.* Reconhecer que você não é perfeito o torna humilde, e ser humilde o faz mais parecido com Jesus. Paulo tinha um "espinho na carne" que o impedia de se tornar arrogante. O apóstolo pediu a Deus que o removesse: "Três vezes roguei ao Senhor que o tirasse de mim. Mas ele me disse: 'Minha graça é suficiente a você [...]'" (2Coríntios 12.8-9). A graça do Senhor também é suficiente para você.

*Suas fraquezas ajudam você a valorizar os outros.* A Bíblia diz: "Ao contrário, algumas partes do corpo que parecem mais fracas são as mais necessárias" (1Coríntios 12.22, NVT). Ao depender de pessoas que têm o que você não tem, as suas fraquezas promovem a vida em comunidade.

*As fraquezas fazem você mais dependente de Deus.* Se você não tivesse fraquezas, viveria de forma autossuficiente, como se não precisasse do Senhor. Paulo escreveu: "[...] Portanto, eu me gloriarei ainda mais alegremente em minhas fraquezas, para que o poder de Cristo repouse em mim [...] Pois, quando sou fraco, é que sou forte" (2Coríntios 12.9-10).

*As fraquezas dão a você um ministério.* Deus usa suas forças e fraquezas no ministério. Ele "[...] nos consola em todas as nossas tribulações, para que, com a consolação que recebemos de Deus, possamos consolar os que estão passando por tribulações" (2Coríntios 1.4). Quando supera um problema ou aprende a viver com uma fraqueza, você se torna capaz de ajudar outros em circunstâncias semelhantes.

Talvez você tenha sido como Paulo e tenha implorado a Deus que removesse uma fraqueza. Mas hoje pode ser o momento de começar a confiar no Senhor para usar essa fragilidade a fim de torná-lo mais semelhante a Cristo.

# *O tempo de Deus é sempre perfeito*

Veja bem por onde anda,
e os seus passos serão seguros.
(Provérbios 4.26)

Quando você está prestes a tomar uma decisão importante, Deus deseja que você desacelere.

O livro de Provérbios tem muito a dizer a esse respeito. Provérbios 21.29 afirma que "a teimosia do perverso transparece em seu rosto, mas o justo pensa antes de agir" (NVT).

Em Provérbios 4.26, está escrito: "Veja bem por onde anda, e os seus passos serão seguros". Qual é o significado de "ver bem" aqui? Pensar, meditar ou considerar cuidadosamente. Ou seja, é algo que não deve ser feito às pressas.

Quando é necessário você ver bem por onde anda? Ao tomar grandes decisões – mudar de carreira, começar um novo ministério, casar ou comprar algo de valor. Provérbios 22.3 nos alerta: "O prudente percebe o perigo e busca refúgio; o inexperiente segue adiante e sofre as consequências". A área mais vulnerável a decisões impulsivas é a financeira. Por isso, tantas pessoas se encontram endividadas.

A solução é clara: "Os planos bem elaborados levam à fartura, mas o apressado sempre acaba na miséria" (Provérbios 21.5).

Você também precisa se mover devagar quando está à espera de que uma semente plantada cresça. A Bíblia fala muito sobre semeadura e colheita. Ao plantar uma semente, você obtém uma colheita. Isso vale para todas as áreas da vida. Se planta bondade, colhe bondade. Se planta fofoca, colhe fofoca. Se planta generosidade, colhe generosidade. O que você semear também colherá.

Entretanto, sempre há um período entre o plantio e a colheita; não lançamos a semente hoje e amanhã colhemos uma macieira. Talvez você sinta que está esperando há muito tempo para colher. Aqui está uma promessa para você: "A visão aguarda um tempo designado; ela fala do fim e não falhará. Ainda que demore, espere, porque ela certamente virá e não se atrasará" (Habacuque 2.3).

Saiba que você pode confiar no tempo de Deus. Às vezes, ele deseja que você aja rapidamente e, outras vezes, diz para ir devagar, mas a velocidade do Senhor é sempre perfeita.

# *O que agrada a Deus é a fé, não os sentimentos*

[...] Saí nu do ventre da minha mãe, e nu partirei.
O Senhor o deu, o Senhor o levou; louvado seja o nome do Senhor.
(Jó 1.21)

Quando somos novos na fé em Cristo, Deus muitas vezes nos dá emoções que confirmam a presença e o cuidado dele. No entanto, à medida que crescemos espiritualmente, ele nos desmama dessa dependência de emoções para crermos que ele permanece presente e atuante na nossa vida.

A onipresença de Deus e a manifestação da sua presença são duas coisas diferentes. Uma é um fato; a outra é frequentemente um sentimento. Mesmo que você não perceba, o Senhor está sempre presente, e sua presença é profunda demais para ser medida apenas por meras emoções.

Embora ele queira que você *sinta* a presença dele, o Senhor está mais interessado em que você *confie* nele. O que agrada a Deus é a fé, não os sentimentos.

As situações que mais põem a sua fé em xeque são aquelas em que a vida aparenta estar desmoronando e Deus parece distante. Foi o que aconteceu com Jó. Em um único dia, ele perdeu tudo – família, negócios, saúde e bens. Para piorar, o Altíssimo permaneceu em silêncio por 37 capítulos da Bíblia.

Como podemos adorar a Deus quando não entendemos o que está acontecendo e ele permanece em silêncio? Como ficar conectado em meio a uma crise, sem ao menos uma palavra do Senhor? Como manter os olhos em Jesus quando eles estão cheios de lágrimas?

Faça o que Jó fez, ele "[...] prostrou-se com o rosto em terra, em adoração, e disse: 'Saí nu do ventre da minha mãe, e nu partirei. O Senhor o deu, o Senhor o levou; louvado seja o nome do Senhor" (Jó 1.20-21).

Diga a Deus exatamente como se sente e derrame o coração diante dele. Jó fez exatamente isso: "Por isso não me calo; na aflição do meu espírito desabafarei, na amargura da minha alma farei as minhas queixas" (Jó 7.11).

Deus pode lidar com as suas dúvidas, raiva, medo, tristeza, confusão e perguntas. Os sentimentos, por si só, não provam a presença de Deus, mas o Senhor se agrada quando você expressa a ele o que sente, confiante de que ele ouve e se importa.

# *Três passos para revelar os seus pontos cegos*

Vê se em minha conduta algo te ofende
e dirige-me pelo caminho eterno.

(SALMOS 139.24)

A TENDÊNCIA NATURAL DA humanidade é mentir para nós mesmos. Muitas vezes, confiamos cegamente no que sentimos, mesmo que nem sempre seja preciso, e acreditamos em nossos pensamentos, embora nem sempre reflitam a verdade.

Isso acontece porque todos temos pontos cegos – atitudes ou fraquezas que não conseguimos enxergar ou que nos recusamos a reconhecer, mesmo quando causam conflitos com outros.

Portanto, como você pode superar esses pontos cegos e enxergar a verdade? Aqui estão três passos simples.

*Primeiro, peça clareza a Deus.* Ore a ele dizendo: "Vê se em minha conduta algo te ofende e dirige-me pelo caminho eterno" (Salmos 139.24). A Bíblia afirma que o coração é enganoso, então peça a Deus que traga à sua mente o que é verdade sobre ele e você. Peça-lhe que o ajude a confiar nele.

*Em seguida, peça ajuda a amigos ou familiares cristãos de confiança.* Deus põe pessoas na sua vida para ajudá-lo porque eles podem ver os seus pontos cegos, assim como você pode ver os deles. Provérbios 12.15 diz: "O insensato pensa que sua conduta é correta, mas o sábio dá ouvidos aos conselhos" (NVT). Se você acha que pode resolver tudo sozinho, isso pode ser um ponto cego.

*Por fim, peça a Jesus que transforme você.* Jesus disse que ele é a verdade (cf. João 14.6), e a Bíblia promete que "[...] a verdade os libertará" (João 8.32). Quanto mais próximo estiver de Jesus, menos vulnerável você será ao autoengano, pois caminhará na luz da verdade de Deus. Por quê? Porque a verdade de Deus permite que você veja a si mesmo e os outros como realmente são.

Jesus disse: "[...] Eu vim a este mundo para julgamento, a fim de que os cegos vejam e os que veem se tornem cegos" (João 9.39). Ele veio a este mundo para ajudá-lo a enxergar as áreas que estão fora do seu campo de visão e assim obter poder ver quem realmente é.

Deus pode livrá-lo de suas falhas ocultas, pontos cegos e autoenganos. Peça a ele clareza, recorra a amigos ou familiares cristãos de confiança e peça a Jesus que transforme você.

A verdade o libertará.

# *A unidade é nosso maior testemunho ao mundo*

A mesma glória que me deste eu dei a eles. Para que eles estejam unidos como nós estamos – Eu neles e eles em mim. Assim, eles amadurecerão nessa unidade E darão evidência ao mundo mau de que tu me enviaste e os amaste do mesmo modo que amaste a mim.

(João 17.22-23, AM)

Nossa unidade como família de Deus, e igreja, é o testemunho mais poderoso que podemos oferecer às pessoas.

É por isso que, antes de ser preso, a última oração de Jesus foi para que a igreja vivesse em unidade: "O alvo para todos eles é tornar-se um só coração e uma única mente – Assim como tu, ó Pai, és em mim e eu em ti. Para que possam ser um só coração e uma única mente conosco. Então, o mundo poderá crer que tu, de fato, me enviaste" (João 17.21, AM).

Você percebeu que Jesus vinculou a unidade de seus seguidores ao alcance das pessoas para Cristo? Ele afirmou que outros creriam nele quando vissem os cristãos amando uns aos outros e vivendo em unidade. Esta é a visão e o objetivo de Jesus para todos que o reconhecem como Salvador.

Nos versículos seguintes da oração de Jesus, ele revela que Deus nos dá sua glória para que possamos nos unir e, assim, outros possam ver o Evangelho em ação: "A mesma glória que me deste eu dei a eles. Para que eles estejam unidos como nós estamos – Eu neles e eles em mim. Assim, eles amadurecerão nessa unidade E darão evidência ao mundo mau de que tu me enviaste e os amaste do mesmo modo que amaste a mim" (João 17.22-23, AM).

O propósito da presença de Deus na sua vida é torná-lo mais amoroso – não mais ríspido, obstinado ou teimoso. Jesus disse: "O meu mandamento é este: Amem-se uns aos outros como eu os amei" (João 15.12).

Você deseja a glória e o poder de Deus na sua vida? Anseia sentir a presença dele? Jesus ensina que Deus concede sua glória – seu poder – àqueles que deixam de lado as diferenças secundárias com outros irmãos na fé. Ele deseja que você priorize as necessidades dos demais para poder viver em unidade. Paulo transmitiu essa mesma mensagem aos primeiros cristãos: "Sejam completamente humildes e dóceis, e sejam pacientes, suportando uns aos outros com amor. Façam todo o esforço para conservar a unidade do Espírito pelo vínculo da paz" (Efésios 4.2-3).

Mais do que nunca, as pessoas precisam ver que a unidade é possível, e esse exemplo deve ser encontrado na igreja. É nossa responsabilidade deixar de lado o orgulho e as preferências para nos concentrarmos no propósito divino.

Se deseja ser usado por Deus dessa forma, faça a seguinte oração hoje: "Pai, o Senhor deu à igreja uma grande missão no mundo, e quero fazer parte dela. Confesso o meu orgulho e egoísmo, que me impediram de considerar as necessidades dos outros em primeiro lugar. Por favor, desenvolve em mim o caráter de Jesus a ponto de que eu abra mão das minhas preferências e necessidades em favor da unidade na Igreja. Ajuda-me a ver as pessoas como o Senhor as vê, para que eu as trate com compaixão e graça. Só tu podes mudar os corações, e desejo que a minha vida reflita isso. Oro em nome de Jesus, amém".

Nosso amor uns pelos outros demonstrará ao mundo que pertencemos a Jesus e será um poderoso testemunho do poder de Cristo para transformar vidas.

# *Cumprir a missão de Deus exigirá um passo de fé*

Sem fé é impossível agradar a Deus, pois quem dele se aproxima precisa crer que ele existe e que recompensa aqueles que o buscam.

(HEBREUS 11.6)

QUANDO DEUS DEU a Jonas a missão de ir a Nínive, isso exigiu um enorme passo de fé – tanto é que, no início, Jonas fugiu dessa responsabilidade.

Nínive, a maior e mais importante cidade do mundo, era a capital da Assíria, o império mais poderoso da época. A cidade se destacava por sua beleza, com amplos bulevares, parques, canais, arquitetura grandiosa, palácios e templos.

Mas os assírios também eram conhecidos por sua crueldade e maldade. Costumavam destruir quase tudo pelo caminho.

Para Jonas, pregar aos ninivitas exigia muita fé. A Assíria havia capturado, dominado e escravizado os judeus repetidas vezes. O ódio entre Israel e a Assíria era mútuo. Essa inimizade abrangia questões políticas, religiosas e raciais.

Deus, porém, desejava salvar os assírios e, por isso, enviou Jonas para pregar o arrependimento em Nínive. Em vez de obedecer, Jonas fugiu na direção oposta. Ele se recusou a dar o passo de fé necessário para iniciar sua missão, muito menos concluí-la.

Com o passar do tempo, Jonas cumpriu sua missão e aprendeu que o Senhor está conosco em cada passo da jornada, tanto em nos guiar quanto em suprir as nossas necessidades. Ao nos dar a Grande Comissão, Jesus prometeu: "Portanto, vão e façam discípulos de todas as nações, batizando-os em nome do Pai e do Filho e do Espírito Santo, ensinando-os a obedecer a tudo o que eu ordenei a vocês. *E eu estarei sempre com vocês, até o fim dos tempos*" (Mateus 28.19-20).

Assim como a missão de Jonas, a missão que Deus dá a você será um teste de fé. Ela talvez desafie a sua comodidade, os seu preconceitos ou convicções políticas.

A Bíblia afirma: "Sem fé é impossível agradar a Deus, pois quem dele se aproxima precisa crer que ele existe e que recompensa aqueles que o buscam" (Hebreus 11.6).

Deus o ajudará a cumprir a missão que vem dele. Basta dar um passo à frente em fé.

# *Você não pode fugir de Deus*

"[...] Jonas fugiu da presença do Senhor,
dirigindo-se para Társis [...]".

(JONAS 1.3)

DEUS CONCEDE A cada um de nós uma missão única e nos dá a liberdade de escolher se a cumpriremos ou não.

A missão de Jonas era avisar os habitantes de Nínive que o julgamento estava próximo. No entanto, "[...] Jonas fugiu da presença do Senhor, dirigindo-se para Társis [...]" (Jonas 1.3).

Ele sofreu as consequências da decisão que tomou, as mesmas que você pode enfrentar se escolher fugir da missão que Deus tem para você.

Na narrativa bíblica, quando Jonas embarcou em um navio para fugir, o Senhor enviou uma poderosa tempestade para desviar o barco (cf. Jonas 1.4).

Por que Deus fez isso? Uma das razões é que ele amava Jonas e desejava que o profeta tomasse uma decisão que lhe proporcionasse uma vida de propósito e realização. O Pai Celestial permite que enfrentemos oposição para nos incentivar a tomar decisões melhores.

Se tudo isso não bastasse, a desobediência de Jonas também pôs em risco a vida de todos os que estavam no barco rumo a Társis. Se fugir do Senhor, as consequências não afetarão apenas você. Pessoas inocentes, incluindo as que você mais ama, podem ser prejudicadas – cônjuge, filhos, netos ou amigos. Às vezes, até mesmo pessoas que você nem conhece podem ser impactadas. Em resumo, a sua desobediência também pode ferir outros.

A história de Jonas ensina que fugir de Deus tem como resultado uma queda na trajetória da nossa vida. A desobediência pode custar caro – do ponto de vista financeiro, físico e emocional.

Nínive estava a 885 quilômetros de onde Jonas morava, em Israel, mas ele tentou escapar para Társis, a 4 mil quilômetros na direção oposta. Jonas escolheu o que parecia ser o caminho mais fácil e pensou apenas em si mesmo. Não queria fazer parte da redenção de Nínive, pois achava que os habitantes não a mereciam.

A verdade é que você não pode fugir do Senhor. Ele está em todos os lugares e sabe de tudo. No entanto, ele não força você a segui-lo, porque deseja que você *escolha* amá-lo e segui-lo por vontade própria.

Não tente fugir do Deus que o criou, salvou, ama e está sempre trabalhando para o seu bem. Segui-lo e cumprir a missão que ele lhe encomendou será sempre a melhor escolha.

# *Deus faz milagres quando você aceita a sua missão*

Tomados de grande temor ao Senhor,
os homens lhe ofereceram um sacrifício
e se comprometeram por meio de votos.
(Jonas 1.16)

Quando você aceita a missão de Deus, os milagres começam a acontecer.

Isso é evidente na vida de Jonas. Deus o enviou para alertar os habitantes de Nínive, mas ele não quis obedecer. Em vez disso, embarcou em um navio que o levaria para longe do lugar onde Deus o queria.

Para trazer Jonas de volta à missão, o Senhor enviou uma tempestade violenta. "[...] Peguem-me e joguem-me ao mar, e ele se acalmará. Pois eu sei que é por minha causa que esta violenta tempestade caiu sobre vocês" (Jonas 1.12).

Quando Jonas finalmente decidiu obedecer a Deus, três milagres aconteceram. Esses mesmos milagres podem acontecer quando você aceitar a missão do Senhor na *sua* vida.

- *A vida se acalma.* Deus acalmou a tempestade no momento em que Jonas foi jogado ao mar. As águas turbulentas deram lugar à calmaria.

  Quando você aceita a missão divina, ele acalma a tempestade para chamar a sua atenção. Talvez as circunstâncias externas não mudem de imediato, mas você encontrará paz onde antes havia tumulto; descanso onde havia pânico.
- *Os sem fé passam a crer.* Os homens a bordo do navio ficaram maravilhados ao ver que Deus parou a tempestade quando jogaram Jonas ao mar: "Tomados de grande temor ao Senhor, os homens lhe ofereceram um sacrifício e se comprometeram por meio de votos" (Jonas 1.16). Porque um seguidor de Deus seguiu a direção certa, os sem fé passaram a crer.

  Talvez você tenha um amigo ou parente não cristão que, ao ver como você escolhe seguir a Deus de todo o coração, se sinta inspirado a confiar em Jesus.
- *Deus mostra misericórdia.* A Bíblia diz em Jonas 1.17: "O Senhor fez com que um grande peixe engolisse Jonas [...]". Isso pode não parecer misericórdia, mas foi. Jonas foi jogado ao mar durante uma tempestade, mas sobreviveu porque Deus enviou um grande peixe que o tragasse.

Algumas pessoas pensam que, caso se voltem para o Senhor e aceitem sua missão, serão punidas pelo tempo desperdiçado. Isso não é verdade. Deus deseja que você cumpra a sua missão; por isso, ele sempre o acolherá de braços abertos.

Deus tem o poder de transformar o que você lhe oferecer em algo extraordinário.

# *Ore com fervor quando se sentir desesperado*

[...] Em meu desespero clamei ao Senhor,
e ele me respondeu. Do ventre da morte gritei
por socorro, e ouviste o meu clamor.

(Jonas 2.2)

Quando ora, você diz a Deus apenas o que entende que ele quer ouvir? Ou quem sabe siga um padrão previsível, sem realmente pensar no que está dizendo? Talvez comece com um simples "Oi, Senhor. Como vai?", e depois continua com uma oração que soa muito parecida com a última que fez.

Mas Deus não está buscando orações banais, memorizadas e mecânicas, sem sentimento. Ele está cansado de ouvir orações desse tipo. Em vez disso, deseja que você ore com sinceridade e fervor.

Jonas pode nos ensinar muito sobre como orar com fervor. Quando estava afundando no oceano e foi engolido por um grande peixe, disse: "[...] Em meu desespero clamei ao Senhor, e ele me respondeu. Do ventre da morte gritei por socorro, e ouviste o meu clamor" (Jonas 2.2).

Sempre soube quando os meus filhos diziam algo sem sinceridade. Deus também sabe. Não consigo imaginar Jonas orando de forma mecânica dentro do peixe: "Agora vou me deitar e dormir". Ele não orou assim, mas "clamou" com intensidade. Sua oração provavelmente soou como: "Deus, preciso de ajuda agora".

O Senhor responde a orações sinceras, até mesmo aquelas frenéticas e emocionais que fazemos no meio de uma crise. Ele quer que você expresse o que está no seu coração, e isso inclui reclamações. Na Bíblia, esse tipo de oração é chamado de *lamento*, que é uma forma de expressar queixas. Deus está interessado em cada detalhe da sua vida, mesmo quando você não está feliz.

Muitos dos salmos são lamentos ou orações de queixa a Deus. Além disso, existe até um livro na Bíblia chamado Lamentações, cheio de queixas do profeta Jeremias. Deus se importa com a sua dor e quer ouvir o que está no seu coração. Ele prefere ouvir as suas reclamações com sinceridade do que uma oração educada que não expressa a verdade.

Se você se encontra em uma situação desesperadora (em algum momento se encontrará), esqueça a oração automática. Abra o coração para Deus.

Ele está pronto para ouvir você.

# *Não deixe o medo de falhar paralisar você*

Pois Deus não nos deu espírito de covardia,
mas de poder, de amor e de equilíbrio.
(2Timóteo 1.7)

Apenas três meses depois de me casar com Kay, sofri um colapso físico e mental que resultou em uma hospitalização. Estava consumido pelo medo do fracasso e acreditava que a minha vida havia acabado – e só tinha 21 anos. O psiquiatra do hospital recomendou que tirasse um tempo de folga.

Então, fomos para a casa dos meus pais, no norte da Califórnia, onde continuei me sentindo um completo fracasso. Pensava que não era capaz de lidar com nada; tudo me deixava nervoso e irritado.

Certa noite, tive um sonho que parecia maligno. Acordei suando frio. Enquanto estava deitado na cama, respirando rapidamente, ouvi o telefone tocar. Minha mãe atendeu. A pessoa do outro lado perguntou: “É da casa onde está o Rick Warren? Posso falar com ele?”.

Quando atendi, o homem disse: “Rick, você não me conhece. Nunca nos encontramos. Como consegui este número, não importa. Mas moro em San Diego, e Deus me disse que deveria ligar e lhe dizer este versículo: ‘Pois Deus não nos deu espírito de covardia, mas de poder, de amor e de equilíbrio’ (2Timóteo 1.7). E, Rick, você tem o direito, em Jesus Cristo, de ter uma mente sã”. Em seguida, desligou.

Você acha que Deus não usa pessoas assim? Sim, usa. Pode ter sido um anjo, mas não precisava ser. Talvez o Senhor tenha simplesmente dito a esse homem: “Ligue para esse cara”. E, em obediência, ele ligou.

Agarrei-me a esse versículo durante aquele ano de depressão, quando achava que eu era um fracasso, mesmo que a minha vida mal tivesse começado. Mas Deus ainda não havia terminado a obra dele em mim, e, desde então, ele tem feito muitas coisas.

Deus também não terminou a obra dele em você. Não importa o que você tenha passado. Sinto muito por toda a dor que você tenha tido, mas não deixe o medo paralisar você. Esforce-se para confiar em Deus em tudo o que fizer. Viva pela fé e com amor.

# *Deus fortalece a sua fé por meio da oração*

Peçam, e será dado; busquem, e encontrarão;
batam, e a porta será aberta.

(Mateus 7.7)

Deus pode e está disposto a suprir todas as nossas necessidades. No entanto, às vezes esquecemos até que ponto ele está comprometido em nos ajudar. Então, paramos de pedir a ajuda dele e começamos a depender apenas de nós mesmos.

Talvez você só peça a Deus pelas "coisas grandes", mas não pelas "pequenas". Sabe de uma coisa? Para Deus, tudo é pequeno. Nenhum dos seus pedidos é grande demais para ele. O Senhor conhece cada fio de cabelo da sua cabeça e sabe até quantos caíram na pia esta manhã.

Você não está incomodando o Pai com os seus pedidos; afinal, foi ele quem estabeleceu a prática da oração. É por isso que o Novo Testamento nos incentiva mais de 20 vezes a pedir o que precisamos em oração. Mateus 7.7 nos ensina: "Peçam, e será dado; busquem, e encontrarão; batam, e a porta será aberta".

Às vezes, em vez de orar e pedir algo a Deus, você apenas se preocupa com a situação. Contudo, se o problema é grande o bastante para lhe causar preocupação, é grande o bastante para ser motivo de oração. A preocupação não resolve nada, mas a oração pode mudar tudo.

Deus fortalece a sua fé e confiança da mesma forma que um pai ensina uma criança a confiar. A Bíblia diz: "Se vocês [...] sabem dar boas coisas aos seus filhos, quanto mais o Pai que está nos céus dará o Espírito Santo a quem o pedir!" (Lucas 11.13). É assim que funciona entre um pai e uma criança. Primeiro, ela reconhece uma necessidade não atendida; depois, expressa essa necessidade. Por fim, o pai atende à necessidade.

Deus aplica essa mesma abordagem para ensinar você a confiar nele. Primeiro, você tem uma necessidade. Ao expressá-la a Deus, ele responde, e você aprende a confiar mais nele. Se não expressar as suas necessidades ao Senhor, como aprenderá a ter mais confiança nele? Portanto, peça a Deus, e ele sempre responderá com bondade.

Não hesite – experimente isso hoje. Leve as suas preocupações a Deus em oração. Depois, observe como ele responde às suas orações e atende às suas necessidades. Você aprenderá que Deus é confiável e que pode contar com ele, não importa o que aconteça.

# *Seja quem Deus o criou para ser*

[...] não usamos de engano nem
torcemos a palavra de Deus [...]
(2Coríntios 4.2)

Nada é mais desanimador do que tentar ser algo que você não é.

Talvez você esteja fingindo ser outra pessoa por medo de que descubram quem você realmente é ou de que Deus não o ame. No entanto, quando você vive assim, acaba perdendo o melhor que o Senhor tem para a sua vida.

Deus não o criou para viver de forma falsa ou fingida. Se você deseja a bênção divina, precisa parar de se preocupar com a aprovação alheia e começar a ser quem o Senhor o fez para ser. Quando você chegar ao céu, Deus não perguntará: "Por que você não foi mais como sua irmã, aquela pessoa popular ou seu amigo bem-sucedido?". Ele pedirá que preste contas se cumpriu os propósitos que ele tinha para você.

O mundo não precisa de mais uma cópia de ninguém. O que ele precisa *mesmo* é que você faça o que Deus o chamou para fazer aqui. O Senhor o moldou de forma única e lhe deu dons específicos; desse modo, todos perdemos algo quando você decide ser quem não é.

Paulo disse em 2Coríntios 4.2: "[...] não usamos de engano nem torcemos a palavra de Deus [...]". Em outras palavras, não usamos disfarces ou máscaras. Não fingimos ser algo que não somos. Ensinamos a verdade da Palavra de Deus de forma clara, a fim de refletir quem realmente somos como seguidores de Cristo.

Nada é mais cansativo do que tentar agradar a todos. Já estive na capa da revista *Newsweek* duas vezes, uma como herói e outra como fracasso. Faz parte da vida. Nem Deus consegue agradar a todos. Enquanto uma pessoa ora por um dia de neve, outra está orando por um céu azul.

Se está sempre tentando ser alguém que não é, então sempre ficará estressado, com medo de ser descoberto e propenso ao desânimo. Para vencer o desânimo, seja autêntico. Você não precisa ser perfeito para que Deus o abençoe – basta ser quem ele o criou para ser.

# *Você está sendo honesto consigo mesmo?*

Quem vive segundo a carne tem a mente voltada
para o que a carne deseja; mas quem vive de acordo
com o Espírito tem a mente voltada para o que o Espírito deseja.

(Romanos 8.5)

Alguma vez já se sentiu como se fosse refém dos seus próprios pensamentos? Talvez não consiga tirar determinado pensamento da cabeça ou saiba que algo não é bom para você, mas, ainda assim, acaba fazendo.

Romanos 7.23 diz: "Mas vejo outra lei atuando nos membros do meu corpo, guerreando contra a lei da minha mente, tornando-me prisioneiro da lei do pecado que atua em meus membros". Há uma batalha acontecendo na sua mente; por isso, se você não lutar contra a sua velha natureza, perderá essa batalha.

A velha natureza – quem você era antes de Jesus o transformar – não é sua amiga. Na verdade, é a origem de todos os seus hábitos autodestrutivos. Quer parar com esses hábitos e ter mais controle sobre o que pensa? Lembre-se desta verdade: você não precisa acreditar em tudo o que pensa.

A mente nos engana o tempo todo. Só porque pensamos ou sentimos algo, não significa que seja verdade. Parte do crescimento espiritual é aprender a distinguir entre pensamentos verdadeiros e aqueles que não são. Uma das disciplinas mais importantes que você pode desenvolver é a capacidade de desafiar os próprios pensamentos. Pergunte-se: "O que estou pensando é realmente verdade?".

Não importa o quanto você cresça espiritualmente, sua velha natureza pecaminosa continuará tentando controlar seus pensamentos. Você precisa aprender a questionar seus pensamentos ao longo do dia – e da vida.

Quando começar a pensar coisas como "A vida nunca melhorará" ou "Não valho nada", pergunte a si mesmo se essas coisas são de fato verdade. Então, substitua tais pensamentos pela verdade da Palavra de Deus.

Como está escrito em Romanos 8.5: "Quem vive segundo a carne tem a mente voltada para o que a carne deseja; mas quem vive de acordo com o Espírito tem a mente voltada para o que o Espírito deseja".

# *Uma oração poderosa para quando você se sentir impotente*

[...] Não temos forças para lutar com esse exército imenso que está prestes a nos atacar. Não sabemos o que fazer, mas esperamos o socorro que vem de ti.

(2Crônicas 20.12, NVT)

As orações que rompem barreiras são diferentes das demais orações que costumamos fazer.

Você provavelmente ora pedindo ajuda, força ou sabedoria. Quando diz: "Deus, preciso de ajuda", significa que ainda acredita que pode realizar algo com a assistência do Senhor. E não há nada de errado com essas orações.

No entanto, em uma oração capaz de romper barreiras, você diz: "Deus, não posso fazer isso. Está além da minha capacidade. Preciso que o Senhor faça isso". Esta é a oração que fazemos quando nos sentimos completamente impotente.

Diante de probabilidades insuperáveis, o rei Josafá voltou-se para o alto e declarou: "[...] Não temos forças para lutar com esse exército imenso que está prestes a nos atacar. Não sabemos o que fazer, mas esperamos o socorro que vem de ti" (2Crônicas 20.12, NVT).

Quando você estiver orando para romper algo na sua vida, siga o exemplo de Josafá. Primeiro, diga a Deus exatamente como se sente. Você se sente impotente, como se estivesse lutando contra algo sem ver nenhum resultado? Seja sincero com Deus. Confesse que se sente sem esperança e admita a sua fraqueza. Quando estamos conectados com Deus, não precisamos ser poderosos ou saber tudo – porque ele é todo-poderoso e onisciente. Muito menos precisamos estar em todos os lugares – porque ele está em todos os lugares.

Portanto, o que você deve fazer quando se depara com uma situação que não pode controlar, mudar ou com a qual lidar? A resposta é esperar e confiar em tudo o que sabe ser verdade sobre Deus. Às vezes, ter fé significa não fazer nada. Simplesmente ficar parado, esperar e confiar. Se tentar fazer algo, significa que tomou de volta o controle da situação.

Veja como o povo do rei Josafá vivenciava a fé: "Enquanto todos os homens de Judá estavam diante do Senhor [...]" (2Crônicas 20.13). Ao simplesmente permanecer diante de Deus, demonstraram que o desafio que enfrentavam era grande demais para eles. Mesmo estando já sem forças, continuaram firmes porque confiavam na provisão do Senhor.

Quando precisar do poder que rompe barreiras, siga o exemplo deles. Espere, observe e confie.

# *Deus está tentando falar com você*

[...] Não tenham medo nem fiquem desanimados
por causa desse exército enorme. Pois a batalha
não é de vocês, mas de Deus.

(2Crônicas 20.15)

A oração é uma conversa, não um monólogo. Quando orar, não se prenda a um longo discurso. Não é possível construir uma amizade com Deus se não der espaço para ele falar.

Mas como permitir que ele fale com você? Por meio da Bíblia. Muito do que Deus quer dizer já está na Palavra. Muitas pessoas ficam esperando por sinais, pensando: "Gostaria que Deus me dissesse o que ele deseja que eu faça. Queria que ele escrevesse isso no céu". Contudo, o Senhor não escreverá a vontade dele no céu, pois já a escreveu em um livro.

Em vez de procurar por sinais, leia as Escrituras. Pare de buscar uma visão e comece a buscar um versículo. A vontade de Deus está na Palavra. Quanto mais você ler a Bíblia, mais saberá o que fazer.

O rei Josafá estava enfrentando uma ameaça iminente: três exércitos inimigos se uniram para atacar o povo de Judá. Cientes de que, com suas próprias forças, seriam derrotados, eles oraram por ajuda. Deus respondeu por meio de um de seus filhos, dizendo: "[...] 'Não tenham medo nem fiquem desanimados por causa desse exército enorme. Pois a batalha não é de vocês, mas de Deus [...] Vocês não precisarão lutar nessa batalha. Tomem suas posições, permaneçam firmes e vejam o livramento que o Senhor dará, ó Judá, ó Jerusalém. Não tenham medo nem desanimem. Saiam para enfrentá-los amanhã, e o Senhor estará com vocês'. Josafá prostrou-se com o rosto em terra, e todo o povo de Judá e de Jerusalém prostrou-se em adoração perante o Senhor" (2Crônicas 20.15,17-18).

Imagine uma nação inteira prostrada, com o rosto em terra, adorando a Deus porque ele prometeu que cuidaria de tudo. Josafá e o povo confiaram na promessa divina, e essa confiança os levou a adorar, em vez de se preocupar. Quando você acredita no que Deus prometeu, ele também cuidará de tudo para você.

Deus tem promessas incríveis, mas você só as conhecerá se abrir a Bíblia e começar a ler.

# *Você não pode convencer as pessoas a ignorar suas próprias dores*

Depois, sentaram-se no chão com ele durante
sete dias e sete noites. Não disseram nada,
pois viram que o sofrimento de Jó era grande demais.
(Jó 2.11,13, NVT)

A PRESSA IMPEDE QUE você seja um bom ouvinte. Afinal, boas conversas exigem tempo e dedicação.

Jó era um homem rico que perdeu praticamente tudo – o dinheiro, a saúde e até mesmos os filhos. "Quando três amigos de Jó souberam das tragédias que o haviam atingido, cada um saiu de onde vivia e os três foram juntos consolá-lo e animá-lo [...] Depois, sentaram-se no chão com ele durante sete dias e sete noites. Não disseram nada, pois viram que o sofrimento de Jó era grande demais" (Jó 2.11,13, NVT).

Os amigos de Jó ofereceram-lhe companhia. Quando ajudamos alguém em sofrimento, é importante lembrar de que, quanto maior a dor da pessoa, menos devemos falar. Se alguém está tendo um dia ruim, você pode conversar por meia hora. Mas, se a pessoa está enfrentando uma crise, falar muito geralmente não ajuda.

Talvez você não saiba como ajudar alguém em crise e, por isso, procura evitar essas situações, com medo de dizer algo errado.

A verdade é que você não precisa dizer nada a um amigo que está sofrendo. Apenas esteja ao lado dele. Você não pode convencer as pessoas a ignorar a dor delas, porque algumas dores não podem ser expressas em palavras. No momento certo, tanto você quanto seu amigo saberão o que dizer.

Esse tipo de apoio requer tempo. Os amigos de Jó ficaram ao lado dele durante sete dias inteiros em silêncio. Você tem alguém que ficaria em silêncio com você sete dias? Isso exige muita maturidade e ser um amigo de verdade.

Para ser o tipo de amigo que oferece o amor, a atenção e a presença que as pessoas precisam nos momentos de dor, é preciso estar disposto a investir tempo.

# *Escute além das palavras e concentre-se nos sentimentos*

[...] Sejam cheios de compaixão uns pelos outros.
Amem uns aos outros como irmãos.
Mostrem misericórdia e humildade.
(1Pedro 3.8, NVT)

**O que as pessoas** *dizem* em uma conversa não é tão importante quanto o que *sentem*. Às vezes, podem dizer uma coisa mesmo sentindo outra.

Se deseja de fato ser um bom ouvinte, escute além das palavras, mesmo quando o que é dito pareça ofensivo. Pessoas feridas tendem a ferir outras, e as palavras podem se tornar uma arma perigosa.

Quando alguém reage de forma agressiva ou defensiva, pode ser um reflexo de medo, insegurança ou frustração. Reconhecer tais sentimentos nos demais torna mais fácil entender o que realmente estão tentando comunicar.

As palavras nem sempre resumem toda a história. Em vez disso, você precisa ouvir a dor – as experiências que moldam as interações de uma pessoa – e entender que, muitas vezes, o objetivo não é você.

Em outras palavras, ouvir com amor envolve enxergar além das palavras e concentrar-se nos sentimentos da pessoa. A Bíblia ensina o seguinte: "[...] Sejam cheios de compaixão uns pelos outros. Amem uns aos outros como irmãos. Mostrem misericórdia e humildade" (1Pedro 3.8, NVT).

A humildade permite que você esteja aberto a novas ideias e priorize as necessidades e os sentimentos dos outros. Com um coração amoroso, você escolhe a compaixão em vez de responder com rispidez. Quando é gentil e compreensivo, evita revidar. Se as pessoas ficarem zangadas com você, tente olhar além da raiva e pergunte a você mesmo: "Do que estão com medo? O que as deixa ansiosas? O que as machucou? O que precisam que eu entenda?".

Você nem sempre conhecerá tão bem as pessoas a ponto de identificar exatamente o que as preocupa ou altera suas emoções. Mas pode escolher dar-lhes o benefício da dúvida. Aja com humildade e bondade, em vez de precisar ter a última palavra. Você pode oferecer graça às pessoas, em vez de buscar vingança.

Mesmo diante de palavras duras, um bom ouvinte sempre escolhe o amor.

# *Você pratica o que ouve?*

Sejam praticantes da palavra, e não apenas ouvintes, enganando vocês mesmos.

(TIAGO 1.22)

DEUS DESEJA QUE você *faça* o que ele o manda fazer, não apenas *ouça* o que ele tem a dizer. O Senhor o chama para ser um seguidor ativo de Jesus, não um ouvinte passivo. Como Tiago 1.22 nos instrui: "Sejam praticantes da palavra, e não apenas ouvintes, enganando vocês mesmos".

A verdade é que você pode ouvir sermões e estudar a Bíblia por décadas, mas, se nunca puser em prática o que aprendeu, não crescerá em ser mais parecido com Cristo.

A Bíblia nos diz: "Toda a Escritura é inspirada por Deus e útil para o ensino, para a repreensão, para a correção e para a instrução na justiça, para que o homem de Deus seja apto e plenamente preparado para toda boa obra" (2Timóteo 3.16-17).

Esse versículo destaca quatro aspectos da Palavra de Deus. A Bíblia mostra o caminho que você deve seguir; isso é ensino. Aponta onde você se desviou do caminho; em outras palavras, repreensão. Ensina como voltar ao caminho; ou seja, correção. E instrui como permanecer no caminho; isso é instrução na justiça. Portanto, a Palavra de Deus é uma verdade prática para a vida real.

O problema é que a maioria de nós sabe muito, mas pratica pouco. Dizemos acreditar no perdão, mas será que realmente perdoamos quem nos magoa? Afirmamos que sabemos esperar em Deus, mas somos, de fato, pacientes?

Deus não quer que você apenas faça anotações e diga que acredita nas verdades da Palavra. Ele deseja que você a ponha *em prática.*

Jesus disse em Mateus 28.20: "Ensinem esses novos discípulos a *obedecerem* a todas as ordens que eu lhes dei [...]" (NVT). Ele não disse: "Ensinem esses novos discípulos a *saber* ou *pensar* em todas as ordens que eu lhes dei". Mas disse: "Ensinem-lhes a obedecer".

Não se engane pensando que ouvir a Palavra de Deus é o mesmo que praticá-la. Faça planos para pôr em prática o que você ouve, a fim de poder crescer e se tornar a pessoa que Deus o criou para ser.

# *Você não pode perder o que Jesus garantiu*

As minhas ovelhas ouvem a minha voz; eu as conheço, e elas me seguem. Eu lhes dou a vida eterna, e elas jamais perecerão; ninguém as poderá arrancar da minha mão.

(João 10.27-28)

Você não pode perder a salvação. Assim como Jesus o salva dos seus pecados, ele também garante a salvação.

Cristo prometeu em João 10.27-28: "As minhas ovelhas ouvem a minha voz; eu as conheço, e elas me seguem. Eu lhes dou a vida eterna, e elas jamais perecerão; ninguém as poderá arrancar da minha mão".

Existem forças malignas no mundo que querem nos afastar de Deus. Contudo, como qualquer pai amoroso, o Senhor não quer perder nenhum de seus filhos – e ele não perderá. Você está seguro na promessa da salvação.

Uma das maiores mentiras que Satanás nos sussurra aos ouvidos é que, se entregarmos a vida a Cristo, não conseguiremos manter tal compromisso. Isso leva alguns a pensar: "Estou sendo tão tentado que duvido que consiga me manter salvo".

Mas a verdade é que você não precisa fazer algo para manter a salvação. Uma vez que aceitou Jesus como Senhor e Salvador da sua vida, ninguém pode roubar-lhe a salvação, não importa o que aconteça.

Nada do que você fizer levará Deus a amá-lo menos ou mais do que já o ama agora. O sacrifício de Cristo na cruz demonstra quanto Deus o ama.

Você pode perder muitas coisas na vida – família, emprego, saúde ou até a saúde mental, mas a única coisa que nunca pode perder é a salvação. Jesus é quem garante a sua segurança eterna. Nele podemos confiar plenamente que nos levará a viver com Deus por toda a eternidade.

Lembre-se do que o apóstolo Paulo afirmou sobre Jesus: "[...] sei em quem tenho crido e estou bem certo de que ele é poderoso para guardar o que lhe confiei até aquele dia" (2Timóteo 1.12).

# *Jesus está orando por você*

Minha oração não é por este mundo, mas por aqueles
que me deste, pois eles pertencem a ti. Tudo que é meu pertence a ti,
e tudo que é teu pertence a mim, e eu sou glorificado por meio deles.
(João 17.9-10, NVT)

Você sabia que Jesus ora por você? A Bíblia afirma repetidas vezes que ele está sempre intercedendo em seu favor.

Talvez você se pergunte: "Jesus não é Deus? Como então pode orar a si mesmo?".

Mas pense no seguinte: você fala você mesmo o tempo todo. Isso acontece porque foi feito à imagem de Deus. Jesus é Deus; ele faz parte da Trindade – Pai, Filho e Espírito Santo – e não para de pensar em você e falar sobre você. Para Cristo, você é precioso; o alvo de sua afeição. É óbvio que ele pensa em você e fala a seu respeito.

Antes de morrer na cruz, ele orou por você. Em João 17.9-10, disse: "Minha oração não é por este mundo, mas por aqueles que me deste, pois eles pertencem a ti. Tudo o que é meu pertence a ti, e tudo que é teu pertence a mim, e eu sou glorificado por meio deles" (João 17.9-10, NVT).

Deus sempre ouve Jesus dizer: "Ajude-a, Senhor", "Ajude-o, Senhor", "Ajude essa família, Senhor", "Ajude esse relacionamento, Senhor". Isso se chama intercessão, que significa advogar em favor de alguém.

Cristo tem intercedido por você em todos os momentos da sua vida. Ele pode fazer isso porque é Deus. Ele não se confunde nem fica sobrecarregado. Nenhuma circunstância é demais para ele. Ele é seu Advogado, que está à direita do Pai, no céu, "[...] e também intercede por nós" (Romanos 8.34). Sempre que você peca, Jesus lembra ao Pai que ele já pagou por esse pecado; então, tudo está resolvido.

Graças à intercessão de Jesus, você pode orar a qualquer momento, mesmo quando não souber o que dizer. Apenas diga: "Jesus, agradeço por orar por mim – porque estou realmente lutando".

E você pode encontrar conforto no fato de que Jesus está sempre pensando em você e orando por você.

# *Quando você faz o que sabe ser errado*

Quem anda com integridade anda com segurança,
mas quem segue veredas tortuosas será descoberto.
(Provérbios 10.9)

**Quando tomamos decisões,** precisamos do teste da integridade. Por quê?

A Bíblia diz que "quem anda com integridade anda com segurança, mas quem segue veredas tortuosas será descoberto" (Provérbios 10.9). Se você não vive com integridade, os seus erros acabarão serão revelados.

Você demonstra integridade quando há coerência entre a sua vida pública e a privada. Isso significa que os desejos do seu coração estão alinhados com o seu modo de vida. Pergunte a você mesmo: "Eu gostaria que todos soubessem da decisão que acabo de tomar?". Quando o assunto é integridade, mesmo que você consiga enganar outros, não pode enganar você mesmo. Muitas vezes, violamos a própria consciência.

Às vezes, sabemos que estamos prestes a fazer algo errado e que não deveríamos fazer tal coisa. Contudo, pensamos que podemos seguir em frente e nos convencemos de que não é grande coisa porque acreditamos que temos um Deus que perdoa.

Realmente acredita que pode fazer algo que Deus considera errado sem enfrentar as consequências? É por isso que o Senhor *não* quer que você tome tal decisão. Não é para impedir que você se divirta, mas para protegê-lo das consequências negativas que ele sabe que virão com cada decisão errada. Ele sabe que essas decisões deixarão cicatrizes na sua vida, por isso deseja algo melhor para você porque o ama.

Isso não significa, é claro, que Deus não perdoa os nossos erros. Ele é um Deus perdoador e cheio de graça.

No entanto, o perdão não livra ninguém da dor e das consequências que, muitas vezes, acompanham as decisões erradas. Você pode ser perdoado e, ainda assim, lidar com arrependimentos, dor e as consequências de um relacionamento desfeito.

Deus o criou e sabe o que é necessário para você ter uma vida plena e com propósito. Quando você aplica o teste da integridade às suas decisões, isso revela a sua confiança de que a Palavra de Deus guia os seus passos e lhe mostrará o caminho certo a seguir.

# *Isso é realmente o melhor?*

Tenham cuidado com a maneira como vocês vivem;
que não seja como insensatos, mas como sábios, aproveitando
ao máximo cada oportunidade, porque os dias são maus.
Portanto, não sejam insensatos, mas procurem
compreender qual é a vontade do Senhor.

(Efésios 5.15-17)

Se você deseja causar um impacto positivo na vida, então precisa aprender a controlar o seu tempo. O tempo é a essência da vida. Quando não sabemos administrar bem o tempo de que dispomos, acabamos limitando o legado da nossa existência.

Efésios 5.15-17 nos instrui: "Tenham cuidado com a maneira como vocês vivem; que não seja como insensatos, mas como sábios, aproveitando ao máximo cada oportunidade, porque os dias são maus. Portanto, não sejam insensatos, mas procurem compreender qual é a vontade do Senhor".

Temos a mesma quantidade de tempo a cada semana. O que faz diferença é como utilizamos esse tempo. Se constantemente desperdiça o seu tempo, você acaba desperdiçando a própria vida, porque o tempo de que você dispõe é a sua vida. Antes de se envolver em qualquer atividade, pergunte-se: "Esta é a melhor forma de usar o meu tempo? É a melhor maneira de investir a minha vida?". A realidade é que você não tem tempo para tudo. No entanto, a boa notícia é que Deus não espera que você faça tudo. Em primeiro lugar, existem apenas algumas coisas que realmente valem a pena fazer.

Pessoas eficazes aprendem a diferenciar o que é essencial do que é trivial e gastam mais tempo fazendo o que realmente importa e menos tempo nas atividades de menor relevância. Embora não seja possível eliminar totalmente as coisas superficiais da vida, você pode reduzi-las de forma significativa.

Isso pode parecer simples, mas muitas vezes é difícil escolher entre o que é melhor para e o que é mais fácil – ainda mais quando estamos cansados. Quando estamos exaustos, a tendência é escolher o caminho mais fácil, não o melhor. Por isso, é fundamental que você descanse. Caso contrário, não terá a força mental, emocional e física necessária para dizer: "Farei a coisa certa, não a mais fácil".

Não desperdice a sua vida nem se contente com menos do que Deus planejou para você. Você não foi criado apenas para sobreviver, mas para cumprir uma missão. Portanto, comece a usar o seu tempo fazendo o que é melhor e aquilo que o ajuda a cumprir o propósito de Deus na sua vida.

# *Aprenda a aceitar os limites*

Mas temos esse tesouro em vasos de barro, para mostrar
que o poder que a tudo excede provém de Deus, e não de nós.
(2Coríntios 4.7)

**Você sempre se** sentirá desanimado quando tentar ser um super-herói e fazer mais do que é humanamente possível. É essencial ter uma visão mais realista: não é possível resolver os problemas de todo mundo, estar em vários lugares ao mesmo tempo, fazer tudo o que deseja e gastar o dinheiro que não tem.

É importante aprender a viver dentro de determinados limites. Toda vez que você viver além das suas limitações ficará desanimado. É mais fácil encher a agenda do que *cumpri-la* ou entrar em algo do que sair. É mais fácil fazer uma promessa do que mantê-la. E, sem dúvida, é mais fácil se endividar do que se livrar de dívidas.

Frequentemente, os primeiros sinais de uma vida sobrecarregada aparecem na estrutura física. Por quê? Porque o corpo humano é frágil, como potes de barro. Rachamos facilmente; por isso, precisamos conhecer os nossos limites. O apóstolo Paulo nos lembra em 2Coríntios 4.7: “Mas temos esse tesouro em vasos de barro, para mostrar que o poder que a tudo excede provém de Deus, e não de nós”. Em outras palavras, devemos reconhecer os sinais de advertência quando estamos sobrecarregados e entender que somos apenas o vaso, e Deus é o poder.

É incrível pensar que o Senhor com frequência designa os maiores dons a pessoas mais frágeis; assim, ele nos dá a oportunidade de dizer: “Isso só pode ser Deus. Só pode ter acontecido pelo poder de Deus”.

Ao longo da história, Deus usou instrumentos imperfeitos para mostrar a glória dele. Nada seria feito se Deus dependesse apenas de pessoas perfeitas – porque simplesmente não existem.

Embora você pense que o melhor é esconder as suas fraquezas, o Senhor quer usá-las para cumprir os propósitos dele na sua vida. Portanto, reconheça e respeite as suas limitações em primeiro lugar. Depois, confie no poder de Deus para realizar o que ele planejou para você.

# *Comprometa-se com Jesus e a família dele*

[...] assim como o corpo é uma unidade, embora tenha muitos membros, e todos os membros, mesmo sendo muitos, formam um só corpo, assim também com respeito a Cristo.

(1Coríntios 12.12)

Deus nunca quis que você passasse pela vida sozinho. Ele deseja que você faça parte da família dele – a igreja. Desde o princípio, sempre foi a intenção do Senhor.

Muitas pessoas veem a igreja como um prédio, uma instituição ou um evento ao qual ir. Mas não é nada disso. É a família à qual você pertence. A Bíblia nos diz: "Em amor nos predestinou para sermos adotados como filhos, por meio de Jesus Cristo, conforme o bom propósito da sua vontade" (Efésios 1.5).

Quando você faz parte de uma igreja, duas coisas se tornam verdade: você está comprometido com Jesus e com as pessoas da sua família, que é a igreja. Como a Bíblia afirma em 2Coríntios 8.5: "[...] entregaram-se primeiramente a si mesmos ao Senhor e, depois, a nós, pela vontade de Deus".

Primeiro, você se entrega ao Senhor. Em seguida, você se conecta a um grupo de pessoas na família de Deus. Na primeira escolha, você se torna cristão. Na segunda, você se conecta com outros seguidores de Cristo. Eu não sou a igreja. Você não é a Igreja. Mas juntos somos a igreja – o corpo de Cristo.

O que significa ser parte do corpo de Cristo? A Bíblia explica que "[...] assim como o corpo é uma unidade, embora tenha muitos membros, e todos os membros, mesmo sendo muitos, formam um só corpo, assim também com respeito a Cristo" (1Coríntios 12.12). Para entender como a igreja funciona, basta observar como Deus projetou o corpo humano. Mão, nariz, baço e fígado são partes distintas do corpo. Cada um tem uma função diferente, mas juntos formam um corpo físico – assim como a igreja forma um corpo espiritual.

Por isso, você é uma parte indispensável dessa família, e não pode dizer: "A minha parte não tem importância; ou seja, os meus dons e habilidades não são necessários". Não há partes desnecessárias. Cada um de nós tem um papel único a desempenhar, e somos todos interdependentes.

A intenção do Senhor desde o início dos tempos é que vivamos juntos na família dele. Se deseja cumprir o seu propósito na vida, precisa fazê-lo no contexto da comunidade, com a família de Deus. Sua igreja precisa de você, e você precisa da sua igreja.

# *O que realmente significa sucesso*

Portanto, tenham cuidado com a maneira como vocês vivem.
Não vivam como insensatos, mas como sábios, aproveitando ao
máximo cada oportunidade, porque os dias são maus.
Portanto, não sejam insensatos, mas procurem
compreender qual é a vontade do Senhor.

(Efésios 5.15-17)

As pessoas que se dedicam para servir a Deus alcançam sucesso de verdade.

Ezequias viveu dessa maneira. A Bíblia nos diz que ele "ele se apegou ao Senhor e não deixou de segui-lo; obedeceu aos mandamentos que o Senhor tinha dado a Moisés. E o Senhor estava com ele; era bem-sucedido em tudo o que fazia [...]" (2Reis 18.6-7). Ezequias teve êxito em tudo o que fez. Poucas pessoas são tão bem-sucedidas assim, mas Ezequias alcançou esse sucesso porque sempre fez o que Deus queria que ele fizesse. Ezequias sabia qual era seu propósito e seguia a vontade de Deus.

Um dia, porém, ele adoeceu, e Deus disse a ele que morreria. A Bíblia relata que "Ezequias virou o rosto para a parede e orou ao Senhor: 'Lembra-te, Senhor, de como tenho te servido com fidelidade e com devoção sincera, e tenho feito o que tu aprovas'. E Ezequias chorou amargamente" (Isaías 38.2-3).

Imagine poder dizer a Deus: "Senhor, eu gostaria de viver mais alguns anos porque lhe servi fielmente". Foi exatamente o que Ezequias fez – e Deus concordou com ele, dizendo: "[...] Ouvi sua oração e vi suas lágrimas; acrescentarei quinze anos à sua vida" (Isaías 38.5).

Deus deu a Ezequias mais quinze anos de vida porque ele tinha aproveitado ao máximo os anos anteriores; havia sido um bom administrador de tudo o que Deus lhe confiara e não tinha desperdiçado sua vida.

Ser um bom administrador do que Deus lhe dá não garante necessariamente uma vida mais longa – mas certamente significa que você terá uma vida bem-sucedida. Aos olhos do Senhor, a boa administração é a essência do sucesso. Efésios 5.15-17 aconselha: "Tenham cuidado com a maneira como vocês vivem; que não seja como insensatos, mas como sábios, aproveitando ao máximo cada oportunidade, porque os dias são maus. Portanto, não sejam insensatos, mas procurem compreender qual é a vontade do Senhor".

Talvez você nem sempre tenha vivido como Deus pretendia. Apenas diga a ele que, a partir de agora, você deseja viver segundo os propósitos pelos quais ele o criou. Nunca é tarde demais para começar.

# *A razão pela qual você é capaz*

Tudo posso naquele que me fortalece.

(Filipenses 4.13)

Deus afirma que você é competente e capaz de se tornar exatamente quem ele o criou para ser.

Todo aquele que crê em Cristo é considerado um sacerdote. A Bíblia diz: "Vocês, porém, são geração eleita, sacerdócio real, nação santa, povo exclusivo de Deus, para anunciar as grandezas daquele que os chamou das trevas para a sua maravilhosa luz" (1Pedro 2.9).

Mas qual é o seu papel como sacerdote? Deus diz: "[...] eu o envio para abrir-lhes os olhos e convertê-los das trevas para a luz, e do poder de Satanás para Deus, a fim de que recebam o perdão dos pecados e herança entre os que são santificados pela fé em mim" (Atos 26.17-18).

Por causa dessa verdade, de que todo cristão é um sacerdote, é que desenvolvi o Plano PEACE. Não se trata de um projeto exclusivo para pastores, mas para que todos os cristãos ao redor do mundo possam servir de várias maneiras: promover a reconciliação e estabelecer igrejas, equipar líderes éticos, auxiliar os necessitados, cuidar dos doentes e preparar a próxima geração. Ao fazer isso, a igreja demonstra amor às pessoas afetadas por trevas espirituais, corrupção, pobreza, enfermidades e analfabetismo.

Cristo vive em você; por isso, você pode realizar essas coisas – mas não com a sua própria força. Como está escrito em Filipenses 4.13: "Tudo posso naquele que me fortalece". E 2Coríntios 3.5 também nos lembra: "Não que possamos reivindicar qualquer coisa com base em nossos próprios méritos, mas a nossa capacidade vem de Deus". Você não precisa fazer tudo sozinho, mas pode realizar tudo o que Deus o chamou para fazer com o poder dele.

No entanto, muitas pessoas vivem com um sentimento constante de insegurança; ainda se sentem incapazes por acreditarem em palavras negativas que ouviram anos atrás. Logo, essas palavras não eram verdade antes e continuam não sendo agora.

Aqui está a verdade sobre você: se é cristão, então é filho de Deus, tem o Espírito Santo dentro de você, é um sacerdote e pode fazer tudo por meio de Cristo. Nele, você é plenamente capaz.

# *Cinco razões para servir a Deus*

O que vocês fizeram a algum dos
meus menores irmãos, a mim o fizeram.
(Mateus 25.40)

**Como você serve** a Deus? Servindo aos demais.

Jesus disse: "O que vocês fizeram a algum dos meus menores irmãos, a mim o fizeram" (Mateus 25.40). Quando você faz algo que melhora a vida de alguém, está servindo a Deus.

Vejamos cinco ensinamentos bíblicos sobre servir a Deus.

- *Servir é um dos propósitos da sua vida.* Marcos 8.35 nos ensina: "Pois quem quiser salvar a sua vida a perderá; mas quem perder a sua vida por minha causa e pelo evangelho a salvará". Você só começa a viver de verdade quando aprende a servir – antes disso, apenas existe.
- *Servir torna você mais parecido com Jesus.* "Pois nem mesmo o Filho do Homem veio para ser servido, mas para servir e dar sua vida em resgate por muitos" (Mateus 20.28, NVT). Se não aprender a servir aos outros, nunca alcançará maturidade espiritual.
- *Servir é a melhor forma de usar o seu tempo.* A Bíblia nos instrui: "[...] Sejam sempre dedicados à obra do Senhor [...]" (1Coríntios 15.58). Se você deseja causar um impacto positivo e deixar um legado, sirva a Deus servindo aos outros. O serviço ao Senhor nunca será em vão.
- *Servir é o segredo da grandeza.* Em Mateus 20.26, Jesus afirma: "[...] quem quiser tornar-se importante entre vocês deverá ser servo". A verdadeira grandeza vem do serviço, não de viver para si mesmo. Os maiores líderes são aqueles que servem mais.
- *O ato de servir será recompensado no céu.* Em Colossenses 3.24, somos lembrados: "sabendo que receberão do Senhor a recompensa da herança. É a Cristo, o Senhor, que vocês estão servindo". Chegará o dia em que o seu verdadeiro patrão, Jesus, o recompensará por tudo o que tiver feito por ele. Temos esta garantia.

Se o seu entusiasmo por servir a Deus precisa de um impulso, lembre-se de que ele deseja que você sirva não por culpa, obrigação ou pressão, mas por gratidão pelo que ele fez por você. A gratidão é a melhor motivação para o serviço.

# *A criatividade exige coragem*

Se algum de vocês tem falta de sabedoria, peça-a a Deus,
que a todos dá livremente, de boa vontade; e lhe será concedida.
Peça-a, porém, com fé, sem duvidar, pois aquele que duvida é semelhante
à onda do mar, levada e agitada pelo vento. Não pense tal pessoa
que receberá coisa alguma do Senhor.

(Tiago 1.5-7)

Quando éramos crianças, nossa imaginação não tinha limites. Mas, à medida que envelhecemos, ela começa a enferrujar. É aí quando paramos de imaginar como as coisas poderiam ser e passamos a aceitá-las como são. Então, acabamos presos ao *status quo*, e a dúvida se torna inimiga da imaginação.

A dúvida e o medo neutralizam o que Deus deseja fazer em você. Ter criatividade requer coragem, mas muitas pessoas evitam usar a imaginação por medo de falhar. Se você não sente medo, então não precisa de coragem. Ter coragem significa agir apesar do medo; você diz: “Farei isso não importa o que aconteça”. Você reconhece a insegurança que sente e entende que não pode fazer isso sozinho – mas segue em frente, pois confia na fidelidade de Deus.

Durante os muitos anos de ministério, tudo o que as minhas equipes e eu realizamos sempre me encheu de medo. Mas eu não estava disposto a deixar que o medo dirigisse a minha vida. Então, segui em frente, apesar dele.

Talvez você pergunte: “Devo esperar até que todas as minhas dúvidas desapareçam?”. A resposta é não. Você precisa agir contra os receios e correr atrás dos planos de Deus. Como Tiago 1.5-7 afirma: “Se algum de vocês tem falta de sabedoria, peça-a a Deus, que a todos dá livremente, de boa vontade; e lhe será concedida. Peça-a, porém, com fé, sem duvidar, pois aquele que duvida é semelhante à onda do mar, levada e agitada pelo vento. Não pense tal pessoa que receberá coisa alguma do Senhor”.

A sua criatividade será governada pelo medo ou pela fé. A escolha é sua. Se permitir que o medo domine a sua imaginação, acabará estressado e infeliz. Em outras palavras, quando o medo controla os seus pensamentos, a vida se torna miserável.

Em vez disso, escolha permitir que a fé guie os seus passos. Confie no Senhor. Então, siga em frente e permita que a sua imaginação se encha de possibilidades – porque, com Deus, todas as coisas são possíveis.

# *Por que mostrar amor no trabalho é importante*

Sua obra será mostrada, porque o Dia a trará à luz;
pois será revelada pelo fogo, que provará a
qualidade da obra de cada um.

(1Coríntios 3.13)

Deus deseja usar o seu trabalho para moldar você à imagem de Jesus. No entanto, aprender qualidades semelhantes a Cristo, como responsabilidade, caráter e amor, não é uma tarefa fácil. Para desenvolver tais virtudes, você precisa reagir às pessoas da maneira que Jesus responderia – e isso pode ser bastante desafiador no ambiente de trabalho.

Então, por que é tão importante se esforçar para se tornar mais parecido com Jesus no trabalho?

*Primeiro, porque um dia Deus avaliará o seu trabalho.* A Bíblia diz que "sua obra será mostrada, porque o Dia a trará à luz; pois será revelada pelo fogo, que provará a qualidade da obra de cada um" (1Coríntios 3.13).

Tudo o que você fizer em sua carreira profissional será revelado um dia, pois Cristo inspecionará tudo no dia do juízo. Nesse dia, o trabalho de todos será testado pelo fogo para revelar o caráter e a qualidade das ações de cada pessoa.

Embora grande parte do seu trabalho possa passar despercebido pelos outros, Deus está observando. Ele sabe de tudo, e você prestará contas a ele pelo que fizer, por mais simples que pareça. Você não precisa ser perfeito em tudo, e certamente não precisa ser o melhor. Mas deve trabalhar como se estivesse fazendo isso para Cristo – porque, de fato, é para ele que está fazendo.

*Em segundo lugar, você deve se esforçar para se tornar mais parecido com Jesus no trabalho porque o Senhor promete recompensas eternas para tudo o que é feito com amor.* Hebreus 6.10 diz: "Deus não é injusto; ele não se esquecerá do trabalho de vocês e do amor que demonstraram por ele [...]". Lembre-se desse versículo todas as segundas-feiras de manhã. Deus não se esquecerá do quanto você trabalha, de como dá o seu melhor e demonstra amor em nome dele.

Seu trabalho é importante para o Senhor. Um dos seus propósitos na vida é se tornar mais parecido com Cristo. Além disso, o seu trabalho pode ser uma das formas mais poderosas que Deus usa para ensiná-lo sobre responsabilidade, amor ao próximo e desenvolver seu caráter. Sem contar que pode ser uma das formas mais poderosas de Deus usar você para atrair outras pessoas a ele.

# *Para mudar de fato, você precisa conhecer a verdade*

Santifica-os na verdade; a tua palavra é a verdade.

(João 17.17)

Se você deseja ser transformado, precisa resistir à conformidade.

A Bíblia nos alerta em 1Coríntios 3.18-19: "Não se enganem. Não achem que são sábios apenas porque acompanham o noticiário [...] Gente que o mundo considera esperta Deus chama de tola" (AM).

Para que Deus transforme a sua vida, é necessário que você decida não se moldar às expectativas da sociedade e do entorno cultural sobre o que você deve ser ou fazer. No entanto, essa transformação não é algo que conseguimos realizar por conta própria.

A mudança de vida começa com a transformação da sua forma de pensar, e essa renovação não pode ser alcançada sozinho. Efésios 4.23 orienta: "Deixem que o Espírito renove seus pensamentos e atitudes" (NVT).

Como, então, o Espírito Santo realiza essa renovação? A verdadeira mudança começa com o aprendizado da verdade. Talvez você já esteja familiarizado com as famosas palavras de Jesus: "E conhecerão a verdade, e a verdade os libertará" (João 8.32).

Entretanto, você sabia que, na noite antes da crucificação, Jesus orou: "Santifica-os na verdade; a tua palavra é a verdade" (João 17.17)? Deus utiliza a verdade contida na Palavra, a Bíblia, para santificar você.

Portanto, o segredo para a mudança pessoal não está na força de vontade ou em resoluções. A chave para a transformação pessoal, em especial nas áreas mais difíceis da vida, é conhecer e aplicar a verdade encontrada na Palavra do Senhor.

Se dedicar tempo à leitura da Bíblia para encher a sua mente com a verdade, você descobrirá uma poderosa promessa: "O propósito é que não sejamos mais como crianças, levados de um lado para outro pelas ondas, nem jogados para cá e para lá por todo vento de doutrina e pela astúcia e esperteza de homens que induzem ao erro. Antes, seguindo a verdade em amor, cresçamos em tudo naquele que é a cabeça, Cristo. Dele todo o corpo, ajustado e unido pelo auxílio de todas as juntas, cresce e edifica-se a si mesmo em amor, na medida em que cada parte realiza a sua função" (Efésios 4.14-16).

À medida que conhecer mais sobre Jesus, mais você se aprofundará na verdade. E, dessa forma, superará as mentiras em que acreditava, crescerá, mudará e se transformará cada vez mais à semelhança de Cristo. Com o tempo, perceberá que a verdade realmente liberta.

# *A cruz torna a oração possível*

Aquele que não poupou seu próprio Filho, mas o entregou
por todos nós, como não nos dará com ele,
e de graça, todas as coisas?

(Romanos 8.32)

Nos contos de fadas, todos estão dispostos a morrer pelo rei e a protegê-lo a qualquer custo, mas existe uma única narrativa em todo o mundo em que o Rei se sacrifica por seu povo. Essa história é chamada de Evangelho.

O cristianismo é marcado por uma narrativa singular, diferente de todas as outras religiões do mundo. Deus declara que você pecou e merece punição – mas essa não é a palavra final. A história culmina em esperança. A Bíblia diz em Romanos 6.23: “Pois o salário do pecado é a morte, mas o dom gratuito de Deus é a vida eterna em Cristo Jesus, nosso Senhor”. Como Deus é justo, alguém precisa pagar pelos nossos pecados. Mas, o fato de ele ser um Deus amoroso e bondoso, o levou a criar um plano para nos salvar. Ele veio até nós como o Filho de Deus, Jesus Cristo, e morreu em nosso lugar. Essa foi a maior demonstração de amor: o Rei morrendo por seu povo, e o Pastor dando a vida pelas ovelhas.

O que Deus fez por você na cruz abriu o caminho para a sua reconciliação com ele. Isso proporciona perdão para o passado, propósito para o presente e esperança para o futuro. Além disso, torna a oração possível. “Aquele que não poupou seu próprio Filho, mas o entregou por todos nós, como não nos dará com ele, e de graça, todas as coisas?” (Romanos 8.32).

Quando Jesus Cristo morreu por nós na cruz, ele resolveu o nosso maior problema. Qualquer outro desafio que você enfrente na vida é pequeno para ele. Se Jesus o amou o suficiente para morrer no seu lugar, não acha que ele também ama você o bastante para ajudá-lo com as suas finanças, saúde e relacionamentos?

Nada é grande demais para o Senhor. E, ao mesmo tempo, nenhuma das suas preocupações é insignificante demais para ser apresentada a ele. Você pode confiar tudo a Deus em oração. Ele o amou a ponto de morrer por você, e isso garante que ele também o ama para ouvir e se importar com as suas orações.

A cruz tornou possível o acesso ao Criador do Universo por meio da oração. O que você levará a ele em oração hoje?

# *Como perdoar?*

Pois, em Cristo, Deus estava reconciliando consigo
o mundo, não levando mais em conta os pecados das pessoas.
E ele nos deu esta mensagem maravilhosa de reconciliação.
(2Coríntios 5.19)

Em janeiro de 1956, cinco missionários americanos se aventuraram no interior da floresta tropical do Equador. Estavam em uma missão para alcançar a tribo huaorani, considerada pelos antropólogos a comunidade mais violenta e cruel do mundo. Pouco depois de estabelecerem um acampamento perto da aldeia da tribo, os missionários, entre eles Nate Saint e Jim Elliot, foram brutalmente assassinados a golpes de lança. O trágico fim desses homens comoveu o mundo.

Alguns anos depois, Elisabeth e Valerie Elliot, esposa e filha de Jim, acompanhadas de Rachel Saint, irmã de Nate, mudaram-se para a aldeia huaorani. Elas foram ali para ministrar àquela comunidade e demonstrar amor e perdão. Com o tempo, o líder da tribo e alguns dos homens que participaram dos assassinatos se converteram ao cristianismo. O perdão que Elisabeth, Valerie e Rachel demonstraram só pode ser compreendido à luz do perdão que nós primeiramente recebemos de Deus. Depois de experimentar o perdão do Senhor, como podemos perdoar os outros? As quatro atitudes dessas mulheres oferecem uma resposta a essa pergunta:

*Abra mão do seu direito de vingança.* Romanos 12.19 ensina: "[...] nunca procurem vingar-se, mas deixem com Deus a ira [...]". Confie a justiça nas mãos do Senhor, pois ele é capaz de lidar com a situação de forma muito mais eficaz do que você jamais poderia.

*Responda ao mal com o bem.* Como saber quando você realmente perdoou alguém? Quando é capaz de orar para que Deus abençoe a pessoa que o feriu. A Bíblia orienta: "[...] façam o bem aos que os odeiam, abençoem os que os amaldiçoam, orem por aqueles que os maltratam" (Lucas 6.27-28).

*Repita esses passos quantas vezes forem necessárias.* Em Mateus 18.21, Pedro perguntou a Jesus: "[...] Senhor, quantas vezes deverei perdoar a meu irmão quando ele pecar contra mim? Até sete vezes?". Jesus respondeu: "[...] Não até sete, mas até setenta vezes sete" (Mateus 18.22). O perdão, muitas vezes, precisa ser contínuo.

*Compartilhe a Boa-Nova do perdão de Deus.* A Bíblia afirma em 2Coríntios 5.19-20: "Pois, em Cristo, Deus estava reconciliando consigo o mundo, não levando mais em conta os pecados das pessoas. [...] Falamos em nome de Cristo quando dizemos: 'Reconciliem-se com Deus!'" (NVT).

Assim como Deus perdoou você, ele espera que perdoe os outros. Perdoar não significa minimizar a dor que alguém lhe causou – nem exige que você espere por um pedido de desculpas. Quando Jesus perdoou na cruz, ninguém havia pedido por isso; ele simplesmente ofereceu: "[...] Pai, perdoa-lhes, pois não sabem o que estão fazendo [...]" (Lucas 23.34). Seja qual for a dor que você carrega, Jesus está pronto para ajudá-lo a superar a dor e lhe dar a graça necessária para perdoar àqueles que feriram seu coração.

O perdão raramente é a escolha mais fácil. Perdoar alguém que o feriu exige mais do que força de vontade; requer o poder de Deus atuando em você. Isso implica orar: "Deus, sei que tu queres que eu perdoe essa pessoa. Por favor, dá-me a força necessária para fazer isso. Ajuda-me a abandonar o meu orgulho e a orar por ela, para que eu possa vê-la como tu a vês. Usa-me não apenas para mostrar perdão, mas também para revelar que tu já a perdoaste e desejas que ela faça parte da tua família. Em nome de Jesus, amém".

Independentemente da sua dor, Jesus está ao seu lado, pronto para ajudar você a superá-la e a lhe conceder a graça necessária para perdoar aqueles que o feriram.

# *O seu maior problema e o que fazer a esse respeito*

Mas as suas maldades separaram vocês do seu Deus;
os seus pecados esconderam de vocês o rosto dele,
e por isso ele não os ouvirá.
(Isaías 59.2)

Hoje em dia, muitas culturas não veem o pecado como algo repulsivo. Pelo contrário, inúmeras pessoas o consideram divertido.

Basta observar o consumo de mídia. Programas de TV, memes nas redes sociais e filmes frequentemente utilizam o pecado como fonte de humor. Esta é uma estratégia de Satanás: fazer com que você ria das mesmas coisas que levaram Jesus à cruz. Ele disfarça o pecado para torná-lo atraente aos olhos das pessoas. No entanto, raramente as consequências são mostradas na mídia. Se você deseja entender quão terrível o pecado realmente é, olhe para a cruz. O sofrimento de Jesus revela o alto preço pago pelas nossas transgressões.

A cruz expõe os danos que o pecado causa. O pecado, por sua vez, traz várias consequências devastadoras para a sua vida. Abaixo comentamos três delas.

*O pecado afasta você de Deus.* Por quê? Porque o Senhor é santo, e você não é. Isaías 59.2 diz: "Mas as suas maldades separaram vocês do seu Deus; os seus pecados esconderam de vocês o rosto dele, e por isso ele não os ouvirá". O pecado sempre deixa um rastro de separação, inclusive entre você e Deus.

*O pecado gera estresse na sua vida.* Uma das maiores fontes de estresse é a culpa não reconhecida e não resolvida. O rei Davi confessou: "As minhas culpas me afogam; são como um fardo pesado e insuportável" (Salmos 38.4). Permanecer no pecado impõe um pesado fardo emocional. Desobedecer às leis divinas resulta em preocupação, medo, culpa e insegurança.

*O pecado traz condenação.* Quando você infringe as leis do Senhor, sempre há uma penalidade – quer por autocondenação, quer pelo julgamento de um Deus justo. Salmos 7.11 declara: "Deus é um juiz justo, um Deus que manifesta cada dia o seu furor".

Talvez você pense que seu maior problema seja um conflito de relacionamento, uma questão de saúde ou a dificuldade de encontrar um emprego. No entanto, a verdadeira raiz do problema é que você está em guerra com Deus. Isso explica por que você está tão frustrado, por que não consegue dormir bem e está estressado o tempo todo. Você não foi criado para viver em desarmonia com seu Criador, que o ama profundamente. Ele o formou e enviou o Filho dele para morrer no seu lugar. O Senhor deseja que você viva em harmonia com ele.

Portanto, arrependa-se dos seus pecados hoje – e todos os dias – e assim estar em paz com Deus.

# *O amor duradouro estende graça*

Sejam completamente humildes e dóceis,
e sejam pacientes, suportando uns aos outros com amor.
(Efésios 4.2)

Nenhum relacionamento sobrevive sem a demonstração da graça. É necessário dar uma folga às pessoas de vez em quando e deixar passar algumas coisas.

A Bíblia diz que o amor "tudo sofre, tudo crê, tudo espera, tudo suporta" (1Coríntios 13.7). No original grego, a palavra traduzida por "suporta" tem a conotação de cobrir algo, assim como o teto cobre uma casa, por exemplo. Imagino que você jamais compraria uma casa sem teto; afinal, não teria proteção contra o vento e as chuvas. O teto cobre e protege o interior da casa.

Do mesmo modo, o amor bíblico cobre um relacionamento e releva algumas coisas. Não responsabiliza as pessoas pelos pequenos erros que cometem. Precisamos de um "teto" nos relacionamentos porque nos machucamos com facilidade e necessitamos o tipo de amor que estenda graça.

Mas por que a graça é essencial nos relacionamentos?

Porque somos todos pecadores. Se você é casado, então casou com um pecador – e o seu cônjuge também. Um casal imperfeito nunca constituirá uma aliança perfeita. E o mesmo vale para as amizades. Nenhuma amizade é perfeita porque nenhum amigo é perfeito. Dois indivíduos falhos jamais terão um relacionamento perfeito.

A Bíblia afirma em Romanos 3.10 que "[...] não há nenhum justo, nem um sequer". Ninguém acerta 100% das vezes, e raramente a culpa é de um só. Todos podemos errar, e há sempre responsabilidade em ambos os lados. Conforme o ditado: "É preciso duas pessoas para dançar tango". Também é preciso duas para discordar.

Por isso, a Bíblia diz que devemos aprender a estender graça uns aos outros. O perdão é uma via de mão dupla. Não podemos receber o que não estamos dispostos a dar.

Você constrói relacionamentos fortes tratando as pessoas da mesma forma que Deus trata você. Romanos 15.7 diz o seguinte: "[...] aceitem uns aos outros, da mesma forma que Cristo os aceitou". Aceitar os outros pode envolver escutar um amigo sem julgar ou permitir que um familiar cansado e irritado tenha espaço.

Estender graça significa aceitar o outro como ele é, apesar das falhas que tenha, e assim favorecer o amor.

# *Vale a pena ser cristão?*

Pois, que adiantará ao homem ganhar o mundo inteiro e perder a sua alma? Ou, o que o homem poderá dar em troca de sua alma?

(Mateus 16.26)

**O apóstolo Paulo afirmou:** "Se é somente para esta vida que temos esperança em Cristo, somos, de todos os homens, os mais dignos de compaixão" (1Coríntios 15.19).

Mas por que Paulo disse isso? A razão é simples: viver para Cristo em um mundo que não o aceita não é fácil.

Essa questão nos leva a uma das perguntas mais importantes a serem respondidas: "Vale a pena ser cristão?". Na vida, tudo tem um preço. Sempre que você escolhe algo, está, ao mesmo tempo, abrindo mão de outra coisa. O prêmio de seguir a Cristo justifica o custo?

Jesus perguntou: "Pois, que adiantará ao homem ganhar o mundo inteiro e perder a sua alma? Ou, o que o homem poderá dar em troca de sua alma?" (Mateus 16.26). A paráfrase da Bíblia A Mensagem expressa isso de maneira impactante: "Qual é a vantagem de conquistar tudo que se deseja, mas perder a si mesmo? O que vocês teriam para dar em troca da sua alma?". Muitas pessoas trocam a própria alma por coisas temporárias – dinheiro, fama, egoísmo, prazer e materialismo, entre outras. No entanto, a alma tem um valor incomparável.

Paulo compreendeu essa verdade. Ao relatar sua própria experiência, declarou: "Mas o que para mim era lucro passei a considerar como perda, por causa de Cristo. Mais do que isso, considero tudo como perda, comparado com a suprema grandeza do conhecimento de Cristo Jesus, meu Senhor, por quem perdi todas as coisas. Eu as considero como esterco para poder ganhar Cristo" (Filipenses 3.7-8). Para Paulo, nada – *status*, riqueza, prazer – supera o valor de Jesus.

Precisamos redefinir o que significa sucesso. O verdadeiro sucesso não é medido pelo que temos, pela aparência ou se nos sentimos bem, mas é alcançado quando vivemos de acordo com os valores de Deus; e é recompensado com a promessa de uma eternidade no céu.

Ao refletir sobre os sacrifícios necessários para levar a mensagem de Jesus a povos não alcançados, o missionário mártir Jim Elliot[1] afirmou: "Não é tolo aquele que abre mão do que não pode reter para ganhar o que não pode perder".[2]

[1] Jim Elliot (1927-1956) foi um missionário cristão norte-americano que dedicou sua vida a pregar o evangelho entre os indígenas Auca (Huaorani) no Equador. Ele é amplamente conhecido por sua coragem e fé, que culminaram em seu martírio em 1956, quando ele e quatro outros missionários foram mortos por membros da tribo Auca. Sua vida e morte inspiraram muitos cristãos a seguir caminhos missionários e se tornou um símbolo de dedicação e sacrifício no serviço cristão. Jim Elliot é frequentemente citado pela frase: "Não é tolo aquele que abre mão do que não pode reter para ganhar o que não pode perder". [N.T.]

[2] TAYLOR, Justin. "They Were No Fools: The Martyrdom of Jim Elliot and Four Other Missionaries." *The Gospel Coalition*, 8 jan. 2016. Disponível em: https://www.thegospelcoalition.org/blogs/justin-taylor/they-were-no-fools-60-years-ago-today-the-martyrdom-of-jim-elliot-and-four-other-missionaries/.

# *Como enxergar o propósito por trás da dor*

[...] [Jesus], pela alegria que lhe fora proposta,
suportou a cruz, desprezando a vergonha,
e assentou-se à direita do trono de Deus.

(HEBREUS 12.2)

AO ATINGIR A idade adulta, você provavelmente descobriu que pode suportar muito mais dor do que jamais imaginou. Na verdade, foram os momentos difíceis que revelaram quanto você realmente era capaz de suportar.

Os seres humanos têm a incrível capacidade de suportar dor, desde que consigam enxergar um propósito nela e uma recompensa posterior. Foi exatamente isso que Jesus fez ao enfrentar a cruz. Ele suportou uma dor excruciante, mas manteve o olhar fixo na recompensa que o aguardava no céu. Cristo tinha uma perspectiva eterna.

Jesus não estava focado apenas no aqui e agora. Se estivesse, seu futuro poderia parecer sombrio, e ele talvez tivesse perdido a esperança. No entanto, ele olhou além da dor imediata e valorizou a recompensa eterna muito mais do que qualquer alívio temporário e terreno.

Quando você se concentra apenas no aqui e agora, é fácil desanimar e ficar deprimido. Em algumas ocasiões, pode até sentir vontade de desistir. Por isso, a única maneira de superar os desafios mais difíceis da vida é fixar os olhos além da dor e contemplar a recompensa no céu.

Hebreus 12.2 nos lembra: "[...] [Jesus], pela alegria que lhe fora proposta, suportou a cruz, desprezando a vergonha, e assentou-se à direita do trono de Deus".

Jesus suportou a vergonha dolorosa da cruz porque sabia da alegria que viria depois. A maior alegria para Jesus – e também para nós – é a esperança de uma eternidade no céu, onde estaremos para sempre na presença de Deus.

Quando temos a mente de Cristo, começamos a pensar como ele – sobre o passado, o presente, o futuro, Deus, a vida, a morte, o pecado, a salvação, as amizades e a fé. Você passa a entender que há muito mais na vida do que apenas o presente, e isso lhe dá a força necessária para perseverar.

# *Está consumado*

Mais tarde, sabendo então que tudo estava concluído, para que a Escritura se cumprisse, Jesus disse: "Tenho sede" [...] Tendo-o provado, Jesus disse: "Está consumado!". Com isso, curvou a cabeça e entregou o espírito.

(João 19.28, 30)

Durante seu ministério terreno, Jesus afirmou repetidamente que havia vindo para realizar a obra que Deus lhe confiara.

A Bíblia relata um dos momentos enquanto ele para morrer na cruz: "Mais tarde, sabendo então que tudo estava concluído, para que a Escritura se cumprisse, Jesus disse: 'Tenho sede' [...] Tendo-o provado, Jesus disse: 'Está consumado!'. Com isso, curvou a cabeça e entregou o espírito" (João 19.28,30). Quando exclamou "Está consumado", este foi um grito de vitória. No grego original, essa expressão é traduzida por uma única palavra: *tetelestai*, que era comum na sociedade grega antiga e possuía múltiplos significados, todos eles incorporados por Jesus:

- Os servos e empregados a usavam para informar a seus mestres que a tarefa designada estava concluída. Jesus havia concluído a missão que Deus lhe havia dado.
- No contexto jurídico, era um termo legal utilizado por juízes para declarar que a sentença de um prisioneiro havia sido cumprida. Jesus garantiu que a justiça fosse plenamente realizada em relação aos nossos pecados.
- Na contabilidade, a palavra indicava que uma dívida havia sido totalmente quitada. Jesus pagou por completo a nossa dívida de pecado.
- Os artistas usavam essa palavra ao dar o toque final em uma obra de arte. O sacrifício de Jesus completou a grande obra-prima de Deus e possibilitou a redenção dos nossos pecados.
- Os sacerdotes a pronunciavam ao oferecer um sacrifício a Deus e declarar: "O sacrifício foi feito". A morte de Cristo na cruz foi o sacrifício definitivo pelos nossos pecados.

Essa única palavra – *tetelestai* – é o que distingue o cristianismo de todas as outras religiões. Enquanto as demais religiões focam no que você precisa fazer para se reconciliar com Deus, o cristianismo é sobre o que Deus já fez por você.

Jesus disse: "Está consumado". Você não precisa fazer nada para ter acesso a Deus. Ele já fez tudo.

# *Deus é um Pai amoroso*

Se vocês, apesar de serem maus, sabem dar boas
coisas aos seus filhos, quanto mais o Pai de vocês,
que está nos céus, dará coisas boas aos que lhe pedirem!

(MATEUS 7.11)

TODA PESSOA BUSCA uma resposta para a seguinte pergunta: “Alguém se importa comigo?”. A resposta enfática de Deus é “Sim”.

Em Marcos 4, os discípulos se encontraram exatamente nessa situação. Estavam em um barco no lago quando, de repente, uma violenta tempestade começou a se formar. Com o vento cada vez mais forte, o barco começou a afundar. Durante todo esse caos, Jesus estava dormindo. Desesperados, eles o acordaram com uma pergunta: “[...] Mestre, não te importas que morramos?” (Marcos 4.38).

Essa é, de fato, a dúvida que as pessoas desejam saber: será que Deus realmente se importa com o que está acontecendo conosco?

A Bíblia está repleta de exemplos do amor e cuidado do Senhor por nós. Jesus demonstrou tal amor e cuidado quando, ao ser despertado pelos discípulos no meio da tempestade, acalmou o vento e as ondas com apenas uma palavra.

A resposta divina para você hoje é a mesma: ele se importa com você. O Senhor se preocupa com todos os aspectos da sua vida. Ele se importa com a sua família, o seu trabalho e sua saúde – cada detalhe. Se você é pai ou mãe, compreende bem esse sentimento, porque se preocupa com cada área da vida dos seus filhos. O bem-estar deles é importante para você, e nada que façam mudará isso.

Jesus nos lembra de que o amor que um pai terreno tem pelos filhos nos dá um vislumbre do amor infinito de Deus: “Se vocês, apesar de serem maus, sabem dar boas coisas aos seus filhos, quanto mais o Pai de vocês, que está nos céus, dará coisas boas aos que lhe pedirem!” (Mateus 7.11). Deus é o Pai amoroso por excelência. À medida que você o conhecer melhor, compreenderá mais profundamente o amor que ele tem por você – e nunca duvidará de que ele se importa com cada detalhe da sua vida.

As pessoas que acreditam que seus problemas existem porque não amam a Deus o suficiente enfrentam, na verdade, outro desafio: não reconhecer quanto o Senhor as ama.

Nosso amor por Deus é uma resposta natural à percepção que temos de quanto ele se importa conosco. É impossível não amá-lo de volta quando nos damos conta do imenso amor que ele tem por nós. Como está escrito em 1João 4.19: “Nós amamos porque ele nos amou primeiro”.

# *Com a mente de Cristo você nunca se sentirá sozinho*

[...] não estou sozinho, pois meu Pai está comigo.
(João 16.32)

**Pode parecer desafiador** pensar da mesma maneira que Cristo Jesus pensava (cf. Filipenses 2.5), mas parte de ter a mente de Cristo é estar sempre consciente de que Deus está com você.

Até mesmo Jesus fazia isso. Não importa quão atarefado estivesse, ele permanecia em perfeita sintonia com o Pai. Como ele mesmo disse: "[...] não estou sozinho, pois meu Pai está comigo" (João 16.32).

Por isso, o maior antídoto para a solidão é adotar o pensamento de Jesus. Quando temos a mente de Cristo, podemos afirmar com convicção, assim como Jesus: "Não estou sozinho, porque sei que o Pai sempre está comigo".

Nesse sentido, sentir-se só muitas vezes é o resultado de não viver com a mente de Cristo e de não reconhecer o cuidado do Senhor. Uma forma eficaz de manter tal consciência é por meio da oração. Jesus transformou a oração em um hábito diário: "[...] Jesus retirava-se para lugares solitários e orava" (Lucas 5.16).

Perceba que esse versículo enfatiza que Jesus frequentemente se retirava para orar. Sua vida de oração era contínua, porque ele fazia da presença do Pai a prioridade de sua vida.

Você costuma orar ao longo do dia? Se até Jesus sentia a necessidade de se retirar frequentemente para orar, imagine quanto nós precisamos disso.

Quando você não reserva tempo para falar com Deus, acaba perdendo os presentes que ele tem para você, e o Senhor não deseja que você esteja ocupado demais para ele. Na verdade, você conseguirá realizar mais em todas as áreas da sua vida se investir tempo na oração. Isso acontece porque, ao permitir que o Espírito Santo o lembre do seu propósito, você conseguirá focar no que realmente importa.

Jesus sabia quem era e qual era seu propósito. Ele estava sempre ciente da presença do Pai. Ao aprender a pensar como Cristo, você também desenvolverá essa consciência de que Deus está sempre com você.

# *Deus pode restaurar você após o pecado*

[...] Se você se arrepender, eu o restaurarei
para que possa me servir [...]
(Jeremias 15.19)

Quando você se torna um seguidor de Cristo, nasce de novo na família de Deus, e essa nova vida não pode ser "desfeita". Embora o pecado possa afetar a sua comunhão com o Senhor, não pode desfazer o relacionamento que você tem com ele. Você está sempre a apenas um passo de retornar.

Então, o que você deve fazer quando pecar? Voltar. Voltar para Cristo. É simples. Deus nos assegura: "[...] Embora os seus pecados sejam vermelhos como escarlate, eles se tornarão brancos como a neve [...]" (Isaías 1.18).

Na noite em que Jesus foi preso, Pedro negou três vezes que o conhecia. Se existe um pecado que poderia parecer imperdoável, seria este. Cristo sabia, porém, que Pedro o negaria, mas também que ele se arrependeria. De fato, antes mesmo de isso acontecer, Jesus disse a Pedro: "Mas eu orei por você, para que a sua fé não desfaleça. E, quando você se converter, fortaleça os seus irmãos" (Lucas 22.32).

Jesus entendia que o ministério de Pedro seria mais impactante depois de tê-lo negado do que antes. E foi exatamente o que aconteceu. Pedro se tornou o autor de duas epístolas do Novo Testamento: Primeira e Segunda Pedro. Além disso, compartilhou suas memórias com o autor do Evangelho de Marcos.

Talvez você pense que Deus se esqueceu de você, mas não é verdade. O Bom Pastor deixa as 99 ovelhas para buscar aquela que se afastou. Ele sabe como você se distanciou. Pode ter sido um passo gigante, ou uma série de pequenos passos ao longo do tempo.

Independentemente de como aconteceu, você precisa fazer a oração que Davi fez quando voltou para Deus depois de ter cometido adultério. Ele clamou: "Devolve-me a alegria da tua salvação [...]" (Salmos 51.12). Davi não precisou orar: "Deus, devolve-me a minha salvação", porque ele não havia perdido a salvação. O que ele havia perdido era a alegria.

Você também perdeu a alegria? Por que não voltar para Cristo hoje?

# *Jesus se importa com você*

Não os deixarei órfãos; voltarei para vocês.

(João 14.18)

Às vezes, você pode se encontrar em situações indesejáveis e desconfortáveis. Em alguns dias, pode até sentir que as tempestades da vida estão prestes a afogá-lo. Mas como resistir aos ventos devastadores da vida? Uma maneira é lembrar de quanto Jesus se importa com você. De fato, ele não apenas vê a sua luta, mas também se importa com ela – e age em seu favor.

Um exemplo claro desse cuidado está na narrativa em que Jesus anda sobre as águas: "Ao anoitecer, o barco estava no meio do mar, e Jesus se achava sozinho em terra. Ele viu os discípulos remando com dificuldade, porque o vento soprava contra eles. Alta madrugada, Jesus dirigiu-se a eles, andando sobre o mar; e estava já a ponto de passar por eles" (Marcos 6.47-48).

Naquele instante, os discípulos se deparavam com quatro desafios: estava escuro, eles estavam no meio do lago, sozinhos, e o vento soprava contra eles.

Como Jesus reagiu? Não ficou apenas observando de longe, dizendo-lhes o que fazer. Pelo contrário, foi até eles – caminhando sobre a água – no momento em que estavam desesperados. Suas palavras foram: "Coragem! Sou eu! Não tenham medo!" (Marcos 6.50). Em seguida, Jesus entrou no barco, e o vento se acalmou.

É exatamente isso que Jesus faz quando você se sente aflito. Ele se importa o suficiente para ir até onde você está – seja onde for – e intervir.

Amigos, esta é a essência do Evangelho: Deus veio a este mundo, tornando-se um de nós, e morreu na cruz pelos nossos pecados. Ele não ficou gritando ordens do céu, mas desceu até nós e disse: "Resolverei o problema que você não pode resolver".

Não sei exatamente pelo que você está passando agora, mas posso garantir uma coisa: mesmo que se sinta abandonado, você não está. Deus vê e cuida de você; ele está ao seu lado – mesmo nas noites mais escuras e tempestuosas.

Em João 14.18, Jesus nos conforta: "Não os deixarei órfãos; voltarei para vocês".

Não importa quais desafios esteja enfrentando, lembre-se de que Jesus se importa com você, e permita que ele se aproxime de você hoje.

# *Simplifique as suas orações*

E, quando vocês orarem, não sejam como os hipócritas.
Eles gostam de ficar orando em pé nas sinagogas e nas esquinas,
a fim de serem vistos pelos outros [...] o seu Pai sabe do que
vocês precisam, antes mesmo de o pedirem.

(MATEUS 6.7-8)

**ORAÇÕES LONGAS NÃO** são necessariamente mais poderosas.

Você pode ser tentado a se prolongar quando ora, pensando que falar mais atrairá mais a atenção de Deus. No entanto, o Senhor já o está ouvindo. E está muito mais interessado em orações humildes e verdadeiras do que em discursos longos disfarçados de oração. Seja objetivo.

No Sermão do Monte, Jesus ensinou sobre a importância de orar de forma simples, sem tentar parecer superespiritual: "E, quando vocês orarem, não sejam como os hipócritas. Eles gostam de ficar orando em pé nas sinagogas e nas esquinas, a fim de serem vistos pelos outros. Eu asseguro que eles já receberam sua plena recompensa. Mas, quando você orar, vá para seu quarto, feche a porta e ore a seu Pai, que está em secreto. Então seu Pai, que vê em secreto, o recompensará. E, quando orarem, não fiquem sempre repetindo a mesma coisa, como fazem os pagãos. Eles pensam que por muito falarem serão ouvidos. Não sejam iguais a eles, porque o seu Pai sabe do que vocês precisam, antes mesmo de o pedirem" (Mateus 6.5-8).

Não há necessidade de convencer Deus do que você precisa. Ele já sabe. Simplesmente vá a ele, com humildade e honestidade, e expresse o que está no seu coração.

Evite usar a oração como um meio de exibição. Provavelmente, você já viu pessoas fazendo isso, mas essa atitude não lhes traz mérito algum. Deus não se agrada de orações que têm o objetivo de impressionar os outros. O que ele deseja é a sinceridade. Evite clichês e não adicione palavras desnecessárias por medo de que as suas orações pareçam curtas demais.

A oração é um diálogo contínuo. Não é necessário encerrá-lo de forma definitiva. Você pode retomar a conversa com Deus a qualquer momento, como faria com um ser querido ou amigo.

Lembre-se: acrescentar palavras extras à oração não a torna mais forte. Simplifique-a tendo um coração sincero e fé confiante.

# *Plano de emergência contra a tentação*

Clame a mim no dia da angústia; eu o livrarei [...]

(Salmos 50.15)

**Em certos momentos**, será necessário ter um "plano de emergência" para lidar com a tentação.

Quando você se encontrar numa situação em que a tentação é forte e não souber como agir, a melhor coisa é clamar a Deus.

Diante da tentação, é comum sentir a adrenalina tomar conta do corpo, e, em meio ao pânico, talvez não ter tempo para uma longa oração. Nesses casos, uma simples "oração relâmpago" pode ser suficiente: "*Socorro*". Você pode dizer a Deus: "Não é aqui que quero estar agora, estou prestes a ceder. Preciso de ajuda imediatamente".

É claro que Deus sabe o que está acontecendo. Portanto, mesmo que tudo o que você consiga fazer seja clamar por ajuda, ele ouvirá a sua oração e intervirá.

Essa certeza vem da Bíblia, que nos assegura: "Clame a mim no dia da angústia; eu o livrarei [...]" (Salmos 50.15).

Ao clamar a Deus, você pode ter certeza de que ele o ajudará, pois compreende perfeitamente a sua situação. A Bíblia nos diz: "Porque não temos sumo sacerdote que não possa se compadecer das nossas fraquezas; pelo contrário, ele foi tentado em todas as coisas, à nossa semelhança, mas sem pecado" (Hebreus 4.15).

Jesus enfrentou as mesmas lutas que nós. Ele já lidou com a raiva? Sim. Já experimentou a solidão? Sim. Enfrentou tentações no âmbito sexual? Sim. Jesus também foi tentado pelo cansaço e desânimo. Ele passou por tudo isso porque, embora fosse Deus, também se fez humano. Cristo assumiu a forma humana para vivenciar as nossas experiências e, assim, interceder por nós diante do Pai.

Dado que Jesus enfrentou as mesmas tentações, podemos confiar que ele nos ajudará quando clamarmos por socorro. E não há motivo para sentir vergonha, pois a graça dele nos sustenta: "Assim, aproximemo-nos do trono da graça com toda a confiança, a fim de recebermos misericórdia e encontrarmos graça que nos ajude no momento da necessidade" (Hebreus 4.16).

Esse é um grande conforto – e também o poder que precisamos para mudar. Basta dizer a Deus que você precisa da ajuda dele.

# *Hoje é dia de salvação*

[...] Eu garanto: Hoje você estará comigo no paraíso.

(LUCAS 23.43)

QUANDO O CRIMINOSO ao lado de Jesus na cruz pediu para ser lembrado, Jesus lhe respondeu: "[...] Eu garanto: Hoje você estará comigo no paraíso" (Lucas 23.43). Com essa resposta, Cristo revelou quatro características da salvação, nas quais você pode confiar.

*Primeiro, a salvação é imediata.* Jesus disse: "Hoje". Quando uma pessoa morre, ela vai diretamente para a presença de Deus ou é separada dele. Da mesma forma, a salvação ocorre de forma instantânea. No momento em que você pede a Jesus Cristo que salve você, ela é concedida.

*Em segundo lugar, a salvação é certa.* Jesus afirmou: "Hoje você estará". Ele não expressou dúvida ou incerteza; não disse "Talvez" ou "Espero que sim".

A afirmação de Cristo foi clara e definitiva: "Você estará". No momento em que você aceita Cristo, pode ter certeza da sua salvação.

*Terceiro, a salvação é um relacionamento.* Jesus disse: "Você estará comigo". A salvação não se trata de aderir a uma religião, cumprir regras ou seguir rituais. Trata-se de um relacionamento pessoal, que não começa apenas no céu, mas aqui na terra. Jesus Cristo deseja ser o seu melhor amigo, caminhar com você diariamente e conversar com você o tempo todo. Deus o criou com o propósito de se relacionar com você.

*Quarto, a salvação conduz a um lugar real.* Jesus disse: "Hoje você estará comigo no paraíso". O céu é um lugar real, e eterno.

Ao lado de Jesus, dois criminosos foram crucificados, um à sua direita e outro à sua esquerda. Jesus ofereceu a ambos a escolha da salvação, assim como ele oferece a você. Ele não obriga ninguém a amá-lo nem a confiar nele ou aceitar o céu. Um dos criminosos rejeitou Jesus, mas o outro, pela fé, voltou-se para ele. Você tem a mesma escolha.

Romanos 10.13 afirma: "[...] todo aquele que invocar o nome do Senhor será salvo". Você acredita nessas verdades sobre a salvação? Está pronto para invocar o nome do Senhor? A Bíblia afirma: "[...] agora é o tempo favorável, agora é o dia da salvação!" (2Coríntios 6.2).

Não adie a decisão sobre o seu destino eterno. Confie na promessa de salvação que Jesus oferece.

# *Alguém tem de pagar pelo pecado*

Teus olhos são tão puros que não suportam ver o mal;
não podes tolerar a maldade [...]
(HABACUQUE 1.13)

NA MITOLOGIA GREGA e romana, todos os deuses, como Zeus, Marte e Apolo, possuem fraquezas humanas. Eles se irritam, têm desejos e são impacientes. Não hesitam em fulminar as pessoas com raios e demonstram ser inconstantes e pouco confiáveis.

Em contraste, o Deus verdadeiro, que criou o Universo, é puro, justo e imaculado. Ele nunca fez nada de errado, impuro ou imperfeito. É santo. Como Habacuque 1.13 afirma: "Teus olhos são tão puros que não suportam ver o mal; não podes tolerar a maldade".

Por ser perfeito, o Senhor é digno de toda a nossa confiança. No entanto, essa perfeição também significa que ele não pode tolerar o pecado. Assim, na cruz, Deus tomou todos os pecados do mundo e os colocou sobre seu Filho perfeito, Jesus Cristo, que voluntariamente se ofereceu para pagar por eles.

Deus enviou Jesus para ser o nosso substituto. Se Jesus não tivesse assumido nosso lugar na cruz, teríamos que pagar pelos nossos próprios pecados. Mas Cristo satisfez as exigências da justiça divina ao fazer o que era necessário.

Contudo, essa missão não foi fácil para ele. Na verdade, foi uma verdadeira tortura. Pense na culpa que você sente por um único pecado. Agora imagine carregar a culpa de todos os pecados – desde os mais secretos até os mais horríveis e públicos. Isso causaria uma tortura mental, física, emocional e espiritual inimaginável.

Na cruz, Jesus clamou: "[...] Meu Deus! Meu Deus! Por que me abandonaste?" (Mateus 27.46). Nesse momento, experimentou não apenas a agonia física, mas também o tormento de estar separado do Pai.

Deus não podia sequer olhar para o Filho, pois ele carregava os pecados do mundo. Pelo fato de ser perfeito é que o Senhor desviou o olhar. Você consegue imaginar quanto isso deve ter custado a Jesus?

Ainda assim, ele suportou toda a dor com o propósito de abrir um caminho para que você pudesse estar em comunhão com o Deus santo.

Alguém precisava receber o castigo, e Jesus o fez por você. Ele se tornou o nosso substituto para que, ao olhar para você, Deus visse os seus pecados, mas sim a justiça de Jesus Cristo.

Por causa desse sacrifício, você pode experimentar não apenas a vida eterna, mas também uma vida plena e com propósito.

# *O que significa ter o poder do Espírito Santo*

Porque por meio de Cristo Jesus a lei do
Espírito de vida me libertou da lei do pecado e da morte.

(ROMANOS 8.2)

NENHUM DE NÓS está imune ao pecado. Enquanto alguns lutam com a raiva, outros enfrentam desafios como preocupação, fofoca ou luxúria.

Como você pode se libertar do pecado?

O primeiro passo é compreender o que Jesus fez por você. Na cruz, ele pagou o preço pelos seus pecados a fim de que você não precise pagar por ele. Todos os seus pecados – até mesmo os que ainda não cometeu – já foram quitados com o sacrifício de Jesus na cruz.

Mas Jesus não apenas pagou pelos seus pecados; ele também rompeu o *poder* que o pecado tinha sobre sua vida. Agora, você possui uma força que não tinha antes: a capacidade de dizer "não" ao pecado. Isso vai além da mera força de vontade – é o poder do Espírito Santo.

A Bíblia nos assegura em Romanos 8.2: "porque por meio de Cristo Jesus a lei do Espírito de vida me libertou da lei do pecado e da morte".

Se você é cristão, já sabe que Jesus morreu para pagar pelo seu pecado. Esta é a Boa-Nova. Se fosse só isso, já seria a melhor notícia do mundo. Mas há mais: ao morrer na cruz, Jesus não só removeu a penalidade do pecado, como também nos livrou da nossa antiga natureza pecaminosa ao nos conceder uma nova, livre do poder do pecado. A Bíblia nos ensina: "Pois sabemos que o nosso velho homem foi crucificado com ele, para que o corpo do pecado seja destruído, e não mais sejamos escravos do pecado" (Romanos 6.6).

O pecado já não exerce poder sobre sua vida. Uma pessoa morta não pode ser tentada. Assim como a sua velha natureza morreu com Cristo, você pode ter a certeza de que compartilha da nova vida que ele lhe concedeu.

A força de vontade nunca será suficiente para romper o poder do pecado na sua vida. Mas, graças a Jesus, você possui no Espírito Santo mais do que o suficiente para resistir à tentação e se libertar "da lei do pecado e da morte".

# *Encontre novamente a alegria*

[...] uma bela coroa em vez de cinzas, o óleo da alegria em vez de pranto e um manto de louvor em vez de espírito deprimido [...]

(Isaías 61.3)

Deus promete consolo para todos os que choram; ele dará a eles "[...] uma bela coroa em vez de cinzas, o óleo da alegria em vez de pranto e um manto de louvor em vez de espírito deprimido [...]" (Isaías 61.3).

O maior exemplo dessa transformação divina de dor em alegria é a ressurreição de Cristo. Após a crucificação, os discípulos enfrentaram dois dias de medo, dor e tristeza tão intensos que são quase inimagináveis. Embora Jesus tivesse prometido a eles que ressuscitaria, o peso da dor que carregavam ofuscou a compreensão dessa promessa.

No entanto, quando finalmente viram o Jesus ressurreto, compreenderam que o pecado e a morte haviam sido derrotados. Essa revelação trouxe libertação dos seus medos e ansiedades – e nessa libertação, a alegria voltou a florescer.

A sua dor importa, e Deus não exige que você a supere de uma hora para outra. Pelo contrário, ele deseja caminhar ao seu lado *em meio* a essa dor. Quer que você se lembre de que ele está sempre com você e que essa dor, por mais intensa que seja, não durará para sempre. À medida que você se apegar às promessas divinas durante o luto, encontrará não apenas alívio do medo e da ansiedade, mas também alegria.

Como isso é possível? Confiando no poder de Deus – o mesmo poder que ressuscitou Jesus dentre os mortos. Ele é capaz de transformar as cinzas em beleza, a dor em alegria e o desespero em adoração. Embora a dor possa afetar você, pela graça de Deus ela não o paralisará.

Em momentos de luto, busque a única certeza que existe: o perdão e a esperança que encontramos somente em Jesus.

É assim que recebemos o poder de Deus – "[...] mediante a fé em Jesus Cristo para todos os que creem. Não há distinção, pois todos pecaram e estão destituídos da glória de Deus, sendo justificados gratuitamente por sua graça, por meio da redenção que há em Cristo Jesus" (Romanos 3.22-24).

# *Deus está com você nos melhores e piores dias*

Quando você atravessar as águas, eu estarei com você;
quando você atravessar os rios, eles não o encobrirão.
Quando você andar através do fogo, não se queimará;
as chamas não o deixarão em brasas.

(Isaías 43.2)

**A vida é cheia** de circunstâncias inesperadas, e algumas delas podem fazer você se sentir como se tudo estivesse indo por água abaixo.

Então, o que fazer quando o seu mundo parece desmoronar? Quando a ligação tão temida chega? Quando os papéis do divórcio aparecem? Ou quando você se vê diante de um pedido de falência?

A primeira pergunta que muitas pessoas fazem nesses momentos é: "Quem realmente se importa comigo?".

Provavelmente esta seja a mesma pergunta que os discípulos de Jesus fizeram logo após a crucificação. Em uma noite, reuniram-se, a portas fechadas, com medo dos líderes judeus que haviam crucificado Jesus. Eles se sentiam abandonados, isolados e, por isso, temiam o pior.

Mas, então, algo surpreendente aconteceu: "[...] Jesus entrou, pôs-se no meio deles e disse: 'Paz seja com vocês!'. Tendo dito isso, mostrou-lhes as mãos e o lado. Os discípulos alegraram-se quando viram o Senhor" (João 20.19-20).

A mudança foi imediata. A presença de Cristo transformou o pânico em adoração; o medo em alegria.

A Bíblia nos assegura: "O Senhor está perto dos que têm o coração quebrantado e salva os de espírito abatido" (Salmos 34.18).

Em cada momento da vida, nos melhores e nos piores dias, Deus está ao seu lado. Ele se importa com você, em especial quando não parece haver esperança. Você nunca enfrentará tempos difíceis sozinho.

Deus diz a você: "Quando você atravessar as águas, eu estarei com você; quando você atravessar os rios, eles não o encobrirão. Quando você andar através do fogo, não se queimará; as chamas não o deixarão em brasas" (Isaías 43.2).

Você está sofrendo hoje? Tem dúvidas se alguém realmente se importa com você? Com medo de estar sozinho?

Saiba que você pode descansar em paz, pois Deus se importa com você. Ele está com você agora, como sempre esteve. Você nunca está sozinho.

# *Reflita sobre os seus pensamentos*

O inexperiente acredita em qualquer coisa,
mas o homem prudente vê bem onde pisa.
(Provérbios 14.15)

**Todo comportamento é** baseado em uma crença.

Quando agimos com medo, é porque acreditamos estar diante de uma situação ameaçadora. Se agimos com ressentimento, é porque sentimos que fomos desvalorizados e, portanto, queremos nos defender. Ao agirmos com orgulho, talvez no fundo acreditemos não ser suficientemente bons; por isso, buscamos compensar essa insegurança com arrogância.

Se há um comportamento que você não aprova ou sabe que é errado, é importante ir à origem e modificar o pensamento que o sustenta. Deus disse em Ageu 1.5: "[...] Vejam aonde os seus caminhos os levaram".

Pergunte a você mesmo: por que ajo *desta* maneira com essa pessoa? Por que tenho *esse* comportamento no trabalho, na escola ou com determinados vizinhos? Que pensamento desencadeou essa reação? Que suposição está por trás dessa ação? Que crença está por trás desse comportamento?

Talvez você já tenha enfrentado uma situação semelhante: uma conversa começa de forma simples, e, de repente, algo desperta as suas emoções, e você passa da intensidade zero a 100 em questão de segundos. Nesse momento, perde o controle – fica chateado, nervoso ou assustado. Pode começar a suar frio ou a falar mais alto, ou então as lágrimas comecem a cair.

Essa explosão emocional geralmente está vinculada a uma crença oculta. Talvez você pense que a outra pessoa vai abandoná-lo, ou que a sua opinião não foi ouvida. Pode sentir que a sua ideia não está sendo valorizada ou que não está sendo tratado com o devido respeito. Em cada caso, uma crença arraigada provocou essa resposta emocional.

Se você já se encontrou em uma situação assim, é necessário examinar as crenças que estão por trás do seu comportamento.

A Bíblia nos ensina em Provérbios 14.15: "O inexperiente acredita em qualquer coisa, mas o homem prudente vê bem onde pisa".

Para progredir em qualquer área da vida, é fundamental analisar o que se passa na sua mente. Comece a refletir sobre os seus pensamentos, para que eles o conduzam a ações mais saudáveis e intencionais.

# *Você precisa da ajuda de Deus para mudar*

[...] o Senhor, que é o Espírito, nos transforma
gradativamente à sua imagem gloriosa,
deixando-nos cada vez mais parecidos com ele.
(2Coríntios 3.18, NVT)

Você precisa de um novo começo na vida? Isso não se alcança apenas com esforços humanos. Somente Deus pode realizar esse tipo de transformação.

Pense da seguinte forma: alguém pode criar uma lei que diga: "Nada mais de preconceito. Nada mais de racismo. Nada mais de intolerância". Contudo, nenhuma legislação pode transformar um coração preconceituoso em um coração amoroso. Somente o Senhor tem poder para fazer isso, pois essa transformação requer uma mudança interna, algo que apenas Deus pode gerar no nosso coração.

Da mesma forma, você pode prometer que está pronto para mudar, que deseja mudar, que é capaz de mudar e que mudará. No entanto, nada acontecerá sem a intervenção do Espírito Santo. A Bíblia nos lembra em Zacarias 4.6: "[...] 'Não por força nem por violência, mas pelo meu Espírito', diz o Senhor dos Exércitos".

Assim como é impossível que você se transforme em um tigre, não pode, por sua própria força, tornar-se semelhante a Cristo. Não há poder humano capaz de gerar uma mudança tão profunda. A força de vontade, por si só, não basta.

As dores, os hábitos e os traumas que você acumulou ao longo da vida não surgiram da noite para o dia, e também não desaparecerão instantaneamente. Levará tempo – na verdade, levará o resto da sua vida. A transformação é um processo lento e, sem a ajuda divina, você não terá paciência ou resistência suficientes para terminar bem essa jornada.

Mas há uma boa notícia: a Bíblia promete: "[...] o Senhor, que é o Espírito, nos transforma gradativamente à sua imagem gloriosa, deixando-nos cada vez mais parecidos com ele" (2Coríntios 3.18, NVT).

A mudança é um processo contínuo que exige o poder do Espírito Santo. À medida que ele atua em você, Deus o transforma na pessoa que ele tinha em mente quanto criou você, tornando-o cada vez mais semelhante a ele.

Quando Deus quer criar um cogumelo, ele leva seis horas. Mas, para formar um carvalho maduro, leva sessenta anos. Afinal de contas, você quer ser um cogumelo ou um carvalho?

O desejo do Pai é que você cresça e se torne uma pessoa emocionalmente madura, espiritualmente forte, feliz e saudável. Esse processo não acontecerá de forma rápida, mas com certeza acontecerá, com a ajuda do Espírito Santo.

# *Jesus escolheu sofrer por você*

Mas Deus demonstra seu amor por nós: Cristo morreu em nosso favor quando ainda éramos pecadores.

(Romanos 5.8)

**Poucas pessoas estariam** dispostas a sofrer por outra. Contudo, Jesus não apenas aceitou esse sacrifício por uma única pessoa; ele escolheu sofrer por toda a humanidade.

O Evangelho de João, no capítulo 19, relata uma parte do sofrimento de Jesus: "Mais tarde, sabendo então que tudo estava concluído, para que a Escritura se cumprisse, Jesus disse: 'Tenho sede'. Estava ali uma vasilha cheia de vinagre. Então embeberam uma esponja nela, colocaram a esponja na ponta de um caniço de hissopo e a ergueram até os lábios de Jesus" (versículos 28-29).

Na cruz, Jesus sentiu uma dor excruciante – e, além disso, teve uma sede intensa. Ele sofria não apenas fisicamente, mas também com a agonia da sede.

Cristo não merecia sofrer pelos pecados da humanidade. Cada um de nós deveria arcar com as consequências dos nossos próprios pecados, mas Jesus voluntariamente aceitou sofrer e sentir sede para que tivéssemos a chance de passar a eternidade com ele.

Ele não cometeu nenhum erro – não praticou crimes, não causou danos a ninguém e viveu uma vida sem pecado. Então, por que o mataram?

Ele morreu para nos redimir. Na cruz, ele suportou a sede para trazer benefício a nós: "Mas Deus demonstra seu amor por nós: Cristo morreu em nosso favor quando ainda éramos pecadores" (Romanos 5.8).

O amor de Jesus por você é tão imenso e profundo, que ele tomou sobre si os seus pecados e o cobriu com justiça. O preço dos nossos pecados foi a vida do Cordeiro, e ele *considerou que valíamos esse sacrifício*.

Ele sofreu para que você não precisasse sofrer. Passou pelo inferno na cruz para que você não precisasse experimentar a separação eterna de Deus. Ele o protegeu e livrou da punição e da dor de estar afastado do Senhor para sempre.

Jesus morreu voluntariamente para que você pudesse ter vida eterna. Ele escolheu o sofrimento para garantir a sua redenção.

Nunca será necessário questionar o amor de Deus por você, porque ele já provou isso na cruz.

# *Creia na Palavra de Deus antes de lê-la*

Portanto, livrem-se de toda impureza moral e da maldade que prevalece e aceitem humildemente a palavra implantada em vocês, a qual é poderosa para salvá-los.

(TIAGO 1.21)

EMBORA VOCÊ NEM sempre compreenda o que a Bíblia diz, é essencial ancorar a vida na base sólida da Palavra de Deus. Para isso, é necessário aceitar humildemente tudo o que Deus diz.

Tiago 1.21 afirma: “Portanto, livrem-se de toda impureza moral e da maldade que prevalece e aceitem humildemente a palavra implantada em vocês, a qual é poderosa para salvá-los”.

A palavra traduzida por “aceitar” é um termo que remete à hospitalidade. Ela implica receber algo, ou alguém, como se fosse um estranho.

Você deve receber a Palavra de Deus por completo, o que significa que, antes mesmo de abrir a Bíblia, você já deve estar disposto a aceitar tudo o que Deus tem a lhe dizer. Independentemente de compreender ou não, você se compromete a crer na Palavra e a confiar nele.

No entanto, para aceitar a Palavra de Deus, é preciso, em primeiro lugar, eliminar as “impurezas e maldades” do seu interior. Isso não quer dizer que precisa se purificar por completo antes de se aproximar do Senhor, mas que o pecado pode impedir que você ouça a voz dele. O que acontece é que não somos capazes de ouvir a voz de Deus quando outras coisas ocupam a nossa mente e o nosso coração.

É importante abrir espaço para a verdade. Ao fazer isso, ela não só transformará você como também o fará mais parecido com Jesus.

A Bíblia frequentemente compara a aceitação da Palavra ao processo de jardinagem. Assim como um jardineiro remove as ervas daninhas antes de plantar e cuidar das sementes, você precisa remover o lixo emocional e espiritual da sua vida antes de se encontrar com Deus.

E como você faz essa limpeza? Confessando e afastando-se dos seus pecados. Reconheça diante do Senhor tudo o que fez que vai contra a Palavra; peça-lhe perdão e agradeça, desde já, pela maneira com a qual atua na sua vida.

Quando você confessa, aceita e confia na Palavra de Deus, ele é capaz de trazer clareza sobre a verdade e fazer florescer os frutos da obediência na sua vida.

# *A notícia de que você precisa*

O Senhor cumprirá o seu propósito para comigo!
Teu amor, Senhor, permanece para sempre [...]
(Salmos 138.8)

É difícil acompanhar as notícias hoje em dia sem sentir preocupação. Embora o mundo não esteja necessariamente pior do que antes, o fato é que hoje sabemos muito mais sobre ele. Temos acesso constante às informações de todos os cantos do planeta – e grande parte do que é divulgado não é nada encorajador. Isso pode gerar estresse, ansiedade, preocupação e medo.

Então, precisamos evitar cair em desespero. As notícias nos informam sobre o que está acontecendo (ou pelo menos nos mostram as interpretações das pessoas sobre os acontecimentos). No entanto, elas não compartilham a melhor notícia: Deus tem um plano mestre, estabelecido antes mesmo da fundação do mundo, que revelado plenamente quando Jesus Cristo veio a este mundo.

Ao longo de todo o Antigo Testamento, Deus deu indícios desse plano. Contudo, as pessoas naquela época não tinham a clareza que temos hoje porque estavam à espera do cumprimento das promessas do Senhor. Já nós, olhamos para trás, pois o grande plano divino já foi revelado. E qual é esse plano?

"E nos revelou o mistério da sua vontade, de acordo com o seu bom propósito que ele estabeleceu em Cristo, isto é, de fazer convergir em Cristo todas as coisas, celestiais ou terrenas, na dispensação da plenitude dos tempos" (Efésios 1.9-10).

Foi por isso que Deus enviou Jesus a este mundo – para salvar você do pecado e assim permitir que você o conheça e faça parte da família dele para sempre. Esta é a melhor notícia de todas. Quando você aceita Cristo como Salvador, ele lhe concede poder sobre a morte *e* a força necessária para buscar a justiça. Ele lhe dá propósito à medida que você o busca e escolhe o plano dele para a sua vida.

Salmos 138.8 declara: "Senhor cumprirá o seu propósito para comigo! Teu amor, Senhor, permanece para sempre [...]".

Esta é a mensagem que o mundo precisa ouvir: quem busca o Senhor nunca fica desapontado. Quando você confia no plano divino e permite que ele guie os seus passos, descobre a alegria e a paz que advêm do ato de seguir no melhor caminho – o caminho do Pai.

# *Deus pode prover por qualquer meio*

Mas, lembrem-se do Senhor, o seu Deus, pois é ele que dá a vocês a capacidade de produzir riqueza, confirmando a aliança que jurou aos seus antepassados, conforme hoje se vê.

(Deuteronômio 8.18)

De acordo com a Bíblia, Deus é a fonte das nossas finanças e quem supre todas as nossas necessidades.

Em Deuteronômio 8.18, está escrito: "Mas, lembrem-se do Senhor, o seu Deus, pois é ele que dá a vocês a capacidade de produzir riqueza, confirmando a aliança que jurou aos seus antepassados, conforme hoje se vê".

Mas o que isso muda no seu cotidiano?

Em vez de buscar segurança financeira no trabalho, confiar nas suas economias e contar com investimentos ou bens materiais, você deve olhar para o Senhor e confiar nele. Em outras palavras, não dependa de ninguém além de Deus para atender às suas necessidades.

Para ilustrar a questão, pense em uma torneira. Embora a água passe *através* dela, não vem realmente dali, mas de um reservatório ou poço.

Do mesmo modo, os recursos que Deus deseja dar a você podem vir por meio de um emprego, investimento ou alguém.

No entanto, a fonte sempre é Deus.

Não tente descobrir por qual *meio* ele atenderá às suas necessidades O Senhor diz a você: "Se eu fechar uma torneira, posso abrir outra com a mesma facilidade. Se perder um emprego, posso lhe dar outro. O seu trabalho e a sua conta bancária não são a fonte. Eu sou a sua fonte".

Mesmo que a torneira pareça ter secado, como você já está ciente de que o suprimento de Deus nunca se esgota, é capaz de crer que ele já escolheu outra maneira de prover as suas necessidades.

As preocupações revelam as áreas na quais não confiamos em Deus. Peça a ele que o ajude a identificar essas áreas. Ore para ter mais fé e creia que ele proverá tudo o que você precisa para cumprir a vontade dele.

Depois, observe as "torneiras" que ele usará para suprir as suas necessidades.

# *Deus usa o tempo para ajudar você a crescer*

Assim diz o Senhor: "No tempo favorável eu responderei a você e no dia da salvação eu o ajudarei" [...]
(Isaías 49.8)

**No tempo devido,** Deus pode transformar qualquer situação em um instante. Em Isaías 60.22, ele afirma: "[...] Eu sou o Senhor; na hora certa farei que isso aconteça depressa".

Isso pode ser difícil de aceitar, pois a sala de espera de Deus é, às vezes, o lugar mais difícil no qual estar. Quando estamos nela, costumamos sentir a urgência de que algo aconteça – contudo, o Senhor não tem essa pressa. Talvez você esteja ansioso para se formar, casar ou fechar um grande negócio, ou talvez esteja aguardando os resultados de exames ou informações para tomar uma decisão importante. À medida que o tempo passa, talvez pense: "Deus, o tempo está se esgotando. Isso precisa acontecer agora, ou talvez nunca aconteça".

No entanto, Deus não está sujeito ao tempo, uma vez que também o criou; por isso, sua atuação não está sujeita a esse tipo de limitação. Por isso, Salmos 90.4 lembra que mil anos para Deus "são como o dia de ontem que passou, como as horas da noite".

Deus usa o tempo para testar a sua fé e moldar o seu caráter. Enquanto você trabalha nos seus objetivos, ele está trabalhando em você. O Senhor se preocupa muito mais com quem *você* está se tornando do que com o que está tentando realizar, porque as suas realizações não serão levadas para a eternidade, mas o seu caráter, sim.

Frequentemente, pensamos que estamos esperando em Deus para que algo aconteça; por exemplo, uma oração a ser respondida. No entanto, ele deseja que você saiba que, na verdade, não é você quem está esperando nele. Ele está esperando por você; preparando o seu coração, testando a sua fé e agindo no seu amadurecimento, porque a bênção que ele deseja conceder é muito maior do que você pode suportar no momento.

Os atrasos que enfrentamos podem fazer parte do plano divino para nos ensinar a confiar nele e a crescer em caráter.

Isaías 49.8 nos assegura: "Assim diz o Senhor: 'No tempo favorável eu responderei a você e no dia da salvação eu o ajudarei' [...]". Não é uma questão de "talvez" – Deus ouvirá, responderá e ajudará quando o tempo certo chegar.

# *Use as palavras para edificar outros*

Nenhuma palavra torpe saia da boca de vocês,
mas apenas a que for útil para edificar os outros, conforme a
necessidade, para que conceda graça aos que a ouvem.

(EFÉSIOS 4.29)

ÀS VEZES, AS palavras são como uma marreta. Podemos usá-las sem pensar e depois nos surpreendemos ao nos ver rodeados de relacionamentos em pedaços. Quando o que você diz causa destruição, os seus relacionamentos inevitavelmente sofrem.

Quando pensar na sua língua, lembre-se de que se trata de uma ferramenta poderosa, que tanto pode derrubar como também tem o poder de construir e fortalecer.

Deus deseja que as suas palavras sejam usadas para edificar os demais. Efésios 4.29 orienta: "Nenhuma palavra torpe saia da boca de vocês, mas apenas a que for útil para edificar os outros, conforme a necessidade, para que conceda graça aos que a ouvem".

Uma das razões pelas quais não utilizamos as palavras de maneira eficaz é que não compreendemos o impacto delas e o fato de que são ferramentas dadas por Deus. Talvez você ainda se lembre de algo ruim que lhe disseram quando estava na escola primária, por exemplo. Este é o poder das palavras. Assim como é necessário ser cuidadoso ao manusear ferramentas elétricas, devemos aprender a ter cautela com o que dizemos.

Como, então, podemos usar as palavras de forma mais cuidadosa?

Primeiro, *pare de dar desculpas.* Deixe de dizer: "Realmente não queria dizer isso" ou "É só o meu jeito antes do café da manhã". Você tem a capacidade de escolher as palavras certas a qualquer momento, independentemente de como se sente.

Segundo, *fale menos.* Muitas vezes, nos metemos em problemas porque não sabemos quando parar de falar. Se usar o órgão fonador como ferramenta de precisão, não precisará continuar dando marteladas.

Terceiro, *ouça mais.* Quando você se dispõe a ouvir, consegue entender melhor as necessidades dos outros e também os motivos pelos quais podem estar usando palavras de forma destrutiva.

Finalmente, *comece a construir.* Quando encontrar alguém, deixe que o seu primeiro pensamento seja: "Como posso usar palavras de encorajamento para edificar essa pessoa?" ou "O que posso dizer para impactá-la de modo positivo?".

Peça a Deus que o ajude a usar as palavras com sabedoria; comece cada dia com a seguinte oração: "Que as palavras da minha boca e a meditação do meu coração sejam agradáveis a ti, Senhor, minha Rocha e meu Resgatador" (Salmos 19.14).

# *Os dons não são apenas para benefício próprio*

Sempre dou graças a meu Deus por vocês, por causa da graça que dele receberam em Cristo Jesus [...] de modo que não falta a vocês nenhum dom espiritual, enquanto vocês esperam que o nosso Senhor Jesus Cristo seja revelado.

(1Coríntios 1.4,7)

Quando pensou em você, Deus o criou com dons, talentos e habilidades únicas. Existem formas de pensar e de agir que você faz naturalmente bem; isso faz parte da sua "forma", ou seja, de como Deus o moldou.

No entanto, o Senhor não o fez único apenas para seu próprio benefício. Embora seus dons sejam valiosos para você, eles também foram concebidos para o benefício dos demais. Do mesmo modo, os dons das outras pessoas existem para beneficiar você.

Um dos dons que Deus me deu é o de ensinar. Tenho utilizado esse dom ao longo dos anos para ajudar e inspirar outras pessoas. Do mesmo modo, seus dons podem ser uma bênção para os que estão à sua volta.

Pense agora em algumas coisas específicas que você realmente faz bem. Por que acha que Deus fez você habilidoso nessas áreas? É porque ele deseja que use esses dons para impactar positivamente a vida das pessoas. Durante o seu tempo na terra, você deve usar seus dons para alcançar outros em nome de Jesus – e, assim, ser um embaixador do amor de Deus. Na verdade, se não estiver usando os seus dons da maneira planejada por Deus, então os está desperdiçando.

Deus não lhe concedeu dons para que os use apenas seu favor. Em Tiago 4.17, está escrito: "Portanto, pensem nisto: Quem sabe que deve fazer o bem e não o faz comete pecado".

Se você ainda não sabe como o Senhor quer que você sirva, tente primeiro responder: Em que você é bom? Quem pode se beneficiar disso? As respostas a essas perguntas revelarão em quais áreas o mundo precisa da sua contribuição e a quem você deve servir. Deus já lhe equipou com tudo o que você precisa para servir bem.

O apóstolo Paulo lembrou os cristãos em Corinto: "Sempre dou graças a meu Deus por vocês, por causa da graça que dele receberam em Cristo Jesus [...] de modo que não falta a vocês nenhum dom espiritual, enquanto vocês esperam que o nosso Senhor Jesus Cristo seja revelado" (1Coríntions 1.4,7).

Não desperdice os dons que o Senhor deu a você. Use as suas habilidades para servir a Deus ao servir aos outros.

# *Público de uma só pessoa*

Nenhum servo pode servir a dois senhores [...]

(Lucas 16.13)

**Quando você sempre** se preocupa com o que os outros pensam, acaba não conseguindo ser o que Deus almeja. Sua energia será gasta tentando agradar às pessoas, em vez de cumprir o propósito divino para sua vida. No entanto, ao aprender a pensar como Jesus, você deixa de se preocupar em agradar a todos, pois Jesus tinha o foco correto: agradar ao Pai.

Em Mateus 3.17, Deus disse: "[...] Este é o meu Filho amado, de quem me agrado". Isso evidenciava que Jesus estava fazendo a coisa certa.

Ele nunca se deixou manipular pelas multidões nem se importou com a aprovação ou desaprovação de ninguém. Jesus vivia para agradar apenas a um: "[...] não procuro agradar a mim mesmo, mas àquele que me enviou" (João 5.30). Quando você assume a mente de Cristo, seu foco se alinha com o dele.

Não seria mais simples viver para o público de uma só pessoa? Se Deus está satisfeito com o que você faz, então você pode ter certeza de que está no caminho certo.

A verdade é que nem mesmo Deus consegue agradar a todos. Enquanto uma pessoa ora pelo sucesso de seu time, outra deseja a vitória do time adversário. Não é possível agradar a todos.

Buscar a validação dos outros demonstra que você ainda não compreendeu quem realmente é e qual é o propósito de Deus para você. Significa que não confia que ele tem um plano para você ou que está sempre ao seu lado.

Em Lucas 16.13, está escrito: "Nenhum servo pode servir a dois senhores [...]".

Portanto, você precisa decidir de quem buscará aprovação: das pessoas ou do Senhor. Você viverá de acordo com a opinião dos outros ou com o que Deus pensa?

Jesus nunca se deixou controlar pela necessidade de aprovação ou pelo medo de rejeição. Ele não estava tentando ganhar um concurso de popularidade, e não precisava da confirmação de ninguém.

Quando você tem a mente de Cristo, torna-se tão seguro quanto a sua identidade e propósito diante dele que não há necessidade de buscar aprovação de mais ninguém.

# *Lamente o fracasso*

[...] Imediatamente um galo cantou. Então Pedro se lembrou da palavra que Jesus tinha dito: "Antes que o galo cante, você me negará três vezes". E, saindo dali, chorou amargamente.

(Mateus 26.74-75)

Quando você passa por um fracasso, pode parecer que nunca conseguirá se reerguer. A verdade é que em um fracasso financeiro, conjugal, profissional ou em qualquer outra área, a recuperação é possível.

O primeiro passo para se recuperar é permitir-se lamentar o fracasso. Não tente minimizar o ocorrido ou agir como se nada tivesse acontecido. Não apresse o processo de se sentir melhor. Em vez disso, invista tempo para lidar com a dor.

Esse processo revela um princípio importante na vida: para superar algo, é necessário passar por isso. Essa questão é aplicável a muitas situações, mas é especialmente verdade quando se trata de fracassos.

O luto é o caminho para superar o fracasso. Quando falhamos, muitas vezes temos a tendência de querer esquecer rapidamente e seguir em frente. Contudo, isso é um erro. O luto nos ensina as lições que aprendemos com o fracasso.

Pedro, um dos discípulos de Jesus, passou pela dor do fracasso. Em um momento crítico, ele negou conhecer Jesus, o que o levou a um profundo sentimento de arrependimento. A Bíblia relata: "[...] Imediatamente um galo cantou. Então Pedro se lembrou da palavra que Jesus tinha dito: 'Antes que o galo cante, você me negará três vezes'. E, saindo dali, chorou amargamente" (Mateus 26.74-75).

Imagine o desapontamento de Pedro. Ele caminhou ao lado de Jesus e testemunhou a misericórdia e o perdão do Messias inúmeras vezes. No entanto, na primeira vez que sua lealdade foi testada, ele o negou três vezes seguidas. Em vez de ignorar esse fracasso, Pedro fez o que era certo: foi humilde, reconheceu erro e lamentou – este é o caminho para a cura.

Muitas pessoas buscam atalhos quando falham. Tentam evitar o sofrimento e fingem que não arruinaram o casamento, mas em seguida entram em outro relacionamento. Ou então culpam terceiros pelo fracasso de um negócio e iniciam outro no dia seguinte. Assim, nunca aprendem a lição.

Entretanto, não há atalhos para o luto e a recuperação após o fracasso. Quanto maior for o revés, mais tempo será necessário para a cura.

Permita que Deus trabalhe no seu coração. Não se pode apressar a cura. A recuperação é um ato da misericórdia divina e acontecerá no tempo certo.

# *Jesus salva você do medo da morte*

Portanto, visto que os filhos são pessoas de carne e sangue, ele também participou dessa condição humana, para que, por sua morte, derrotasse aquele que tem o poder da morte, isto é, o Diabo, e libertasse aqueles que durante toda a vida estiveram escravizados pelo medo da morte.

(Hebreus 2.14-15)

**O medo da morte** é universal; ninguém está imune a ele.

No entanto, você sabia que Jesus libertou você desse medo? Isso mesmo – Jesus não o salvou apenas do pecado, mas também do poder e do medo da morte. Como está escrito em Hebreus 2.14-15: "Portanto, visto que os filhos são pessoas de carne e sangue, ele também participou dessa condição humana, para que, por sua morte, derrotasse aquele que tem o poder da morte, isto é, o Diabo, e libertasse aqueles que durante toda a vida estiveram escravizados pelo medo da morte".

Quando morreu na cruz, Jesus proclamou: "Está consumado!". Essa expressão, traduzida do grego por "*Tetelestai!*" no Evangelho de João, foi seu grito de vitória. *Tetelestai* é a exultação de um conquistador vitorioso, afirmando: "Derrotei a morte. Provei que ninguém precisa mais temê-la – porque voltarei à vida. Sou a Ressurreição, e todos podem ressuscitar se crerem em mim. A morte não é o fim. Não é necessário mais temê-la".

Graças ao sacrifício de Jesus, não tenho mais medo. A morte perdeu seu poder sobre mim. Sei que a morte é apenas uma transição e sei para onde vou quando esse momento chegar. Essa certeza pode ser sua também – quando você crê em Jesus como Salvador pessoal. Em Romanos 5.17, lemos: "Se pela transgressão de um só a morte reinou por meio dele, muito mais aqueles que recebem de Deus a imensa provisão da graça e a dádiva da justiça reinarão em vida por meio de um único homem, Jesus Cristo".

Ao se tornar cristão, você morre para o pecado e ressuscita para uma nova vida, com a confiança de que um dia viverá para sempre com Jesus. É a melhor coisa que poderia nos acontecer.

Você já possui essa certeza em Cristo? Agora você pode viver ajudando outras pessoas a alcançarem essa mesma salvação. Quando você compartilhar sobre a morte e a vida em Jesus, a sua história pode inspirar outros a também querer aceitar Jesus como Salvador.

# *Deus mostra que nos ama quando diz não*

Todos os caminhos do Senhor
são amor e fidelidade [...]

(Salmos 25.10)

Quando Deus diz "não" a uma das suas orações, lembre-se de que tudo o que ele faz é para o seu bem e porque o ama. A Bíblia garante: "Todos os caminhos do Senhor são amor e fidelidade [...]" (Salmos 25.10).

Não é necessário compreender o motivo pelo qual o Senhor diz "não". O mais importante é reconhecer que, independentemente de como ele responde às suas orações, a motivação é sempre o amor.

Satanás, por outro lado, deseja que você duvide desse amor. Ele sussurra mentiras, dizendo: "Deus não ama você. Não se importa com você; caso contrário, daria tudo o que você deseja". Mas Satanás é um enganador e *nunca* age por amor a ninguém.

A verdade é que Deus nos ama demais para conceder tudo o que pedimos. Nossos desejos podem trazer consequências graves que não podemos prever, mas o Senhor pode. Ou talvez o que desejamos possa atrapalhar o cumprimento da nossa missão de vida.

Portanto, quando o Senhor diz "não", você tem três opções: resistir, ressentir-se ou relaxar.

Você pode resistir a Deus e responder com raiva: "Ok, Deus, se você não fizer do meu jeito, farei as coisas por conta própria". Ao agir assim, você se recusa a confiar que o Senhor tem uma perspectiva mais ampla e um plano mais amplo.

Pode virar as costas para Deus com ressentimento e rebelião. Algumas pessoas passam a vida inteira amarguradas porque não aceitam a verdade de que Deus só age para o nosso bem.

Ou, então, pode confiar no amor de Deus e descansar nele. Quando você acredita que ele sempre tem o melhor em mente para você, começa a enxergar com novos olhos o que ele faz e que por vezes não compreende.

Talvez você não entenda a resposta do Senhor à sua oração. Não precisa entender. Mas pode afirmar: "Em qualquer situação, o amor de Deus permanece inabalável".

# *Pare de bancar o juiz*

Falem e ajam como quem vai ser julgado pela lei da liberdade; porque será exercido juízo sem misericórdia sobre quem não foi misericordioso. A misericórdia triunfa sobre o juízo!

(TIAGO 2.12-13)

COMO SEGUIDORES DE Jesus, desejamos honrar a Deus e fazer a vontade dele.

No entanto, como proceder quando o Reino de Deus bate de frente com o mundo? Como reagir quando os nossos valores divergem daqueles ao nosso redor?

Muitos cristãos infelizmente respondem a essa tensão julgando os outros. Deus, porém, não nos deu o direito de estar ao lado dele para julgar ninguém. Depois de ter sido tratado com misericórdia, o seu dever é estendê-la igualmente aos demais.

Tiago nos ensina que Deus valoriza a misericórdia acima do julgamento e espera que seus seguidores sejam misericordiosos: "Falem e ajam como quem vai ser julgado pela lei da liberdade; porque será exercido juízo sem misericórdia sobre quem não foi misericordioso. A misericórdia triunfa sobre o juízo!" (Tiago 2.12-13).

Como podemos evitar julgar os outros? Podemos alertar sobre as consequências negativas da desobediência a Deus, mas isso deve ser feito sem condenação. Em outras palavras, devemos falar a verdade com gentileza.

O julgamento ocorre quando usamos a verdade para nos sentir superiores. Como cristãos, nossa missão é compartilhar a verdade para ajudar as pessoas, não para feri-las ou humilhá-las. Podemos discordar de alguém sem sermos desagradáveis; mesmo estando certos, se formos rudes acabaremos perdendo a razão.

Julgar também significa esperar que um não cristão aja como se fosse crente, o que não faz sentido. A Bíblia ensina que só podemos viver de acordo com a vontade de Deus depois de termos convidado Jesus para fazer parte da nossa vida e aceitado o poder transformador do Senhor.

Você conseguirá parar de julgar os outros ao lembrar que todos somos responsáveis diante Deus. Isso quer dizer que ninguém prestará contas a você e que ser fiel ao Senhor inclui relevar certas coisas.

Lembre-se do que Jesus disse: "Não julguem e vocês não serão julgados. Não condenem e não serão condenados. Perdoem e serão perdoados" (Lucas 6.37).

# *Você está se alimentando da Palavra de Deus?*

Como são doces para o meu paladar as tuas palavras!
Mais que o mel para a minha boca!
(Salmos 119.103)

**Depois de ficarmos** noivos, minha esposa, Kay, e eu tomamos uma decisão incomum: mudamos para lados opostos do mundo. Enquanto ela foi para Birmingham, Alabama, trabalhar em uma igreja no centro da cidade, fui para Nagasaki, no Japão, com o objetivo de plantar uma igreja. Assim, passamos a maior parte do nosso noivado distantes um do outro.

Naquela época, não tínhamos celulares, e as ligações internacionais eram extremamente caras – 15 dólares por minuto para ligar para o Japão. Como éramos pobres, só tínhamos uma opção: escrever cartas. Cada um de nós escrevia uma carta por dia, e receber as cartas dela era o melhor momento do meu dia. Assim que uma chegava, rasgava o envelope e começava a ler. Depois, relia o conteúdo várias vezes, tentando captar algo nas entrelinhas. Sublinhava e memorizava trechos, absorvendo cada gota do amor que essa mulher tinha por mim.

Agora, imagine se você lesse a Bíblia – a carta de amor de Deus para você – com a mesma dedicação e intensidade.

Se você não está se aprofundando na Bíblia, buscando extrair toda a sabedoria que ela oferece, isso quer dizer que está perdendo a oportunidade de saborear o banquete espiritual que Deus preparou para você. Como diz Salmos 119.103: "Como são doces para o meu paladar as tuas palavras! Mais que o mel para a minha boca!". A Bíblia é uma fonte rica de alimento espiritual, capaz de nutrir a alma e manter você saudável.

Portanto, pergunto: você está se alimentando da Palavra? Lembre-se de que ir à igreja uma vez por semana e ouvir uma pregação não é a mesma coisa que alimentar-se da Palavra. Se você comesse apenas uma refeição por semana, não seria suficiente para crescer ou manter-se saudável.

Jesus disse: "[...] Nem só de pão viverá o homem, mas de toda palavra que procede da boca de Deus" (Mateus 4.4).

Você pode realmente experimentar a doçura da Palavra do Senhor ao se alimentar dela todos os dias – lendo, estudando e meditando em suas verdades – e permitir que ela penetre seu coração e mente.

# *Pare de se preocupar*

Portanto eu digo: Não se preocupem com sua própria vida,
quanto ao que comer ou beber; nem com seu próprio corpo,
quanto ao que vestir. Não é a vida mais importante que a comida,
e o corpo mais importante que a roupa?

(Mateus 6.25)

Deus é a fonte de tudo o que você precisa para viver. Ele é o Bom Pastor que supre todas as suas necessidades. Por isso, não há motivos para buscar em outros lugares o que só ele pode oferecer. Não precisa olhar para o centro financeiro do mundo, para o governo, ou depender exclusivamente do seu cônjuge, da sua aposentadoria ou do seu emprego.

Se está em busca de algo no qual depositar a sua segurança, é melhor escolher algo que jamais seja tirado de você. A saúde pode falhar, você pode ser demitido, a sua aparência pode mudar, você pode perder a sua família, a vida, a saúde mental ou até mesmo se sentir perdido.

Mas Deus nunca se perde, e não existe nada que você precise que ele não possa prover. Filipenses 4.19 afirma: “O meu Deus suprirá todas as necessidades de vocês, de acordo com as suas gloriosas riquezas em Cristo Jesus”.

Diante disso, por que as pessoas ainda se preocupam tanto? A preocupação pode ser o pecado mais comum no planeta e surge como consequência do esquecimento de que Deus é bom o tempo todo. Quando você se esquece da bondade de Deus, acaba entrando em pânico em vez de orar e se preocupando em vez de adorar.

A Bíblia afirma: “Portanto eu digo: Não se preocupem com sua própria vida, quanto ao que comer ou beber; nem com seu próprio corpo, quanto ao que vestir. Não é a vida mais importante que a comida, e o corpo mais importante que a roupa?” (Mateus 6.25).

Deus não deseja que você viva ansioso. No entanto, é compreensível que abandonar o hábito de se preocupar seja difícil, pois faz parte da natureza humana.

Então, como podemos parar de nos preocupar? Primeiro, reconheça que a preocupação afasta você da bondade de Deus. Em seguida, decida não permitir que a preocupação domine o que você tem de melhor. Em seguida, em vez de se angustiar, entregue em oração todas as preocupações ao Senhor.

Lembre-se: a maneira mais eficaz de parar de se preocupar é começar a orar.

# *Escolha a fé em vez do medo*

Pela fé saiu do Egito, não temendo a ira do rei,
e perseverou, porque via aquele que é invisível.
(HEBREUS 11.27)

MOISÉS TOMOU A decisão de viver pela fé, não pelo medo. Foi uma escolha deliberada a respeito de como conduziria sua vida.

Você precisa fazer a mesma escolha: viver pela fé ou pelo medo.

A Bíblia diz em Hebreus 11.27: "Pela fé saiu do Egito, não temendo a ira do rei, e perseverou, porque via aquele que é invisível".

Moisés confrontou o homem mais poderoso da terra e declarou com ousadia: "Aqueles escravos que estão construindo suas pirâmides? Estou levando-os embora, e todos nós vamos partir. Você não terá mais trabalho escravo. Deixe o meu povo ir".

Moisés tinha todos os motivos para sentir medo. Ele estava diante do faraó, que era considerado um deus, e cujas palavras eram a lei.

No entanto, ele não temeu porque se submetia a uma autoridade superior à do faraó.

Como ter uma fé assim? Quanto mais você se aproxima do Senhor, mais a sua fé é fortalecida. Por outro lado, quanto mais você se distancia dele, mais o medo dominará você.

A importância de viver pela fé ao longo de toda a sua vida não pode ser subestimada. A Bíblia declara: "[...] tudo o que não provém da fé é pecado" (Romanos 14.23).

Quantas vezes você pecou esta semana? Muitas? Eu também. Qualquer atitude que tenha tomado com dúvida, em vez de fé, foi pecado.

A Bíblia também afirma que "Sem fé é impossível agradar a Deus [...]" (Hebreus 11.6). Então, quantas vezes você agradou a Deus esta semana?

Deseja ver mudanças na sua vida? Pare de reclamar e comece a crer. Deus não responde a reclamações, mas à fé: "[...] Que seja feito segundo a fé que vocês têm!" (Mateus 9.29). A sua confiança em Deus tem um grande impacto no que Deus faz na sua vida.

Eis o segredo: o que realmente importa não é o tamanho da sua fé, mas o tamanho do nosso Deus. Um pouco de fé em um Deus grandioso traz resultados extraordinários.

# *Saber quem você é reduz o estresse*

Vejam como é grande o amor que o Pai nos concedeu: sermos chamados filhos de Deus, o que de fato somos! [...]

(1João 3.1)

Estamos vivendo em tempos de grande estresse. Mais do que nunca, é essencial aprendermos a ser resilientes para cumprir o propósito que Deus nos deu. Para alcançar essa resiliência, o primeiro passo é lembrar quanto ele nos ama. Esse amor é o verdadeiro antídoto contra o estresse.

Parte do nosso chamado é nos tornarmos mais parecidos com Jesus; aliás, ele nunca duvidou do amor de Deus, o Pai, e falou sobre isso diversas vezes, como em João 10.17: "[...] meu Pai me ama [...]".

Saber e manter em mente que o Senhor professa por você amor incondicional, extravagante, contínuo e eterno, assim como tinha por Jesus, é a base de uma vida resiliente. Como Paulo expressou em Romanos 8.38-39: "Pois estou convencido de que nem morte nem vida [...] nem qualquer outra coisa na criação será capaz de nos separar do amor de Deus que está em Cristo Jesus, nosso Senhor".

Talvez você pense: "É óbvio que Deus ama Jesus. Ele é seu Filho". Mas sabia que Jesus afirma ter o mesmo amor por você, como filho ou filha de Deus? Em João 15.9-10, ele diz: "Como o Pai me amou, assim eu os amei; permaneçam no meu amor. Se vocês obedecerem aos meus mandamentos, permanecerão no meu amor [...]".

Compreender o imenso amor de Deus por você é a base da sua segurança pessoal. Se você não tem certeza de que Deus o ama incondicionalmente e em todos os momentos, será facilmente influenciado pela necessidade de aprovação alheias. Isso pode levá-lo a querer agradar as pessoas o tempo todo. No entanto, quando você entender e aceitar que o amor dele por você é como o de um pai por seus filhos, então sim poderá enfrentar tempos difíceis com confiança e menos estresse.

Sempre que precisar ser lembrado do amor do Pai, basta voltar-se para a Palavra. Como está escrito em 1João 3.1: "Vejam como é grande o amor que o Pai nos concedeu: sermos chamados filhos de Deus, o que de fato somos!".

# *A humildade constrói relacionamentos*

[...] humildemente considerem os
outros superiores a vocês mesmos.
(FILIPENSES 2.3)

O ORGULHO DESTRÓI RELACIONAMENTOS e pode se manifestar de diversas formas: em críticas, em uma competição desmedida, em teimosia e em superficialidade.

O grande problema do orgulho é que ele engana quem o expressa. Quando alguém é dominado pelo orgulho, dificilmente percebe isso – mas todos ao redor notam. Como alerta Provérbios 16.18: "O orgulho vem antes da destruição; o espírito altivo, antes da queda". A paráfrase A Mensagem reforça: "Primeiro vem o orgulho; depois, a queda – quanto maior é o ego, maior é o tombo".

Em contraste, a humildade serve de antídoto, que constrói e fortalece relacionamentos. Filipenses 2.3 oferece uma orientação clara a respeito de como combater o orgulho e escolher a humildade: "[...] humildemente considerem os outros superiores a vocês mesmos". 1Pedro 3.8 também instrui: "Quanto ao mais, tenham todos o mesmo modo de pensar, sejam compassivos, amem-se fraternalmente, sejam misericordiosos e humildes".

Como podemos crescer em humildade? Esse processo começa quando você permite que Jesus assuma o controle dos seus pensamentos, coração, atitudes e reações. É quando você se rende ao Espírito Santo e permite que ele transforme a sua maneira de pensar; desse modo, os seus sentimentos e ações também são transformados – em humildade, compaixão e graça.

Uma lei básica dos relacionamentos é esta: você tende a se tornar como as pessoas com quem passa mais tempo. Se passa tempo com pessoas rabugentas, torna-se mais rabugento. Se passa tempo com pessoas felizes, torna-se mais feliz.

Portanto, se o seu desejo é se tornar uma pessoa mais humilde, então é necessário que passar tempo com Jesus Cristo, pois ele é o modelo perfeito de humildade. Ao construir um relacionamento com ele por meio da oração e da leitura da Palavra, você passa a conhecê-lo melhor e a se tornar mais parecido com ele: "Seja a atitude de vocês a mesma de Cristo Jesus, que, embora sendo Deus, não considerou que o ser igual a Deus era algo a que devia apegar-se" (Filipenses 2.5-6).

Jesus é o exemplo supremo de humildade. Ele deixou a glória do céu para dar a própria vida por você na cruz – rebaixando-se da posição mais elevada para a mais inferior – e fez isso por amor. Ao passar tempo com ele, você aprende a manifestar o tipo de amor que não apenas constrói relacionamentos, mas que também os transforma.

# *Esta é mesmo a melhor opção?*

[...] Ninguém que põe a mão no arado e olha
para trás é apto para o Reino de Deus.

(Lucas 9.62)

**À medida que envelheço,** percebo cada vez mais a importância de ser seletivo. A vida sempre nos oferece inúmeras opções e oportunidades, mas a chave para a eficácia está na capacidade de escolher com discernimento.

A Bíblia ensina o seguinte em 1Coríntios 10.23: " 'Tudo me é permitido' , mas nem tudo convém. 'Tudo me é permitido', mas nem tudo edifica".

Em outras palavras, muitas coisas na vida não são necessariamente erradas – são apenas desnecessárias. Quando compreendemos essa verdade, adquirimos maior resiliência para enfrentar os desafios da vida.

Quando sabe para onde está indo e se concentra nessa direção, é menos provável que você se distraia por coisas menos importantes. Você estabelecerá prioridades com uma perspectiva eterna e escolherá não só o que é bom, mas o que é verdadeiramente importante.

Jesus foi o exemplo supremo de concentração. Ele viveu de forma seletiva, o que lhe permitiu dedicar sua vida ao Reino de Deus e fazer a vontade do Pai.

Em Lucas 9.51, está escrito: "Aproximando-se o tempo em que seria elevado aos céus, Jesus partiu resolutamente em direção a Jerusalém".

Jesus é o modelo de uma vontade inabalável. Mesmo ciente de que seu propósito o levaria à morte, ele permaneceu firme e suportou a dor, o estresse e a perseguição. O apóstolo Paulo não era diferente. Ele declarou: "uma coisa faço", e não "essas quarenta coisas que eu faço". Paulo concentrou sua vida naquilo que era mais importante.

Você possui um potencial extraordinário para ser usado pelo Senhor, mas muitas vezes a barreira é a falta de decisão sobre o que realmente importa. Se acha que não tem tempo para servir a Deus, é porque falta foco. Se sente que precisa fazer algo mais antes de seguir Jesus, então o foco ainda não está ajustado.

A Bíblia é clara: "[...] Ninguém que põe a mão no arado e olha para trás é apto para o Reino de Deus" (Lucas 9.62).

Um dia, você estará diante do Altíssimo. O que lhe dirá quando ele perguntar o que você fez com o que lhe foi dado?

# *Gerando unidade na igreja*

Por isso, esforcemo-nos em promover tudo quanto conduz à paz e à edificação mútua.

(Romanos 14.19)

Você deseja ser um agente de unidade na sua igreja? Então, foque no que tem em comum com os outros, em vez de apontar diferenças.

O que você tem em comum com os seus irmãos e irmãs na família de Deus? Efésios 4.4-6 ensina que os cristãos compartilham sete coisas: "Há um só corpo e um só Espírito, assim como a esperança para a qual vocês foram chamados é uma só; há um só Senhor, uma só fé, um só batismo, um só Deus e Pai de todos, que é sobre todos, por meio de todos e em todos".

- *Somos um só corpo.* Jesus não possui vários corpos; tem apenas a igreja.
- *Recebemos um só Espírito Santo.* Todos o recebemos no momento da salvação.
- *Compartilhamos uma só esperança.* Temos a expectativa da segunda vinda de Cristo, que ressuscitou, ascendeu ao céu e prometeu voltar.
- *Temos um só Senhor.* Estamos unidos com todos os que creem por meio do nosso relacionamento com Jesus.
- *Temos uma só fé.* A nossa fé está fundamentada em um só livro, a Bíblia.
- *Há também um só batismo.* Pois não é necessário sermos rebatizados a cada vez que pecamos.
- *Temos um só Deus.* Não adoramos a vários deuses, mas apenas ao verdadeiro e único Deus, que conhece todas as coisas, vê todas as coisas e está presente em todos os momentos.

Como membros da família do Altíssimo, também partilhamos da mesma salvação, do mesmo perdão, da mesma graça, da mesma misericórdia e do mesmo futuro. Esses fatores são infinitamente mais importantes do que *status* econômico, gênero, raça, forma física, formação pessoal, pecados, boas ações ou qualquer outro aspecto.

Embora seja importante focar os sete elementos mencionados em Efésios, não podemos esquecer que o Senhor também nos criou diferentes uns dos outros. Romanos 12.4-5 nos lembra que "assim como cada um de nós tem um corpo com muitos membros e esses membros não exercem todos a mesma função, assim também em Cristo nós, que somos muitos, formamos um corpo, e cada membro está ligado a todos os outros".

Ao refletir a respeito de como Deus dotou você de dons e moldou as pessoas ao seu redor, reserve momento para agradecer:

***"Eu agradeço, Pai, por tua criatividade, que se manifesta em cada membro da tua família. Oro para que eu seja alguém que celebre a diversidade na igreja e também se lembre do que temos em comum por causa do Evangelho. Ajuda-nos a usar todos os nossos diferentes dons para servir e amar os outros com excelência. Em nome de Jesus, amém".***

Deus escolheu dar a cada pessoa uma personalidade diferente e equipou cada uma delas com dons variados. Você pode se unir a outros cristãos e assim valorizar e aprender todas as maneiras pelas quais Deus fez cada pessoa de forma única.

Não se limite a simplesmente conviver com as pessoas da sua igreja local. Esforce-se para alcançar a verdadeira unidade e harmonia sem se esquecer da esperança que todos vocês compartilham.

# *A alma está cansada? Vá até Jesus*

Venham a mim [...] e eu darei descanso a vocês.

(Mateus 11.28)

**Quando Jesus diz:** "Venham a mim [...] e eu darei descanso a vocês" (Mateus 11.28), de que tipo de descanso está falando?

Ele oferece um alívio para a alma que vai além do descanso físico, pois sabe que o problema que você está enfrentando agora mesmo provavelmente não se seja um cansaço muscular.

Quando nos aproximamos de Cristo em momentos de exaustão, nossa mente, alma e espírito estão sobrecarregados. Por isso, precisamos descansar não apenas do trabalho, mas da tensão, do estresse, da ansiedade, da pressa e da preocupação do cotidiano; na verdade, necessitamos um descanso que não se consegue apenas com um bom cochilo ou férias.

A maioria das pessoas tem diferentes maneiras de desacelerar dependendo se o cansaço é físico, emocional ou espiritual. Quando estamos cansado, podemos ver um filme ou ligar para alguém. Talvez prefira se deitar ou fazer uma caminhada ou queira passar tempo com amigos, ou então prefira ficar sozinho.

Todas essas coisas podem ser boas, mas nenhuma delas nos restaura a alma.

Somente Deus pode fazer isso. Por essa razão, Jesus deseja que você vá até ele quando sentir um vazio na alma, uma depressão ou sobrecarga espiritual.

Isaías 40.29 diz: "Ele fortalece o cansado e dá grande vigor ao que está sem forças".

Quando você se sente vazio por dentro, a sociedade afirma que isso ocorre porque você não está se esforçando o bastante. Ou seja, é preciso ganhar mais dinheiro, adquirir mais coisas, realizar mais atividades, viajar mais. Trata-se de um ciclo interminável e sem fundo. Contudo, esse talvez seja o motivo do seu vazio interior.

Jesus, no entanto, espera que você faça o oposto: deixe de ir atrás das coisas; vá até ele – exatamente como está.

A sua alma nunca encontrará descanso no que o mundo tem a oferecer, pois ela não foi criada para ser satisfeita por nada neste mundo.

Você foi feito para Deus, e só encontrará descanso de verdade quando entregar sua alma cansada até ele.

# *Como saciar sua sede espiritual*

[...] Quem beber desta água terá sede outra vez, mas quem beber da água que eu lhe der nunca mais terá sede. Ao contrário, a água que eu lhe der se tornará nele uma fonte de água a jorrar para a vida eterna.
(João 4.13-14)

**Você se sente** insatisfeito com sua vida? Está pronto para experimentar uma vida verdadeiramente plena e significativa? Chegou a hora de buscar essa satisfação em Jesus.

Assim como a maioria das pessoas, você pode estar em busca de algo que traga felicidade e propósito à sua vida. Talvez você pense: "Se eu pudesse vestir *esse* tipo de roupa, seria mais descolado. Se eu pudesse fazer uma cirurgia plástica e corrigir *isso*, minha vida seria perfeita. Se eu conseguisse *aquele* emprego, finalmente me sentiria realizado".

No entanto, essa busca incessante por coisas materiais ou por *status* acaba por deixá-lo exausto, porque nunca trarão satisfação de verdade. A Bíblia adverte: "O meu povo cometeu dois crimes: eles me abandonaram, a mim, a fonte de água viva; e cavaram as suas próprias cisternas, cisternas rachadas que não retêm água" (Jeremias 2.13).

Ao afastar-se de Deus, você não só deixou de buscar nele a satisfação e o suprimento para todas as suas necessidades, como também tem tentado resolver tudo por conta própria. As "cisternas" que você cavou – seja uma carreira lucrativa, uma aparência física impecável ou a casa dos sonhos – não conseguem reter a água que você tanto precisa.

Jesus nos lembra em João 4.13-14: "[...] Quem beber desta água terá sede outra vez, mas quem beber da água que eu lhe der nunca mais terá sede. Pelo contrário, a água que eu lhe der se tornará nele uma fonte de água a jorrar para a vida eterna".

O pecado vicia e apenas aumenta a sua sede. Se você duvida disso, pergunte a quem já consumiu pornografia – uma vez nunca é suficiente. Se você é dependente de medicamentos, um comprimido nunca basta. Se luta contra a raiva, uma explosão de fúria não será a última. O pecado cria uma sede de satisfação insaciável.

Isso vale para qualquer busca que não seja centrada em Jesus; ela sempre o deixará mais sedento do que antes.

Contudo, Jesus oferece uma água viva que satisfará permanentemente a sua sede.

Se você se sente insatisfeito com sua vida, esse é um sinal de que está espiritualmente sedento. E o único capaz de saciar essa sede é Jesus.

# *Como resistir às forças destrutivas*

O propósito é que não sejamos mais como crianças, levados de um lado para outro pelas ondas, nem jogados para cá e para lá por todo vento de doutrina e pela astúcia e esperteza de homens que induzem ao erro.

(Efésios 4.14)

O vento é um dos elementos mais poderosos da natureza; por isso, a Bíblia o usa como metáfora para diversas situações. Existem ventos de provação, tribulação, conflito e tentação. Contudo, Deus nos capacita a resistir a cada um deles.

Em Efésios 6.13, encontramos a seguinte orientação: "Por isso, vistam toda a armadura de Deus, para que possam resistir no dia mau e permanecer inabaláveis, depois de terem feito tudo". Aqui, a palavra "resistir" significa "permanecer inabalável diante de uma força destrutiva". Uma das maneiras mais eficazes de se manter firme diante dos ventos da vida é permanecendo conectado à sua família espiritual. Desde o início, Deus nunca quis que enfrentássemos dias difíceis sozinhos. Uma das primeiras coisas que ele disse foi: "[...] Não é bom que o homem esteja só [...]" (Gênesis 2.18).

Por isso, é importante que você tenha uma família espiritual – uma igreja – para encontrar apoio quando os ventos fortes soprarem.

Observe este trecho de Efésios: "E ele designou alguns para apóstolos, outros para profetas, outros para evangelistas, e outros para pastores e mestres, com o fim de preparar os santos para a obra do ministério, para que o corpo de Cristo seja edificado [...] O propósito é que não sejamos mais como crianças, levados de um lado para outro pelas ondas, nem jogados para cá e para lá por todo vento de doutrina e pela astúcia e esperteza de homens que induzem ao erro" (Efésios 4.11-12, 14). A igreja de Deus é o instrumento que o Senhor usa para fortalecer seu povo, e é papel dos "apóstolos, profetas, evangelistas, pastores e mestres" protegê-la de falsos ensinos e "de todo vento de nova doutrina".

As crenças das pessoas podem mudar facilmente, mas a verdade é imutável. Se algo era verdadeiro há dois mil anos, permanecerá sendo verdadeiro daqui a dois mil anos. Como Isaías 40.8 diz: "A relva murcha, e as flores caem, mas a palavra de nosso Deus permanece para sempre". Hoje, nossa cultura está repleta de ventos voláteis que são inquestionavelmente enganosos – mentiras e meias-verdades. Não se deixe "levar de um lado para o outro". Em vez disso, permaneça firme e conectado à sua família espiritual.

# *Há um propósito para seus problemas de trabalho*

Não só isso, mas também nos gloriamos nas tribulações, porque sabemos que a tribulação produz perseverança; a perseverança, um caráter aprovado; e o caráter aprovado, esperança.

(Romanos 5.3-4)

Você já enfrentou algum problema no trabalho? Com certeza, sim. Todos nós, em algum momento, passamos por dificuldades, independentemente do ambiente ou das pessoas com quem trabalhamos.

A Bíblia oferece orientação sobre como lidar com esses problemas: "Não só isso, mas também nos gloriamos nas tribulações, porque sabemos que a tribulação produz perseverança; a perseverança, um caráter aprovado; e o caráter aprovado, esperança" (Romanos 5.3-4). Deus está muito mais interessado em seu caráter do que em seu conforto. Ele trabalha para aperfeiçoá-lo, não para mimá-lo. O propósito de Deus em sua vida, inclusive em seu trabalho, é promover seu crescimento, não garantir sua comodidade. E ele usa os problemas que você enfrenta para desenvolver o seu caráter.

Diante de um problema no trabalho, em vez de questionar a Deus sobre o motivo de tal dificuldade, pergunte: "O que o Senhor quer que eu aprenda com isso? O que está tentando me ensinar? Existe algum ponto cego que preciso reconhecer? Que aspecto do meu caráter precisa ser aperfeiçoado?". Lembre-se desta simples verdade: enquanto você desempenha suas funções em seu trabalho, Deus está trabalhando em você.

Muitas vezes, os problemas no trabalho manifestam-se em forma de tentações – mas até mesmo essas tentações podem ser usadas pelo Senhor para o seu bem. Alguns crentes evitam trabalhar com pessoas que não são cristãs por acreditarem que elas trazem mais tentações. Contudo, isso não é verdade. A tentação pode surgir no convívio com qualquer pessoa, tanto com cristãos quanto com não cristãos. Não é pecado ser tentado; o pecado reside em ceder à tentação. A Bíblia afirma que Jesus foi tentado em tudo, como nós, mas não pecou.

As tentações o acompanharão ao longo de toda a sua vida, independentemente do seu local de trabalho. No entanto, Deus pode transformá-las em oportunidades de crescimento em caráter. Cada vez que você é tentado, surge a chance de escolher entre resistir à tentação ou ceder a ela.

Cada vez que você cede, a tentação o prejudica. Porém, a cada escolha pelo bem, a tentação se torna um degrau para o crescimento.

# *Você pode ter certeza de que entrará no céu*

[...] Quem ouve a minha palavra e crê naquele que me enviou tem a vida eterna e não será condenado, mas já passou da morte para a vida.

(João 5.24)

A morte e ressurreição de Jesus libertam você do julgamento.

Talvez você já tenha imaginado o Dia do Julgamento de uma forma mais ou menos assim: você, em pé diante dos portões do céu, em uma fila interminável, avançando lentamente, passo a passo. À medida que se aproxima, começa a sentir o nervosismo e, suando, se pergunta: "Será que conseguirei entrar? Deus exibirá em uma grande tela todos os erros e tolices que cometi? Todos os meus pecados serão expostos?".

Mas tenho excelentes notícias para você, prometidas pelo próprio Jesus Cristo: "Quem nele crê não é condenado [...]" (João 3.18). Ou, como reiterado em outro trecho do evangelho de João: "[...] Quem ouve a minha palavra e crê naquele que me enviou tem a vida eterna e não será condenado, mas já passou da morte para a vida" (João 5.24).

É uma boa notícia, não? Com certeza.

Um amigo, chamado Buddy, uma vez me contou uma história de sua infância. Na época, sua professora da escola dominical ensinava que Deus estava assentado no céu, registrando cada erro que Buddy cometia. Ela até costumava fazer a turma cantar semanalmente uma música que dizia: "Meu Senhor está escrevendo o tempo todo. Escrevendo, escrevendo, escrevendo o tempo todo". Buddy disse: "Aquilo me apavorava. Eu pensava: 'Nunca chegarei a entrar no céu. Minha lista está cada vez mais longa".

Será que é assim que Deus lhe trata quando você coloca sua fé em Cristo? De jeito nenhum. Na verdade, ele não está anotando seus pecados; ele está apagando, apagando, apagando o tempo todo. Está perdoando, perdoando, perdoando o tempo todo, como se apertasse o botão de deletar.

Mas por que Deus faz isso? Porque, como a Bíblia diz: "[...] Deus é amor" (1João 4.8) e o amor "[...] não guarda rancor" (1Coríntios 13.5). Se você confia no amor de Jesus Cristo, seus pecados são apagados.

Você pode confiar que o Senhor cumprirá sua promessa: "Portanto, agora já não há condenação para os que estão em Cristo Jesus" (Romanos 8.1).

# *Seu Criador tem soluções criativas*

Quando tentei entender tudo isso, achei muito
difícil para mim, até que entrei no santuário de Deus,
e então compreendi o destino dos ímpios.

(SALMOS 73.16-17)

**O TERMO "NÓ GÓRDIO"** é frequentemente usado para descrever um problema que parece insolúvel. A expressão tem origem em um mito que dizia que aquele que conseguisse desatar um nó extremamente complicado, feito por Górdio, pai do rei Midas, se tornaria o governante de toda a Ásia. Segundo a lenda, Alexandre, o Grande, optou por uma abordagem inesperada: ao invés de tentar desatar o nó, ele simplesmente o cortou ao meio com sua espada, e, posteriormente, conquistou grande parte da Ásia.

Você tem algum "nó górdio" em sua vida, um problema que parece insuperável? Talvez esteja lutando para reparar um relacionamento, equilibrar suas finanças ou lidar com uma condição crônica de saúde. Esses problemas podem ser tão complexos e antigos que você se pergunta: "Será que algum dia encontrarei uma solução para isso?".

O que fazer quando nos deparamos com um problema que parece sem solução? A resposta é louvar a Deus.

Ao louvá-lo, Deus lhe dará respostas que você jamais encontraria por conta própria. Davi expressou essa experiência em Salmos 73.16-17: "Quando tentei entender tudo isso, achei muito difícil para mim, até que entrei no santuário de Deus, e então compreendi o destino dos ímpios". O santuário do Senhor neste versículo simboliza a entrada na presença divina por meio do louvor. Foi somente quando Davi começou a adorar, louvar e agradecer a Deus que ele recebeu a resposta de que tanto precisava.

A melhor maneira de obter soluções novas e criativas é por meio da adoração e do louvor a Deus. Ninguém é mais criativo do que o próprio Criador. Quanto mais você se sintoniza com ele, mais criativo se torna.

A Bíblia nos orienta: "Entrem por suas portas com ações de graças e em seus átrios com louvor [...]" (Salmos 100.4). O louvor e a gratidão são a porta de entrada para a criatividade.

Você enfrentará problemas na vida, e os desafios mais complexos e aparentemente insolúveis demandam soluções criativas.

Portanto, se você precisa de respostas, entre na presença de Deus e louve-o, mesmo antes de ver a solução. O Criador lhe concederá ideias criativas.

# *Encarando os fatos com fé*

Sem se enfraquecer na fé, reconheceu que o seu corpo
já estava sem vitalidade, pois já contava cerca de cem anos
de idade, e que também o ventre de Sara já estava sem vigor.

(ROMANOS 4.19)

MUITAS VEZES, AS pessoas acreditam erroneamente que ter fé significa ignorar os fatos. No entanto, não é bem assim.

Abraão entendeu bem essa questão: "Sem se enfraquecer na fé, reconheceu que o seu corpo já estava sem vitalidade, pois já contava cerca de cem anos de idade, e que também o ventre de Sara já estava sem vigor" (Romanos 4.19).

Abraão tinha noventa e nove anos e sua esposa, Sara, oitenta e nove. Ambos tinham uma idade em que ter filhos era fisicamente impossível, mas ele não negou os fatos. Pelo contrário, enfrentou-os com fé.

A fé, portanto, não é uma teimosia insensata; ela não ignora a realidade. Não vive em negação, fingindo que não há problemas, nem se prende ao passado. Ela encara os fatos da vida sem se deixar abater por eles.

Se você tem câncer, não pode negar o diagnóstico, mas pode desafiar o desfecho que a doença parece impor. Em vez de negar a situação, você deve fazer tudo o que estiver ao seu alcance para superá-la.

Algumas pessoas ensinam que os cristãos devem negar seus problemas e manter um sorriso o tempo todo. Mas esse não é o caminho de Jesus.

Pode ser necessário passar por um período legítimo de luto diante de um diagnóstico inesperado ou de um sonho despedaçado. No entanto, isso não significa que você deva ceder à autocomiseração. Em vez disso, diga a Deus: "Não aconteceu o que eu esperava, mas confio que o Senhor tem um plano melhor para a minha vida". Essa é a essência da verdadeira fé.

Ter fé significa acreditar que Deus ainda não terminou de agir em sua vida. É confiar que ele tem coisas boas reservadas para você.

Um exemplo disso é a história de Corrie ten Boom,[1] uma autora e sobrevivente do Holocausto. Quando jovem, estava noiva, mas seu noivo terminou inesperadamente o relacionamento e casou-se com uma amiga. Corrie ficou devastada e nunca se casou.

[1] Corrie ten Boom foi uma cristã holandesa conhecida por sua bravura durante a Segunda Guerra Mundial, quando ela e sua família ajudaram a salvar cerca de 800 judeus do Holocausto, escondendo-os em sua casa em Haarlem. Em 1944, Corrie e sua família foram traídos, presos e enviados para campos de concentração; Corrie sobreviveu e foi libertada por um erro administrativo. Após a guerra, dedicou sua vida a espalhar a mensagem do Evangelho e do perdão. Ela foi homenageada por Israel como uma das "Justas entre as Nações" por seu trabalho em salvar vidas durante o Holocausto. [N.T.]

No entanto, em vez de se fechar em uma concha, ela redirecionou seu amor e se tornou uma das líderes cristãs mais influentes do século XX, influenciando a vida de milhões de pessoas. Ela conseguiu fazer isso porque se recusou a negar os fatos. Mesmo diante de grandes desafios, confiou em Deus, acreditou em seu plano para a sua vida e amou os outros por meio de sua fé.

Você pode fazer o mesmo.

# *O que você fará hoje que requer fé?*

E não nos cansemos de fazer o bem, pois no tempo próprio colheremos, se não desanimarmos.

(GÁLATAS 6.9)

O FRACASSO NUNCA É um ponto-final. Você só se torna um fracasso se desistir, e a melhor opção nunca será desistir.

A verdadeira grandeza de uma pessoa não é medida por seu talento, riqueza ou educação, mas pelo quanto é necessário para desanimá-la.

A Bíblia nos ensina em Gálatas 6.9: "E não nos cansemos de fazer o bem, pois no tempo próprio colheremos, se não desanimarmos".

Sabe quantas vezes pensei em desistir durante meu tempo como pastor principal na Igreja Saddleback? Praticamente toda segunda-feira de manhã, quando a dúvida me invadia: "Deus, com certeza alguém poderia ter feito um trabalho melhor do que fiz ontem. Essa responsabilidade é grande demais para alguém como eu".

Mas era como se Deus dissesse: "Continue avançando". Pode ser que eu não seja o mais capaz, mas uma coisa sei: não consigo desistir, não sei como parar.

Deus opera em sua vida de acordo com a sua fé. A Bíblia declara que "sem fé é impossível agradar a Deus [...]" (Hebreus 11.6) e também que "[...] tudo o que não provém da fé é pecado" (Romanos 14.23), além de "[...] que seja feito segundo a fé que vocês têm!" (Mateus 9.29).

Ao se levantar a cada manhã, pergunte: "Deus, o que posso fazer hoje que me exigirá fé?". Essa é uma pergunta importante, pois viver cada dia com fé é o que realmente agrada ao Senhor.

Embora muitas coisas estejam fora do seu controle – como quem são seus pais, sua data de nascimento, sua nacionalidade, raça ou talentos – você tem total controle sobre o quanto escolhe acreditar em Deus. Ele usa aqueles que confiam que ele agirá, que nunca desistem, que ousam pela fé e que perseguem o sonho que lhes foi dado.

Você quer ser o tipo de pessoa que Deus usa para cumprir o propósito dele?

Não permita que nada o desanime de seguir o sonho que ele colocou em seu coração.

# *A importância de ser você mesmo*

O coração em paz dá vida ao corpo,
mas a inveja apodrece os ossos.
(Provérbios 14.30)

Para ter uma vida abundante e repleta da bondade de Deus, o primeiro passo é cultivar a gratidão e abandonar as reclamações. Em seguida, é preciso aprender a estar contente com o que você tem e deixar de se comparar com os outros.

Deus o criou para ser quem você é, não uma imitação de outra pessoa. Quando você se compara com os outros, corre o risco de sentir inveja e ressentimento; podendo, até mesmo, tentar copiar aqueles ao seu redor.

Contudo, Deus não faz clones, ele só faz originais. Até mesmo gêmeos idênticos possuem diferenças em milhares de aspectos.

A verdade é que a comparação é uma armadilha que pode colocá-lo em apuros. Quando você começa a comparar sua aparência, notas escolares, cônjuge, carreira ou filhos, dois problemas surgem inevitavelmente.

Primeiro, você pode se desanimar, pois sempre haverá alguém mais bonito, rico ou talentoso. Em segundo lugar, você pode se encher de orgulho. E por quê? Porque também sempre haverá alguém que não está tão bem quanto você.

A Bíblia nos ensina que "melhor é ter um punhado com tranquilidade do que dois punhados à custa de muito esforço e de correr atrás do vento" (Eclesiastes 4.6).

As redes sociais tornaram ainda mais fácil a comparação. Quando você diariamente vê postagens que dizem: "Olhe para mim. Veja o que posso fazer. Veja o que tenho", isso pode despertar inveja ou descontentamento em você, e até levá-lo a tentar impressionar os outros com suas próprias postagens. Mas a verdade é que você não precisa impressionar ninguém. O segredo para uma vida cheia de alegria é simplesmente ser você mesmo, satisfeito com a pessoa que Deus lhe criou para ser.

Você está cansado de se sentir sobrecarregado? Deseja ser espiritual e emocionalmente saudável? A Bíblia nos alerta: "O contentamento dá saúde ao corpo; a inveja é como câncer nos ossos" (Provérbios 14.30, NVT).

O verdadeiro contentamento vem quando você valoriza o que tem, em vez de esperar por algo mais para ser feliz. Pare de se comparar com outras pessoas e comece a se alegrar com o que Deus lhe deu – e então veja transbordar a sua alegria.

# *Você tem o que precisa na presença de Deus*

Esqueçam o que se foi; não vivam no passado. Vejam, estou fazendo uma coisa nova! Ela já está surgindo! Vocês não a reconhecem? Até no deserto vou abrir um caminho e riachos no ermo.

(Isaías 43.18-19)

Quando as pessoas se afastam da visão de Deus para suas vidas, geralmente estão presas a um desses dois pensamentos: "Não sou capaz" ou "Já falhei demais".

Se você deseja um novo começo para viver a vontade de Deus, abandone essas desculpas e acredite nestas duas verdades:

Primeiro, você tem o que é necessário. Já se pegou dizendo: "Não tenho o que é preciso para seguir meu sonho"? Na Bíblia, Moisés, Jeremias e muitos outros personagens usaram essa desculpa quando Deus lhes dava uma missão. No entanto, meu exemplo favorito é Gideão. Quando Deus o chamou para libertar os israelitas, ele respondeu: "'Ah, Senhor [...] como posso libertar Israel? Meu clã é o menos importante de Manassés, e eu sou o menor da minha família'. 'Eu estarei com você', respondeu o Senhor, 'e você derrotará todos os midianitas como se fossem um só homem'" (Juízes 6.15-16). Se você acha que não é capaz ou que não tem o que é necessário, lembre-se de que não está sozinho. Se o Senhor está ao seu lado, então pode confiar em seu poder, sua presença, suas promessas e sua proteção. Não há motivo para se preocupar.

Em segundo lugar, seu passado pertence ao passado. Todos já falharam. Embora seu passado tenha moldado quem você é, ele não precisa definir quem você será. Ninguém é uma vítima de circunstâncias, a menos que decida ser. Deus se preocupa muito mais com o seu futuro do que com os erros do passado. Em Isaías 43.18-19, está escrito: "Esqueçam o que se foi; não vivam no passado. Vejam, estou fazendo uma coisa nova! Ela já está surgindo! Vocês não a reconhecem? Até no deserto vou abrir um caminho e riachos no ermo".

Suas desculpas podem ser o maior obstáculo para o seu sucesso. Deus deseja que você deixe para trás tanto os sentimentos de inadequação quanto os erros do passado. Só assim poderá avançar para o futuro que ele planejou para você.

# *O sistema de multiplicação de Deus*

[...] Ninguém que tenha sacrificado casa, cônjuge, irmãos e irmãs, pais, filhos – seja o que for – sairá perdendo. Tudo voltará multiplicado muitas vezes nesta vida. No final, receberá ainda o prêmio da vida eterna.

(Lucas 18.29-30, AM)

Tudo o que você entrega a Deus, ele multiplica.

Quando você oferece seu tempo, o Senhor o faz render. Quando você entrega seu dinheiro, ele o faz prosperar. Quando dedica seu talento, ele o expande. E quando você consagra sua energia, ele a renova.

Os agricultores sabem que uma semente precisa ser plantada na terra para cumprir seu propósito. Guardada no saco, ela não traz nenhum benefício. Porém, ao plantá-la, a semente se multiplica. Por exemplo, ao plantar um grão de milho, você colhe uma espiga repleta de grãos. Da mesma forma, Deus multiplica tudo o que você lhe dá. Como está escrito: “Lembrem-se: aquele que semeia pouco também colherá pouco, e aquele que semeia com fartura também colherá fartamente. Cada um dê conforme determinou em seu coração, não com pesar ou por obrigação, pois Deus ama quem dá com alegria” (2Coríntios 9.6-7).

Uma das lições mais valiosas que minha esposa, Kay, e eu aprendemos é que ninguém pode superar Deus em generosidade. Ninguém pode dar do que Deus deu. Toda vez que obedecemos a direção divina e damos uma oferta de forma sacrificial, ele nos retribui de maneiras ainda mais generosas do que antes.

Isso não significa que, ao doar todo o seu dinheiro, Deus o tornará rico. O que Deus faz é receber o que você entrega de coração alegre e aumentar sua alegria e satisfação nele – e essa é a verdadeira recompensa. Ele promete que você terá tudo o que precisa para viver, mesmo que isso não se pareça com o que o mundo considera riqueza.

Deus deseja que você dê seus recursos com alegria e fé. Mas é importante distinguir fé de barganha. Barganhar com Deus é dizer: “Se o Senhor me ajudar a fechar este negócio, lhe devolverei uma parte dele”. Não é assim que funciona. Esse não é o caminho da fé. Ter fé significa sacrificar antecipadamente, confiando que Deus cuidará do que você receberá em troca.

Jesus nos prometeu: “[...] Sim, e não vão se arrepender disso. Ninguém que tenha sacrificado casa, cônjuge, irmãos e irmãs, pais, filhos – seja o que for – sairá perdendo. Tudo voltará multiplicado muitas vezes nesta vida. No final, receberá ainda o prêmio da vida eterna” (Lucas 18.29-30, AM).

Que promessa maravilhosa. Você jamais se arrependerá de entregar sua prioridade e excelência a Deus.

# *Cinco coisas que você não encontrará no céu*

Você consegue perscrutar os mistérios de Deus? Pode sondar os limites do Todo-poderoso? São mais altos que os céus! O que você poderá fazer? São mais profundos que as profundezas! O que você poderá saber? Seu comprimento é maior que a terra e a sua largura é maior que o mar.

(Jó 11.7-9)

Quando eu era criança, minha família fez uma viagem à Disneylândia. Meu pai tentou me explicar como seria a experiência, mas, por mais que ele a descrevesse, eu não entendi quão extraordinário era até que pisei no parque pela primeira vez. Da mesma forma, a Bíblia nos diz em Jó 11.7-9: "Você consegue perscrutar os mistérios de Deus? Pode sondar os limites do Todo-poderoso? São mais altos que os céus! O que você poderá fazer? São mais profundos que as profundezas! O que você poderá saber? Seu comprimento é maior que a terra e a sua largura é maior que o mar". O céu é um desses grandes mistérios que só entenderemos de fato quando chegarmos lá. A Bíblia nos revela cinco coisas que não existirão no céu:

*Não haverá doença.* A Bíblia nos assegura que nossos corpos serão transformados: "Quando ele é sepultado, é feio e fraco; mas, quando for ressuscitado, será bonito e forte" (1Coríntios 15.43, NTLH). No céu, estaremos livres de qualquer enfermidade, pois teremos um novo corpo, perfeito.

*Não haverá tristeza.* A promessa divina é clara: Deus "[...] enxugará dos seus olhos toda lágrima [...]" (Apocalipse 21.4). No céu, não haverá mais lugar para rejeição, solidão, luto ou qualquer sofrimento emocional.

*Não haverá sofrimento.* A Bíblia nos consola ao dizer: "Nunca mais terão fome, nunca mais terão sede. Não os afligirá o sol nem qualquer calor abrasador" (Apocalipse 7.16). No céu, todas as nossas necessidades serão satisfeitas.

*Não haverá pecado.* A palavra afirma que Deus é poderoso para nos impedir de cair e para nos apresentar diante da sua glória sem mácula e com grande alegria (cf. Judas 1.24). Isso porque Jesus, ao morrer na cruz, pagou o preço por todos os nossos pecados, para que, quando nos encontrarmos com ele, nosso caráter seja um reflexo perfeito do seu.

*Não haverá morte.* A promessa é de que "[...] Não haverá mais morte, nem tristeza, nem choro, nem dor, pois a antiga ordem já passou" (Apocalipse 21.4). O céu é glorioso em muitos aspectos, mas o mais extraordinário de tudo é que estaremos na presença de Deus – para sempre.

Um dia, quando estivermos no céu, tudo fará sentido, e você finalmente poderá dizer: "Então, era por esse propósito que Deus permitiu essas situações em minha vida". Até lá, Deus nos chama a confiar plenamente nele.

# *Duas maneiras de definir metas em tempos de incerteza*

É da natureza humana fazer planos,
mas é o Senhor quem dirige nossos passos.

(Provérbios 16.9)

Deus não responde a reclamações, arrependimentos ou desejos, mas sim à sua fé.

Em Mateus 9.29, está escrito: "[...] Que seja feito segundo a fé que vocês têm!".

Você sabe que está agindo com fé quando tenta realizar algo que está além de sua própria capacidade – algo que exige completa confiança em Deus.

Estabelecer metas é um ato de fé.

Ao definir uma meta, você está, basicamente, dizendo: "Deus, com a sua ajuda, espero realizar esta tarefa específica até esta data específica". Esse tipo de meta é uma declaração de fé, e Deus honra isso.

Se você tem encontrado dificuldades para definir metas em tempos de incerteza, especialmente porque as circunstâncias mudam tão rapidamente, considere adotar as seguintes estratégias:

*Primeiro, você pode fazer um planejamento de cenários,* o que envolve estabelecer várias metas e planos, cada um dependendo de como a situação se desenvolver. Por exemplo: "Farei *isto* até *tal* data, se determinada coisa acontecer. Caso contrário, farei *aquilo* até *outra* data, se *outra* circunstância se concretizar".

Esse planejamento é uma maneira eficaz de se preparar para o futuro enquanto confia no Senhor durante períodos de incerteza. Como diz Provérbios 16.9: "É da natureza humana fazer planos, mas é o Senhor quem dirige nossos passos" (NVT).

*Em segundo lugar, você pode focar em objetivos de desenvolvimento pessoal, em vez de metas voltadas para atividades.* Em outras palavras, concentre-se em quem você quer *se tornar*, não apenas no que deseja *realizar*. Pergunte a si mesmo: "Como quero estar daqui a um ano? Como posso me tornar mais parecido com Cristo? Que traço de caráter preciso desenvolver?".

Não importa quão descontrolado o mundo possa parecer, você sempre tem o poder de escolher crescer e transformar-se na pessoa que Deus deseja que você seja.

É hora de agir. Pare de imaginar o que "poderia ser" e comece a viver pela fé. Como a Bíblia nos ensina: "Sem fé é impossível agradar a Deus [...]" (Hebreus 11.6). Quando você age com fé, o Senhor honra suas metas e o ajuda a alcançar o maior de todos os objetivos: dar glória a ele.

# *O pensamento guiado pelo Espírito leva à vida*

A mentalidade da carne é morte,
mas a mentalidade do Espírito é vida e paz.
(Romanos 8.6)

**Para realizar mudanças** em qualquer área da sua vida, é necessário começar pela transformação da sua maneira de pensar. Afinal, é na mente que o Espírito de Deus opera em você.

Com frequência, usamos a metáfora de que o coração é o lugar onde Deus trabalha. Por exemplo, dizemos: "Convidei Jesus para entrar em meu coração". No entanto, o coração é apenas um símbolo que representa sua mente. É nela, onde seus pensamentos se formam, que Deus inicia o processo de transformação. É ali onde ele reinicia a sua vida.

A Bíblia afirma em Efésios 4.23-24: "Deixem que o Espírito renove seus pensamentos e atitudes e revistam-se de sua nova natureza [...]" (NVT).

Você foi criado para ser semelhante a Deus, mas essa transformação não ocorre de uma hora para outra. Para se tornar mais parecido com Jesus, você precisa passar por várias mudanças – inclusive inúmeros reinícios – ao longo da vida. E todas essas mudanças que contribuem para que você se torne uma nova pessoa em Cristo começam com uma renovação do seu modo de pensar.

Como isso funciona? Quando Satanás sugere uma ideia em sua mente, isso é chamado tentação. Quando Deus sugere uma ideia em sua mente, isso é chamado inspiração.

Cabe a você aceitar ou rejeitar uma tentação ou inspiração. A verdadeira questão é: você permitirá que o Espírito Santo transforme sua maneira de pensar? Na realidade, a cada momento da sua vida, você está escolhendo quais ideias manterá e quais descartará.

Conforme toma essas decisões, você determina quais pensamentos guiarão sua jornada. Romanos 8.6 ensina: "A mentalidade da carne é morte, mas a mentalidade do Espírito é vida e paz".

Deus deseja que você viva uma vida plena, significativa e com propósito. Ele anseia por seu crescimento em fé e maturidade espiritual.

Mas a escolha está em suas mãos, todos os dias. Você escolherá o caminho que leva à vida?

# *Como vencer o desânimo*

Portanto, visto que temos este ministério pela misericórdia que nos foi dada, não desanimamos.

(2Coríntios 4.1)

**Deus ama você.**

Essa é uma verdade que talvez você tenha ouvido durante toda sua vida.

No entanto, há uma grande diferença entre saber que Deus o ama e realmente sentir e acreditar nesse amor. Quando você não crê de fato que o Senhor o ama, o desânimo facilmente toma conta do seu coração. E por quê? Porque se você não o crê, torna-se mais difícil perceber a graça e misericórdia de Deus em sua vida.

A maneira mais eficaz de vencer o desânimo é se lembrar do quanto Deus ama você e permanecer focado nessa verdade. E uma das formas mais poderosas de ser lembrado do amor de Deus é por meio da leitura da Sua Palavra, a Bíblia. Ao dedicar tempo diário de leitura bíblica, você conseguirá se concentrar melhor no Senhor e sentir-se mais próximo dele.

A Bíblia diz: "Portanto, visto que temos este ministério pela misericórdia que nos foi dada, não desanimamos" (2Coríntios 4.1).

Mas o que exatamente é misericórdia? Misericórdia é quando Deus concede o que você precisa, em vez do que realmente merece. Ou quando ele, mesmo conhecendo todos os erros que você já cometeu e os que ainda cometerá, ainda assim abençoa sua vida com coisas boas. A misericórdia do Senhor é o que nos sustenta quando começamos a nos sentir sem esperança, cansados ou desanimados. Lembrar-se de como o Senhor tem sido bom é fundamental para sentir o amor dele.

Muitas pessoas que são cristãs há muito tempo não sentem o amor de Deus porque acreditam que ele só se comunica de forma crítica. No entanto, se a voz que você está ouvindo é sempre negativa, então essa não é a voz de Deus.

Deus o criou para amá-lo. O principal propósito da sua vida não é simplesmente fazer o bem, e nem mesmo apenas amar a Deus em retorno.

O objetivo mais profundo de sua existência é permitir que Deus o ame. Quando você acredita nisso e aceita a graça dele, experimenta ainda mais misericórdia e graça. E, ao viver seguro na misericórdia, graça e amor do Senhor, você encontra a confiança e a esperança necessárias para viver as coisas boas que ele planejou para você.

# *Três coisas nas quais concentrar-se em vez de em si mesmo*

Mantenham o pensamento nas coisas
do alto, e não nas coisas terrenas.

(COLOSSENSES 3.2)

A VERDADEIRA LIBERDADE SE revela quando você direciona sua mente para a verdade de Deus. No entanto, há inúmeras distrações que podem desviar seu foco ao longo do dia. Como, então, manter a mente centrada nas coisas certas para experimentar tal liberdade?

Aqui estão três práticas que podem transformar a maneira como você gerencia seus pensamentos:

*Primeiro, pense em Jesus.* Hebreus 12.3 nos instrui: "Pensem bem naquele que suportou tal oposição dos pecadores contra si mesmo, para que vocês não se cansem nem desanimem". O que lhe dá força para seguir em frente? É pensar em Jesus, permanecer na Palavra de Deus, e manter o foco naquilo que a Bíblia revela sobre quem ele é e sobre o exemplo que Ele deixou de como viver uma vida que agrada a Deus.

*Em segundo lugar, pense nos outros.* Em Hebreus 10.24, está escrito: "Importemo-nos uns com os outros para nos incentivarmos ao amor e às boas obras". Em um mundo no qual a maioria das pessoas prioriza a si mesma, qualquer um que colocar as necessidades dos outros em primeiro lugar certamente se destacará.

Quando você escolhe pensar nas necessidades dos outros e em como pode ajudá-los, torna-se mais difícil permitir que seus próprios problemas o sobrecarreguem. Escolher focar nos outros proporciona uma nova perspectiva sobre suas próprias circunstâncias e preocupações.

*Por fim, pense na eternidade.* Colossenses 3.2 nos aconselha: "Mantenham o pensamento nas coisas do alto, e não nas coisas terrenas". O que hoje parece ser um grande problema pode não ter a mesma importância daqui a cinco anos, muito menos na eternidade. Quando você reflete sobre passar a eternidade com Jesus no céu, as lutas que enfrenta agora não diminuem, mas são vistas sob a perspectiva correta: à luz da eternidade.

Qualquer que seja a situação que você está enfrentando hoje, pare e avalie seus pensamentos. Então, escolha focar em Jesus, nas outras pessoas e no seu lar eterno. Isso lhe ajudará a tirar a atenção de si mesmo, o que é justamente o plano de Deus para sua vida. E essa mudança de foco pode transformar completamente sua existência.

# *Como você pode ajudar?*

Cada um de nós precisa se preocupar com o bem-estar alheio, sempre perguntando: "Como posso ajudar?"

(ROMANOS 15.2, AM)

IMAGINE QUE VOCÊ está dirigindo e, de repente, um pneu do carro fura. Se o presidente dos Estados Unidos passasse por você nesse momento, ninguém esperaria que ele parasse para ajudar. Afinal, ele é considerado importante demais para se envolver com problemas assim. Porém, esses são os valores do mundo, não os do Reino de Deus. Jesus ensinou que, para ser grande, é preciso ser servo de todos. Quanto mais você se dedica e serve aos outros, maior você se torna no Reino de Deus.

Alguns anos atrás, minha esposa tinha quatro palestras agendadas em um curto espaço de tempo. Ao retornar de uma dessas viagens, ela estava completamente exausta. No entanto, sem hesitar, foi direto para a cozinha e começou a preparar uma refeição para nossos vizinhos, que estavam passando por um momento difícil. Ela não pensou que era importante demais para isso; ao contrário, colocou seu cansaço de lado para poder ajudar. Ela já agiu assim inúmeras vezes, pois quer ser como Jesus. Ela deseja servir.

O que realmente significa amar como Jesus? Romanos 15.2 nos lembra: "Cada um de nós precisa se preocupar com o bem-estar alheio, sempre perguntando: 'Como posso ajudar?'" (AM).

Uma forma prática de servir como Jesus é enxergar cada ato de serviço aos outros como se fosse dirigido a ele. Busque perceber como Cristo pode se manifestar em sua vida, muitas vezes disfarçado em pessoas que estão enfrentando dificuldades. Ele pode ser quem enche sua xícara de café no escritório de manhã, talvez alguém no jogo de futebol ou atrás de você na fila do supermercado. Ele pode ser justamente a pessoa mais difícil de lidar que você conhece, aquela que carrega uma dor profunda. Enfim, se você deseja servi-lo, comece se mostrando presente na vida daqueles à sua volta que estão passando por dificuldades.

Romanos 12.13 diz: "Compartilhem o que vocês têm com os santos em suas necessidades. Pratiquem a hospitalidade". Muitas pessoas em sua igreja, vizinhança e até família estão passando por dificuldades – desde pais solteiros que lutam para alimentar seus filhos, até viúvas solitárias em suas casas vazias, ou estudantes que se sentem sobrecarregados.

Quais são as maneiras pelas quais você pode amá-los como Jesus os ama?

# *Em vez de duvidar, escolha acreditar*

[...] Seja forte e corajoso! Não se apavore nem desanime, pois o Senhor, o seu Deus, estará com você por onde você andar.

(Josué 1.9)

A dúvida é um dos maiores inimigos do plano de Deus para sua vida. Ela limita seu potencial, gera procrastinação e faz com que você perca o melhor que o Senhor tem reservado para você.

A Bíblia nos alerta: "[...] quem duvida é como as ondas do mar, que o vento leva de um lado para o outro. Quem é assim não pense que vai receber alguma coisa do Senhor" (Tiago 1.6-7, NTLH).

Para que Deus possa usá-lo de maneira significativa, você precisa vencer suas dúvidas.

Josué foi um grande líder que conduziu os israelitas à Terra Prometida, mas ele também enfrentou o problema da dúvida. Apesar de ter sido escolhido pelo Senhor para desempenhar um papel importante na história de Israel, Josué lutava com a falta de autoconfiança – e por boas razões.

Primeiro, ele tinha que suceder a Moisés, a quem a Bíblia descreve em Deuteronômio como o maior homem que já viveu. Quem não se sentiria pressionado ao ter que seguir uma reputação tão extraordinária? Além disso, Deus confiou a Josué a tarefa monumental de liderar os israelitas para conquistar uma terra habitada por sete nações inimigas, todas maiores e mais fortes. Para que o Altíssimo pudesse usá-lo, Josué precisou superar sua dúvida. Na noite anterior ao início da conquista da Terra Prometida, ele recebeu de Deus uma mensagem de encorajamento: "[...] Seja forte e corajoso! Não se apavore nem desanime, pois o Senhor, o seu Deus, estará com você por onde você andar" (Josué 1.9). Deus ordenou que Josué abandonasse suas dúvidas – e ele quer que você faça o mesmo.

A dúvida é uma escolha. Sempre que você desconfia de Deus, suas próprias habilidades ou outras pessoas, *opta* por acreditar em suas incertezas e duvidar de suas crenças. Em vez disso, inverta a lógica: duvide de suas dúvidas e acredite em suas crenças. Confie que Deus está com você, que ele o ajudará e que deseja atuar poderosamente em sua vida.

Josué decidiu confiar nas promessas divinas de que o Senhor estaria com os israelitas e os ajudaria. Ele acreditou no Altíssimo quando foi dito que se tornaria um grande líder. Determinado a cumprir a missão que lhe foi confiada, Josué, apesar de suas incertezas, escolheu crer na fidelidade e nas promessas do Senhor.

Não se apoie em suas dúvidas. Acredite em suas crenças.

# *Diga a Deus exatamente como você se sente*

Por isso, não posso ficar calado. Estou aflito, tenho de falar, preciso me queixar, pois o meu coração está cheio de amargura.

(Jó 7.11, NTLH)

Deus pode lidar com suas emoções. Afinal, foi ele quem as deu a você.

Ele é capaz de lidar com sua raiva, dúvida, medo, perguntas, tristeza e até mesmo suas reclamações. Por isso, não hesite em dizer a ele exatamente como você se sente. Foi o que Jó fez.

Jó foi profundamente honesto com Deus quando disse: "Por isso, não posso ficar calado. Estou aflito, tenho de falar, preciso me queixar, pois o meu coração está cheio de amargura" (Jó 7.11, NTLH).

Em seguida, ele continuou a expressar seus sentimentos de forma aberta: "Será que eu sou o Mar ou algum outro monstro do mar para que fiques aí me vigiando? Quando penso que na cama encontrarei descanso e que o sono aliviará a minha dor, então me espantas com sonhos e com pesadelos me enches de medo. Eu prefiro ser estrangulado; é melhor morrer do que viver neste meu corpo. Detesto a vida; não quero mais viver. Deixa-me em paz, pois a minha vida não vale nada. O que somos nós, para que nos dês tanta importância e te preocupes com a gente? Por que nos vigias todos os dias e a todo instante nos fazes passar por provas? Quando deixarás de olhar para mim, a fim de que eu tenha um momento de sossego? Se pequei, que mal fiz a ti, ó vigia das pessoas? Por que fizeste de mim o alvo das tuas flechas? Por acaso, sou uma carga tão pesada assim?" (Jó 7.12-20, NTLH).

Se você fosse Deus, como reagiria a essa sinceridade? Enviaria um raio para acabar com Jó?

Mas Deus não agiu assim – porque ele compreendeu Jó. Da mesma forma, ele também entende você. Quando você diz: "Deus, não gosto disso", ele não fica surpreso. Afinal, foi ele quem criou suas emoções e lhe deu a capacidade de sentir raiva e expressar seus sentimentos.

Em tempos difíceis, não finja que está tudo bem. Seja honesto e fale com Deus sobre suas lutas. Lamentações 2.19 nos incentiva: "Levante-se, grite no meio da noite, quando começam as vigílias noturnas; derrame o seu coração como água na presença do Senhor [...]".

Jó questionou as ações de Deus, mas nunca deixou de confiar nele. A Bíblia relata: "Então Jó se levantou e, em sinal de tristeza, rasgou as suas roupas e rapou a cabeça. Depois ajoelhou-se, encostou o rosto no chão e adorou a Deus" (Jó 1.20, NTLH). Você sabia que confiar seus sentimentos a Deus é um ato de adoração?

Portanto, não hesite – expresse todos os seus sentimentos ao Deus que os criou. Ele compreende sua dor e deseja que você confie nele para lidar com todas as suas emoções.

# *A batalha contra o mal já foi vencida*

Não se deixem vencer pelo mal,
mas vençam o mal com o bem.

(Romanos 12.21)

Quando você se depara com o mal, a resposta não é retribuir, mas vencê-lo.

Isso contraria nossa natureza humana. Quando alguém nos fere, nossa tendência é querer revidar. Se alguém nos agride, sentimos vontade de devolver o golpe. Se alguém nos difama, queremos difamar de volta.

No entanto, Deus nos ensina que essa não é a forma de vencer a batalha contra o mal. Romanos 12.21 nos instrui: "Não se deixem vencer pelo mal, mas vençam o mal com o bem". Essa é a estratégia divina para conquistar a vitória.

Jesus Cristo veio à terra para mostrar que o mal não se derrota com retaliação; ele é superado por intermédio do bem.

A Bíblia afirma que o Filho de Deus veio para destruir as obras do Diabo (cf. 1João 3.8). Jesus veio para aniquilar o mal, para apagá-lo completamente. Um dia, o mal terá seu fim. Ele não persistirá para sempre. O Senhor encerrará a história, acertará todas as contas, e levará sua família para a eternidade com ele.

Se você quer estar no lado vencedor, é melhor ficar ao lado de Deus, pois o mal está destinado a perder. Ele pode até ganhar algumas batalhas momentâneas, mas o desfecho da guerra já está determinado.

O bem e o mal não são forças equivalentes em uma competição. Pode parecer que o mal é mais forte e está vencendo, mas o amor é infinitamente mais poderoso do que o mal. A bondade supera o mal em todos os aspectos, e o bem prevalecerá incontáveis vezes.

No final, Deus e seus seguidores triunfarão. O bem vencerá o mal, pois Deus é amor, e o amor dele é eterno.

Jesus disse: "[...] edificarei a minha igreja, e as portas do Hades não poderão vencê-la" (Mateus 16.18).

Você pode usar a bondade como sua arma contra o mal, ciente de que Deus já venceu a guerra. O mal está destinado à derrota. A vitória está assegurada.

# *Quando Deus não responde imediatamente*

Espero no Senhor com todo o meu ser
e na sua palavra ponho a minha esperança.
(Salmos 130.5)

Deus quer que você espere pacientemente pela resposta às suas orações, mas também que espere com expectativa. Tenha fé e creia que ele ouve e responde. Quando você espera com expectativa, demonstra ao Senhor que acredita em suas promessas e confia que ele cumprirá sua palavra.

Daniel Boone,[1] um famoso explorador, foi questionado uma vez se já havia se perdido na floresta. Ele respondeu: "Não posso dizer que alguma vez estive perdido, mas fiquei desorientado uma vez por três dias".[2]

Talvez você se sinta desorientado agora. Pode estar se sentindo confuso em relação ao seu casamento: "Estou orando para que melhore, mas nada parece mudar". Ou talvez esteja desorientado em relação à sua carreira: "Devo subir, descer ou mudar de emprego?". Ou quem sabe esteja incerto sobre relacionamentos. Essa sensação de impotência e desespero pode fazer parecer que você não tem como mudar sua situação por conta própria.

Mas não desanime. Não desista. Recorra à oração. Ao longo da minha vida, já pedi muitas coisas a Deus que nunca foram respondidas. Há uma oração, em particular, que faço quase todos os dias há vinte e quatro anos, e ainda não vi a resposta dela. Não sei por que o Senhor escolheu não respondê-la. No entanto, tomei uma decisão: quer Deus responda ou não, continuarei acreditando em suas promessas até o fim. Porque ele é bom e sabe o que é melhor, mesmo quando não entendo minhas circunstâncias.

Quando suas orações não são respondidas, você precisa lembrar de algumas verdades importantes: primeiro, Deus está no controle de tudo, você não. Ele conhece suas necessidades melhor do que você. Não existe montanha alta demais que ele não possa mover, nem problema grande demais que ele não possa resolver, nem tristeza profunda demais que não possa aliviar. Deus tem o controle, e um plano.

A segunda coisa que você precisa lembrar é que, independentemente de você receber ou não a resposta que espera, o Senhor honrará sua paciência – se não neste mundo, então na eternidade. Como Salmos 130.5 diz: "Espero no Senhor com todo o meu ser e na sua palavra ponho a minha esperança".

[1] Daniel Boone foi um explorador e pioneiro americano que desempenhou um papel fundamental na expansão para o oeste dos Estados Unidos. Ele é mais conhecido por abrir a Wilderness Road através do Cumberland Gap em 1775, facilitando a migração de colonos para o Kentucky. Além de fundar o assentamento de Boonesborough, Boone participou ativamente da Guerra Revolucionária Americana, lutando contra tribos nativas aliadas aos britânicos. Apesar de seus feitos heroicos, Boone enfrentou dificuldades financeiras, perdendo grande parte de suas terras, mas seu legado como ícone da fronteira americana persiste até hoje. [N.T.]

[2] BAKELESS, John. Daniel Boone: Master of the Wilderness. Lanham, MD: Stackpole Books, 1939, cap. 20.

# *Construa sua vida sobre fundamentos eternos*

Assim, fixamos os olhos, não naquilo que se vê,
mas no que não se vê, pois o que se vê é transitório,
mas o que não se vê é eterno.
(2Coríntios 4.18)

**O que realmente dura** para sempre? Essa é uma pergunta importante a considerar ao definir os valores que orientarão sua vida – pois é fundamental investir em coisas que, de fato, perdurem.

A realidade é a seguinte: a maioria das pessoas raramente reflete sobre seus valores ou questiona suas convicções até que enfrente uma crise. É durante momentos de intensa dor que começam a examinar sobre o que construíram sua vida. Talvez se deem conta de que viveram em busca de prazer imediato, aparência ou acúmulo de riqueza e poder. A crise desperta uma compreensão instintiva de que a vida deve ter um propósito maior.

No entanto, não há necessidade de esperar por uma crise para reavaliar seus valores. Reserve um momento hoje para refletir sobre o que realmente merece sua atenção. Comece se perguntando: "O que durará para sempre?".

A sociedade tende a valorizar o presente. O amanhã parece não ter importância. O próximo ano não importa. O que acontecerá daqui a mil anos também não. Eternidade e céu são ideias frequentemente ignoradas. Somos incentivados a viver apenas para o agora.

Entretanto, a Bíblia oferece uma perspectiva diferente: "O mundo e a sua cobiça passam, mas aquele que faz a vontade de Deus permanece para sempre" (1João 2.17). Viver só para o presente é uma visão extremamente limitada. A tentação exemplifica isso claramente. Ela não é apenas uma luta entre o bem e o mal ou o melhor e o inaceitável. A tentação é, acima de tudo, uma batalha entre o presente e o futuro, o curto e o longo prazo: "Seguirei o que Deus me orienta e desfrutarei dos benefícios mais tarde, ou cederei ao que desejo agora e aproveitarei os benefícios imediatos?".

A Palavra afirma o seguinte: "Assim, fixamos os olhos, não naquilo que se vê, mas no que não se vê, pois o que se vê é transitório, mas o que não se vê é eterno" (2Coríntios 4.18).

Esteja você passando por uma crise ou não, dedique tempo para avaliar os alicerces da sua vida. Decida construí-la sobre a verdade. Essa é a única fundação que durará eternamente e nunca o decepcionará.

# *Cinco coisas que você deve aprender com sua família*

Dele todo o corpo, ajustado e unido pelo auxílio
de todas as juntas, cresce e edifica-se a si mesmo em amor,
na medida em que cada parte realiza a sua função.

(Efésios 4.16)

Famílias fortes estimulam o crescimento de seus membros ao cultivar um ambiente propício ao aprendizado. Elas se empenham em apoiar o desenvolvimento uns dos outros ao incentivarem a descoberta dos dons espirituais e habilidades de cada pessoa. Além disso, proporcionam espaço para que todos aprendam coisas novas e desenvolvam novos interesses.

No entanto, não é necessário contar apenas com uma família biológica ou adotiva para ajudá-lo a crescer. Sua família da fé pode – e deve – contribuir para o seu amadurecimento.

A Bíblia explica assim: "Ele faz com que todo o corpo se encaixe perfeitamente. Enquanto cada parte faz o seu trabalho especial, ela ajuda as outras partes a crescer, de modo que todo o corpo esteja saudável, crescendo e cheio de amor" (Efésios 4.16, NTLH).

A Bíblia descreve isso da seguinte forma: "Dele todo o corpo, ajustado e unido pelo auxílio de todas as juntas, cresce e edifica-se a si mesmo em amor, na medida em que cada parte realiza a sua função" (Efésios 4.16).

Existem questões que só podem ser aprendidas em um contexto de relacionamento. Elas não são ensinadas na escola ou no ambiente de trabalho; são lições que surgem da convivência com outras pessoas. Para isso, você precisa de uma comunidade.

Muitos dos problemas que enfrentamos na vida adulta decorrem do fato de não termos aprendido certas coisas durante a infância. A seguir, estão cinco lições que devem ser aprendidas em família – biológica ou não:

1. *Você aprende a lidar com seus sentimentos.* Em uma família saudável, você é ensinado a reconhecer, admitir e expressar suas emoções. Famílias fortes promovem a honestidade e permitem que todos, inclusive as crianças, expressem seus sentimentos de forma aberta.

2. *Você aprende a resolver conflitos.* Crianças precisam observar seus pais resolvendo problemas e lidando com desacordos de maneira construtiva.

3. *Você aprende a encarar perdas.* Não é bom que seus filhos ganhem o tempo todo. Eles precisam entender que derrotas são parte da vida e que o fracasso não os

definirá. Aprender a lidar com a perda os prepara para enfrentar os desafios inevitáveis da vida adulta.

4. *Você aprende a estabelecer valores.* É importante ensinar às crianças sobre as três principais tentações da vida, para que não sejam facilmente influenciadas pelas superficialidades que o mundo valoriza. Essas tentações envolvem como você se sente, o que você faz e o que você possui na vida – em outras palavras, sexo, salário e *status.*

5. *Você aprende a desenvolver bons hábitos.* Os hábitos moldam seu caráter. Famílias devem apoiar uns aos outros para que todos cresçam e se tornem mais semelhantes a Jesus Cristo.

Se você deseja crescer espiritualmente e ajudar sua família na fé a fazer o mesmo, comece com esta oração: “Pai, sei que me destes tua família, a igreja, por um propósito. Não fui criado para caminhar sozinho. Tu desejas que me torne mais parecido com Jesus, e o melhor lugar para aprender a fazer isso é em comunhão com minha família espiritual. Por favor, mostra-me as oportunidades que já me destes para isso e me concedas sabedoria e graça para ajudar a construir uma comunidade, tanto na minha igreja quanto em minha casa, que favoreça o crescimento mútuo nas cinco áreas mencionadas. Em nome de Jesus, amém”.

Comece hoje a implementar mudanças para que sua família se torne um lugar seguro e acolhedor, onde todos possam aprender e crescer juntos.

# *O amor é uma escolha*

Ainda que eu tenha o dom de profecia, saiba todos
os mistérios e todo o conhecimento e tenha uma fé capaz
de mover montanhas, se não tiver amor, nada serei.
(1Coríntios 13.2)

**O amor não é** um sentimento, mas uma escolha. Amar é uma ação. Mesmo quando você não sente vontade, ainda pode optar por demonstrar amor.

Certa vez, conversei com uma jovem mãe que se sentia sobrecarregada e lutava contra a depressão. Ela sentia que tudo o que fazia era reclamar dos filhos e repreendê-los o tempo todo. Quando se olhava no espelho, via a si mesma como uma fracassada. Desesperada, ela clamou ao Senhor por ajuda.

Conforme dedicava mais tempo à leitura da Bíblia, uma verdade em 1Coríntios 13.2 chamou sua atenção: "[...] se não tiver amor, nada serei". Então, ela decidiu escrever essa frase em bilhetes e os espalhou por toda a casa – na porta da geladeira, no painel do carro, no topo do calendário.

"Percebi que a coisa mais importante que poderia fazer era amar minha família", ela disse. "Então, comecei a viver e conduzir meu lar com amor. Foi tão transformador quanto quando aceitei a Cristo em minha vida. Isso devolveu a felicidade para minha vida e para o meu lar".

O que fez a diferença na vida dessa jovem mãe? Ela tomou uma decisão consciente. Embora não fosse a escolha mais fácil, sua postura transformou a dinâmica de sua casa e a maneira como ela se via como mãe e filha de Deus.

Agir com amor, em especial quando você não sente vontade, é uma demonstração ainda maior de amor do que quando você age conforme seus sentimentos. Amar significa levantar-se no meio da noite para cuidar de um filho doente, mesmo após um dia exaustivo; ser paciente com o cônjuge, mesmo quando ele está irritado; e dar às pessoas o que precisam, não necessariamente o que merecem.

É mais fácil agir de forma amorosa do que esperar que os sentimentos motivem suas ações. Se você escolher agir com amor, eventualmente, os sentimentos virão. Essa é uma questão importante, ainda mais ao tentar amar pessoas que parecem difíceis de amar.

Quando você ama apesar de seus sentimentos, isso se chama amar pela fé. Esse tipo de amor não só transforma a outra pessoa, mas também transforma você e o torna mais parecido com Jesus.

# *A cruz liberta você para perdoar*

Pois sabemos que o nosso velho homem foi crucificado com ele, para que o corpo do pecado seja destruído, e não mais sejamos escravos do pecado.

(Romanos 6.6)

Na cruz, Jesus destruiu o poder do pecado. Romanos 6.6 declara: "Pois sabemos que o nosso velho homem foi crucificado com ele, para que o corpo do pecado seja destruído, e não mais sejamos escravos do pecado". Essa é uma notícia maravilhosa, porque nossa tendência natural é revidar quando somos feridos. Se alguém diz algo ofensivo, nossa reação instintiva é responder à altura. Guardamos mágoas e encontramos dificuldades em perdoar.

No entanto, é possível romper essa escravidão à amargura, culpa, ressentimento e preocupação. Você pode evitar se tornar prisioneiro do passado e das memórias dolorosas. A escolha de perdoar está ao seu alcance.

Que dor você tem carregado consigo? Aqui está uma pergunta importante: até que ponto você deseja ser curado de tal dor? Está disposto a deixá-la para trás? Talvez já tenha revisitado essa ferida inúmeras vezes em sua mente – relembrando o que seus pais, irmãos ou cônjuge fizeram. E, a cada vez que pensa nisso, a dor persiste.

A cruz tem o poder de libertá-lo de rancores, luto e ressentimento. Não há nada além da cruz que possa capacitá-lo a se libertar das emoções que o sobrecarregam. Foi na cruz que Jesus venceu o poder do pecado, da morte e da escravidão em sua vida.

Agora, convido você a pensar na pessoa que precisa perdoar – aquela cujo erro plantou uma semente de amargura em seu coração – e a fazer esta oração:

"Pai, somente tu compreendes o quanto fui ferido por essa pessoa. Não quero carregar essa dor por mais um segundo ou permitir que ela se transforme em amargura. Preciso da tua graça e do poder da cruz para me libertar da dor e perdoar. Preciso sentir teu perdão. Tu conheces todas as maneiras pelas quais magoei os outros, e me arrependo dos meus pecados. Jesus, obrigado por morrer por mim. Aceito tua graça e perdão, e necessito deles diariamente. Hoje, volto-me para ti e escolho perdoar assim como tu me perdoaste. Cada vez que a lembrança dessa ofensa surgir, perdoarei essa pessoa novamente até que a dor desapareça. Cura meu coração com tua graça. Em nome de Jesus, amém".

# *Quando a esperança começar a desvanecer, comece a orar*

Dentro do peixe, Jonas orou ao Senhor, o seu Deus.

(Jonas 2.1)

Você já se sentiu esmagado pelas circunstâncias da vida? Talvez tenha se afundado em depressão, conflitos, preocupações ou culpa, e esses sentimentos o deixaram sem esperança.

Espero que não esteja se sentindo assim agora, mas, em algum momento, todos nós passamos por isso. Pode ser que você perca um ente querido, seu emprego ou sua saúde.

Quando se encontrar em uma situação aparentemente sem saída, lembre-se do que Jonas fez.

Ele recebeu uma missão de Deus, mas escolheu fugir dela. Como consequência, o Senhor enviou um grande peixe para engoli-lo. E dentro daquele peixe, Jonas finalmente voltou seu olhar para o alto.

Na verdade, todo o segundo capítulo do livro de Jonas narra sua oração enquanto ele afundava nas águas e era engolido pelo grande peixe: "Dentro do peixe, Jonas orou ao Senhor, o seu Deus" (Jonas 2.1).

Essa história nos ensina uma valiosa lição para os momentos em que nos sentimos sobrecarregados pelos problemas da vida. É precisamente nesses momentos que devemos nos voltar para Deus em oração.

Existem desafios tão intensos que só podem ser superados por meio da oração. Em Marcos 9, por exemplo, alguns dos seguidores de Jesus tentaram expulsar um demônio de uma pessoa, mas não tiveram sucesso. Quando perguntaram a Jesus por que não conseguiram, ele respondeu: "[...] Essa espécie só sai pela oração e pelo jejum" (Marcos 9.29). Certos problemas possuem uma raiz tão profunda que somente uma oração persistente os resolverá.

Isso significa que você não deve orar apenas uma vez e, então, esperar uma resposta de Deus. Se você se importa com algo o suficiente para orar apenas uma vez sobre isso, talvez não esteja realmente comprometido com essa causa. Se você realmente deseja ver uma mudança em sua vida, continuará orando por isso repetidas vezes.

Não desista. O Senhor deseja fortalecer sua fé por meio da oração. Se hoje você se sente sem esperança, volte seu olhar para o alto e continue orando, com a certeza de que Deus ouve suas orações e responderá no tempo certo.

# *Duas formas de se tornar uma pessoa mais gentil*

No amor não há medo; ao contrário
o perfeito amor expulsa o medo [...]
(1João 4.18)

A parábola do Bom Samaritano, em Lucas 10, nos ensina lições profundas sobre bondade, como a importância de estar atento às necessidades ao nosso redor e de demonstrar empatia pelos outros.

Uma das lições mais importantes que essa parábola nos oferece é que, para nos tornarmos pessoas mais gentis, precisamos estar dispostos a fazer duas coisas:

Primeiro, *é necessário estar disposto a ser interrompido*. A bondade raramente segue *nosso cronograma*; ela se manifesta *no tempo dos outros*, justamente porque é quando eles precisam. Quando nos deparamos com alguém em necessidade, devemos estar dispostos a parar tudo e oferecer ajuda. O amor, muitas vezes, é inconveniente, e a bondade exige tempo.

Pense nas desculpas que o Bom Samaritano poderia ter dado ao ver o homem ferido à beira da estrada. Ele poderia ter pensado: "Tenho meus próprios problemas para resolver" ou "Tenho negócios urgentes a cuidar. Além disso, provavelmente é uma causa perdida". Sempre que procuramos uma desculpa para não sermos gentis, o Diabo estará pronto para nos fornecer uma.

Deus coloca, de maneira intencional, pessoas feridas em nosso caminho para que possamos aprender a praticar a bondade. Quando essas oportunidades surgirem, você aproveitará o momento?

Segundo, *é preciso estar disposto a correr riscos*. Muitas vezes, nossos próprios medos podem nos impedir de agir com bondade. Pense nos receios legítimos que o Bom Samaritano poderia ter enfrentado: "E se for uma armadilha?" ou "E se ele recusar minha ajuda?". Nos dias de hoje, poderíamos pensar: "E se ele me processar?" ou "E se eu não souber como ajudá-lo? Não sou treinado em primeiros socorros". Um medo comum que enfrentamos é que, ao nos envolvermos com a dor alheia, nossa própria fragilidade seja exposta. Tememos que, ao lidar com o sofrimento dos outros, nossas próprias feridas venham à tona.

Contudo, nunca aprenderemos a demonstrar bondade até que superemos nossos medos e estendamos o amor de Deus para aqueles que estão sofrendo. A Bíblia nos lembra: "No amor não há medo; ao contrário o perfeito amor expulsa o medo [...]" (1João 4.18).

O amor do Pai nos capacita a curar nossas feridas e a vencer nossos medos, para que possamos mostrar amor e bondade aos outros.

# *Aproveite cada oportunidade para demonstrar bondade*

Não deixe de ajudar alguém que precisa:
suas mãos são como as mãos de Deus para aquela pessoa.

(Provérbios 3.27, AM)

Ao ler a história do Bom Samaritano na Bíblia, é importante observar *todas* as formas específicas em que ele demonstrou bondade. Primeiro, manteve os olhos abertos para reconhecer a necessidade ao seu redor. Depois, não apenas percebeu, mas também ouviu a dor do homem ferido e se compadeceu dele.

O Bom Samaritano então agiu: "Aproximou- se, enfaixou-lhe as feridas, derramando nelas vinho e óleo [...]" (Lucas 10.34). Ele não hesitou nem procrastinou, mas fez o que podia no momento em que identificou a necessidade.

O amor vai além de simples palavras ou sentimentos. Não basta apenas dizer: "Que pena. É triste o que aconteceu com esse homem". O amor aproveita a oportunidade.

O Bom Samaritano fez várias coisas naquele momento. Algumas traduções mencionam que ele "se abaixou". Ele não se colocou em uma posição superior nem adotou uma atitude arrogante. Pelo contrário, se pôs no mesmo nível do homem.

Em seguida, ele usou os recursos que tinha à disposição. Para tratar as feridas, utilizou o vinho e o azeite que levava consigo. O vinho, por conter álcool, serviu como antisséptico, enquanto o azeite ajudou a aliviar as feridas. Depois, o Bom Samaritano enfaixou o homem. De onde vieram as ataduras? Ele não tinha um *kit* de primeiros socorros, e o homem estava nu, sem roupas. As ataduras eram, na verdade, pedaços das próprias roupas do Samaritano. Ele fez o que pôde com os recursos disponíveis. Como está escrito em Provérbios 3.27: "Não deixe de ajudar alguém que precisa: suas mãos são como as mãos de Deus para aquela pessoa" (AM).

O mundo está repleto de pessoas feridas. Você já se perguntou quantas passam por você todos os dias? Talvez tais feridas não sejam físicas, mas emocionais, espirituais ou até financeiras. E essas pessoas precisam do seu amor e da sua bondade.

Não espere por condições ideais ou pelo momento mais conveniente. Não adie o que você sabe que pode fazer por alguém hoje. Deus estará ao seu lado enquanto você aproveita o momento para agir com compaixão.

# *Por que você faz o que não quer fazer*

E conhecerão a verdade, e a verdade os libertará.

(João 8.32)

Você já se perguntou por que, às vezes, faz aquilo que não deseja? Ou por que é tão difícil fazer o que sabe ser o certo?

Nossa natureza pecaminosa frequentemente nos leva a tomar decisões erradas. Talvez você se identifique com o apóstolo Paulo quando ele disse: "Não entendo o que faço. Pois não faço o que desejo, mas o que odeio [...] Nesse caso, não sou mais eu quem o faz, mas o pecado que habita em mim. Sei que nada de bom habita em mim, isto é, em minha carne. Porque tenho o desejo de fazer o que é bom, mas não consigo realizá-lo" (Romanos 7.15, 17-18).

Mesmo depois de aceitar Jesus como seu Salvador, essa tensão interna persiste. Você recebe de Deus uma nova natureza, mas sua velha natureza pecaminosa continua tentando puxá-lo para o pecado.

Contudo, há uma solução. Jesus prometeu em João 8.32: "E conhecerão a verdade, e a verdade os libertará".

O segredo para a mudança pessoal não está na força de vontade, nem em algo que você faça ou diga. Não se trata de uma pílula mágica, uma resolução ou um voto que você faz.

O segredo para a mudança pessoal é algo que você *sabe*.

Você conhece a verdade. Ao mudar sua forma de pensar, isso altera seus sentimentos. E, ao mudar seus sentimentos, suas ações também mudam.

Por trás de cada comportamento autodestrutivo, existe uma mentira em que você acredita. Pode ser uma mentira sobre si mesmo, seu passado ou futuro, sobre Deus ou sobre outras pessoas.

Por que você age de maneira prejudicial, mesmo sabendo que é errado? Porque acredita que há algum tipo de recompensa nisso. Mas isso é uma mentira. Você só pode mudar e cumprir o propósito de Deus para sua vida se começar com a verdade de Deus. Se deseja transformar a maneira como vive, é essencial começar pela sua mente. Você precisa conhecer e crer na verdade de Deus.

Quando você conhece a verdade, a verdade o liberta.

# *A misericórdia pode ser o seu maior testemunho*

Sejam misericordiosos, assim como o Pai de vocês é misericordioso.

(LUCAS 6.36)

EM UM MUNDO cada vez mais cruel, talvez o maior testemunho cristão que você possa dar seja demonstrar misericórdia às pessoas.

Você já percebeu como nosso mundo parece ter se tornado insensível e impiedoso? A humilhação parece ter se transformado na forma mais elevada de humor, e até os comediantes são aclamados por suas provocações sarcásticas e cínicas em relação aos outros.

Contudo, quando as pessoas testemunham você agindo com misericórdia, ainda mais em uma sociedade tão rude e maldosa, elas pensam: "É assim que um cristão deve ser – como Jesus".

Jesus nos instruiu em Lucas 6.36: "Sejam misericordiosos, assim como o Pai de vocês é misericordioso". Mas como podemos fazer isso no dia a dia? Aqui estão duas maneiras de se tornar mais misericordioso.

*Observe e ouça as necessidades das pessoas.* A misericórdia começa com a conscientização. Se você não estiver atento, acabará não se importando. Como a Bíblia ensina: "Cada um cuide, não somente dos seus interesses, mas também dos interesses dos outros" (Filipenses 2.4).

Você não tem dificuldade em ser misericordioso por ter um coração perverso. Mas porque está muito atarefado. Quando estamos constantemente correndo de um compromisso para outro, é difícil perceber as pessoas ao nosso redor. Procure desacelerar e prestar mais atenção. Sempre haverá oportunidades de mostrar misericórdia se você estiver atento ao que os outros estão sentindo e enfrentando.

*Não se ofenda pelos pecados dos outros.* Você não pode dizer: "Vá limpar sua vida, e então aceitarei você". A misericórdia é incondicional. Para demonstrá-la, é necessário deixar de lado a tendência de se ofender com os erros alheios. Não é possível ministrar às pessoas se olhamos para elas de cima para baixo.

Jesus não se deixava ofender pelos pecados dos outros. Na verdade, ele convivia com os piores pecadores. Isso não significa que aprovava as ações deles. Da mesma forma, Deus pode não aprovar tudo o que fazemos, mas ele nos aceita.

Demonstrar misericórdia não implica concordar com tudo o que alguém faz. Mas ainda assim é possível oferecer misericórdia.

Você pode fazer pelos outros o que Cristo fez por você. Como a Palavra diz em 1Pedro 4.8: "Sobretudo, amem-se sinceramente uns aos outros, porque o amor perdoa muitíssimos pecados".

# *Três formas como Jesus reage ao seu fracasso*

Graças ao grande amor do Senhor é que não somos consumidos, pois as suas misericórdias são inesgotáveis. Renovam-se cada manhã; grande é a sua fidelidade!

(LAMENTAÇÕES 3.22-23)

O FRACASSO PODE SER uma experiência solitária. No meio de um fracasso, é comum sentir vergonha e desejar se isolar. No entanto, mesmo em seu pior momento, Jesus está ao seu lado.

Para ajudá-lo a superar uma frustração, Jesus faz três coisas por você:

*Jesus ora por você.* Antes mesmo de Pedro falhar ao negá-lo três vezes, Jesus disse a Pedro: "Contudo, supliquei em oração por você, Simão, para que sua fé não vacile [...]" (Lucas 22.32, NVT). Neste momento, Jesus está intercedendo por você. Como está escrito em Hebreus 7.25: "Portanto, ele é capaz de salvar definitivamente aqueles que, por meio dele, se aproximam de Deus, pois vive sempre para interceder por eles".

*Jesus acredita em você.* Ele espera que você seja curado e confia na sua capacidade de se recuperar. Antes mesmo de Pedro enfrentar seu maior fracasso, Jesus já lhe havia dito: "[...] Portanto, quando tiver se arrependido e voltado para mim [...]" (Lucas 22.32, NVT). Jesus sabia que Pedro pecaria, falharia, mas que ele também se arrependeria. Todos nós falhamos. No entanto, independentemente de quantas vezes você cair, Deus sempre acreditará em você.

*Jesus mostra misericórdia a você.* Quando você está no fundo do poço, ele não aumenta sua culpa, mas o resgata. Poucas semanas após Pedro negar Jesus, os discípulos foram pescar. Apesar de terem passado a noite toda sem apanhar nada, ao amanhecer, Jesus lhes disse onde lançar as redes. Quando seguiram as instruções dele, a quantidade de peixes foi tão grande que mal conseguiram recolher as redes (cf. João 21.6). Jesus pode fazer mais em poucos minutos de sua vida do que você conseguiria em anos de esforço e planejamento.

Eis uma boa notícia: a misericórdia de Deus não depende do seu desempenho. Como está escrito em Lamentações 3.22-23, "Graças ao grande amor do Senhor é que não somos consumidos, pois as suas misericórdias são inesgotáveis. Renovam-se cada manhã; grande é a sua fidelidade!".

Você pode até desistir do Senhor, mas ele nunca desistirá de você. Jesus está orando por você, ele acredita em você e sempre lhe mostrará misericórdia. Não importa o que aconteça, Deus permanece fiel.

# *Três coisas para lembrar quando enfrentar oposição*

Bem-aventurados os perseguidos por causa da justiça, pois deles é o Reino dos céus. Bem-aventurados serão vocês quando, por minha causa, os insultarem, os perseguirem e levantarem todo tipo de calúnia contra vocês. Alegrem-se e regozijem-se, porque grande é a sua recompensa nos céus, pois da mesma forma perseguiram os profetas que viveram antes de vocês.

(Mateus 5.10-12)

Quando você se sente pressionado pelo mundo por amar a Jesus, enquanto outras pessoas ao seu redor não compartilham desse amor, lembre-se de três coisas:

1. *A oposição pode tornar você mais parecido com Cristo.* Jesus declarou em João 15.18-19: "Se o mundo os odeia, tenham em mente que antes me odiou. Se vocês pertencessem ao mundo, ele os amaria como se fossem dele. Todavia, vocês não são do mundo [...]". Se seu desejo é crescer e se tornar mais parecido com Cristo, você enfrentará experiências semelhantes às que ele enfrentou, como solidão, desânimo, estresse e tentação. Se Deus não poupou seu próprio Filho dessas dificuldades, por que pouparia você?

2. *A oposição aprofundará sua fé.* A fé pode ser comparada a um músculo, que cresce quando é esticado, tensionado e testado. Assim como um músculo não se desenvolve sem o peso que o desafia, a fé também não cresce sem oposição. Se você não enfrenta oposição em sua vida, sua fé pode não estar se fortalecendo. Os cristãos mais fortes são aqueles cuja fé foi mais testada. A Bíblia nos lembra em 1Pedro 1.7 que "[...] a fé que vocês têm, que vale muito mais do que o ouro, precisa ser provada para que continue firme [...]".

3. *A oposição lhe dará recompensas eternas.* Em Mateus 5.10, está escrito: "Bem-aventurados os perseguidos por causa da justiça, pois deles é o Reino dos céus". Deus promete abençoar aqueles que são perseguidos por viverem de acordo com os princípios divinos. No entanto, é importante destacar que essas recompensas não são concedidas àqueles que agem de forma rude ou ofensiva. Se você é perseguido por adotar uma postura de autojustiça, não está sendo um mártir, mas um encrenqueiro e causador de problemas.

As recompensas são reservadas para aqueles que se tornam mais parecidos com Jesus. Quando você compartilhar sua fé, faça isso com gentileza e respeito, e então será recompensado por isso um dia no céu.

# *Como passar de sobrecarregado a transbordante*

Eu sou a videira; vocês são os ramos.
Se alguém permanecer em mim e eu nele,
esse dará muito fruto; pois sem mim
vocês não podem fazer coisa alguma.
(João 15.5)

**É melhor descansar na** bondade de Deus do que se desgastar com trabalho e preocupações. No entanto, isso é algo mais fácil de dizer do que fazer. Tomar as medidas necessárias para alcançar o descanso e a vida abundante que Deus oferece pode ser um desafio.

Aqui estão quatro hábitos diários que ajudarão você a passar de uma vida sobrecarregada para uma transbordante:

1. *Mantenha-se conectado a Jesus.* "[...] Se alguém permanecer em mim e eu nele, esse dará muito fruto; pois sem mim vocês não podem fazer coisa alguma" (João 15.5). Quando tentamos viver pela nossa própria força, acabamos nos sentindo sobrecarregados. No entanto, ao nos conectarmos ao poder de Deus, podemos cumprir nosso propósito e experimentar a bondade divina.

2. *Substitua as reclamações pela gratidão.* "Façam tudo sem queixas nem discussões" (Filipenses 2.14). Enquanto as reclamações são prejudiciais, a gratidão é uma das emoções mais saudáveis que podemos cultivar. Pesquisas indicam que a gratidão libera substâncias químicas no cérebro que aumentam a felicidade e reduzem o estresse.[1]

3. *Pare de ser mesquinho e comece a ser generoso.* "'Tragam o dízimo [...] Ponham-me à prova', diz o Senhor dos Exércitos, 'e vejam se não vou abrir as comportas dos céus e derramar sobre vocês tantas bênçãos que nem terão onde guardá-las'" (Malaquias 3.10). Deus estabeleceu uma lei universal: quanto mais você dá, mais recebe. Isso ocorre porque ele deseja que nos tornemos mais semelhantes a ele – e Deus é generoso.

[1] MOORE, Sarah. The Science of Gratitude. *News Medical*, última atualização em 7 abr. 2023. Disponível em: https://www.news-medical.net/health/The-Science-of-Gratitude.aspx.

4. *Pare de se comparar e comece a se contentar.* “Melhor é ter um punhado com tranquilidade do que dois punhados à custa de muito esforço e de correr atrás do vento” (Eclesiastes 4.6). Contentamento não significa ausência de metas, sonhos ou planos; significa que você não precisa de mais para ser feliz. Embora a natureza humana seja marcada pela insatisfação, a graça de Deus nos permite encontrar contentamento em sua bondade. Quando reconhecemos que a maioria das coisas em nossa vida são presentes do alto, nossa existência se transforma de sobrecarregada para transbordante na abundância que ele proporciona.

# *Deus quer que você descanse*

Ele me faz repousar em pastagens verdejantes
e me conduz a águas tranquilas.

(Salmos 23.2)

Você está sempre com pressa? Sua lista de afazeres parece interminável? Já ouviu mais de uma vez que precisa desacelerar? Sente-se culpado ao tentar relaxar? Precisa adoecer para tirar uma folga?

O ritmo acelerado da sociedade moderna nos empurra a continuar sem parar. Muitas pessoas trabalham até mesmo em seus dias de folga. E, após um culto, não é incomum que voltem para casa apenas para se afundar novamente em tarefas – seja trabalho doméstico, escolar ou profissional – tentando compensar o que não conseguiram fazer durante a semana.

Não é à toa que nos sintamos exaustos. A maioria de nós está à beira do colapso. Mas essa não é a vida que o Bom Pastor deseja para nós.

"Em verdes pastagens me faz repousar e me conduz a águas tranquilas" (Salmos 23.2).

Deus nos faz descansar em pastos verdes – isso é descanso. E ele nos guia até águas tranquilas – isso é refrigério.

O Senhor, em sua bondade, valoriza o descanso tanto quanto o trabalho. Assim como um pastor amoroso cuida para que suas ovelhas descansem o suficiente para se manterem saudáveis, o Bom Pastor cuida de nós. Se você não tomar a iniciativa de descansar, ele encontrará uma forma de fazê-lo parar. Às vezes, a única maneira de ele chamar sua atenção é forçando-o a descansar. E ele faz isso porque se preocupa com sua saúde física, emocional e espiritual.

Não é impressionante como tudo parece mais leve depois de uma boa noite de sono? A diferença entre estar sobrecarregado e sentir-se abençoado muitas vezes reside no descanso.

Grande parte da sua ansiedade, pressa e inquietação decorre de não compreender a bondade de Deus em sua vida. Quando você reconhece o que ele já fez por você e confia no que ainda fará, pode aprender a relaxar e descansar.

Viver na bondade de Deus é possível.

# *Quatro passos para ajudar você a parar de se preocupar*

Lancem sobre ele toda a sua ansiedade,
porque ele tem cuidado de vocês.
(1Pedro 5.7)

É preciso mais do que força de vontade para superar a preocupação – e você provavelmente já percebeu isso por experiência própria. Mesmo quando você pensa: "Não deveria me preocupar com isso", a preocupação continua a invadir sua mente.

Aqui estão quatro passos que podem ajudá-lo a parar de se preocupar:

1. *Conheça a Deus.* "Pois os pagãos é que correm atrás dessas coisas; mas o Pai Celestial sabe que vocês precisam delas" (Mateus 6.32). Sem um relacionamento com o Senhor, você tem razão para se preocupar. No entanto, como cristão, você tem um Pai Celestial que prometeu cuidá-lo. Como filho de Deus, você desfruta de privilégios especiais. Quando se preocupa, é como se estivesse ignorando o fato de que tem um Pai amoroso ao seu lado, disposto a ajudá-lo.

2. *Coloque a Deus em primeiro lugar em todas as áreas de sua vida.* "Portanto, não se preocupem, dizendo: 'Que vamos comer?' ou 'Que vamos beber?' [...] o Pai Celestial sabe que vocês precisam delas. Busquem, pois, em primeiro lugar o Reino de Deus e a sua justiça, e todas essas coisas serão acrescentadas a vocês" (Mateus 6.31-33). Sempre que você deixa de colocar o Senhor no centro de sua vida e permite que outra coisa ocupe esse lugar, a preocupação inevitavelmente surgirá.

3. *Viva um dia de cada vez.* "Portanto, não se preocupem com o amanhã, pois o amanhã trará as suas próprias preocupações. Basta a cada dia o seu próprio mal" (Mateus 6.34). Preocupar-se com o futuro faz com que o amanhã pareça esmagador, e isso o impede de aproveitar o presente. Deus promete dar a graça e a força necessárias no momento certo e, agora, você só precisa do poder suficiente para enfrentar o dia de hoje.

4. *Confie que Deus cuida de você.* "Lancem sobre ele toda a sua ansiedade, porque ele tem cuidado de vocês" (1Pedro 5.7). Como você pode fazer isso? Uma maneira eficaz é memorizar as promessas de Deus na Bíblia, que funcionam como uma

apólice de seguro espiritual para os que creem. Quando você sabe que algo está garantido, a preocupação desaparece. Além disso, a oração é uma ferramenta poderosa. Se você orasse tanto quanto se preocupasse, suas preocupações diminuiriam drasticamente.

Ao seguir esses quatro passos, qual será o resultado? A resposta é simples: "E a paz de Deus, que excede todo o entendimento, guardará o coração e a mente de vocês em Cristo Jesus" (Filipenses 4.7).

# *As características de um coração puro*

Bem-aventurados os puros
de coração, pois verão a Deus.
(Mateus 5.8)

**Nossa cultura é** obcecada por aparências. A sociedade celebra os mais belos, brilhantes e bem-sucedidos. No entanto, as prioridades de Deus são diferentes. Enquanto o mundo valoriza a beleza, a riqueza, o poder e a popularidade, o Senhor se preocupa com o estado do seu coração.

No Sermão da Montanha, o sermão mais conhecido de Jesus, ele disse o seguinte: "Bem-aventurados os puros de coração, pois verão a Deus" (Mateus 5.8).

Mas o que significa ter um coração puro? Hoje, usamos a palavra "*integridade*" para descrevê-lo. Ser íntegro não implica ser impecável ou nunca cometer erros, mas ter um coração voltado para o Senhor. E ele promete abençoar aqueles que possuem esse tipo de coração.

Davi é um exemplo de alguém que tinha um coração assim. Apesar dos grandes erros que cometeu, Deus disse a seu respeito: "[...] Encontrei Davi, filho de Jessé, homem segundo o meu coração; ele fará tudo o que for da minha vontade" (Atos 13.22).

Você deseja ser uma pessoa íntegra – alguém que é segundo o coração de Deus? Um dos aspectos centrais da integridade é a inteireza. Ser íntegro significa ser inteiro.

Imagine sua vida como uma torta. Algumas pessoas a dividem em várias fatias: carreira, igreja, família, e assim por diante. No entanto, quando você possui integridade, sua vida não está fragmentada; é uma torta inteira, consistente. Não importa onde ou com quem você esteja – na igreja, no trabalho ou sozinho em casa – você permanece a mesma pessoa. Você é coerente, completo. Você tem integridade.

E qual é o resultado disso? Você é abençoado pelo Senhor por toda a eternidade. Como o mestre disse ao seu servo fiel em Mateus 25.21: "[...] Muito bem, servo bom e fiel! Você foi fiel no pouco, eu o porei sobre o muito [...]".

Temos a tendência de acreditar que as bênçãos de Deus surgem nos grandes momentos da vida, aqueles em que todos estão observando. No entanto, são os pequenos momentos que realmente revelam a verdadeira integridade. Cada pequena palavra de encorajamento, cada ato de bondade e cada vez que você resistir a uma tentação nesta semana serão recompensados na eternidade.

A integridade é poderosa. Ela faz diferença não apenas no presente, mas por toda a eternidade.

# *Deus está trabalhando para o seu bem*

Sei que a bondade e a fidelidade me acompanharão
todos os dias da minha vida, e voltarei à
casa do Senhor enquanto eu viver.

(Salmos 23.6)

Mesmo em meio às suas dores, hábitos e problemas, Deus está cuidando de você. O rei Davi expressou essa certeza quando disse ao Senhor: "Sei que a bondade e a fidelidade me acompanharão todos os dias da minha vida, e voltarei à casa do Senhor enquanto eu viver" (Salmos 23.6).

Quando Davi afirmou "Sei que a bondade e a fidelidade me acompanharão [...]", ele não estava dizendo "Sei que apenas coisas boas acontecerão comigo". Ele sabia, tão bem quanto qualquer outra pessoa, que coisas ruins podem acontecer a pessoas boas. Davi enfrentou abusos e foi tratado de maneira injusta, e ainda assim foi um homem segundo o coração do Senhor. No entanto, ele também cometeu graves pecados contra pessoas que não lhe fizeram mal algum.

O ponto central da mensagem de Davi é que, independentemente de quão ruim, maligna ou difícil uma situação pareça, e não importa o quanto nós bagunçamos as coisas, Deus fará com que tudo coopere para o bem. A bondade do Senhor nos acompanha, não importa para onde nos voltemos.

Essa é uma das grandes promessas que Deus fez aos que creem: "Sabemos que Deus age em todas as coisas para o bem daqueles que o amam, dos que foram chamados de acordo com o seu propósito" (Romanos 8.28).

Em tudo o que nos acontece, Deus trabalha para o nosso bem – desde que o amemos e sigamos seus planos. Esse versículo não afirma que todas as coisas são boas, mas que, para os que creem, todas as coisas cooperam para os planos e propósitos do Senhor, que são sempre bons.

Isso significa que não há dificuldade, dilema, derrota ou desastre na vida de um crente que Deus não possa, em última análise, transformar para o seu propósito.

Quando você acredita nessa verdade, isso muda a maneira como você vê tudo em sua vida – seu relacionamento com Deus e outras pessoas, seu passado, seu futuro, e o que quer que esteja enfrentando hoje. Ao confiar na boa obra do Senhor em sua vida, você será capaz de lidar até com os desafios mais difíceis confiadamente.

# Preocupe-se em agradar a Deus, não às pessoas

[...] Nosso propósito não é agradar as pessoas,
mas a Deus, que examina as intenções de nosso coração.
(1Tessalonicenses 2.4, NVT)

Deus criou você para ser *você mesmo*, não para se ajustar às expectativas dos seus pais, cônjuge, chefe ou amigos.

Ele deseja que você seja exatamente quem ele o criou para ser. Isso significa recusar as definições impostas pelos outros.

Em Hebreus 11.24, lemos: "Pela fé, Moisés, já adulto, recusou ser chamado filho da filha do faraó". Moisés enfrentou uma crise de identidade. Embora tivesse nascido escravo, foi criado como membro da realeza egípcia. Ao crescer, deparou-se com duas opções: fingir ser neto do faraó pelo resto da vida e continuar desfrutando de luxo, fama e poder, ou admitir quem realmente era, um hebreu. Essa escolha o levaria à expulsão da família real e a uma vida de escravidão. Ele seria desonrado, humilhado e teria uma vida de dor e trabalho árduo.

Qual opção você escolheria?

Hoje, muitas pessoas vivem mentiras, tentando ser alguém que não são. No entanto, Moisés recusou viver uma mentira porque era um homem de integridade. Apesar de toda pressão dos colegas, insistiu em ser quem Deus o havia criado para ser.

Quem você está deixando determinar sua identidade? Algumas pessoas perderam seus pais há anos, mas ainda tentam viver conforme as expectativas deles. Outras estão presas ao que um ex-marido ou ex-esposa disse, tentando provar que estavam errados. Há também aqueles que tentam seguir o que a cultura diz que devem ser. Contudo, a Bíblia nos lembra: "[...] Nosso propósito não é agradar as pessoas, mas a Deus, que examina as intenções de nosso coração" (1Tessalonicenses 2.4, NVT).

Escolha ser quem Deus o criou para ser. Diga a si mesmo: "Não permitirei mais que outras pessoas me moldem. Seguirei a vontade do Deus e cumprirei o plano que ele tem para a minha vida – e não o plano de outra pessoa para a minha vida".

Esse é o verdadeiro significado de sucesso na vida. O Senhor quer que você seja exatamente quem ele o criou para ser – nada mais.

# *Veja os outros da mesma forma que Deus vê você*

"[...] eu vim para que tenham vida e a tenham plenamente.
Eu sou o bom pastor. O bom pastor dá a sua vida pelas ovelhas.
(João 10.10-11)

Os sentimentos em nossos corações frequentemente influenciam a maneira como olhamos para as pessoas ao nosso redor. Por exemplo, ao observar uma multidão, podemos nos sentir irritados ou impacientes. No entanto, quando Jesus viu as multidões, "[...] teve compaixão delas, porque estavam aflitas e desamparadas, como ovelhas sem pastor" (Mateus 9.36).

É dessa forma que Deus vê você: com compaixão. Ele o não diminui. Ele o levanta. Independentemente de quão zangado, magoado ou traído você se sinta, Jesus sempre responderá com compaixão. Ele compreende nossa vulnerabilidade sem Ele, "como ovelhas sem pastor".

As ovelhas, por natureza, são indefesas. Não possuem garras, não correm rapidamente, e seus dentes não são afiados. Dependem da proteção de um pastor para sobreviver.

Na Bíblia, as ovelhas simbolizam o povo de Deus. Em João 10.10-11, está escrito: "[...] eu vim para que tenham vida e a tenham plenamente. Eu sou o bom pastor. O bom pastor dá a sua vida pelas ovelhas".

Esse tipo de compaixão só pode vir de Jesus, nosso Bom Pastor. Ele vai além da simpatia e da empatia. A simpatia expressa: "Sinto muito que você esteja sofrendo", e para por aí. A empatia se aprofunda, dizendo: "Sofro com você". Mas a compaixão diz: "Farei o que for necessário para aliviar a sua dor".

Foi exatamente isso o que Jesus fez através de sua vida, morte e ressurreição. Ele fez tudo o que era preciso para acabar com a nossa dor, inclusive morreu na cruz, com pregos cravados em suas mãos e pés. A compaixão age, mesmo diante do sacrifício. Cristo declarou que veio "[...] para ser servido, mas para servir e dar a sua vida em resgate por muitos" (Marcos 10.45). Perceba as palavras: servir e dar. Elas definem o que significa seguir a Jesus.

Você olha para as pessoas feridas e desamparadas com o mesmo olhar de Jesus? Está repleto de amor e compaixão, disposto a fazer o que for necessário para aliviar a dor delas?

A Bíblia nos lembra repetidas vezes que, sempre que Jesus via pessoas sofrendo, ele era movido por compaixão. Deus deseja que você olhe para os outros da mesma maneira.

# *Deus é bom, mesmo quando você está sofrendo*

"Pois os meus pensamentos não são os pensamentos de vocês, nem os seus caminhos são os meus caminhos", declara o Senhor. "Assim como os céus são mais altos do que a terra, também os meus caminhos são mais altos do que os seus caminhos; e os meus pensamentos, mais altos do que os seus pensamentos".

(Isaías 55.8-9)

**Provavelmente, houve momentos** em que você orou por algo e sentiu que Deus não respondeu como esperava, ou até mesmo que não respondeu de forma alguma.

Isso quer dizer que a oração não funciona? Não, porque você já testemunhou inúmeras vezes o poder dela. Significa que o Senhor não é bom? Também não, pois o caráter dele é imutável; e ele sempre é bom. Então, você deve desistir de orar? De jeito nenhum. Deus não é uma máquina de vendas automática, e a oração não é uma solução imediata para a dor. Ele nunca prometeu uma vida sem sofrimento.

Quando você estiver sofrendo e orar, mas as respostas parecerem não vir, não perca a esperança. Sua responsabilidade é continuar orando e confiando em Deus, ciente de que ele usará cada situação, mesmo as mais dolorosas, para o seu bem.

Considere, por exemplo, um médico que faz um corte durante uma cirurgia. Esse ato certamente causará dor, mas se a cirurgia salva sua vida, você não dirá que o médico foi mau. Pelo contrário, reconhecerá que o trabalho doloroso foi necessário para sua sobrevivência. De maneira semelhante, quando o Senhor não alivia imediatamente sua dor, ele está dizendo a você: "Essa dor pode parecer insuportável, mas minha graça é suficiente para você".

Já sofri muita dor ao longo da minha vida. E, na verdade, grande parte do que aprendi veio por meio da dor. Entenda que Deus está mais interessado em moldar nosso caráter do que em nos proporcionar conforto. Se você nunca passasse por dores ou desafios, jamais amadureceria espiritualmente. Não aprenderia a confiar na sabedoria do Senhor e no plano dele para sua vida.

"'Pois os meus pensamentos não são os pensamentos de vocês, nem os seus caminhos são os meus caminhos', declara o Senhor. 'Assim como os céus são mais altos do que a terra, também os meus caminhos são mais altos do que os seus caminhos; e os meus pensamentos, mais altos do que os seus pensamentos'" (Isaías 55.8-9).

Deus deseja o bem para sua vida, mais do que você mesmo. À medida que você confiar nele em meio à dor, ele responderá a cada oração com os melhores presentes que pode dar: sua presença, poder e promessas.

# *Como viver uma vida de significado*

Jabez foi o homem mais respeitado de sua família.
Sua mãe lhe deu o nome de Jabez, dizendo: "Com muitas
dores o dei à luz". Jabez orou ao Deus de Israel:
"Ah, abençoa-me e aumenta as minhas terras!
Que a tua mão esteja comigo, guardando-me de males
e livrando-me de dores". E Deus atendeu ao seu pedido.
(1Crônicas 4.9-10)

**Você pode sentir** que é apenas alguém comum, mas Deus o criou para viver uma vida cheia de significado.

A Bíblia está repleta de exemplos de pessoas comuns que, ao acreditarem que foram criadas pelo Senhor com um propósito, realizaram coisas extraordinárias e cumpriram sua missão com sucesso.

Um desses exemplos é o de Jabez, um homem que, segundo a Bíblia, viveu uma vida longe da mediocridade. Vamos explorar alguns dos segredos de seu sucesso:

1. *Ele tinha grande ambição.* Enquanto muitas pessoas se contentam em viver de forma mediana, Jabez desejava que Deus realizasse algo significativo através de sua vida. Ele não se conformou com uma vida morna; buscou uma existência plena e significativa. Como podemos saber que sua ambição era alimentada pelas motivações corretas? Através do relato bíblico: "E Deus atendeu ao seu pedido". Deus não honra pedidos que não são dignos.

   Muitas pessoas vivem sem objetivos claros, sem um plano ou propósito definidos, e acabam não chegando a lugar nenhum. Se você deseja viver uma vida acima da média, sonhe alto. Você foi feito para mais do que apenas se perguntar: "O que estou fazendo? Para onde estou indo?". Deus quer que você tenha uma grande ambição, inspirada pelo desejo de servi-lo.

2. *Ele tinha fé.* Jabez possuía uma confiança e uma fé profundas no Senhor. A Bíblia não menciona que ele tinha habilidades especiais, talentos extraordinários, riqueza ou uma educação superior. Ele era simplesmente um homem comum com uma fé incomum.

   A fé – ou seja, acreditar que Deus pode e agirá através de você – é mais importante do que qualquer habilidade ou talento.

Para sair da mediocridade, siga o exemplo de Jabez: tenha uma grande ambição e uma fé profunda; confie em Deus para realizar o impossível. Como William Carey[1], conhecido como o pai das missões modernas, uma vez disse: "Espere grandes coisas de Deus, e tente grandes coisas para Deus".[2]

[1] William Carey foi um missionário britânico, que desempenhou um papel fundamental na evangelização na Índia, onde passou grande parte de sua vida. Carey também foi um linguista talentoso, traduzindo a Bíblia para várias línguas indianas e fundando a Serampore College, uma instituição dedicada à educação e ao treinamento missionário. Seu trabalho não apenas influenciou o movimento missionário cristão global, mas também promoveu reformas sociais significativas na Índia, como a abolição do infanticídio e da prática do sati. [N.T.]

[2] HOUSTON, Tom. Cooperation and Unity in Evangelisation. 14 set. 2007. *ALCOE III Compendium Documents, Lausanne Movement*. Disponível em: https://lausanne.org/content/alcoe-iii-compendium.

# *Como reconhecer a voz de Deus*

Os céus e a terra passarão,
mas as minhas palavras jamais passarão.
(Lucas 21.33)

**Às vezes, é** difícil reconhecer a voz de Deus. Quando uma ideia surge em sua mente, você se pergunta se ela é uma instrução divina, uma enganação de Satanás ou simplesmente um desejo pessoal. No entanto, saber discernir a voz do Senhor é importante, pois isso pode ter consequências eternas.

Muitas vezes, coisas ruins são atribuídas a Deus quando as pessoas dizem: "Deus me disse para fazer isso". A Bíblia nos adverte em 1João 4.1: "[...] não creiam em qualquer espírito, mas examinem os espíritos para ver se eles procedem de Deus [...]".

Deus nunca contradiz a sua Palavra. Por isso, é essencial que você se pergunte: "A ideia que estou tendo agora está de acordo com a Bíblia?".

Deus não diz uma coisa e depois muda de ideia para dizer outra. Se ele falou, é verdade – e sempre será verdade. Ele é consistente. Ele não é volúvel, nem muda de ideia. O Senhor nunca dirá a você para violar um princípio que ele estabeleceu em sua Palavra, a Bíblia.

Portanto, quando você não sabe se está ouvindo a voz de Deus, a primeira pergunta que deve fazer é: "Esse pensamento está alinhado com o que o Senhor já disse?". Se o que está pensando contradiz algo que está na Bíblia, então saberá que está no caminho errado.

Jesus afirmou em Lucas 21.33: "Os céus e a terra passarão, mas as minhas palavras jamais passarão". A Palavra é eterna, pois a verdade nunca muda. Se algo era verdade há cinco mil anos, continuou sendo verdade há mil anos, é verdade hoje e será verdade daqui a cinco mil anos.

Muitas pessoas afirmam: "Deus disse e eu acredito, isso resolve tudo". No entanto, a verdade é: Deus disse, e isso resolve tudo – independentemente de você acreditar ou não.

Deus não se contradiz. Portanto, quando você buscar reconhecer a voz dele, o melhor ponto de partida é se perguntar: "Essa ideia condiz com a Palavra de Deus?".

# *Solte as rédeas, e confie que Deus está no controle*

Parem de lutar! Saibam que eu sou Deus! Serei exaltado entre as nações, serei exaltado na terra.

(Salmos 46.10)

**Todos os dias,** você precisa decidir quem estará no controle da sua vida – você ou Deus.

Essa é uma batalha constante, pois existem aspectos da vida que você deseja controlar. Você quer definir suas próprias regras. No entanto, o alívio do estresse começa quando você permite que Deus seja Deus. E isso sempre começa com a decisão de dizer: "Senhor, entrego o controle a ti, porque só tu podes controlar o que está fora do meu alcance".

Uma razão pela qual você está estressado é porque está tentando controlar coisas que só Deus pode controlar. Você não tem poder sobre seu cônjuge, filhos, trabalho, futuro ou passado. Quando tenta assumir o papel do Senhor, isso o coloca em oposição a ele. Você não só perderá essa batalha, como também ficará exausto e estressado. Solte as rédeas e confie que ele está no comando. Como Salmos 46.10 nos lembra: "Parem de lutar! Saibam que eu sou Deus! Serei exaltado entre as nações, serei exaltado na terra".

Quando as pessoas enfrentam situações que fogem do seu controle e se sentem estressadas, geralmente reagem de duas formas extremas. Algumas, quanto mais descontrolada a vida se torna, mais tentam dominá-la. Outras, por outro lado, desistem e se entregam à autopiedade. No entanto, nenhuma dessas abordagens é eficaz contra o estresse. Em vez de se tornar uma vítima ou um controlador compulsivo, faça uma oração de rendição.

Milhões de pessoas recitam a Oração da Serenidade, que é inspirada na Oração do Pai Nosso, mas a maioria nunca leu as últimas oito linhas dessa oração: "Vivendo um dia de cada vez, desfrutando de um momento de cada vez; aceitando as dificuldades como o caminho para a paz; aceitando, como Jesus fez, este mundo pecaminoso como ele é, não como gostaria que fosse; confiando que tu farás todas as coisas certas se me entregar à tua vontade; para que eu possa ser razoavelmente feliz nesta vida e supremamente feliz contigo para sempre na próxima. Amém".[1]

É justamente aí que reside o poder. Ele se manifesta quando você se rende a Deus e entrega a ele tudo o que estava tentando controlar. Essa entrega o conduzirá a uma vida de serenidade.

[1] Oração da Serenidade. *Celebrate Recovery*. Disponível em: https://www.celebraterecovery.com/resources/serenity-prayer.

# *Quando você precisar de sabedoria e força, volte-se para Deus*

Deus é que tem sabedoria e poder; a ele pertencem o conselho e o entendimento.

(Jó 12.13)

A Bíblia narra a história de Jó, um homem que amava e servia a Deus. No entanto, em um único dia, ele perdeu quase tudo – sua riqueza, saúde e filhos. Essa história nos ensina como é possível adorar a Deus até nos momentos de maior sofrimento. Mesmo nas circunstâncias mais difíceis, podemos adorar ao Senhor e confiar em sua sabedoria e força.

Após perder tudo, Jó caiu no chão em agonia, lamentando suas perdas e sofrendo fisicamente por conta de uma doença grave. Três amigos vieram visitá-lo e ofereceram conselhos, muitos dos quais não foram úteis. Contudo, um de seus amigos, Elifaz, sugeriu: "Mas, se fosse comigo, eu apelaria para Deus; apresentaria a ele a minha causa" (Jó 5.8). Elifaz encorajou Jó a buscar a ajuda divina. Mas o que significa "apelar"? Significa pedir um ato especial, poder ou privilégio a alguém maior do que nós. Esse conselho foi valioso. Quando nos sentimos confusos, com raiva, dúvida ou feridos, não devemos nos afastar do Senhor. Pelo contrário, devemos nos voltar para ele, pois só ele tem o poder de nos consolar.

Em outra ocasião, enquanto Jesus ensinava uma multidão, ele explicou que mudanças seriam necessárias para segui-lo. No entanto, muitos não estavam dispostos a aceitar essas exigências e, portanto, começaram a se afastar. Então, Cristo se voltou para seus discípulos e perguntou: "[...] Vocês também não querem ir?" (João 6.67). Pedro respondeu: "Senhor, para quem iremos? Tu tens as palavras de vida eterna" (João 6.68). Se nos afastarmos de Deus na dor, para onde iremos? Ninguém pode nos ajudar como Ele. Por isso, em vez de nos afastarmos, devemos clamar pela força e sabedoria dele. A Bíblia nos lembra: "Deus é que tem sabedoria e poder; a ele pertencem o conselho e o entendimento" (Jó 12.13). Seguir Jesus não nos livra dos desafios da vida, mas nos garante que a sabedoria e a força divinas estarão sempre ao nosso alcance. Volte-se para ele, e ele o guiará e lhe dará o poder necessário para seguir em frente.

# *Há poder em agradecer a Deus antecipadamente*

Depois de consultar o povo, Josafá nomeou alguns homens
para cantarem ao Senhor e o louvarem pelo esplendor de sua santidade,
indo à frente do exército, cantando: "Deem graças ao Senhor,
pois o seu amor dura para sempre".

(2Crônicas 20.21)

A oração e o louvor são a fé traduzida em palavras. Quando você diz: "Deus, obrigado por cuidar dos meus problemas financeiros, aliviar minha dor e resolver este conflito", está agradecendo a ele por livrá-lo de uma situação difícil.

A história do rei Josafá é um exemplo claro do poder da gratidão antecipada, expressada antes mesmo de receber uma resposta à sua oração. Diante do ataque iminente de três exércitos inimigos, Josafá adotou uma estratégia de batalha singular: "Depois de consultar o povo, Josafá nomeou alguns homens para cantarem ao Senhor e o louvarem pelo esplendor de sua santidade, indo à frente do exército, cantando: 'Deem graças ao Senhor, pois o seu amor dura para sempre'" (2Crônicas 20.21).

Você concorda que essa foi uma forma incomum de organizar um exército? Imagine a surpresa dos inimigos ao verem o exército israelita liderado por harpistas e trompetistas.

E, sem dúvida, o próprio coro deve ter se questionado sobre o que estava acontecendo. No entanto, Josafá lembrou-os de que a batalha pertencia ao Senhor e que, se confiassem nele, seriam bem-sucedidos. Dessa forma, puderam agradecer a Deus antecipadamente pela vitória e *demonstrar* sua fé ao posicionar o coro à frente do exército.

A maneira de demonstrar sua fé a Deus é agradecendo a ele antes mesmo de suas orações serem respondidas.

E o que aconteceu quando o coro começou a agradecer a Deus em canção? "Quando começaram a cantar e a entoar louvores, o Senhor preparou emboscadas contra os homens de Amom, de Moabe e dos montes de Seir, que estavam invadindo Judá, e eles foram derrotados" (2Crônicas 20.22). O exército de Josafá não levantar nem um dedo (a não ser para tocar seus instrumentos). Como venceram a batalha? Agradecendo a Deus antecipadamente. Eles creram que Deus cuidaria deles e os salvaria de seus inimigos. Demonstraram essa fé na formação de batalha, e então viram como o Altíssimo os livrou.

Portanto, lembre-se: se você acredita que Deus o ajudará a vencer qualquer dificuldade, já pode louvá-lo por sua libertação.

# *Por que a mudança não acontece instantaneamente?*

Tu, Senhor, guardarás em perfeita paz aquele cujo propósito está firme, porque em ti confia.

(Isaías 26.3)

Deus deseja transformar sua vida – e você – para melhor. Embora você possa querer uma mudança rápida, ele não se apressa, pois está mais interessado em moldar seu caráter, algo que requer tempo.

Certa vez, um homem me disse: "Rick, sinto que minha vida está cheia de problemas, como se estivesse prestes a me afogar em uma inundação". Naquele momento, o versículo que me veio à mente foi o relato de Noé e o dilúvio: "As águas foram baixando pouco a pouco sobre a terra. Ao fim de cento e cinquenta dias, as águas tinham diminuído" (Gênesis 8.3). O dilúvio não desapareceu instantaneamente, e eu sabia que os problemas desse homem também não desapareceriam de imediato. Mudanças levam tempo.

A realidade é que o crescimento ocorre de maneira gradual ao longo da vida. Não é algo que acontece em um único passo ou salto, nem é o resultado de uma única decisão. O crescimento se manifesta por meio de mudanças incrementais, através do processo de santificação – pelo qual Deus nos faz amadurecer.

O apóstolo Paulo expressou essa verdade ao afirmar: "Estou convencido de que aquele que começou boa obra em vocês, vai completá-la até o dia de Cristo Jesus" (Filipenses 1.6). A obra do Senhor em sua vida começa com um compromisso consciente, aquele momento em que você decide: "Estou pronto. Não quero me contentar com uma vida boa; quero uma vida melhor. Quero tudo o que Deus tem para mim. Desejo que o restante da minha vida seja o melhor dela". Isaías 26.3-4 reforça a importância desse compromisso: "Tu, Senhor, guardarás em perfeita paz aquele cujo propósito está firme, porque em ti confia" (Isaías 26.3).

Você quer alcançar a plenitude e a estabilidade? Então, direcione sua mente para o alto, e mantenha-se firme, sem desistir. Compreender que Deus completará a boa obra em você até o dia de Cristo Jesus lhe dará paciência para o longo processo de transformar uma vida boa em uma ainda melhor.

# *Siga o gentil caminho de Jesus*

Tomem sobre vocês o meu jugo e aprendam de mim, pois sou manso e humilde de coração, e vocês encontrarão descanso para as suas almas.

(MATEUS 11.29)

A ANSIEDADE É UMA realidade comum para todos, e a busca por um antídoto contra ela é universal. Em meio a tempos estressantes como os que vivemos, encontrar descanso para nosso corpo e alma pode parecer algo quase impossível.

No entanto, a solução não é um segredo: Jesus quer que você se preocupe menos e confie mais nele. Em Mateus 11.29, ele disse: "Tomem sobre vocês o meu jugo e aprendam de mim, porque sou manso e humilde de coração, e vocês encontrarão descanso para a alma".

Ao se aproximar de Jesus e permitir que ele carregue seu fardo, ele também o convida a aprender com ele. Mas por que aprender com Cristo? Porque ele nunca viveu com pressa. Ele estabeleceu um ritmo de vida baseado em um coração gentil e humilde, um ritmo que traz vida em vez de cansaço. Ele nos ensinou como viver em paz e com propósito, e, ao seguir seu exemplo, é como se reabastecêssemos nossos tanques espirituais e emocionais. Preste atenção em como ele viveu, e faça como ele fez.

Contudo, aprender a viver como Jesus é um processo. O estilo de vida sobrecarregado que levamos não foi criado da noite para o dia, e desaprender esses hábitos também leva tempo.

E o que você aprenderá com Jesus? A ser gentil e humilde. Mas como isso pode ajudar? Gentileza e humildade podem não parecer a solução óbvia para o estresse e o cansaço. Talvez você esperasse que ele dissesse: "Aprendam de mim, e lhes ensinarei como ter resistência e força".

Jesus quer que você seja gentil e humilde porque a agressividade e a arrogância são grandes causadoras de estresse e vazio.

A agressividade nos leva a querer tudo imediatamente e a assumir mais do que podemos lidar. É o oposto da gentileza. A arrogância, por sua vez, nos faz tentar controlar tudo ao nosso redor. Nosso ego é responsável por mais estresse e presunção em nossas vidas do que imaginamos.

Por isso, os antídotos para as principais fontes de estresse em sua vida são a gentileza e a humildade. Aprender isso envolve lembrar-se diariamente de que você não é Deus e não pode ser o salvador de ninguém.

Passe tempo com Jesus, e você descobrirá que a prática da gentileza e da humildade conduzem ao descanso.

# *Cresça na luz da Palavra de Deus*

[...] Eu sou a luz do mundo. Quem me segue,
nunca andará em trevas, mas terá a luz da vida.
(João 8.12)

Como jardineiro, posso garantir que quanto mais luz suas plantas receberem, maiores serão as colheitas. Por mais de trinta anos, tenho utilizado uma lâmpada especial de jardinagem chamada "*grow light*" – que, em português, podemos traduzir como "lâmpada de cultivo". Ela emite um tipo específico de luz que estimula o crescimento de plantas e árvores; ideal para áreas em que a luz natural é insuficiente para a sobrevivência das plantas. Por exemplo, plantei mudas de sequoias no lado sombreado da minha casa e usei essas lâmpadas até que as árvores crescessem o suficiente para alcançar a luz solar por conta própria. Hoje, atingiram cerca de doze metros de altura.

A luz é essencial para a vida. Toda planta cresce por meio do processo de fotossíntese, que depende diretamente da luz. Da mesma forma, seres humanos necessitam da luz para enxergar e para o funcionamento adequado dos sistemas corporais. Sem luz, não há energia ou crescimento. Em resumo, é impossível viver sem luz.

O que é verdade no plano físico também se aplica ao plano espiritual. Nos momentos de escuridão, quando o sol parece estar escondido e você não consegue enxergar a luz, é a luz de Jesus que pode transformar sua vida para melhor.

Existem duas maneiras pelas quais a mudança ocorre: ao ver a luz e ao sentir o calor. Dentre essas, uma é muito menos dolorosa que a outra. Se você mudasse apenas ao ver a luz, não precisaria mudar ao sentir o calor.

Quer saber qual é a sua fonte de crescimento? A Palavra de Deus. Estudá-la o ajudará a crescer em conhecimento e amor pelo Senhor. Efésios 1.16-17 diz o seguinte: "Não deixo de dar graças por vocês, mencionando-os em minhas orações. Peço que o Deus de nosso Senhor Jesus Cristo, o glorioso Pai, dê a vocês espírito de sabedoria e de revelação, no pleno conhecimento dele". Quando você conhece a Palavra, essa luz ilumina seu coração, além de proporcionar sabedoria e uma nova perspectiva. Assim, você compreenderá o maravilhoso futuro que Deus lhe prometeu.

Na Bíblia, a luz e a vida caminham de mãos dadas: "Pois em ti está a fonte da vida; graças à tua luz, vemos a luz (Salmos 36.9).

A vida deve ser desfrutada, não apenas suportada. O segredo é viver na luz de Deus.

# *Você realmente precisa de tudo o que tem?*

Vendam o que têm e deem esmolas. Façam para vocês bolsas
que não se gastem com o tempo, um tesouro nos céus que não se acabe,
onde ladrão algum chega perto e nenhuma traça destrói.

(LUCAS 12.33)

VOCÊ SABIA QUE existe um banco no céu? Isso mesmo. No Evangelho de Lucas, Jesus nos ensina sobre a importância de armazenar tesouros no céu. Como cristão, seu maior investimento deve ser feito com seu tempo, talentos e recursos nesse banco celestial.

Tudo o que você possui é fruto da generosidade de Deus. Sem ele, você não teria absolutamente nada – nem mesmo existiria. Como está escrito em Tiago 1.17: "Toda boa dádiva e todo dom perfeito vêm do alto [...]". A generosidade divina deve inspirá-lo a ser generoso com os outros, utilizando aquilo que recebeu para ajudar o próximo.

Cada vez que você usa seus recursos para ajudar as pessoas e direcioná-las a Jesus, você está acumulando tesouros no banco celestial. Ao fazer isso, está investindo na eternidade, aplicando suas riquezas naquilo que realmente importa: ajudar os outros a desenvolverem um relacionamento com Deus.

Um dia, um homem muito rico se aproximou de Jesus para saber como se preparar para a eternidade no céu. Embora tivesse mais dinheiro do que precisava ou do que poderia gastar, ele queria entender como alcançar a vida eterna. Jesus, então, ofereceu a esse homem um valioso conselho de investimento: "Vendam o que têm e deem esmolas. Façam para vocês bolsas que não se gastem com o tempo, um tesouro nos céus que não se acabe, onde ladrão algum chega perto e nenhuma traça destrói" (Lucas 12.33). Em outras palavras, "Liquide alguns de seus bens aqui na terra e envie-os para o céu, onde seu tesouro durará para sempre".

E quanto a você? Será que você realmente precisa de tudo o que possui? Talvez Jesus esteja falando com você por meio desses versículos, incentivando-o a doar parte do que tem para ajudar aqueles que têm muito menos.

Ao ser generoso, sua visão sobre o que é essencial é transformada. E, mais importante ainda, toda vez que você escolhe ser generoso, armazena tesouros no céu.

# Quatro maneiras de orar de forma eficaz

Lembra-te agora do que disseste a Moisés, teu servo: "Se vocês forem infiéis, eu os espalharei entre as nações, mas, se voltarem para mim, obedecerem aos meus mandamentos e os puserem em prática, mesmo que vocês estejam espalhados pelos lugares mais distantes debaixo do céu, de lá eu os reunirei e os trarei para o lugar que escolhi para estabelecer o meu nome".

(NEEMIAS 1.8-9)

PODE SER QUE você saiba exatamente *pelo que* orar, mas, às vezes, o desafio é saber *como* orar. Neemias, que vivia no exílio na Pérsia, recebeu a notícia de que os muros de Jerusalém haviam sido destruídos. Neemias se entristeceu com essa informação e, em sua oração, nos ensinou quatro formas eficazes de orar:

1. *Baseie seu pedido no caráter de Deus.* Neemias se dirigiu ao Senhor como "[...] Deus grande e temível, fiel à aliança e misericordioso com os que o amam" (Neemias 1.5). Quando orar, faça-o com a confiança de que Deus o responderá: "Estou aguardando a resposta a essa oração, pois confio em quem tu és. O Senhor é fiel, grandioso, amoroso e maravilhoso. Deus, sei que podes lidar com este problema".

2. *Confesse os pecados dos quais está ciente.* Neemias confessou seus pecados: "[...] Confesso os pecados que nós, os israelitas, temos cometido contra ti. Sim, eu e o meu povo temos pecado. Agimos de forma corrupta e vergonhosa contra ti. Não temos obedecido aos mandamentos, aos decretos e às leis que deste ao teu servo Moisés" (Neemias 1.6-7). Embora Neemias não fosse diretamente culpado pelo exílio de Israel – já que provavelmente nasceu durante o cativeiro, ele ainda assim se incluiu nos pecados do povo. Ele reconheceu: "Também faço parte do problema".

3. *Reivindique as promessas de Deus.* Neemias orou: "Lembra-te agora do que disseste a Moisés, teu servo [...]" (Neemias 1.8). Pode parecer ousado dizer "lembra-te" para Deus, mas Neemias trouxe à memória uma promessa feita pelo Senhor ao povo de Israel. Basicamente, Neemias orou: "Deus, tu advertiste através de Moisés que, se fôssemos infiéis, perderíamos a terra de Israel. Mas também prometeste que, se nos arrependêssemos, tu nos trarias de volta". Será que Deus precisa ser lembrado? Não. Ele esquece suas promessas? Também não. Então, por que

reivindicamos as promessas divinas? Porque isso nos ajuda a recordar o que ele nos prometeu.

4. *Seja específico no que pede.* Se você deseja respostas específicas, faça orações específicas. Se suas orações consistem em pedidos gerais, como saberá se foram respondidas?

Sobre o que você precisa orar hoje? Use o exemplo de Neemias para guiar sua oração, e adicione os detalhes da sua situação ao dizer: “Deus, sei que te importas com isso e que nada é grande demais para ti. Lamento pela minha parte em contribuir para esse problema. Tu prometeste não me abandonar em meio à confusão e medo; confio nessa promessa enquanto enfrento essa situação com tua ajuda. Por favor, ajuda-me de forma específica: ______________________________”.

Quando não souber como orar, siga o exemplo de Neemias. E então confie que Deus ouve, esperando com confiança enquanto ele responde.

# *Corra para Deus com sua dor*

[...] Fomos esmagados e oprimidos além da nossa capacidade de suportar, e pensamos que não sobreviveríamos. De fato, esperávamos morrer. Mas, como resultado, deixamos de confiar em nós mesmos e aprendemos a confiar somente em Deus, que ressuscita os mortos.

(2Coríntios 1.8-9)

Sempre que você enfrenta uma situação dolorosa na vida, tem uma escolha a fazer: correr *de* Deus ou *para* Deus.

Em minha opinião, correr de Deus nunca fez sentido. Como alguém pode encontrar consolo fugindo da maior fonte de refrigério? Desde que meu filho mais novo faleceu, passei mais tempo a sós com o Senhor do que em todos os anos anteriores. Em meio ao luto, o que me sustentou em meus dias mais difíceis foi adorar a Deus e estar perto dele.

Se optar por correr *para* Deus, você poderá transformar sua dor em uma oportunidade de se aproximar dele através da adoração. Mas como fazer isso? Não se preocupe em dizer o que acha que deveria dizer; seja sincero e diga exatamente o que sente. Diga a ele que não gosta da dor que está sentindo. Esse ato de honestidade é chamado lamento. A Bíblia está repleta de exemplos de pessoas clamando a Deus em lamento, inclusive um terço dos Salmos.

Até mesmo lamentar a Deus é uma forma de adoração. Durante todas as fases do luto, você pode adorá-lo. Pode expressar seu choque, descarregar sua tristeza, compartilhar suas lutas e se render a ele. Além disso, pode pedir que ele use essa dor para gerar algo bom em sua vida.

Em 2Coríntios 1.8-9, Paulo disse: "[...] Fomos esmagados e oprimidos além da nossa capacidade de suportar, e pensamos que não sobreviveríamos. De fato, esperávamos morrer. Mas, como resultado, deixamos de confiar em nós mesmos e aprendemos a confiar somente em Deus, que ressuscita os mortos" (NVT).

Já ouvi milhares de histórias de pessoas que encontraram Jesus através da dor, cujas vidas foram completamente transformadas pelo processo de adoração em meio ao sofrimento. E posso dizer a elas, como Paulo disse em 2Coríntios 7.9: "Agora, porém, me alegro, não porque vocês foram entristecidos, mas porque a tristeza os levou ao arrependimento [...]".

Quando você está sofrendo, não é momento de fugir do Senhor, mas sim uma chance de se aproximar dele. É uma oportunidade para confiar, adorar, conhecê-lo e amá-lo de maneira ainda mais profunda.

# *A chave para alcançar seus objetivos*

É melhor ter companhia do que estar sozinho, porque maior é a recompensa do trabalho de duas pessoas. Se um cair, o amigo pode ajudá-lo a levantar-se. Mas pobre do homem que cai e não tem quem o ajude a levantar-se! [...] Um homem sozinho pode ser vencido, mas dois conseguem defender-se. Um cordão de três dobras não se rompe com facilidade.

(Eclesiastes 4.9-10, 12)

Deus nunca planejou que você enfrentasse os desafios da vida sozinho, tentando fazer tudo por conta própria. O sucesso é alcançado quando trabalhamos em conjunto com outras pessoas.

Um dos fatores que contribuíram para o sucesso de Neemias na reconstrução de Jerusalém foi sua habilidade em dividir o trabalho em tarefas gerenciáveis, delegando-as a vários indivíduos. No capítulo 3 de Neemias, vemos dezoito equipes envolvidas nos reparos, e as expressões "ao lado dele" ou "ao lado deles" aparecem vinte e uma vezes.

Neemias queria que o povo compreendesse a força do trabalho em equipe. Ele os motivou com um discurso que, essencialmente, dizia: "Se você se sentir cansado e desanimado, olhe para a esquerda e para a direita, e verá outros trabalhando ao seu lado. Você perceberá que não está sozinho, mas faz parte de uma equipe". Com isso, ele ajudou as pessoas a se sentirem parte de algo maior, e gerou um forte espírito de cooperação entre elas.

No Novo Testamento, a expressão "uns aos outros" é utilizada cinquenta e oito vezes. A Bíblia nos ensina a amar, ajudar, servir e carregar as cargas uns dos outros, entre outras coisas. É assim que se desenvolve um espírito de equipe.

Mas por que isso é essencial para alcançarmos nossos objetivos? As Escrituras nos dão uma resposta clara: "É melhor ter companhia do que estar sozinho, porque maior é a recompensa do trabalho de duas pessoas. Se um cair, o amigo pode ajudá-lo a levantar-se. Mas pobre do homem que cai e não tem quem o ajude a levantar-se! [...] Um homem sozinho pode ser vencido, mas dois conseguem defender-se. Um cordão de três dobras não se rompe com facilidade" (Eclesiastes 4.9-10, 12).

O apóstolo Paulo entendia a importância de desenvolver um espírito de equipe. Ele nunca conduziu seus ministérios sozinho; sempre levava uma equipe consigo. O mesmo se aplica a Jesus, cujo ministério foi realizado com o apoio de um grupo de doze homens. De fato, a primeira ação de Jesus em seu ministério foi formar um pequeno grupo.

Talvez você esteja com dificuldades para alcançar seu objetivo porque tem tentado fazer tudo sozinho. Lembre-se de que você não foi criado para viver sem uma comunidade. O trabalho que Deus tem para você sempre será cumprido em parceria com outros.

# *Antes de Deus falar, decida dizer sim*

Mas as que caíram em boa terra são os que, com coração bom
e generoso, ouvem a palavra, a retêm e dão fruto, com perseverança.

(Lucas 8.15)

Deus fala com aqueles que decidem, de antemão, seguir suas orientações, independentemente do que ele possa pedir. Esse tipo de pessoa diz coisas como: "Senhor, se queres que me mude, eu me mudo. Se queres que me case, eu me caso. Se queres que deixe este emprego, eu deixo. Antes mesmo de saber o que queres, minha resposta é sim. O que quer que seja, estou disposto a fazer".

Em Lucas 8.15, lemos que as sementes "[...] que caíram em boa terra são os que, com coração bom e generoso, ouvem a palavra, a retêm e dão fruto, com perseverança". Quando estudei essa parábola, pensei que ela descrevia quatro tipos de pessoas: aquelas que são resistentes, as superficiais, as ocupadas e as boas.

Contudo, a parábola se refere a quatro atitudes. Podemos ter todas elas em um único dia. Em um momento, você pode pensar: "Deus, não quero ouvir o que tens a dizer, porque já sei o que dirás". Logo depois, você pode implorar: "Senhor, fale comigo, e rápido". Você ouve, acha a mensagem válida, mas não faz nada a respeito. Talvez o fruto comece a aparecer em sua vida, mas depois você se vê sobrecarregado pelo trabalho, escola ou responsabilidades familiares, e as ervas daninhas crescem. Outras vezes, você se coloca diante de Deus e diz: "Senhor, faça o que quiseres. Estou aberto à tua vontade".

Deus deseja que você mantenha uma atitude de obediência, pois é assim que você dará frutos – um termo bíblico para *sucesso*. O Senhor quer que você prospere em todos os aspectos: em seus negócios, sua família, suas amizades, seu relacionamento com ele, seus vínculos com outras pessoas e sua saúde.

Qual é a forma mais eficiente de produzir frutos? Aceitando o que Deus lhe diz e compartilhando isso com outra pessoa. Em outra tradução de Lucas 8.15, está escrito: "Já as sementes na terra boa são os bons corações que se apropriam da Palavra e se apegam a ela, não importa o que aconteça. Eles permanecem firmes até a colheita" (AM).

Portanto, quando Deus falar com você, receba sua palavra com um coração obediente e, em seguida, compartilhe essa mensagem com outra pessoa.

# *Três coisas que o impedem de ouvir a Deus*

As que caíram entre espinhos são os que ouvem, mas, ao seguirem seu caminho, são sufocados pelas preocupações, pelas riquezas e pelos prazeres desta vida, e não amadurecem.

(LUCAS 8.14)

VOCÊ NÃO CONSEGUIRÁ ouvir Deus se sua mente estiver repleta de outros pensamentos ou dúvidas – em especial preocupações, planos e atividades. Se você passa o tempo todo olhando para o telefone ou assistindo TV, dificilmente perceberá quando o Senhor estiver falando. Para escutá-lo, é necessário afastar as distrações.

Em Lucas 8.7, Jesus disse: "Outra parte caiu entre espinhos, que cresceram com ela e sufocaram as plantas". Nesta parábola, Cristo descreve sementes que são plantadas e começam a crescer, mas que estão em um solo infestado de ervas daninhas. Conforme as plantas crescem, as ervas daninhas também crescem ao redor delas, sufocando-as, e assim elas não conseguem produzir frutos.

Jesus esclareceu o que quis dizer em Lucas 8.7: "As que caíram entre espinhos são os que ouvem, mas, ao seguirem seu caminho, são sufocados pelas preocupações, pelas riquezas e pelos prazeres desta vida, e não amadurecem" (Lucas 8.14).

Existem três elementos que podem sufocar o crescimento espiritual e impedir que você ouça a Deus:

1. *Preocupação.* As preocupações são como ervas daninhas. Quando sua mente está ocupada com os problemas e pressões do dia a dia, é mais difícil ouvir o Senhor.
2. *Riquezas.* Você está tão ocupado tentando ganhar a vida que acaba não vivendo verdadeiramente? Trabalhar para pagar contas de coisas de que não precisa, para sair de dívidas desnecessárias ou para acumular mais dinheiro do que realmente necessita pode prejudicar seu crescimento espiritual.
3. *Prazer.* Não há nada de errado com o prazer, mas é importante ter cuidado para não se envolver tanto em buscar diversão a ponto de perder a conexão com Deus e seus propósitos para sua vida.

Sabe o que é verdade sobre as ervas daninhas? Não é necessário cultivá-las para que cresçam. Na verdade, a presença delas é um sinal de negligência. Se você as vê em seu jardim ou quintal, é um indício de que ele não está sendo devidamente cuidado. O mesmo vale para sua vida espiritual. As ervas daninhas espirituais indicam que você está negligenciando seu tempo com Deus.

Dedique um tempo diário para cuidar do seu jardim espiritual. Arranque as ervas daninhas assim que as identificar, para que não sufoquem o bom trabalho que o Senhor deseja realizar em você.

# *Quatro coisas para lembrar quando Deus muda seus planos*

"Pois os meus pensamentos não são os pensamentos de vocês, nem os seus caminhos são os meus caminhos", declara o Senhor.

(Isaías 55.8)

**Há momentos em** que nossos planos não coincidem com os de Deus, e ainda assim insistimos em seguir nossa própria vontade, o que geralmente apenas piora a situação.

Basta olhar para a história de Jonas. Ele aprendeu, da forma mais difícil, como lidar com a divergência entre seus planos e os do Senhor. Deus havia instruído Jonas a avisar o povo de Nínive sobre a necessidade de arrependimento. No entanto, ele fugiu dessa missão, e acabou sendo engolido por um grande peixe. Depois de ser resgatado por Deus, Jonas finalmente foi a Nínive. No entanto, quando o povo se arrependeu e a cidade foi poupada, Jonas ficou desapontado, pois não queria que os assírios recebessem graça, já que eram inimigos de Israel.

Então, Deus ensinou a Jonas uma lição prática. Ele fez crescer uma planta que proporcionava sombra suficiente para Jonas. Em seguida, enviou um verme que a destruiu, o que deixou Jonas exposto ao calor intenso no dia seguinte. Irritado e frustrado, Jonas expressou sua insatisfação a Deus.

Nesse momento, Deus revelou a ele quatro verdades para lembrar quando os planos de Deus diferem dos nossos:

1. *Deus enxerga o que você não consegue ver.* Ele vê o passado, o presente e o futuro simultaneamente. Como Criador do tempo, não está limitado por ele.
2. *Deus é bom com você, mesmo quando você está mal-humorado.* Mesmo quando você tenta fugir, como Jonas fez, ele ainda se preocupa com o seu bem-estar e o ama.
3. *Deus está no controle de cada detalhe da sua vida.* Há um propósito para tudo. O Senhor usa tanto as grandes coisas quanto as pequenas para direcionar sua vida.
4. *Deus quer que você se concentre no que é eterno.* Muitas das coisas que hoje o preocupam não terão importância amanhã. Ele deseja que você foque em se tornar mais parecido com ele e em compartilhar o Evangelho com os outros.

Quando seus planos não saem como o esperado, Deus, em sua infinita sabedoria, ainda trabalha para o bem. Como nos lembra Isaías 55.8: "'Pois os meus pensamentos não são os pensamentos de vocês, nem os seus caminhos são os meus caminhos', declara o Senhor".

Portanto, peça a ele que o ajude a perceber a mão divina mesmo em seus planos frustrados, e confie na bondade dele enquanto o caminho a ser seguido for revelado.

# *De quem é a opinião que mais importa?*

Bem-aventurados serão vocês quando, por minha causa, os insultarem, os perseguirem e levantarem todo tipo de calúnia contra vocês. Alegrem-se e regozijem-se, porque grande é a sua recompensa nos céus, pois da mesma forma perseguiram os profetas que viveram antes de vocês.

(Mateus 5.11-12)

Quando você for criticado por viver de acordo com os princípios de Deus, lembre-se de que uma grande recompensa o aguarda no céu.

A Bíblia diz: "Bem-aventurados serão vocês quando, por minha causa, os insultarem, os perseguirem e levantarem todo tipo de calúnia contra vocês. Alegrem-se e regozijem-se, porque grande é a sua recompensa nos céus [...]" (Mateus 5.11-12).

Manter os olhos na eternidade é o melhor remédio contra insultos e zombarias. Por quê? Porque as opiniões alheias são passageiras. A desaprovação dos outros é temporária. Embora você possa ouvir o que dizem, é importante não dar atenção excessiva a isso.

O que realmente *perdurará* é a Igreja do Senhor. Somente a família de Deus estará no céu para sempre. Por isso, não vale a pena desperdiçar sua vida se preocupando com o que terceiros pensam a seu respeito. Em vez disso, Deus deseja que você passe seus dias fazendo coisas que o agradam – utilizando os dons, talentos e habilidades que ele lhe deu para adorá-lo e impactar eternamente a vida das pessoas.

Se Deus aprova o que você está fazendo, então saiba que está no caminho certo. Imagine como sua vida seria mais leve se você vivesse apenas para uma audiência de um.

Muitas vezes, porém, você se preocupa demais com o que as pessoas pensam e acaba sendo prisioneiro do julgamento delas. Se alguém o considera um fracassado, você acaba se vendo assim. Se pensam que é estranho, você pode começar a se ver dessa forma. Eu, sinceramente, não quero viver dessa maneira – e você?

A verdade é que, no mesmo momento em que chegar ao céu, perceberá: "Por que me preocupei tanto com o que os outros pensavam de mim?".

Como o apóstolo Paulo afirmou: "Acaso busco eu agora a aprovação dos homens ou a de Deus? Ou estou tentando agradar a homens? Se eu ainda estivesse procurando agradar a homens, não seria servo de Cristo" (Gálatas 1.10).

Hoje, em vez de buscar a aprovação das pessoas, viva em busca da alegria eterna que o céu oferece. E tenha certeza de que sua recompensa será grande quando seu maior objetivo neste mundo for agradar a Deus.

# *Mantenha suas forças em perspectiva*

Assim, aquele que julga estar firme,
cuide-se para que não caia!
(1Coríntios 10.12)

O fracasso é uma realidade inevitável da vida. Independentemente de quem você seja ou de sua trajetória, em algum momento, você lidará com o fracasso. Faz parte da experiência de ser uma pessoa imperfeita em um mundo também imperfeito.

Na noite em que Jesus foi preso, antes de ser levado à cruz, seu amigo Pedro gravemente o negou. E não foi apenas uma vez, mas *três*.

Durante a Última Ceia, Cristo avisou seus discípulos sobre o que estava por vir: ele seria preso, morreria e ressuscitaria ao terceiro dia. Jesus também disse: "[...] Ainda esta noite todos vocês me abandonarão [...]" (Mateus 26.31). No entanto, Pedro insistiu três vezes que jamais negaria Jesus.

Pedro cometeu o erro de superestimar sua força, e isso resultou em seu fracasso.

Esse tipo de erro continua sendo uma causa comum de fracasso nos dias de hoje. Muitas vezes, acreditamos ser mais fortes do que realmente somos, convencidos de que podemos resistir à tentação, mesmo quando há evidências que provam o contrário.

As consequências de superestimarmos nossas forças podem ser devastadoras: empresas quebram, batalhas são perdidas, e casamentos desmoronam. Quando perdemos a perspectiva correta sobre nossas habilidades, tomamos decisões imprudentes. É fácil pensar: "Isso nunca acontecerá comigo". Mas 1Coríntios 10.12 nos adverte: "Assim, aquele que julga estar firme, cuide-se para que não caia!".

Ninguém está imune. Nas circunstâncias certas, todos somos capazes de cometer qualquer pecado. Quando não prestamos a devida atenção às nossas forças, elas podem se transformar em fraquezas. Em outras palavras, uma força desprotegida torna-se uma fraqueza em dobro. Por quê? Porque desenvolvemos um senso de orgulho em relação a ela.

O maior fracasso de Pedro – negar Cristo – ocorreu logo após a Última Ceia, um momento de grande intimidade e poder espiritual. Da mesma forma, a próxima área em que você tropeçar pode surgir logo após uma grande vitória em sua vida.

Resista à tentação de superestimar suas forças. Lembre-se de que você é um ser humano pecador que necessita da graça divina. Tenha a percepção correta a respeito das suas forças, para que não se tornem a raiz de seu fracasso.

# *Deus não soltará sua mão*

As minhas ovelhas ouvem a minha voz; eu as conheço, e elas me seguem. Eu lhes dou a vida eterna, e elas jamais perecerão; ninguém as poderá arrancar da minha mão.

(João 10.27-28)

Você não pode se salvar por conta própria – e a boa notícia é que não o precisa. Tudo o que você precisa fazer é pegar na mão de Deus e dizer: “Senhor, entrego minha vida a ti – tanto as partes boas quanto as ruins. Aceito tua salvação”. Ao fazer isso, você pode descansar tranquilamente na segurança da sua salvação.

Em algum momento, você pode sentir vontade de soltar a mão do Senhor, ao questionar: “Nem sei no que acredito”. No entanto, Deus nunca soltará sua mão – o amor dele por você é imenso. Jesus disse: “As minhas ovelhas ouvem a minha voz; eu as conheço, e elas me seguem. Eu lhes dou a vida eterna, e elas jamais perecerão; ninguém as poderá arrancar da minha mão. Meu Pai, que as deu para mim, é maior do que todos; ninguém as pode arrancar da mão de meu Pai” (João 10.27-29).

A vida eterna que Deus oferece começa no exato momento em que você pega na mão dele; e você nunca a perderá. Por quê? Pois sua salvação não se baseia em um balanço de boas e más ações, mas nos méritos de Cristo. Se o céu pudesse ser alcançado apenas por meio de uma boa conduta, então o sofrimento, a tristeza e a dor que Jesus suportou na cruz teriam sido em vão. Se houvesse qualquer outro caminho para a salvação, além do Cordeiro, Deus teria escolhido esse caminho. Mas não havia.

Jesus veio para “[...] buscar e salvar o que estava perdido” (Lucas 19.10), o que deixa claro que o mundo está perdido. Nem todos irão para o céu. Se todos fossem, Jesus não teria necessidade de vir à terra, viver uma vida perfeita e carregar “[...] em seu corpo os nossos pecados sobre o madeiro, a fim de que morrêssemos para os pecados e vivêssemos para a justiça [...]” (1Pedro 2.24). Ao entregar sua vida nas mãos de Deus, ele promete segurá-lo para sempre. Se você realmente confia em Cristo, nada pode roubar sua salvação – nem Satanás, nem doença, nem a sociedade. Você está nas mãos do Bom Pastor.

# *Quando orar, concentre-se primeiro em Deus*

Alarmado, Josafá decidiu consultar o Senhor
e proclamou um jejum em todo o reino de Judá.

(2Crônicas 20.3)

Durante uma crise, é comum pedirmos ajuda a Deus. E ele deseja que você derrame seu coração diante dele – mas, ao orar, não comece pedindo o que precisa. Inicie concentrando-se no Senhor.

Quando três nações inimigas se uniram contra o rei Josafá e Israel, o rei reconheceu que não tinha como vencê-las sozinho. Então, orou concentrando-se em Deus. Veja como você também pode orar como Josafá:

*Primeiro, lembre-se da grandeza de Deus.* Josafá começou sua oração dizendo: "[...] Senhor, Deus dos nossos antepassados, não és tu o Deus que está nos céus? Tu dominas sobre todos os reinos do mundo [...]" (2Crônicas 20.6). Quando você enfrentar algo fora do seu controle, não foque no problema; foque na grandeza de Deus. Quanto mais você o exaltar em sua mente, menor seu problema parecerá.

*Em seguida, lembre-se do poder ilimitado do Senhor.* Em meio aos desafios, Josafá reservou um momento para louvar a Deus, declarando: "[...] Força e poder estão em tuas mãos, e ninguém pode opor-se a ti" (2Crônicas 20.6). Ao reconhecer que Deus detém todo o poder, você pode depositar sua confiança nele. Ao orar, pense em todas as formas como ele já ajudou você, aqueles ao seu redor, e as pessoas descritas na Bíblia.

*Depois, relembre as promessas divinas.* Josafá trouxe à memória a promessa que Deus fez a Israel, de que a terra seria deles para sempre: "Não és tu o nosso Deus, que expulsaste os habitantes desta terra perante Israel, o teu povo, e a deste para sempre aos descendentes do teu amigo Abraão?" (2Crônicas 20.7). A Bíblia está repleta de promessas que o Senhor fez a você também – são inúmeras. Embora possa ser frustrante quando seus filhos lembram você das promessas que fez a eles, Deus se agrada quando citamos sua Palavra de volta para ele.

*Finalmente, peça um milagre ao Senhor.* Josafá disse o seguinte a respeito de seus inimigos: "Ó nosso Deus, não irás tu julgá-los? Pois não temos força para enfrentar esse exército imenso que vem nos atacar. Não sabemos o que fazer, mas os nossos olhos se voltam para ti" (2Crônicas 20.12).

Não peça apenas que sua vida seja abençoada. Concentre-se *no Pai* e, então, expresse claramente o que você precisa. Quando orar assim, verá ele suprir suas necessidades à medida que ora como Josafá.

# *Não tenha medo de correr riscos*

Toda a glória seja a Deus que, por seu grandioso poder que atua em nós, é capaz de realizar infinitamente mais do que poderíamos pedir ou imaginar.
(Efésios 3.20, NVT)

O que significa ter uma fé ousada? Significa estar disposto a correr riscos. A Bíblia nos ensina que "sem fé é impossível agradar a Deus [...]" (Hebreus 11.6). Um exemplo claro desse princípio é encontrado na parábola dos talentos. Em Mateus 25, Jesus narra a história de um homem que, ao viajar, confiou a seus servos "talentos" – uma grande quantia de dinheiro. A um servo, deu cinco talentos; a outro, dois; e a um terceiro, apenas um.

O servo que recebeu cinco talentos decidiu investir o dinheiro, e conseguiu dobrar o valor inicial. Da mesma forma, o que recebeu dois talentos também os investiu e obteve um retorno dobrado. Quando o mestre retornou e viu os resultados, elogiou os dois servos, dizendo: "[...] Muito bem, servo bom e fiel! [...]" (Mateus 25.21,23).

Entretanto, o servo que havia recebido um talento, tomado pelo medo, enterrou o dinheiro. Ao ver isso, o mestre o repreendeu severamente: "[...] Servo mau e negligente! [...] você devia ter confiado o meu dinheiro aos banqueiros, para que, quando eu voltasse, o recebesse de volta com juros" (Mateus 25.26-27).

A lição que Jesus queria transmitir é clara: Deus deseja que tenhamos a coragem de correr riscos pela fé. Quando utilizamos ao máximo o que ele nos deu, somos recompensados com ainda mais. Porém, se permitimos que o medo nos paralise e *não agimos com fé*, estamos sendo infiéis ao que o Senhor nos confiou.

Lembro-me de quando a Igreja Saddleback estava adquirindo nosso *campus* de 120 acres no Condado de Orange, Califórnia. Algumas pessoas na comunidade começaram a questionar: "Quem essas pessoas pensam que são, comprando tanta terra no Condado de Orange?".

Ao ouvir isso, minha reação foi: "Essa é a pergunta errada". A verdadeira questão é: "Quem nós acreditamos que Deus é?". E, assim, permitimos que o tamanho do nosso Deus determinasse o dos nossos objetivos. Como está escrito em Efésios 3.20: "Toda a glória seja a Deus que, por seu grandioso poder que atua em nós, é capaz de realizar infinitamente mais do que poderíamos pedir ou imaginar" (NVT).

Portanto, avance com coragem, corra riscos e tenha uma fé ousada. Porque Deus lhe assegura: "Posso pegar seu maior sonho – e torná-lo realidade".

# *O pecado cresce a partir das sementes do egoísmo*

Devido ao aumento da maldade,
o amor de muitos esfriará.
(Mateus 24.12)

Certa vez, alguém perguntou a Jesus: "Qual é o mandamento mais importante das Escrituras?". Sua resposta pode ser resumida da seguinte forma: "Existem dois: ame a Deus de todo o coração, alma, mente e força, e ame o próximo como a si mesmo" (cf. Mateus 22.36-40).

Se esses são os mandamentos mais importantes de Deus, então o oposto – não amar a Deus e não amar o próximo – é pecado. Basicamente, o pecado é a ausência de amor.

Em Mateus 24.12, lemos: "Devido ao aumento da maldade, o amor de muitos esfriará". Você nota isso nos dias atuais? As pessoas, de modo geral, têm se tornado mais críticas, menos civilizadas e mais rudes do que nunca. Mas por que isso está acontecendo? Porque, à medida que o pecado aumenta, o amor diminui.

O pecado é sempre prejudicial, insalubre, injusto, imprudente, desonesto e, acima de tudo, egoísta. Muitas vezes, tentamos convencer a nós mesmos de que estamos agindo em benefício dos outros, quando, na realidade, estamos apenas buscando nosso próprio interesse. A Bíblia alerta: "Pois onde há inveja e ambição egoísta, aí há confusão e toda espécie de males" (Tiago 3.16). O egoísmo é, portanto, a raiz de todo pecado.

Você já se perguntou por que está aqui neste mundo? Deus não o criou para que vivesse apenas para si mesmo. Você foi feito para algo muito maior.

Você foi criado por Deus e para Deus, e enquanto não compreender e acreditar nisso, a vida nunca fará sentido. O Senhor não o criou para que você centrasse sua vida em si mesmo e se afastasse dos outros. Seu propósito é conhecer a Deus, desfrutar da presença dele, ter uma amizade com ele, servi-lo e fazer dele o centro de sua vida.

Aquilo ao redor do qual você constrói sua vida torna-se o seu deus, seja isso um bem material, seu trabalho, um esporte ou até outra pessoa.

Deus deseja que você centre sua vida nele, mas o pecado sempre tentará redirecionar o foco para você mesmo. Portanto, escolha o amor, pois onde o amor for abundante, o egoísmo não encontrará espaço para crescer.

# *O propósito de Deus requer a visão dele*

Onde não há revelação divina [visão], o povo se desvia [...]

(PROVÉRBIOS 29.18)

**POR QUE A** visão é tão importante? Porque "onde não há revelação divina [visão], o povo se desvia [...]" (Provérbios 29.18).

Para viver plenamente a vida que Deus planejou para você, ter visão é indispensável. A seguir, apresento três razões que ilustram a importância de compreender o propósito de Deus para sua vida.

1. *Sem a visão de Deus, há indecisão.* Tiago 1.8 afirma uma pessoa tem dúvidas "tem mente dividida e é instável em tudo o que faz".

   Sem a visão de Deus para o futuro, você se sente perdido, sem direção. Falta-lhe metas, propósito e significado, e, ao permitir que a vida simplesmente aconteça, você acaba apenas existindo, em vez de realmente viver.

2. *Sem a visão de Deus, há divisão.* Quando você não entende a visão que o Pai tem para sua vida, como pode esperar que outros apoiem seu propósito? Na verdade, sem essa clareza, você se torna suscetível a ser influenciado por opiniões alheias sobre qual deveria ser o seu caminho e propósito.

   Somente Deus pode revelar o seu propósito, pois ele o criou de maneira única e especial para cumpri-lo. Como está escrito em Provérbios 28.2: "Os pecados de uma nação fazem mudar sempre os seus governantes, mas a ordem se mantém com um líder sábio e sensato".

3. *Sem a visão de Deus, há colisão.* Para muitas pessoas, a vida parece ser uma sucessão de conflitos relacionais, crises financeiras e pessoais. É como estar em um carrinho de bate-bate, sendo atingido de todos os lados o tempo todo.

   A Bíblia alerta sobre as consequências de não seguir a visão do Senhor: "[...] alguns rejeitaram deliberadamente a consciência e, como resultado, a fé que tinham naufragou" (1Timóteo 1.19).

Para obter a visão do Senhor para sua vida, é necessário orar, refletir cuidadosamente e esforçar-se para ouvir a voz dele. Esse processo envolve enxergar com clareza, com os olhos da fé, em vez de com os olhos do medo. Quando a fé guia sua consciência, você alcança uma compreensão mais profunda de como seguir adiante com propósito.

# *Onde você precisa de um recomeço?*

Examinem-se para ver se vocês estão na fé;
provem a vocês mesmos [...]
(2Coríntios 13.5)

A qualquer momento, você pode pedir ao Senhor um novo começo. No entanto, seja específico. Não diga apenas: "Deus, quero que transforme minha vida". Diga exatamente o que você tem em mente.

A transformação só acontece quando algo é definido de maneira específica.

Não há como resolver um problema sem antes reconhecê-lo como tal, e isso exige admitir que há problemas em sua vida. Quanto mais específico você for a respeito do que deseja que o Senhor transforme, maior será a chance de ver essa mudança acontecer.

A Bíblia nos orienta: "Examinem-se para ver se vocês estão na fé; provem a vocês mesmos [...]" (2Coríntios 13.5).

Onde você sente a necessidade de um novo começo? Que aspectos da sua vida você gostaria que o Senhor transformasse para lhe proporcionar um recomeço?

Pense na sua conexão com Deus. Se houve um momento em que se sentiu mais próximo dele do que agora, é um sinal de que precisa recomeçar.

E quanto à sua saúde física? Precisa de ajuda para fazer escolhas mais saudáveis ou lidar com uma doença crônica? Esse é um pedido que você pode levar a Deus.

Talvez você precise redefinir suas prioridades. Tem gastado tempo com coisas que não são essenciais? Então, precisa pedir ao Senhor um recomeço na sua agenda.

Em relação aos seus relacionamentos, existe algum estagnado ou em deterioração que precise de uma nova chance? Deus pode restaurá-lo.

E sua carreira? Se está desempregado ou se o trabalho está dificultando sua caminhada com Cristo, talvez seja hora de pedir a Deus um recomeço profissional.

Precisa de um recomeço em seus pensamentos? Se está pensando coisas que são erradas, difíceis de controlar ou que lhe causam preocupação, peça ao Pai para renovar sua mente e conceder-lhe novos pensamentos.

Você também pode precisar de um recomeço em seus hábitos, na criação dos filhos, na organização da sua agenda, na gestão das finanças ou até mesmo na realização de seus sonhos. Seja qual for a área da vida que necessite de um novo começo, peça a Deus, mas seja específico.

# *Quatro maneiras de como a Bíblia pode ajudá-lo a recomeçar*

Toda a Escritura é inspirada por Deus e útil para o ensino, para a repreensão, para a correção e para a instrução na justiça, para que o homem de Deus seja apto e plenamente preparado para toda boa obra.

(2Timóteo 3.16-17)

Em João 17.17, Jesus disse: "Santifica-os na verdade; a tua palavra é a verdade".

Mas o que significa *santificar*? É o processo de crescer e se tornar mais semelhante a Cristo – ter a chance de um recomeço. Quando você escolhe seguir Jesus, você se transforma. Você já não é mais a mesma pessoa; está passando pelo processo de santificação.

Como você é santificado? Por meio da verdade do Senhor. Quanto mais você permitir que a Palavra faça parte da sua vida, maior será sua transformação. Com a ajuda do Espírito Santo, você encontrará forças para renovar as áreas da sua vida onde deseja ver mudanças.

Mudar sempre exigirá que você conheça a Palavra. Ela é o manual para recomeçar sua vida.

Quando você se sente insatisfeito com o rumo que sua vida está tomando ou percebe que suas escolhas não estão trazendo os resultados desejados, recorra à Bíblia. Ela irá guiá-lo de quatro maneiras práticas: mostrando o caminho certo a seguir, revelando em que você se desviou, ensinando como voltar ao caminho certo e instruindo sobre como permanecer nele.

O apóstolo Paulo descreve essas quatro funções em 2Timóteo 3.16-17: "Toda a Escritura é inspirada por Deus e útil para o ensino, para a repreensão, para a correção e para a instrução na justiça, para que o homem de Deus seja apto e plenamente preparado para toda boa obra".

Deus providenciou na Palavra tudo o que você precisa para fazer mudanças e se manter no caminho certo. Por isso, é importante reservar um tempo diário para o estudo bíblico e para a oração. Quando você não tem contato com a Bíblia, perde a oportunidade de aprender e de ser confrontado pela verdade diariamente.

Ela é como um espelho, que refletirá o que é bom e ruim em sua vida, além das áreas que precisam de um recomeço. Permita que o Senhor revele a verdade contida na Palavra, para que você possa realizar mudanças que o conduzirão a uma vida cheia de propósito e alegria.

# *O poder do apreço*

Não deixo de dar graças por vocês,
mencionando-os em minhas orações.
(Efésios 1.16)

Não existe nenhum mistério para se dar bem com os outros no trabalho. Na verdade, basta aprender a apreciá-los.

E como fazer isso? É simples. Primeiro, pratique reconhecer o valor e as contribuições de cada pessoa. Em seguida, faça da palavra "Obrigado" um hábito em seu dia a dia.

Neemias nos oferece quatro maneiras práticas de demonstrar apreço pelos outros:

- *Reconheça as pessoas pelo nome.* Quando expressar gratidão a quem faz a diferença em sua vida, evite generalizar dizendo coisas como "Vocês estão fazendo um ótimo trabalho. Obrigado". Seja específico, assim como Neemias foi. Ele mencionou mais de quarenta indivíduos e grupos em seus agradecimentos, e mencionou cada um pelo nome.

- *Reconheça o trabalho específico.* As pessoas se sentem mais valorizadas quando você destaca os detalhes de seu trabalho. Dizer-lhes simplesmente que fizeram um bom trabalho é insuficiente; é melhor elogiar de maneira específica. Neemias exemplifica isso ao descrever o trabalho de Joiada e Mesulão: "A porta Jesana foi consertada por Joiada, filho de Paseia, e por Mesulão, filho de Besodias. Eles puseram os batentes e colocaram as portas, os ferrolhos e as trancas no lugar" (Neemias 3.6). A Bíblia nos mostra que os detalhes importam.

- *Reconheça a atitude positiva.* Em um mundo cheio de negatividade, as boas atitudes se sobressaem naturalmente. Neemias 3.20 relata como Neemias reconheceu um homem por sua atitude exemplar: "[...] Baruque [...] reparou com zelo outro trecho [...]". Ao destacar a paixão e o entusiasmo das pessoas, você não só renova a energia delas, mas também inspira novas energias em outros.

- *Reconheça o esforço extra.* Neemias menciona Meremote duas vezes por seu esforço além do esperado. Primeiro, ele reparou uma seção ao lado do Portão dos Peixes (cf. Neemias 3.4), e depois trabalhou em uma seção próxima à casa do sumo sacerdote (versículo 21). Neemias fez questão de reconhecer esse trabalho extra, para que outros também o notassem.

Destacar as contribuições dos outros e mostrar-lhes quão apreciados são tem sido uma fonte de grande alegria para mim. Às vezes, faço isso em uma conversa; outras, por meio de um cartão ou uma mensagem. Com o tempo, tornou-se um hábito observar os esforços e atitudes das pessoas, reconhecer sua perseverança e encorajá-las a continuar.

Cultivar um espírito de apreço requer prática, mas você pode começar a exercitá-lo hoje mesmo.

# *O que significa engrandecer a Deus*

Louvarei o nome de Deus com cânticos
e proclamarei sua grandeza com ações de graças.
(Salmos 69.30)

**Louvar a Deus** amplia sua percepção dele; faz com que ele pareça maior aos seus olhos.

Como diz Salmos 69.30: "Louvarei o nome de Deus com cânticos e proclamarei sua grandeza com ações de graças". Nesse versículo, "proclamar sua grandeza" significa "louvar". Assim como uma lupa faz as coisas parecerem maiores, quando você louva ao Senhor, ele se torna mais grandioso aos seus olhos.

Mas por que isso é importante? Porque quando Deus parece maior em sua vida, seus problemas diminuem. O inverso também é verdade: ao focar em seus problemas, eles começam a parecer imensos, enquanto o Senhor parece pequeno e distante.

Você precisa fazer uma escolha entre o que ocupará a posição de maior destaque em sua vida: Deus ou seus problemas. Quando você decide louvar ao Senhor e focar nele, ele se torna mais evidente e imponente para você. E quanto mais você percebe a grandeza divina, menos seus problemas parecem esmagadores, porque nada é grande demais para ele. Lembrar-se de que nosso Pai Celestial é maior do que qualquer adversidade que enfrentamos traz alívio e confiança de que ele pode lidar com qualquer situação.

Adorar, louvar e engrandecer ao Senhor são a mesma coisa. Quando eu era pastor na Igreja Saddleback, muitas vezes chamávamos nosso grupo de louvor de "equipe de engrandecimento", pois seu papel era nos guiar a engrandecer a Deus, a torná-lo maior aos nossos olhos.

Como está escrito em Salmos 145.3: "Grande é o Senhor e digno de ser louvado; sua grandeza não tem limites". Nunca poderemos entender completamente quão grande e magnífico Deus é; seria como uma formiga tentando compreender a *internet*. Não temos a capacidade mental para isso. Se pudéssemos entendê-lo plenamente, seríamos pequenos deuses. Mas Deus é Deus, e nós, não.

Quando louvamos e engrandecemos a ele, não estamos aumentando sua grandeza, mas ajustando nossa perspectiva para reconhecer melhor quão grandioso ele realmente é. E com essa mudança de perspectiva, tudo ao nosso redor também muda.

Portanto, se algum problema está assustando, preocupando ou amedrontando você, o remédio é louvar a Deus – cantar sobre sua grandeza. Quanto mais grandioso Deus parecer aos seus olhos, menores os seus problemas se tornarão.

# *Por que Deus não diz o porquê?*

Descanse no Senhor e aguarde
por ele com paciência [...]
(Salmos 37.7)

Uma das razões pelas quais as pessoas encontram dificuldade em se contentar com o que têm é a constante busca por explicações para tudo o que acontece em suas vidas. No entanto, Deus raramente nos revela o motivo por trás das coisas que acontecem, e isso pode gerar uma frustração.

Às vezes, ele escolhe não nos revelar o "porquê" porque deseja testar nossa fé; para saber se estamos dispostos a abrir mão do controle e aprender a nos contentar, mesmo quando ele não nos oferece explicações para as situações pelas quais passamos.

A verdade é que Deus não nos deve explicação nenhuma. Só entenderemos, de fato, o propósito por trás de certas questões quando estivermos no céu.

Lembro-me de que, quando era criança, a única ocasião em que a sala de aula ficava silenciosa era durante uma prova. A professora sempre dizia: "Nada de conversas. Peguem seus lápis e respondam as perguntas". Até mesmo ela permanecia em silêncio.

Quando Deus parece estar em silêncio em sua vida – quando você não o ouve e ele parece muito distante – isso também é um teste.

Assim como o professor permanece presente durante uma prova, mesmo em silêncio, Deus continua ao seu lado quando sua fé está sendo testada.

A questão é: você abrirá mão do controle ou se apegará a ele ainda mais? Aprenderá a se contentar?

Entregar-se a Deus significa confiar o futuro a ele. Como está escrito em Provérbios 3.5-6: "Confie no Senhor de todo o seu coração e não se apoie em seu próprio entendimento; reconheça o Senhor em todos os seus caminhos, e ele endireitará as suas veredas".

Qual área da sua vida você ainda não entregou a Deus? Talvez tenha entregado a cozinha e a sala de estar, mas e quanto ao quarto, ao armário e à garagem da sua vida?

Não está cansado de lutar contra Deus? Pare de resistir e simplesmente se entregue. Entregar-se a ele é a expressão máxima de fé.

A Bíblia diz: "Descanse no Senhor e aguarde por ele com paciência [...]" (Salmos 37.7).

Se você passar por dificuldades na próxima semana, no próximo mês ou ano, não precisará de explicações de Deus. O que realmente precisará é da presença dele. Pare de querer controlar tudo, entregue-se hoje e confie seu futuro nas mãos do Altíssimo.

# *Aproveite a oportunidade*

Jesus reagiu: "Sem adiamentos. Nada de olhar para trás.
Ninguém pode deixar o reino de Deus para amanhã.
A oportunidade é para hoje".
(Lucas 9.62, AM)

Certo dia, uma grande multidão seguiu Jesus enquanto ele saía de Jericó. À beira do caminho, um homem chamado Bartimeu, que era cego, estava mendigando. Ao ouvir que Cristo estava por perto, Bartimeu começou a clamar: "[...] Jesus, Filho de Davi, tem misericórdia de mim!" (Marcos 10.47).

Naquela manhã, ao despertar, Bartimeu não imaginava que encontraria Jesus. Ele acreditava que seria apenas mais um dia como os outros: mesmo lugar, mesma condição, mesmo pedido de ajuda. Contudo, de repente, o Messias estava ali. Sem tempo para se preparar ou pensar em como reagir, Bartimeu viu uma oportunidade surgir do nada e decidiu agarrá-la. Ele não hesitou nem adiou sua decisão. *Era naquele momento ou nunca.*

Essa é a chave para recomeçar na vida: seja o que for que você precisa fazer, faça-o agora. Não diga: "Ano que vem, começarei de novo" ou "Mês que vem, farei algumas mudanças" ou "Amanhã, priorizarei isso". O momento certo é agora. Aproveite a oportunidade.

Cada dia traz consigo a chance de um novo começo, mas não a aproveitamos. Por quê? Porque procrastinar é mais fácil. A procrastinação é um hábito curioso. Você pode pensar que facilita sua vida, mas, na verdade, apenas aumenta o estresse.

Se você sabe o que deve ser feito, o momento de agir é hoje. Não presuma que poderá esperar até amanhã. Não pense que pode adiar o que Deus lhe chamou para fazer agora.

A Bíblia nos alerta repetidas vezes sobre o perigo de presumir o amanhã. Nenhum de nós tem garantias sobre o futuro. Jesus disse: "[...] Sem adiamentos. nada de olhar para trás. ninguém pode deixar o reino de deus para amanhã. A oportunidade é para hoje" (Lucas 9.62, AM).

Portanto, seja o que for que você precise fazer, faça-o agora. Amanhã pode ser tarde demais. Se Jesus o está chamando para um novo começo hoje, não adie isso. Siga o exemplo de Bartimeu e não deixe a oportunidade passar.

# *Quando você for para a batalha, confie que Deus lutará por você*

[...] Não tenham medo nem fiquem desanimados por causa desse exército enorme. Pois a batalha não é de vocês, mas de Deus.

(2Crônicas 20.15)

Qualquer salva-vidas dirá que não é possível salvar alguém enquanto essa pessoa estiver tentando salvar-se sozinha. Se você tentar resgatá-la, ela só irá puxá-lo para baixo também. Por isso, é preciso esperar até que ela pare de resistir, para então poder conduzi-la de volta à praia.

O mesmo princípio se aplica ao nosso relacionamento com Deus. Quando insistimos em enfrentar nossos problemas sozinhos, afundamos. O Senhor, no entanto, deseja que deixemos de lutar por conta própria e confiemos nele para nos socorrer.

Deus ensinou essa lição ao exército de Israel. Três exércitos inimigos estavam prestes a atacá-los, e Israel estava em desvantagem numérica. Contudo, ao invés de se desesperar, o rei Josafá guiou seu exército em adoração, certo de que o Altíssimo os salvaria.

Ele orou: "[...] Não sabemos o que fazer, mas os nossos olhos se voltam para ti" (2Crônicas 20.12).

E Deus respondeu: "[...] Não tenham medo nem fiquem desanimados por causa desse exército enorme. Pois a batalha não é de vocês, mas de Deus" (2Crônicas 20.15).

Ele quer o mesmo de você: que pare de lutar suas batalhas sozinho e permita que ele as enfrente em seu lugar.

A narrativa em 2Crônicas continua: "Vocês não precisarão lutar nessa batalha. Tomem suas posições, permaneçam firmes e vejam o livramento que o Senhor dará, ó Judá, ó Jerusalém. Não tenham medo nem desanimem. Saiam para enfrentá-los amanhã, e o Senhor estará com vocês" (2Crônicas 20.17).

Essas instruções parecem contraditórias, não é? Deus ordena ao exército de Israel que vá ao campo de batalha, mas que não lute.

Qualquer que seja o desafio que você esteja enfrentando hoje, é isso que Deus espera de você também. Ele pede que permaneça firme, e que confie nele, sem medo ou desânimo.

Se você fugir dos seus inimigos – dos seus problemas – nada mudará. O Senhor deseja que você enfrente esses inimigos, confiante de que ele libertará você.

Portanto, qualquer que seja a batalha que você está enfrentando hoje, entregue-a a Deus e confie que ele lutará em seu lugar.

# *De onde vem sua força para continuar?*

Somos perseguidos, mas não abandonados;
abatidos, mas não destruídos.
(2Coríntios 4.9)

Se você já participou de uma corrida, provavelmente ouviu os espectadores gritarem: "Continue" para motivar os atletas. Esse é um excelente conselho também para os momentos em que você se sente emocionalmente, mentalmente ou espiritualmente exausto na maratona da vida: Continue.

A Bíblia está repleta de pessoas que perseveraram mesmo diante da oposição; Jesus e Paulo, por exemplo.

Jesus enfrentou oposição o tempo todo. Líderes religiosos e políticos tentavam intimidá-lo e impedir seu ministério; chegaram até a afirmar que o rei Herodes queria matá-lo. Contudo, Cristo disse a eles: "[...] Vão dizer àquela raposa: Expulsarei demônios e curarei o povo hoje e amanhã e no terceiro dia estarei pronto. Mas preciso prosseguir hoje, amanhã e depois de amanhã [...]" (Lucas 13.32-33).

Nada desviou Jesus de sua missão – nem medo, oposição ou críticas. Sua resiliência e perseverança eram inabaláveis.

Paulo também enfrentou inúmeros desafios que poderiam ter desacelerado sua jornada. Em 2Coríntios 4.8-9, ele compartilha: "De todos os lados somos pressionados, mas não desanimados; ficamos perplexos, mas não desesperados; somos perseguidos, mas não abandonados; abatidos, mas não destruídos".

Talvez isso lhe pareça familiar, pois você sente que os problemas estão vindo de todos os lados. O cansaço e a exaustão podem fazê-lo duvidar se conseguirá chegar à linha de chegada.

Mas de onde vem a força para continuar? A mesma fonte de onde Jesus e Paulo tiraram sua força: de Deus.

"O que podemos fazer é perseverar pelo poder de Deus, que primeiro nos salvou e, depois, nos chamou para sua obra santa" (2Timóteo 1.8-9, AM).

Deus não espera que você cumpra seu propósito ou faça sua vontade por conta própria. Primeiro, ele salva você e, em seguida, lhe dá o poder necessário para a vida diária. Ele fornecerá tudo o que você precisa para continuar e completar a missão que lhe foi dada.

# *Como abastecer-se de gratidão*

Deem graças em todas as circunstâncias, pois esta é a vontade de Deus para vocês em Cristo Jesus.

(1Tessalonicenses 5.18)

Ao passar por temporadas de grandes mudanças e estresse, como você pode manter a alegria?

A resposta está em desenvolver o hábito de agradecer a Deus por tudo o que é bom, apesar de tudo o que é ruim.

Esse princípio é expresso em 1Tessalonicenses 5.18: "Deem graças em todas as circunstâncias, pois esta é a vontade de Deus para vocês em Cristo Jesus". O texto nos ensina a cultivar uma atitude de gratidão em todas as situações. Isso não significa que devemos ser gratos por tudo o que acontece conosco, especialmente por coisas ruins, como doenças graves ou acidentes. Não há necessidade de agradecer pelo mal que existe no mundo.

No entanto, sempre que você separa um momento para expressar gratidão ao Senhor por algo – seja uma música que ama, um lugar na natureza que o inspira, ou um versículo bíblico que toca seu coração – você recarrega seu tanque emocional, para que possa continuar a avançar na vida. Ser grato é uma escolha que traz benefícios para você mesmo; ela impede que a amargura tome conta e o ajuda a continuar em direção à linha de chegada.

É fácil ser grato quando seu tanque emocional está cheio e tudo vai bem. Difícil é encontrar motivos para agradecer quando você está estressado ou enfrentando uma crise. Mas é exatamente nesses momentos que a gratidão se torna mais necessária.

A história de Jó é um exemplo poderoso de gratidão em meio às adversidades. Esse homem, outrora rico e próspero, perdeu tudo em um único dia. Sem saber a razão de tanto sofrimento, Jó tinha todos os motivos para se sentir revoltado e amargurado. Mesmo assim, no auge de sua dor, ele se prostrou e adorou a Deus: "[...] louvado seja o nome do Senhor" (Jó 1.21).

Um dos hábitos mais práticos e poderosos que você pode desenvolver é fazer uma lista diária de gratidão. Reserve cinco minutos todos os dias para se perguntar: "Pelo que sou grato hoje?". Esse hábito fortalecerá sua alma e lhe dará forças para continuar, mesmo quando sentir vontade de desistir.

Mesmo nos momentos mais sombrios, podemos seguir o exemplo de Jó e adorar ao Senhor com gratidão, conscientes de que a vontade dele para nós é que sejamos gratos em todas as circunstâncias.

# *Quatro razões para permanecer firme*

Assim, fixamos os olhos, não naquilo que se vê, mas no que não se vê, pois o que se vê é transitório, mas o que não se vê é eterno.

(2Coríntios 4.18)

Quando você se concentra apenas em suas dificuldades ou dores, é natural sentir vontade de desistir.

Por outro lado, ao ver as coisas segundo uma perspectiva eterna, encontrará forças para continuar, independentemente do que aconteça. Como Paulo escreveu em 2Coríntios 4.16-18: "Por isso não desanimamos. Embora exteriormente estejamos a desgastar-nos, interiormente estamos sendo renovados dia após dia, pois os nossos sofrimentos leves e momentâneos estão produzindo para nós uma glória eterna que pesa mais do que todos eles. Assim, fixamos os olhos, não naquilo que se vê, mas no que não se vê, pois o que se vê é transitório, mas o que não se vê é eterno".

Segundo essa passagem, aqui estão quatro razões pelas quais permanecemos emocionalmente fortes e nunca desistimos:

1. *Porque "interiormente estamos sendo renovados dia após dia".* Humanamente não devemos passar uma semana sem nos alimentar. Da mesma maneira, se você não abrir sua Bíblia por uma semana estará privando sua alma do alimento espiritual de que ele precisa. Se você deseja renovar seu espírito a cada dia, mergulhe na Palavra de Deus.
2. *Porque nossos sofrimentos são leves e momentâneos.* Problemas não vêm para ficar, mas para passar. Mesmo se tivermos problemas que durem toda a vida, eles seriam insignificantes comparados aos trilhões de anos que passaremos no céu. Sabemos que os problemas na terra são temporários e que Deus tem planos eternos para nós.
3. *Porque nossos problemas "estão produzindo para nós uma glória eterna que pesa mais do que todos eles".* Deus usa todas as situações, inclusive as difíceis, para moldar nosso caráter para a eternidade. Como afirma Romanos 8.28: "Sabemos que Deus age em todas as coisas para o bem daqueles que o amam, dos que foram chamados de acordo com o seu propósito".
4. *Porque "fixamos os olhos no que não se vê".* Ao concentrar nossa atenção naquilo que é eterno, somos capazes de terminar a corrida com perseverança. Nossa visão estará fixada na eternidade.

No que você está focado hoje? Em vez de fixar os olhos nos problemas, olhe para Jesus. E não desista.

# *Quando toda esperança parece perdida, confie nas promessas do Senhor*

Pela fé Abraão, quando Deus o pôs à prova, ofereceu Isaque como sacrifício. Aquele que havia recebido as promessas estava a ponto de sacrificar o seu único filho, embora Deus lhe tivesse dito: "Por meio de Isaque a sua descendência será considerada".

(HEBREUS 11.17-18)

JÁ SE SENTIU como se estivesse perdendo a esperança?

Um sinal disso é quando começamos a usar a palavra "*nunca*": "Nunca me casarei", "Nunca conseguirei aquele emprego", "Nunca terei filhos". Se você se sente assim hoje, saiba que não está sozinho.

Abraão, um dos maiores heróis da fé na Bíblia, também se sentiu assim, mas ele escolheu continuar esperando. Em Romanos 4.18, lemos: "Abraão, contra toda esperança, em esperança creu, tornando-se assim pai de muitas nações, como foi dito a seu respeito: "Assim será a sua descendência".

Mas o que fazer quando a esperança parece morrer e o desejo de desistir se intensifica? A resposta está em confiar nas promessas de Deus. E quando tudo dentro de você começa a duvidar? É nesse momento que você deve se voltar para a Palavra.

Nada é mais confiável do que a Bíblia. Mesmo quando Abraão enfrentou seu maior teste, ele permaneceu firme nas promessas divinas. "Pela fé Abraão, quando Deus o pôs à prova, ofereceu Isaque como sacrifício. Aquele que havia recebido as promessas estava a ponto de sacrificar o seu único filho, embora Deus lhe tivesse dito: "Por meio de Isaque a sua descendência será considerada" (Hebreus 11.17-18).

Após anos de espera por um filho, Deus deu Isaque a Abraão e Sara. No entanto, o Senhor pediu a Abraão que sacrificasse seu filho. Em vez de entrar em pânico, ele agiu com fé, conforme a Bíblia nos mostra em três momentos:

- Abraão acreditava que Deus poderia ressuscitar seu filho (cf. Hebreus 11.19).
- Ele disse ao seu servo: "Voltaremos", e não "Voltarei" quando ele e Isaque subiram o monte para o sacrifício (cf. Gênesis 22.5).
- E quando Isaque perguntou onde estava o cordeiro para o sacrifício, Abraão respondeu: "[...] Deus mesmo há de prover o cordeiro para o holocausto, meu filho [...]" (Gênesis 22.8).

Abraão sabia que o Senhor pouparia seu filho ou o traria de volta à vida. Ele acreditava nas promessas divinas.

Você pode mostrar a Deus que acredita nas promessas dele orando com fé hoje: "Pai, tua Palavra é um presente, e tuas promessas me sustentarão por toda a vida. Creio que tu farás por mim tudo o que disseste que faria, e por isso te agradeço antecipadamente, mesmo quando não entendo como estás agindo em minha vida. Estou passando por um momento difícil agora, mas ainda confio em ti".

Quando toda a esperança parece perdida, deposite sua esperança no Senhor. A situação que você enfrenta pode estar além do seu controle, mas não está fora do controle de Deus. Jesus garantiu: "[...] O que é impossível para os homens é possível para Deus" (Lucas 18.27).

Deposite sua fé em Jesus; ele nunca o decepcionará. "E a esperança não nos decepciona, porque Deus derramou seu amor em nossos corações, por meio do Espírito Santo que ele nos concedeu" (Romanos 5.5).

# *O que significa sofrimento redentor?*

Bendito seja o Deus e Pai de nosso Senhor Jesus Cristo, Pai das misericórdias e Deus de toda consolação, que nos consola em todas as nossas tribulações, para que, com a consolação que recebemos de Deusa, possamos consolar os que estão passando por tribulações.

(2Coríntios 1.3-4)

Um dos propósitos da sua vida é servir aos outros, e muitas vezes Deus utiliza nossa dor para que possamos servir de maneira mais eficaz. Ele faz isso ao nos tornar mais sensíveis ao sofrimento alheio.

A dor nos transforma em pessoas mais empáticas, e permite que compreendamos melhor aqueles que estão passando por situações semelhantes à nossa. Em vez de focar em seu próprio sofrimento, você pode escolher direcionar sua atenção para ajudar aqueles que também estão sofrendo.

Jesus deseja redimir seu sofrimento, e essa redenção ocorre quando você usa a dor pela qual está passando para ajudar outras pessoas. Foi isso que minha esposa, Kay, e eu buscamos fazer após a dolorosa perda do nosso filho, Matthew, que cometeu suicídio. Desde a morte dele, não houve uma única semana em que não recebemos um pedido de ajuda – de amigos ou desconhecidos, de pessoas famosas ou anônimas, de jovens ou idosos. Todos sabem que passamos por essa dor e que estamos dispostos a compartilhar o consolo de Deus com eles.

A Bíblia diz: "Bendito seja o Deus e Pai de nosso Senhor Jesus Cristo, Pai das misericórdias e Deus de toda consolação, que nos consola em todas as nossas tribulações, para que, com a consolação que recebemos de Deusa, possamos consolar os que estão passando por tribulações. Pois assim como os sofrimentos de Cristo transbordam sobre nós, também por meio de Cristo transborda a nossa consolação. Se somos atribulados, é para consolação e salvação de vocês; se somos consolados, é para consolação de vocês, a qual dá paciência para suportarem os mesmos sofrimentos que nós estamos padecendo" (2Coríntios 1.3-6).

Quem melhor para consolar um pai que perdeu um filho do que outro que sentiu essa dor? Quem pode ajudar alguém a superar um vício com mais eficácia do que alguém que também lutou contra um vício? E quem está mais apto a acompanhar alguém que enfrenta um diagnóstico de câncer do que alguém que já passou por essa batalha?

Seja qual for a dor que você está enfrentando agora, Deus deseja usá-la para ajudar outras pessoas, desde que você esteja disposto a entregá-la a ele.

# *Você não precisa ser perfeito para ser usado por Deus*

Se alguém se purificar dessas coisas, será vaso para honra,
santificado, útil para o Senhor e preparado para toda boa obra.
(2Timóteo 2.21)

Se você deseja ser usado pelo Senhor, não é necessário alcançar a perfeição – mas é necessário purificar seu coração.

A Bíblia diz em 2Timóteo 2.21: "Se alguém se purificar dessas coisas, será vaso para honra, santificado, útil para o Senhor e preparado para toda boa obra".

Deus usa todos os tipos de pessoas – homens, mulheres, jovens e crianças. Ele usa pessoas tímidas, extrovertidas, e de diversas raças, idades e origens. Ele usa tanto vasos simples quanto vasos ornamentados.

Contudo, há uma coisa que Deus não usa: um vaso sujo. Para ser útil a ele, é necessário estar limpo por dentro. Independentemente de quem seja ou do que tenha feito, você pode ser purificado.

Como alcançar essa pureza? A resposta está em uma palavra simples: confissão. A Bíblia afirma em 1João 1.9: "Se confessarmos os nossos pecados, ele é fiel e justo para perdoar os nossos pecados e nos purificar de toda injustiça".

A palavra "confessar" em grego é *homologeo*. "*Homo*" significa "mesmo", e "*logeo*", "falar". Portanto, *homologeo* quer dizer "falar o mesmo" – nesse contexto, significa concordar com Deus sobre nosso pecado. Isso implica em admitir: "Deus, tu estás certo. Não foi apenas um erro; foi um pecado". Não se trata de negociar ou tentar subornar o Senhor. É uma simples admissão. Parece simples demais? Basta confessar, e você será perdoado. Isso se chama graça.

Se você quer ser usado por Deus, reserve um momento esta semana para perguntar a ele: "O que está errado em minha vida? Por favor, mostre-me". Quando ele lhe revelar algo, anote. Na primeira vez que fiz isso, minha lista parecia interminável. E desde então, repeti esse processo várias vezes. Depois, escreva 1João 1.9 sobre a lista e declare: "Deus, admito esses pecados diante de ti. São errados, e não os quero em minha vida". Peça a Deus que purifique sua vida. E ele fará isso.

Esse é o ponto de partida para ser usado pelo Senhor. Você deve purificar seu coração.

# *Deixe seus arrependimentos para trás*

[...] Esquecendo-me das coisas que ficaram para trás e avançando para as que estão adiante, prossigo para o alvo, a fim de ganhar o prêmio do chamado celestial de Deus em Cristo Jesus.

(FILIPENSES 3.13-14)

A BÍBLIA FREQUENTEMENTE COMPARA a vida a uma corrida, em que diversas distrações podem impedi-lo de correr da maneira que Deus deseja.

Para correr bem essa corrida, é preciso se livrar das distrações. Hebreus 12.1 nos orienta: "[...] livremo-nos de tudo o que nos atrapalha e do pecado que nos envolve e corramos com perseverança a corrida que nos é proposta".

Segundo Paulo, a chave para persistir é simplificar a vida. Isso envolve se livrar do peso extra, eliminar as distrações e cortar da sua rotina os desperdiçadores de tempo que o impedem de dar o seu melhor.

Mas o que exatamente pode distraí-lo do seu propósito? Muitas coisas: a tentativa de ser como outras pessoas, fazer da riqueza seu principal objetivo, manter maus hábitos, andar com más companhias ou perder tempo nas redes sociais. Até mesmo coisas que são boas podem acabar desviando sua atenção.

Entretanto, uma das maiores distrações é o seu próprio passado. Ele pode sobrecarregá-lo e impedi-lo de correr bem. Carregar culpa, ressentimento, vergonha e amargura é como tentar correr uma corrida carregando um peso de cem quilos nos ombros – isso apenas o atrasará. Quando você se martiriza por uma má decisão ou se recusa a perdoar alguém, acaba ficando preso e paralisado.

O apóstolo Paulo, por exemplo, tinha muitos motivos para se arrepender. Antes de se tornar um crente em Jesus, ele perseguia e matava cristãos. Mesmo assim, ele declarou: "[...] Esquecendo-me das coisas que ficaram para trás e avançando para as que estão adiante, prossigo para o alvo, a fim de ganhar o prêmio do chamado celestial de Deus em Cristo Jesus" (Filipenses 3.13-14).

Paulo não deixou que seu passado o aprisionasse. Ele manteve o foco na linha de chegada, em vez de se concentrar nas feridas que causou ou sofreu.

Você precisa fazer o mesmo. Para correr bem a sua corrida, é necessário conservar sua energia emocional para o futuro, em vez de desperdiçá-la pensando em coisas que já passaram. Liberte-se da culpa e do arrependimento para que possa terminar bem a corrida.

# *Deus sempre age na hora certa*

Pois a visão aguarda um tempo designado;
ela fala do fim e não falhará. Ainda que demore,
espere-a; porque ela certamente virá e não se atrasará.

(Habacuque 2.3)

Deus nunca está com pressa e nunca se atrasa. Ele sempre age no momento certo. O tempo de Deus é perfeito, mesmo quando não conseguimos compreendê-lo.

Por ser eterno, o Senhor enxerga o tempo de uma forma diferente. A Bíblia explica essa questão da seguinte forma: "Não se esqueçam disto, amados: para o Senhor um dia é como mil anos, e mil anos como um dia" (2Pedro 3.8).

A eternidade de Deus traz grandes implicações para a sua vida. Quando ele o criou, colocou um sonho em seu coração. A maioria das pessoas começa a vida com uma grande visão e um grande objetivo. Todos têm algum tipo de sonho, plano ou projeto.

Qual é a visão que Deus deu a você? Com o passar dos anos, percebi que, embora muitos iniciem suas jornadas com entusiasmo, com o tempo, cada vez mais pessoas desistem de seus sonhos antes de realizá-los. Isso geralmente acontece porque os resultados não vêm tão rapidamente quanto esperavam.

Talvez, seu sonho tenha sido abalado ou, até mesmo, frustrado. Por conta do desânimo e da decepção, você o enterrou; desistiu dele.

No entanto, Deus não deseja que você desista. Se ele lhe deu um sonho, o realizará, mas acontecerá no tempo do Senhor, não no seu.

Deus afirma o seguinte sobre o seu sonho: "Pois a visão aguarda um tempo designado; ela fala do fim e não falhará. Ainda que demore, espere-a; porque ela certamente virá e não se atrasará" (Habacuque 2.3).

Quando comecei a Igreja Saddleback, estava ansioso para que tudo acontecesse rapidamente. Mas Deus me ensinou o mesmo que ele dirá a você sobre seu sonho: "Não, não acontecerá tudo de uma vez. Mas, lentamente e com perseverança, a visão se cumprirá".

Você nem sempre poderá não entender o tempo de Deus, e também não precisa fazê-lo. O que importa é que você se lembre desta verdade poderosa: o Senhor nunca chega cedo demais em sua vida. Ele também nunca chega tarde demais. Ele sempre age no momento exato.

# *Como ter mãos limpas*

Mas os justos se manterão firmes em seus caminhos, e os homens de mãos puras se tornarão cada vez mais fortes.

(Jó 17.9)

Muitas pessoas hoje em dia podem se identificar com o sentimento de Davi ao escrever: "Andei desgarrado de ti por muito tempo, eu estava no erro já antes de nascer. O que desejas é a verdade, de dentro para fora. Entra em mim, então, e concebe uma vida nova e verdadeira. Purifica-me, e sairei limpo; lava-me, como que com um esfregão, e terei uma vida branca como a neve [...] Deus, faz um novo começo em mim, dedica uma semana para organizar o caos da minha vida – uma nova gênese." (Salmos 51.5-7, AM).

Se essas palavras refletem o que você está vivendo, então é hora de confessar seus pecados a Deus.

E você pode fazer isso agora mesmo. Tudo o que precisa fazer é orar. Mas como deve ser essa oração? Pense nas seguintes perguntas: o que precisa ser purificado em sua vida? Quais aspectos do seu passado você precisa deixar para trás? Diga tudo isso a Deus. Examine sua vida cuidadosamente e confesse qualquer coisa que o esteja impedindo de ter um relacionamento adequado com o Senhor. Reconheça onde errou e peça que ele cubra seus pecados com a graça divina. Sua tarefa é simples: faça uma lista. À medida que Deus lhe revelar o que está fora de equilíbrio em sua vida, anote. Você pode sentir diversas emoções ao fazer isso, mas lembre-se: a confissão não se baseia em emoções. É uma decisão consciente de admitir e abandonar qualquer pecado em sua vida, comprometendo-se a fazer o que é certo. A única barreira entre você e uma consciência limpa é o seu orgulho.

O livro de Jó nos lembra: "Mas os justos se manterão firmes em seus caminhos, e os homens de mãos puras se tornarão cada vez mais fortes" (Jó 17.9).

Você não gostaria de se tornar mais forte nos próximos dias? Se deseja ser espiritualmente forte, mesmo em tempos difíceis, é essencial manter suas mãos limpas.

"Quem poderá subir o monte do Senhor? Quem poderá entrar no seu Santo Lugar? Aquele que tem as mãos limpas e o coração puro, que não recorre aos ídolos nem jura por deuses falsos. Ele receberá bênçãos do Senhor, e Deus, o seu Salvador, lhe fará justiça" (Salmos 24.3-5).

# *Ao se concentrar no propósito de Deus, sobra pouco tempo para a inveja*

[...] corramos com perseverança
a corrida que nos é proposta.
(Hebreus 12.1)

Quando você começa a se preocupar com o que Deus está realizando na vida de outra pessoa e a inveja começa a surgir, volte sua atenção para o plano que ele tem para você. Não permita que distrações o desviem; ao contrário, concentre-se na vontade do Senhor para a *sua* própria vida.

Deus criou você com um propósito único e específico, e deseja que você se dedique à corrida que ele preparou exclusivamente para você. Ao manter o foco na sua própria corrida, não precisará se preocupar com a que outros estão correndo. Você não se incomodará com as multidões aplaudindo ou vaiando nas arquibancadas, pois estará vivendo para uma audiência de uma pessoa: Deus.

Na parábola dos trabalhadores da vinha, alguns deles se queixam por acharem que não receberam o que mereciam. Em resposta, o dono da vinha lhes diz: "Receba o que é seu e vá [...]" (Mateus 20.14). Essa é uma mensagem direta para aqueles que não conseguem superar a inveja: "É hora de seguir em frente. Pare de fazer drama e supere isso".

Muitas vezes, ficamos presos ao passado. Talvez você ainda sinta inveja da pessoa que foi eleita rei ou rainha do baile. No entanto, por que permitir que conquistas passadas de outras pessoas o impeçam de seguir o plano de Deus para a sua vida?

Hebreus 12.1 nos instrui: "[...] corramos com perseverança a corrida que nos é proposta". Essa "corrida particular" refere-se à sua jornada – aquela que é só sua. O Senhor tem um plano específico para você, distinto de qualquer outro. Ele planejou esse caminho para você antes mesmo do seu nascimento, e esse plano inclui coisas melhores do que você jamais poderia imaginar. Quanto mais você compreender seu chamado dado por Deus, menos se preocupará com o que Deus chamou outras pessoas para fazer.

Você se liberta da pressão de precisar ser o melhor em tudo o tempo todo. Seu único objetivo é ser o melhor que pode ser, a pessoa que Deus o criou para ser.

# *O plano de Deus para sua dor*

Por isso mesmo, aqueles que sofrem de acordo com a vontade de Deus devem confiar sua vida ao seu fiel Criador e praticar o bem.

(1Pedro 4.19)

Você se lembra de como era revelar fotos antes da era digital? Quando tirávamos uma foto, obtínhamos um negativo. Em seguida, em uma sala escura, projetávamos luz através desse negativo sobre o papel fotográfico. Esse processo transformava o negativo em uma fotografia positiva e colorida.

É exatamente isso que Deus deseja fazer com as injustiças em sua vida.

Todos nós já sofremos injustiças. Fomos maltratados, ignorados ou, até mesmo, explorados. O Senhor quer pegar todos esses negativos, passar a luz de Jesus por eles e transformá-los em imagens positivas – quadros coloridos das vidas para as quais fomos criados.

A Bíblia diz: "Por isso mesmo, aqueles que sofrem de acordo com a vontade de Deus devem confiar sua vida ao seu fiel Criador e praticar o bem" (1Pedro 4.19).

Quando você passar por situações de injustiça, lembre-se de que Jesus está ao seu lado.

Ao longo das Escrituras Sagradas, o Senhor demonstra um cuidado especial por aqueles que são tratados injustamente. Ele é um Deus de justiça, que ouve seu clamor, vê seu sofrimento e conhece sua dor. Talvez você sinta que não recebeu o que merecia, mas há um propósito por trás da sua dor.

Ao permitir que a luz do amor de Deus brilhe sobre suas circunstâncias, ele pode transformar sua dor em algo belo. Por meio dela, ele desenvolve seu caráter e torna-o mais forte. E, acima de tudo, ele usa seu sofrimento para cumprir os propósitos dele e trazer benefícios à sua vida.

Talvez você nunca receba uma explicação clara para certas dores que suporta nesta vida. No entanto, não precisa de uma explicação; basta saber que Deus o ama. Ele tem um plano para você e acertará as contas com aqueles que o feriram.

Deus nunca desperdiça uma dor. Portanto, permita que a luz do Evangelho ilumine sua dor, e o Senhor transformará seu sofrimento – a injustiça real que você enfrentou – em uma bela imagem que será refletida através de sua vida.

# Ajude outros a entrar na família de Deus

Assim como me deste uma missão no mundo,
Eu dei a eles uma missão no mundo.
(João 17.18, AM)

Se você é seguidor de Cristo, então Deus lhe confiou uma missão neste mundo. Você não está aqui apenas para ocupar espaço ou correr atrás de objetivos pessoais.

Você tem uma tarefa divina. Como parte da família de Deus, sua vida adquire um novo significado. Você passa a viver por uma razão maior, com um plano e um propósito que transcendem seus interesses pessoais. Sua vida agora não se trata mais de você mesmo, mas da missão de Deus.

O chamado que o Senhor tem para sua vida se integra à missão divina que permeia toda a história. Desde a criação do Universo, Deus desejava formar uma família. Ele não precisava de nada, nem na terra nem no céu, mas criou todas as coisas ciente de que algumas pessoas escolheriam, voluntariamente, fazer parte dessa família.

A missão que Deus deu primeiro a Jesus agora é confiada ao Corpo de Cristo, que é a Igreja. Uma vez que você conhece Jesus, é preciso ir. Vá o mais longe que puder para compartilhar sobre ele com seus amigos e familiares. No entanto, não pare por aí. Deus nunca criou alguém que ele não queira salvar. Ele ama a todos, em todas as partes do mundo.

O Senhor disse em Isaías 49.6: "[...] Para você é coisa pequena demais ser meu servo para restaurar as tribos de Jacó e trazer de volta aqueles de Israel que eu guardei. Também farei de você uma luz para os gentios, para que você leve a minha salvação até os confins da terra".

Deus deseja que você viva sua missão em todos os lugares: em sua família, comunidade e mundo. A missão que ele tem para sua vida é tanto local quanto global.

Esse é o plano do Senhor para o mundo, e essa é a tarefa que lhe foi confiada. Ele quer que todos neste mundo o conheçam, e deseja usar você para alcançar esse objetivo.

As palavras de Deus em Isaías não são direcionadas apenas a missionários ou pastores. Se você faz parte da Igreja, então a missão também é sua. Quando o Senhor o chamar para ir, não hesite em obedecer.

# *A dor pode direcioná-lo ao seu propósito*

Mas aos que sofrem ele os livra em meio
ao sofrimento; em sua aflição ele lhes fala.
(Jó 36.15)

Mesmo quando você não o percebe, Deus está conduzindo sua vida. Como está escrito em Provérbios 16.9: “Em seu coração o homem planeja o seu caminho, mas o Senhor determina os seus passos”.

Deus gosta de nos orientar por meio da Palavra. Quando lemos e estudamos a Bíblia regularmente, muitas vezes isso é tudo o que ele precisa. No entanto, muitos de nós não dedicamos tempo suficiente à leitura das Escrituras, então Deus usa outra forma para nos guiar e corrigir: a dor.

Jó 36.15 diz o seguinte: “Mas aos que sofrem ele os livra em meio ao sofrimento; em sua aflição ele lhes fala”.

Já parou para pensar por que os cavaleiros colocam um freio na boca dos cavalos? Não é para o conforto do animal, mas para, através do desconforto, guiá-lo na direção desejada.

De maneira semelhante, a dor nos orienta e nos direciona para um novo caminho.

Quando o rei Davi percebeu que Deus usou a dor em sua vida para direcioná-lo à direção correta, ele expressou gratidão: “Foi bom para mim ter sido castigado, para que aprendesse os teus decretos” (Salmos 119.71).

C. S. Lewis[1] uma vez disse que Deus sussurra para nós nos momentos de prazer, mas nos grita em nossa dor.[2] A dor é o megafone do Senhor. Ela nunca nos deixa no mesmo lugar em que nos encontrou. Não importa a gravidade da dor ou sua origem, o Senhor pode usá-la para nos direcionar ao propósito divino.

Paulo também escreveu à igreja de Corinto, que havia experimentado desconforto e dor: “Agora, porém, me alegro, não porque vocês foram entristecidos, mas porque a tristeza os levou ao arrependimento [...]” (2Coríntios 7.9).

Você não precisa ficar feliz por passar pela dor, mas pode pedir a Deus que a use para guiá-lo na direção certa e agradecer por todas as formas com as quais ele cuidará de você.

---

[1] C. S. Lewis foi um influente escritor, ensaísta e teólogo britânico, mais conhecido por suas obras de ficção, como a série “As Crônicas de Nárnia”, e seus textos de apologética cristã, como “Cristianismo Puro e Simples”. Lewis, que lecionou na Universidade de Oxford, utilizou sua habilidade narrativa para explorar temas filosóficos, teológicos e morais, combinando imaginação e raciocínio lógico de maneira acessível e envolvente. Sua obra permanece relevante, inspirando leitores de todas as idades a refletirem sobre questões espirituais e éticas. [N.T.]

[2] LEWIS, C. S. **O problema da dor**. Rio de Janeiro: Thomas Nelson Brasil, 2021.

# *Famílias fortes ajudam uns aos outros a crescer*

Pois bem, se eu, sendo Senhor e Mestre de vocês, lavei os seus pés, vocês também devem lavar os pés uns dos outros. Eu dei o exemplo, para que vocês façam como lhes fiz.

(João 13.14-15)

Uma marca de uma família forte é que seus membros ajudam uns aos outros a crescer. Mas como fazer isso? Abaixo, apresento duas formas de promover o crescimento das pessoas e duas abordagens que, ao contrário, não produzem resultados positivos.

Você *ajuda* os outros a crescer:

1. *Por meio do exemplo.* Jesus fez isso ao ensinar seus discípulos. Em João 13.14-15, ele disse: "Pois bem, se eu, sendo Senhor e Mestre de vocês, lavei os seus pés, vocês também devem lavar os pés uns dos outros. Eu dei o exemplo, para que vocês façam como lhes fiz". Seus filhos não precisam de sermões o tempo todo; o que realmente desejam é ver o reflexo de Jesus em suas ações diárias.

2. *Por meio de conversas.* Se você não conversa com seus filhos sobre questões importantes, está perdendo oportunidades de ajudá-los a crescer. A Bíblia nos orienta em Deuteronômio 6.7: "Ensine-as [as palavras do Senhor] com persistência a seus filhos. Converse sobre elas quando estiver sentado em casa, quando estiver andando pelo caminho, quando se deitar e quando se levantar" (Acréscimo do autor).

Por outro lado, você *não* ajuda os outros a crescer:

1. *Através de críticas.* Criticar, repreender e reclamar são estratégias ineficazes para promover mudanças em alguém. Afinal, ao criticar, você foca no comportamento indesejado, em vez de incentivar o comportamento que deseja ver. Em Efésios 6.4, lemos: "Pais, não irritem seus filhos; antes criem-nos segundo a instrução e o conselho do Senhor".

2. *Através de comparações.* Cada pessoa é única, e é por isso que comparações são prejudiciais. Elas não só não funcionam, como também podem ser letais para os relacionamentos. Gálatas 6.4 nos ensina: "Cada um examine os próprios atos, e então poderá orgulhar-se de si mesmo, sem se comparar com ninguém".

A Bíblia está repleta de instruções e exemplos sobre como devemos tratar as pessoas. Deus nos chama a amar, encorajar e apoiar uns aos outros, e o lugar mais importante para praticar esses ensinamentos e crescer à semelhança de Jesus é dentro da sua própria família.

# *Sua família o protege na tempestade*

É melhor ter companhia do que estar sozinho, porque maior
é a recompensa do trabalho de duas pessoas. Se um cair,
o amigo pode ajudá-lo a levantar-se [...]

(Eclesiastes 4.9-10)

Os relacionamentos funcionam como uma capa de chuva nas tempestades da vida. Quando um membro da sua família passa por um momento difícil, vocês se ajudam. Essa proteção durante a tempestade é resultado do compromisso que têm uns com os outros.

"É melhor ter companhia do que estar sozinho, porque maior é a recompensa do trabalho de duas pessoas. Se um cair, o amigo pode ajudá-lo a levantar-se. Mas pobre do homem que cai e não tem quem o ajude a levantar-se!" (Eclesiastes 4.9-10).

A vida nos apresenta diversos tipos de tempestades, e cabe a nós protegermos aqueles que amamos. Entre todas, a rejeição é uma das mais dolorosas. Quando alguém que você ama se sente rejeitado, você deve se aproximar e oferecer apoio, pois a pessoa precisará de você.

Lembro-me de muitos anos atrás, quando minha filha mais velha, Amy, tentou ser líder de torcida. Ela participou de treino após treino, a fim de se preparar para as audições. No entanto, enquanto suas amigas foram aceitas, ela foi rejeitada – e isso partiu seu coração. Ao chegar em casa, Amy correu para seu quarto, entrou no armário, sentou-se no chão e começou a chorar.

Todos na nossa família podiam ouvir seu choro. E todos nós, um a um, sem combinar, acabamos entrando no quarto dela, sentando no chão do armário e chorando juntos. Não oferecemos conselhos; naquele momento, ela não precisava de palavras. Também não dissemos: "Não se preocupe. Não é nada demais." Mas, para ela, era sim algo importante. Evitamos frases como "Não chore" – algo insensível a dizer para quem está sofrendo. Em vez disso, simplesmente permanecemos ao lado dela por cerca de trinta minutos, e apenas choramos com ela.

Nossa família jamais esquecerá esse episódio. Por quê? Porque naquele momento, estávamos sendo sua capa de chuva. Estávamos oferecendo o escudo e a proteção que ela precisava. Alguém em nossa família estava ferido, e não subestimamos essa dor. Não tentamos minimizar seus sentimentos, nem procuramos animá-la. Apenas choramos com ela.

Famílias fortes se protegem nas tempestades e permanecem juntas até que a luz possa ser vista novamente.

# *Famílias devem ser divertidas*

Por mais que um homem viva,
deve desfrutar sua vida toda [...]

(Eclesiastes 11.8)

Quando meus filhos eram pequenos, tomei uma decisão: queria que soubessem, acima de tudo, que nossa família era um lugar onde eram amados e a diversão sempre tinha espaço. Para isso, inventei várias coisas apenas para nos divertirmos juntos.

Uma era chamada de “O Tour Mágico e Misterioso do Papai”. Quando meus filhos estavam no ensino fundamental, eu os acordava, gritando: “Levantem-se! É hora do Tour Mágico e Misterioso do Papai!”. Esse chamado era motivo de alegria, pois significava que não precisariam ir à escola naquele dia e que algo muito divertido nos aguardava, como uma viagem a um hotel com piscina ou um passeio para tomar sorvete.

A verdade é que as pessoas podem esquecer o que você diz, mas nunca esquecem como você as faz sentir. Meus filhos talvez não se lembrem da maioria das coisas que falei nos primeiros anos de vida deles, mas certamente lembram-se de como os fazia sentir. Lembram-se, sobretudo, de quanto nos divertíamos.

Essa é uma das principais características de famílias extraordinárias; são aquelas que sabem se divertir juntas. Aproveitam a vida juntas. Infelizmente, este é um ingrediente que falta em muitas famílias hoje, nas quais as pessoas estão sobrecar-regadas, pessimista, exaustas e, muitas vezes, sérias demais. Nessas condições, é difícil encontrar tempo ou energia para se divertirem juntas.

Contudo, a Bíblia nos aconselha a aproveitar a vida em Eclesiastes 11.8: “Por mais que um homem viva, deve desfrutar sua vida toda [...]”.

Mas por que é tão importante aproveitar cada dia? Porque não temos garantias de que haverá uma próxima semana, um próximo mês ou sequer o amanhã. O tempo que temos para viver é o *agora*, e devemos vivê-lo ao máximo.

Se você não mora perto da sua família, busque oportunidades de se divertir desse jeito com sua família espiritual. Participar de uma célula pode ser uma excelente oportunidade para encontrar pessoas com quem você pode compartilhar momentos de alegria.

Quando você se diverte com sua família, está transmitindo ao mundo uma mensagem poderosa: a vida com Deus traz alegria e esperança. Não sabemos o que o amanhã nos reserva, mas temos a certeza da eternidade com o Senhor — e essa certeza nos dá a liberdade de aproveitar cada dia ao máximo.

# *Relacionamentos saudáveis dependem de altruísmo*

Não se enganem: ninguém faz Deus de bobo. Toda pessoa colhe o que plantou. Quem planta egoísmo, ignorando a necessidade dos outros – e a Deus! –, colherá o mal. O resultado de sua vida será frutos inúteis. Mas aquele que planta conforme Deus, permitindo que o Espírito faça a obra de crescimento nele, terá uma colheita de verdadeira vida, vida eterna.

(GÁLATAS 6.7-8, AM)

**O egoísmo destrói relacionamentos;** é a causa número um de conflitos, discussões, divórcios e até guerras.

Tiago 4.1 nos alerta: "De onde vêm as guerras e contendas que há entre vocês? Não vêm das paixões que guerreiam dentro de vocês?". Todo problema começa por conta do egocentrismo.

Se o egoísmo é destrutivo, o altruísmo é o que constrói e fortalece os relacionamentos. Mas o que significa ser altruísta? Significa colocar menos ênfase no "eu" e mais no "você"; pensar mais no outro do que em si mesmo e priorizar as necessidades das pessoas em vez das próprias. Como nos instrui Filipenses 2.4: "Cada um cuide, não somente dos seus interesses, mas também dos interesses dos outros".

O altruísmo traz à tona o melhor das pessoas. Ele é capaz de gerar confiança e fortalecer relacionamentos. Já testemunhei indivíduos difíceis de conviver se transformarem ao serem tratados com bondade e empatia. Quando alguém recebe o que precisa, em vez do que merece, a pessoa muda de uma maneira surpreendente.

A Bíblia diz em Gálatas 6.7-8: "Não se enganem: ninguém faz Deus de bobo. Toda pessoa colhe o que plantou. Quem planta egoísmo, ignorando a necessidade dos outros – e a Deus! –, colherá o mal. O resultado de sua vida será frutos inúteis. Mas aquele que planta conforme Deus, permitindo que o Espírito faça a obra de crescimento nele, terá uma colheita de verdadeira vida, vida eterna" (AM).

Este é o princípio bíblico de semeadura e colheita. O que você semear, também colherá. E quando você semeia altruísmo, colhe as bênçãos de Deus.

Tudo o que você possui é um presente do alto, resultado do altruísmo de Deus para com você. À medida que você busca se assemelhar mais a ele, aprenderá a pensar nos outros e em suas necessidades, além das suas próprias. E um dia, será recompensado quando chegar no céu.

Enquanto estiver aqui na terra, você descobrirá que se sentirá mais realizado quando se doar. Jesus disse: "Pois quem quiser salvar a sua vida a perderá; mas quem perder a sua vida por minha causa e pelo evangelho a salvará" (Marcos 8.35).

# *Casamentos fortes beneficiam a todos*

O amor deve ser sincero. Odeiem o que é mau;
apeguem-se ao que é bom. Dediquem-se uns aos outros com
amor fraternal. Prefiram dar honra aos outros mais do que a vocês.

(Romanos 12.9-10)

Casamentos fortes trazem benefícios para todos. Não apenas favorecem os casais, mas também contribuem para o fortalecimento de sociedades inteiras.

Historicamente, a aliança matrimonial tem sido o alicerce de todas as civilizações. Quando casamentos dão certo, nações prosperam; por outro lado, quando se enfraquecem, a cultura começa a declinar.

Deus usa o casamento para aperfeiçoar nosso caráter. Aprendemos a ser altruístas e amorosos. Se você se casar, nenhum outro relacionamento terá um impacto tão profundo em sua vida.

Se você não é casado, o Senhor pode *e usará* outras pessoas para moldar seu caráter. Solteiros piedosos e comprometidos com o bem-estar dos outros também desempenham um papel importante em sociedades prósperas. Muitas vezes, assumem funções que casais e pais não conseguem desempenhar. As sociedades precisam de solteiros que cultivem bons relacionamentos com aqueles ao seu redor.

Quer você seja casado ou solteiro, um dos principais propósitos da vida é crescer e entender que ela não se resume a você. A verdadeira felicidade, na realidade, provém de se doar, ser altruísta, servir e amar. Isso se chama maturidade.

A vida é uma escola na qual aprendemos a amar. Este é o aspecto mais importante da existência, pois Deus é amor, e ele deseja que nos tornemos como ele. Por isso, o Senhor nos molda, para sermos mais parecidos com Cristo.

Se você é casado, a principal ferramenta que o Altíssimo usará para forjar um caráter semelhante ao de Cristo em você é o seu cônjuge. Todos os dias, você terá inúmeras oportunidades para colocar as necessidades do seu cônjuge à frente das suas.

A Bíblia diz: "O amor deve ser sincero. Odeiem o que é mau; apeguem-se ao que é bom. Dediquem-se uns aos outros com amor fraternal. Prefiram dar honra aos outros mais do que a vocês" (Romanos 12.9-10).

Você pratica isso no seu casamento? E na família de Deus, na igreja? À medida que você amadurecer, aprenderá que o amor serve e não precisa ter a última palavra. O amor coloca a outra pessoa em primeiro lugar.

Esforce-se para demonstrar respeito pelos outros e, assim, você crescerá e se tornará mais parecido com Cristo.

Isso beneficiará a todos.

# *Perdoe as pessoas que se opõem a você*

Deve corrigir com mansidão os que se lhe opõem [...] para que
assim voltem à sobriedade e escapem da armadilha do Diabo,
que os aprisionou para fazerem a sua vontade.
(2Timóteo 2.25-26)

Quando você enfrenta oposição por conta da sua fé, é importante identificar a verdadeira fonte dessa resistência.

Não são seus colegas de trabalho, um partido político, outra nação ou religião, nem mesmo um concorrente. A pressão que você sente para ceder, silenciar-se ou não se posicionar quando deveria vem, na verdade, de uma fonte mais maliciosa: Satanás.

Em Apocalipse 12.10, ele é descrito como o acusador dos cristãos. Seu objetivo é derrubar você. Existe uma batalha espiritual invisível à sua volta, e a pressão para impedir que você faça o que é certo não vem realmente das pessoas, mas dessa guerra espiritual. Como Efésios 6.12 afirma: "Pois a nossa luta não é contra seres humanos, mas contra os poderes e autoridades, contra os dominadores deste mundo de trevas, contra as forças espirituais do mal nas regiões celestiais".

Ciente de que atacar diretamente a Jesus é inútil, o Diabo direciona seus ataques contra aqueles que seguem a Cristo. Ele manipula a mídia, a música, a cultura popular e tudo o que pode para ridicularizar os cristãos. Ele está por trás das vozes que dizem: "Esses cristãos são antiquados, ignorantes e intolerantes".

A Bíblia nos orienta sobre como devemos agir diante dessa situação: "Evite as controvérsias tolas e inúteis, pois você sabe que acabam em brigas. Ao servo do Senhor não convém brigar mas, sim, ser amável para com todos, apto para ensinar, paciente. Deve corrigir com mansidão os que se lhe opõem, na esperança de que Deus lhes conceda o arrependimento, levando-os ao conhecimento da verdade, para que assim voltem à sobriedade e escapem da armadilha do Diabo, que os aprisionou para fazerem a sua vontade" (2Timóteo 2.23-26).

Você precisa reconhecer que a verdadeira fonte de sua oposição é o Maligno, e não as pessoas que o confrontam. E, por conta disso, você não é capaz de enfrentar sozinho os ataques do Inimigo.

Em vez de lutar, você deve tratar as pessoas da mesma forma que Jesus as tratou. Mesmo pregado na cruz, ele orou: "[...] Pai, perdoa-lhes, pois não sabem o que estão fazendo [...]" (Lucas 23.34). As pessoas que o atacam não sabem o que estão fazendo. Por isso, você também deve orar: "Pai, perdoe-as". Assim, poderá demonstrar amor mesmo sob ataque e manter a energia necessária para enfrentar o verdadeiro inimigo.

# *A mudança é para o seu bem*

Enquanto durar a terra, plantio e colheita, frio e calor, verão e inverno, dia e noite jamais cessarão.

(GÊNESIS 8.22)

MUDAR É INEVITÁVEL. Embora todos saibamos disso, muitas vezes ainda reagimos com surpresa quando as coisas não permanecem as mesmas.

Quando a mudança ocorre, nossa primeira reação é reclamar, irritar-nos ou culpar outras pessoas. Alguns de nós até tentam resistir à mudança, como se tivéssemos controle sobre ela. No entanto, as coisas neste mundo nunca permanecem iguais. A cada momento de nossas vidas, estamos sujeitos a mudanças, sejam elas para o bem ou não.

Ao criar a terra, uma das primeiras coisas que Deus disse foi: "Enquanto durar a terra, plantio e colheita, frio e calor, verão e inverno, dia e noite jamais cessarão" (Gênesis 8.22). Em sua sabedoria, ele fez com que tudo no planeta fosse sazonal. Mesmo quando não percebemos, tudo ao nosso redor está em constante transformação. Sua família não é a mesma de antes, seu trabalho mudou, e *você* também não é a mesma pessoa.

E como Deus desenhou esse ciclo e afirmou que ele é bom, podemos confiar que a mudança é para nosso benefício. Ela nos impede de cair na complacência e nos obriga a confiar no Senhor em situações que não podemos entender. Quando a mudança traz dor, ela nos faz depender ainda mais do Pai. Além disso, ela é essencial para o crescimento espiritual, físico e emocional – faz parte da vida. Mudar para melhor em sua caminhada com Jesus significa que você está se tornando mais parecido com ele.

O crescimento sempre vem acompanhado de mudanças. E elas, por sua vez, trazem consigo a perda, que, inevitavelmente, leva ao luto. E o luto envolve dor. Desejar crescer e se tornar uma pessoa melhor sem querer enfrentar a dor da mudança é como uma mulher dizer: "Quero um bebê, mas sem passar pelo parto". É impossível. Naturalmente, trazer uma nova vida ao mundo exige dor. Da mesma forma, para desfrutar de um bom presente, muitas vezes é necessário passar por uma mudança dolorosa.

As coisas mudam, mas é importante lembrar: a mudança nem sempre será fácil, e você poderá não a compreender. No entanto, qualquer mudança que Deus permitir em sua vida é, sem dúvida, para o seu bem.

# *Só há uma opinião que importa*

Vocês são a luz do mundo. Não se pode esconder
uma cidade construída sobre um monte.

(Mateus 5.14)

Quando você não tem clareza sobre quem realmente é, fica suscetível a ser manipulado e moldado pelas pressões, problemas e pessoas – e isso inevitavelmente leva ao estresse.

Nossa cultura tenta moldar você o tempo todo. Se sua identidade é incerta e confusa, então você se torna ainda mais vulnerável à influência cultural. Até que você aceite em sua mente que Deus o ama incondicionalmente e que é um filho de Deus, estará propenso ao estresse.

Jesus nunca teve dúvidas sobre sua identidade. Ao contrário, nas Escrituras Sagradas, ele a afirmou publicamente em diversas ocasiões, ao declarar coisas como: "Sou a luz do mundo" (cf. João 8.12), "o Filho de Deus" (cf. João 10.36), "o Caminho, a Verdade e a Vida" (cf. João 14.6), e "o Pão da Vida" (cf. João 6.35). Cristo sempre deixou claro que sabia exatamente quem ele era.

Em João 8.18, ele disse: "Eu testemunho acerca de mim mesmo [...]". Ele não precisava que outras pessoas definissem sua identidade, nem buscava validação de ninguém.

Quando você depende da opinião alheia para validar quem é, torna-se incapaz de resistir ao estresse. Se você não sabe quem é, outros decidirão em seu lugar. Tentarão moldá-lo, e você ficará estressado ao tentar se encaixar em uma identidade que não é a sua. Isso o levará a fingir e usar máscaras, o que acabará esgotando suas energias.

Jesus sabia que era a Luz do Mundo, mas também declarou o mesmo sobre você: "Vocês são a luz do mundo. Não se pode esconder uma cidade construída sobre um monte" (Mateus 5.14). Você consegue perceber quão especial é? Não por aquilo que outros dizem, mas por causa do que Deus afirma. Não há ninguém no mundo exatamente como você.

Você precisa aceitar a verdade sobre si mesmo – suas forças, limitações e fraquezas. Deus o criou com todas essas características, e lhe deu tudo o que você precisa para cumprir a vontade divina.

Quando aceitar essa verdade, você se tornará seguro em sua identidade e, consequentemente, menos sujeito ao estresse.

# *Você precisa ser reabastecido?*

Venham a mim, todos os que estão cansados e sobrecarregados, e eu darei descanso a vocês. Tomem sobre vocês o meu jugo e aprendam de mim, pois sou manso e humilde de coração, e vocês encontrarão descanso para as suas almas. Pois o meu jugo é suave e o meu fardo é leve.

(Mateus 11.28-30)

Nada mudará em sua vida até que você se sinta profundamente insatisfeito com ela. É necessário chegar ao ponto de dizer: "Não continuarei vivendo assim. Basta. É hora de mudar. Tomarei uma atitude em relação a como me sinto".

Às vezes, parece mais fácil suportar a situação atual, mesmo que não goste dela, simplesmente porque é familiar. Carregar o peso de nossos problemas pode ser desconfortável e até doloroso – mas é um fardo que já conhecemos e com o qual aprendemos a conviver.

No entanto, quando você finalmente atinge o ponto de desespero, cansado das circunstâncias e escolhas que afetam a você e aos outros, é hora de buscar Jesus.

Então, o que ele diz quando nos aproximamos dele com um vazio em nossas vidas – uma alma e um coração exaustos? Como ele responde quando confessamos que não temos mais nada a oferecer?

Ele não nos repreende, nem nos julga. Jesus não nos derruba nem nos deixa sozinhos para lidar com nossas dificuldades. Pelo contrário, ele faz exatamente o oposto. Em Mateus 11.28-30, Cristo nos convida: "Venham a mim, todos os que estão cansados e sobrecarregados, e eu darei descanso a vocês. Tomem sobre vocês o meu jugo e aprendam de mim, pois sou manso e humilde de coração, e vocês encontrarão descanso para as suas almas. Pois o meu jugo é suave e o meu fardo é leve".

Como pastor com mais de quarenta anos de experiência, já conversei com milhares de pessoas e aprendi que há apenas três coisas que levam alguém a mudar: a dor, uma nova perspectiva ou a falta de opções. A maioria não muda até sentir a pressão. Não há progresso sem um ponto de ruptura. Todos nós, em algum momento, chegamos ao limite do nosso orgulho, arrogância e autossuficiência. É nesse momento que percebemos que não conseguimos fazer tudo sozinhos – e que, na verdade, não precisamos fazê-lo.

Uma pressão é sempre a porta de entrada para um avanço. Vá até Jesus e permita que ele o abasteça com o poder do Espírito Santo e a esperança da salvação. Ele nunca se afastará de você.

# *Duas maneiras pelas quais Deus faz sua fé crescer*

Aprofundem nele suas raízes e sobre ele edifiquem sua vida.
Então sua fé se fortalecerá na verdade que lhes foi ensinada,
e vocês transbordarão de gratidão.
(Colossenses 2.7, NVT)

Deus não quer que você tenha qualquer tipo de fé; pelo contrário, ele deseja que você desenvolva uma fé forte e vigorosa – não uma frágil que desmorona diante de qualquer dificuldade.

A Bíblia diz em Colossenses 2.7: "Aprofundem nele suas raízes e sobre ele edifiquem sua vida. Então sua fé se fortalecerá na verdade que lhes foi ensinada, e vocês transbordarão de gratidão" (Colossenses 2.7, NVT).

Mas como o Senhor faz sua fé aumentar?

A primeira forma pela qual Deus fortalece sua fé é por meio da Palavra. Ele deseja que você se aprofunde na Bíblia – que a leia, ouça, estude, memorize e compartilhe. E por que isso é tão importante? Porque, conforme está escrito em Romanos 10.17, "[...] a fé vem pelo ouvir, e o ouvir, pela palavra de Cristo" (NAA).

Se sua fé se encontra fraca, talvez seja porque você não está se dedicando à leitura da Palavra com frequência. Quanto mais tempo você passar imerso na Bíblia, mais sua alma será alimentada. A Palavra do Senhor é alimento para a alma, e dedicar-se a ela é a maneira mais eficaz de fortalecer sua fé.

A segunda forma pela qual Deus faz sua fé crescer é da maneira difícil – por meio de circunstâncias que testam seu coração. Enquanto você pode dedicar alguns minutos diários à leitura bíblica, as circunstâncias ao seu redor estão moldando sua fé, 24 horas por dia. Deus usa tais situações para expandir sua fé e construir seu caráter. A fé é como um músculo: ela não se desenvolve sem algum tipo de resistência.

Assim como os músculos do corpo precisam ser esticados, testados e sobrecarregados para crescerem, o mesmo ocorre com a fé. Não basta apenas desejar mais fé; é preciso que ela seja desafiada. Por isso, o Senhor permite que você enfrente circunstâncias que fortaleçam o "músculo" da fé.

Ele valoriza tanto a sua fé que não há dúvidas de que ele sempre responderá à oração: "[...] Aumente a nossa fé" (Lucas 17.5). Portanto, faça dessa oração parte de sua vida enquanto Deus faz sua fé crescer por intermédio da Palavra e das circunstâncias que a testam.

# *Amizades piedosas o ajudam a crescer*

Portanto, cada um de vocês deve abandonar a mentira
e falar a verdade ao seu próximo, pois todos
somos membros de um mesmo corpo.

(Efésios 4.25)

A mudança de verdade requer uma comunidade honesta.

Ao longo da vida, haverá momentos em que você reconhecerá a necessidade de uma mudança, mas perceberá que não conseguirá mudar sozinho. Nessas situações, é necessário contar com o apoio de outras pessoas – especificamente, um grupo pequeno de indivíduos que seja transparente com você. Isso se assemelha a um jogo de futebol em que um jogador é tão forte que nenhum adversário consegue derrubá-lo sozinho. Da mesma forma, alguns dos desafios que você enfrenta exigem a força coletiva de uma equipe.

É nesse ponto que entra a importância de um grupo – mas não de qualquer um, e sim de pessoas com quem você possa compartilhar suas fraquezas e lutas, todas as suas dores, hábitos e dificuldades.

Esse tipo de intimidade, no entanto, não surge da noite para o dia. Ao começar um pequeno grupo, é necessário se reunir regularmente. Com o tempo, essa convivência permite que vocês comecem a confiar uns nos outros, o que desenvolve um ambiente seguro. Essas pessoas se tornam amigos que podem ajudá-lo a mudar quando você não conseguir fazer isso sozinho.

Efésios 4.25 nos oriente: "Portanto, cada um de vocês deve abandonar a mentira e falar a verdade ao seu próximo, pois todos somos membros de um mesmo corpo".

Fingir ser alguém que você não é consome muita energia, desperdiçada. Você pode, de fato, desejar crescer em Cristo e trabalhar em suas fraquezas, mas isso exige honestidade com seu pequeno grupo sobre quem você realmente é. Esse tipo de sinceridade é essencial para a mudança espiritual. Se fosse possível mudar sozinho, você já teria mudado, mas a realidade é que precisa de outras pessoas.

Um dos maiores empecilhos para a honestidade é o desejo de manter as aparências. Muitas vezes, o desejo de *parecer* bem supera a vontade de *ser* uma boa pessoa, e cria um obstáculo para o crescimento espiritual.

No entanto, em um pequeno grupo de irmãos na fé, encontra-se um ambiente seguro para ser você mesmo. Assim, todos podem crescer juntos e lidar com as mudanças difíceis que não conseguiriam realizar sozinhos.

# *Fé significa avançar, mesmo sem saber para onde*

Pela fé Abraão, quando chamado, obedeceu e dirigiu-se
a um lugar que mais tarde receberia como herança,
embora não soubesse para onde estava indo.

(Hebreus 11.8)

Quando Deus quer fortalecer sua fé, ele pode lhe apresentar o que chamamos de "teste do onde". Se você se perguntar: "Onde, Senhor?", e parecer que ele não está respondendo, é provável que esteja passando por esse teste.

O Senhor quer ver se você seguirá a direção que ele o conduz, mesmo quando não compreender tudo, não desejar ir ou não saber exatamente para onde está sendo levado.

Ele aplicou esse teste a Abraão. Em Hebreus 11.8, lemos: "Pela fé Abraão, quando chamado, obedeceu e dirigiu-se a um lugar que mais tarde receberia como herança, embora não soubesse para onde estava indo". Será que Abraão queria partir? Provavelmente não. Ele tinha setenta e cinco anos, estava bem estabelecido com sua família e posses – e, sendo um homem rico, essa mudança teria sido uma empreitada gigantesca.

Você se mudaria se Deus lhe dissesse: "Não direi para onde você vai, quanto tempo demorará, onde ou como você chegará. Apenas confie em mim"?

Abraão, movido pela fé, obedeceu ao Senhor, e deixou sua casa sem saber seu destino. Ele passou no "teste do onde".

Talvez você esteja passando por esse teste agora. Você sente que deveria deixar seu emprego, mas não tem clareza sobre qual será seu próximo passo. Ou talvez Deus esteja pedindo que você venda sua casa, mas ainda não revelou seu próximo destino. Esse teste é uma prova de caráter. Deus quer que você demonstre e fortaleça sua fé ao obedecê-lo, mesmo sem saber o que vem depois.

Em Hebreus 11, a narrativa continua: "Pela fé peregrinou na terra prometida como se estivesse em terra estranha; viveu em tendas, bem como Isaque e Jacó, co-herdeiros da mesma promessa. Pois ele esperava a cidade que tem alicerces, cujo arquiteto e edificador é Deus" (Hebreus 11.9-10).

Você foi chamado para viver toda a sua vida pela fé. Não importa para onde Deus o guie, lembre-se de que nenhum lugar na terra é o seu lar permanente. No entanto, você pode confiar nas promessas divinas e olhar para frente, para o seu lar eterno ao lado dele.

# *Você precisa das promessas de Deus, não de explicações*

Pela fé [Abraão] peregrinou na terra prometida
como se estivesse em terra estranha; viveu em tendas,
bem como Isaque e Jacó, co-herdeiros da mesma promessa.

(Hebreus 11.9 – acréscimo do autor)

Na Bíblia, Deus fez mais de sete mil promessas para você, mas nem todas são cumpridas instantaneamente. Como seguidor de Cristo, é natural que você passe por momentos em que sua fé é testada, em especial quando as promessas parecem estar atrasadas. Chamo isso de “teste do quando”.

Você sabe que está passando pelo “teste do quando” quando se encontra perguntando: “Quando, Senhor? Quando minha oração será respondida? Quando as coisas melhorarão no meu casamento? Quando minha saúde melhorará? Quando me formarei? Quando terei um filho? Quando conseguirei aquela promoção?”.

Abraão também passou pelo “teste do quando”. Mesmo quando chegou à Terra Prometida por Deus, ele viveu ali pela fé, pois era como um estrangeiro, habitando em tendas (cf. Hebreus 11.9). Abraão seguiu a Deus com fé, e foi para um lugar que não conhecia. Uma vez lá, ele e sua família viveram como nômades por três gerações. Embora o Senhor tivesse prometido dar a terra a Abraão, ele o faria no tempo certo. Assim, Abraão continuou a obedecer porque confiava na promessa divinas.

Deus tem toda a eternidade para cumprir as promessas que faz, o que significa que algumas delas podem ser realizadas apenas após a sua vida terrena. Por isso, ele deseja que você edifique sua vida sobre as promessas dele, e não sobre explicações.

Abraão recebeu uma grande promessa de Deus: que dele faria uma grande nação. Mas mesmo após chegar à Terra Prometida e ainda viver como um nômade, é fácil imaginar Abraão se perguntando: “Quando, Deus? O Senhor me fez essa promessa. Quando ela será cumprida?”.

Talvez você esteja passando pelo “teste do quando” agora. Você está esperando por uma resposta, e parece que o desfecho nunca chega. Você se pega questionando: “Quando, Senhor? Quando resolverás meu problema? Quando intervirás em meu relacionamento, finanças, saúde e futuro?”. Ter fé significa esperar pelo tempo de Deus, mesmo sem saber quando isso acontecerá.

Se você está em um período de espera, não desperdice esse tempo. Mostre ao Senhor que confia nele enquanto se apega às promessas dele. Ao fazer isso, ele fortalecerá sua fé.

# *Impossível?*
# *Confie a resposta a Deus*

Pela fé Abraão – e também a própria Sara, apesar de estéril
e avançada em idade – recebeu poder para gerar um filho,
porque considerou fiel aquele que lhe havia feito a promessa.

(Hebreus 11.11)

**Quando Deus molda** seu caráter, ele pode testá-lo com o que parece ser um problema sem solução. Chamo isso de "teste do como". É aquele momento em que você se pergunta: "Como resolverei isso?".

Um exemplo clássico é o que Deus concedeu a Abraão. O Senhor prometeu que o levaria a um novo país, daria aquela terra a ele e faria dele o pai de uma grande nação. Além disso, prometeu que seus descendentes ocupariam toda a terra. Ele daria a Abraão, como herança, uma grande nação.

Contudo, quando Abraão recebeu essa promessa, ele já tinha setenta e cinco anos e não tinha filhos. Mesmo assim, ele se mudou para Canaã, que viria a ser chamada de Israel, e continuou esperando que sua esposa engravidasse. Aos noventa e nove anos, porém, o filho prometido ainda não havia chegado. A situação parecia irremediável.

De fato, a Bíblia relata que, quando Deus disse a Abraão e Sara que teriam um bebê, ambos riram. Afinal, como seria possível que, já em idade tão avançada, tivessem um filho?

Esse era o "teste do como" deles. Hebreus 11.11 nos diz: "Pela fé Abraão – e também a própria Sara, apesar de estéril e avançada em idade – recebeu poder para gerar um filho, porque considerou fiel aquele que lhe havia feito a promessa". Quando o bebê nasceu, eles o chamaram de Isaque, que significa "riso". E assim, de um homem considerado praticamente morto, surgiu uma nação tão numerosa quanto as estrelas do céu e a areia da praia (cf. Hebreus 11.12). Na verdade, foi Deus quem riu por último.

Na sua vida, haverá muitos momentos em que o Senhor pedirá para você fazer algo que parece impossível. Mas ele não espera que você entenda tudo ou saiba como fazer tudo. Na verdade, ele nem sequer espera que você sempre saiba o próximo passo.

O que Deus deseja é que você confie que ele sabe de tudo e que ele resolverá as coisas à maneira e no tempo dele. Ter fé significa esperar um milagre sem saber como ele ocorrerá. Quando você demonstra esse tipo de fé, você se torna mais semelhante a Jesus.

# *A pergunta: "Até quando, Senhor?"*

Pela fé [Moisés] saiu do Egito, não temendo a ira do rei, e perseverou, porque via aquele que é invisível.

(Hebreus 11.27 – acréscimo do autor)

Muitas pessoas lidam com dores todos os dias, sejam elas físicas, emocionais, espirituais, relacionais ou financeiras. Quando você passa por um período de questionamento, em que se pergunta: "Até quando, Senhor?", pode ser que Deus esteja aplicando o "teste do até quando" para fortalecer seu caráter.

A Bíblia nos revela que Moisés possuía uma persistência extraordinária. Ele significativamente suportou dores intensas, críticas severas e conflitos. Ele tinha todo o direito de perguntar: "Até quando, Senhor?".

Em Hebreus 11.24-26, lemos: "Pela fé Moisés, já adulto, recusou ser chamado filho da filha do faraó, preferindo ser maltratado com o povo de Deus a desfrutar os prazeres do pecado durante algum tempo. Por amor de Cristo, considerou sua desonra uma riqueza maior do que os tesouros do Egito, porque contemplava a sua recompensa".

Moisés abriu mão de tudo o que muitas pessoas passam a vida tentando conquistar – fama, fortuna, prazer, posses e posição – porque sua fé e identidade estavam firmadas em Deus. Ele confiou nas promessas divinas.

A fé é a capacidade de continuar persistindo, mesmo sem saber por quanto tempo isso será necessário. E, por vezes, isso se torna extremamente difícil. Então, como manter a fé diante do sofrimento? Como perseverar? Como lidar com a dor prolongada?

A resposta está no exemplo de Moisés: aproximar-se do Senhor e permanecer conectado a ele para poder ouvi-lo.

Deus falou com Moisés através de uma sarça ardente, mas hoje não precisamos de uma sarça ardente para ouvir a voz do Senhor. Por quê? Porque temos a Bíblia. Tudo o que ele deseja comunicar está contido nas Escrituras Sagradas. Em vez de buscar uma visão, devemos buscar orientação em um versículo bíblico. Conhecer as revelações, instruções e promessas de Deus nos capacita a passar pelo "teste do até quando" durante períodos de dor.

Assim como Moisés, mantenha seu foco no lugar certo. A Bíblia nos ensina que ele "[...] perseverou, porque via aquele que é invisível" (Hebreus 11.27).

Se você voltar sua atenção só para a dor, não conseguirá olhar para o alto. Porém, ao manter seus olhos no Salvador, lidará com as dificuldades amparado pela graça divina.

# *Propósito produz resiliência*

Tu, Senhor, guardarás em perfeita paz aquele
cujo propósito está firme, porque em ti confia.
(Isaías 26.3)

Quer perseverar em tempos difíceis? Primeiro, você precisa compreender o propósito da sua vida.

Quando não há clareza sobre o motivo pelo qual se faz algo – ou seja, quando o propósito não é claro – torna-se fácil desacelerar e perder o ânimo. No entanto, quando você entende para que foi criado, a desistência não é uma opção.

Então, qual é o seu propósito? Você foi criado para glorificar a Deus, por meio do seu amor e serviço a ele e aos outros, enquanto cresce para se tornar mais semelhante a Cristo em todos os aspectos.

Você precisa se esforçar para manter seu propósito firme, em especial quando passa por momento de grandes mudanças. A Bíblia nos ensina em Isaías 26.3: "Tu, Senhor, guardarás em perfeita paz aquele cujo propósito está firme, porque em ti confia".

Conhecer seu propósito é essencial para desenvolver duas qualidades indispensáveis ao sucesso: tenacidade e resiliência. Independentemente da área de atuação – direito, esportes, negócios, educação, governo, ministério, trabalho voluntário ou qualquer outra área – toda pessoa bem-sucedida possui essas duas características.

*Tenacidade* é a capacidade de continuar, mesmo quando você sente vontade de desistir. Essa qualidade será indispensável em sua vida, em particular nos momentos mais difíceis.

*Resiliência*, por outro lado, é a habilidade de se reerguer após uma queda, seja ela causada por circunstâncias adversas ou por outras pessoas.

Focar nos propósitos de Deus para sua vida gera tanto tenacidade quanto resiliência. Quando encontro pessoas que desistem ou não conseguem se recuperar, isso geralmente indica que perderam de vista seu propósito.

Portanto, mantenha seu propósito firme. Em meio a mudanças, você precisa ancorar sua vida em algo que nunca muda – algo eterno. Ao apoiar sua vida no plano de Deus, você desenvolve tenacidade e resiliência.

O Salmos 33.11 nos lembra que "[...] os planos do Senhor permanecem para sempre, os propósitos do seu coração, por todas as gerações".

O desejo do Senhor é que você suporte os tempos difíceis com tenacidade e resiliência. Com essas duas qualidades, você não apenas sobreviverá aos desafios, mas será transformado.

# *É hora de dar o salto de fé*

Assim Josué ordenou aos oficiais do povo: "Percorram o acampamento e ordenem ao povo que prepare as provisões. Daqui a três dias vocês atravessarão o Jordão neste ponto, para entrar e tomar posse da terra que o Senhor, o seu Deus, lhes dá".

(Josué 1.10-11)

Chega um momento na vida em que é preciso deixar as palavras de lado e tomar uma atitude. Após refletir e orar sobre uma questão, é necessário dar um passo de fé.

Quando os israelitas vagaram pelo deserto por quarenta anos e finalmente estavam prestes a entrar na Terra Prometida, o medo do desconhecido os consumia. Mas chegou o momento decisivo: "Assim Josué ordenou aos oficiais do povo: 'Percorram o acampamento e ordenem ao povo que prepare as provisões. Daqui a três dias vocês atravessarão o Jordão neste ponto, para entrar e tomar posse da terra que o Senhor, o seu Deus, lhes dá'" (Josué 1.10-11).

Era hora de agir. Precisavam literalmente dar um salto de fé para alcançar a terra que Deus havia prometido. Para isso, teriam que atravessar um rio.

O rio Jordão, em condições normais, não é muito largo – cerca de trinta metros de largura e até três metros de profundidade. No entanto, durante a primavera, quando a neve das montanhas derrete, ele se transforma em um rio vasto, veloz e perigoso. Foi exatamente nesse período de cheia que os israelitas chegaram à sua margem. Deve ter sido uma visão e um som avassaladores.

Sem pontes ou balsas à disposição, não havia como as milhares de pessoas atravessarem por meios convencionais. Isso significava que precisariam de um milagre. Quarenta anos antes, Deus havia aberto o Mar Vermelho para que pudessem escapar do Egito. Desta vez, porém, ele queria que demonstrassem fé, entrando no rio *antes* de fazer as águas recuarem. Era um teste de confiança. Tinham que entrar no rio para mostrar a Deus que confiavam nele para serem libertos.

Qual é o seu rio Jordão? Qual é o obstáculo em sua vida que parece intransponível, que faz você pensar que nunca poderá ser usado pelo Senhor ou receber as bênçãos divinas? O que está no seu caminho?

Às vezes, mesmo quando você tem certeza de que algo é a vontade de Deus, o medo ainda pode paralisá-lo. Os obstáculos – o receio de fracassar, o tempo, a falta de recursos – podem parecer insuperáveis.

Mesmo assim, continue. Enfrente o medo. Demonstre coragem. Dê o salto de fé.

O primeiro passo é sempre o mais desafiador, mas, uma vez dado, a fé se manifesta – e a libertação de Deus virá.

# *O que você está alimentando em sua mente?*

Finalmente, irmãos, tudo o que for verdadeiro, tudo o que for nobre, tudo o que for correto, tudo o que for puro, tudo o que for amável, tudo o que for de boa fama, se houver algo de excelente ou digno de louvor, pensem nessas coisas.

(FILIPENSES 4.8)

É POSSÍVEL APRENDER MUITO sobre a saúde física de uma pessoa observando sua alimentação. Ela consome, em sua maioria, alimentos saudáveis ou processados? A dieta que adota contribui para o fortalecimento e a energia ou, ao contrário, provoca desgaste?

Essa mesma lógica se aplica ao aspecto espiritual, mental e emocional. A saúde nessas áreas também pode ser avaliada a partir da "dieta mental" que se adota.

Passar horas consumindo *podcasts*, programas de notícias, redes sociais e séries de TV é comparável a ingerir "*junk food*" para a mente. Não é um hábito saudável; na verdade, é um veneno que corrói sua capacidade de viver com propósito.

Provérbios 15.14 diz o seguinte: "O coração que sabe discernir busca o conhecimento, mas a boca dos tolos alimenta-se de insensatez".

Todos os dias, você tem uma escolha – e deve optar por alimentar sua mente com os melhores pensamentos.

Em Filipenses 4.8, encontramos uma orientação clara sobre os tipos de pensamentos que promovem uma saúde mental, emocional e espiritual boa: "Finalmente, irmãos, tudo o que for verdadeiro, tudo o que for nobre, tudo o que for correto, tudo o que for puro, tudo o que for amável, tudo o que for de boa fama, se houver algo de excelente ou digno de louvor, pensem nessas coisas". Agora, considere se essa lista reflete o que você pensa na maior parte do tempo. Se formos honestos, a maioria de nós admitiria que não. Nossas mentes não se direcionam naturalmente a essas coisas, pois somos humanos e pecadores.

Portanto, é necessário treinar a mente para ter pensamentos que sejam verdadeiros, nobres, corretos, puros, amáveis, admiráveis, excelentes e dignos de louvor. Isso se consegue lendo a Bíblia, meditando nela e memorizando seus versículos. Você precisa ter fome da Palavra de Deus.

A forma como você pensa determina a forma como vive. Aquilo que você coloca em sua mente influenciará todas as áreas da sua vida; por isso, é vital manter uma dieta a partir da verdade encontrada na Palavra de Deus.

# *Quando você inveja, entra em conflito com Deus*

[...] Amigo, não estou sendo injusto com você. Você não concordou em trabalhar por um denário? Receba o que é seu e vá. Eu quero dar ao que foi contratado por último o mesmo que dei a você. Não tenho o direito de fazer o que quero com o meu dinheiro? Ou você está com inveja porque sou generoso?

(Mateus 20.13-15)

Quando parece que Deus está abençoando outra pessoa de uma forma que você não está sendo abençoado, relaxe e confie nele. Acredite que ele sabe o que é melhor para você, mesmo quando a vida parecer injusta.

Uma maneira de perceber que a inveja está se infiltrando em sua vida é por meio da linguagem que usa. Se você frequentemente se pega dizendo "Isso não é justo", é um sinal de que a inveja já encontrou espaço em seu coração. Essa frase reflete pensamentos como: "Por que eles e não eu? Trabalhei tanto quanto eles".

Na parábola dos trabalhadores da vinha, contada por Jesus, os trabalhadores sentiram que estavam sendo tratados injustamente, não porque não receberam o que lhes foi prometido, mas porque aqueles que trabalharam menos receberam o mesmo pagamento.

Em Mateus 20.12, lemos sua reclamação: "O último grupo trabalhou apenas uma hora, e você pagou a eles o mesmo que nós, que trabalhamos como escravos o dia inteiro debaixo de um sol escaldante" (AM). Nesse versículo, podemos perceber a inveja implícita: "Trabalhamos mais e por mais tempo. Somos melhores que eles".

Agora, observe a resposta do proprietário da vinha, que simboliza Deus: "[...] Amigo, não estou sendo injusto com você. Você não concordou em trabalhar por um denário? Receba o que é seu e vá. Eu quero dar ao que foi contratado por último o mesmo que dei a você. Não tenho o direito de fazer o que quero com o meu dinheiro? Ou você está com inveja porque sou generoso?" (Mateus 20.13-15).

Aqui está a questão de fundo: quando você sente inveja, está, na verdade, em conflito com o Senhor. Esse sentimento reflete uma dúvida sobre a bondade dele em sua vida. Você começa a se ressentir das decisões divinas de abençoar outra pessoa, questiona sua justiça e suspeita que ele possa ter favoritos. Ou seja, duvida que ele realmente tenha o seu melhor interesse em mente.

No entanto, o amor de Deus é extravagante, incondicional e igual para todos. Há uma razão para que você não tenha o que deseja no momento. O Senhor o conhece melhor do que você mesmo, e é por isso que você pode fazer a seguinte oração: "Deus, confiarei que tens um plano para minha vida e que sabes melhor do que eu do que preciso agora".

# *Uma verdadeira mudança exige fé*

Toda a glória seja a Deus que, por seu grandioso poder que atua em nós, é capaz de realizar infinitamente mais do que poderíamos pedir ou imaginar.

(Efésios 3.20, NVT)

**Você já tentou** mudar algo em sua vida sem realmente acreditar que conseguiria? Se sim, provavelmente não teve sucesso. E isso aconteceu porque para mudar de verdade, é necessário ter fé. Em outras palavras, é preciso acreditar que pode mudar, com a ajuda de Deus.

Deus ajuda na sua transformação de duas maneiras basicamente: por meio do Espírito Santo, que habita em você, e por meio de sua Palavra, a Bíblia.

Efésios 3.20 nos lembra: "Toda a glória seja a Deus que, por seu grandioso poder que atua em nós, é capaz de realizar infinitamente mais do que poderíamos pedir ou imaginar" (Efésios 3.20, NVT).

Qual é a maior mudança que você deseja em sua vida? Por mais desafiadora que pareça, ela não é grande demais para o Senhor.

Talvez você tenha tentado mudar por conta própria e falhado. Isso aconteceu porque você não foi criado para mudar sozinho. A transformação acontece por intermédio do poder de Deus, que ele concede em resposta à sua fé.

Imagino que todos conheçam Filipenses 4.13: "Posso todas as coisas [que Deus me chamou para fazer] por meio de Cristo, que me dá forças [para cumprir seu propósito – sou autossuficiente na suficiência de Cristo; estou pronto para qualquer coisa por meio dele que me infunde com força interior e paz confiante]" (Acréscimo do autor).

Com o poder de Jesus Cristo, você pode realizar qualquer coisa que Deus o chamou para fazer.

Esse poder foi *infundido* em você ao tornar-se seguidor dele.

Se você deseja mudar, é necessário adotar uma atitude positiva – não um ego inflado sobre suas próprias capacidades, mas uma fé no que Deus pode fazer em e através de você. Como Jesus disse em Mateus 9.29: "[...] Que seja feito segundo a fé que vocês têm". Você é quem decide o quanto deseja mudar. Você é quem determina o quanto Deus abençoa sua vida. E é você quem escolhe acreditar, com fé, que o Senhor pode ajudá-lo a fazer as mudanças difíceis.

# *Você está seguro nas mãos de Deus*

Eu lhes dou a vida eterna, e elas jamais perecerão
[...] Meu Pai, que as deu para mim, é maior do que todos;
ninguém as pode arrancar da mão de meu Pai.
(João 10.28-29)

Quando era criança, as mãos do meu pai me fascinavam. Do meu ponto de vista, eram gigantescas. Ao vê-lo trabalhar com carpintaria, o martelo parecia minúsculo em suas mãos.

Entretanto, as mãos do nosso Pai Celestial são ainda maiores, capazes de segurar o mundo inteiro. Quão imensas são as mãos de Deus?

*Elas são grandes o suficiente para derramar bênçãos sobre sua vida.* Jesus impôs as mãos sobre as pessoas para abençoá-las, e ele faz o mesmo por você. Isaías 62.3 nos lembra: "Você será como uma coroa esplêndida na mão do Senhor, um diadema real na mão do seu Deus" (NBV-P).

*As mãos do Senhor são marcadas para nunca se esquecer de você.* No céu, as únicas cicatrizes que veremos serão as marcas dos cravos nas mãos de Jesus. A Bíblia nos assegura: "Haverá mãe que possa esquecer seu bebê que ainda mama e não ter compaixão do filho que gerou? Embora ela possa esquecê-lo, eu não me esquecerei de você! Veja, eu gravei você nas palmas das minhas mãos; seus muros estão sempre diante de mim" (Isaías 49.15-16).

Além disso, *as mãos de Deus são poderosas o suficiente para mantê-lo seguro por toda a eternidade.* Em João 10.28-29, está escrito: "Eu lhes dou a vida eterna, e elas jamais perecerão [...] Meu Pai, que as deu para mim, é maior do que todos; ninguém as pode arrancar da mão de meu Pai".

Uma vez que você entrega sua vida nas mãos do Altíssimo, ninguém pode tirá-la de lá. Talvez você se pergunte: "Mas eu não poderia simplesmente sair por conta própria?". Pense no tamanho das mãos do Pai. Você nunca alcançará os limites delas. Ele segura cada aspecto da sua vida.

Quando meus filhos eram pequenos, eu os incentivava na piscina, dizendo: "Confie em mim. Pule". No começo, hesitavam, preocupados se eu teria força para segurá-los, se minhas mãos escorregariam ou se haveria algum perigo. Mas, eventualmente, criavam coragem e pulavam, e eu, claro, sempre os segurava. E assim que sentiam a segurança, queriam repetir a experiência inúmeras vezes.

Hoje, seu Pai Celestial espera que você dê esse salto de fé. Ele diz: "Confie em mim. Estou trabalhando nos bastidores e posso lidar com qualquer coisa de que você precisar".

Você não deseja que sua vida esteja nas mãos de Deus? Confie nele hoje e sempre.

# *A cura da dor vem ao ajudar os outros*

Portanto, uma vez que Cristo sofreu corporalmente,
armem-se também do mesmo pensamento, pois aquele
que sofreu em seu corpo rompeu com o pecado.

(1PEDRO 4.1)

QUANDO VOCÊ ESTÁ com dor, em quem você pensa primeiro? Em si mesmo, claro.

É natural que sejamos egocêntricos – afinal, somos humanos. Quando sofremos, buscamos consolo; quando estamos doentes, queremos cuidados; quando estamos tristes, desejamos compreensão. A dor tende a nos tornar autocentrados. No entanto, Deus nos ensina que, para amar como Ele, precisamos tentar ver a dor dos outros, mesmo enquanto lidamos com a nossa própria.

Jesus é o maior exemplo disso. Mesmo enquanto sofria na cruz – experimentando dores físicas, emocionais e espirituais inimagináveis, carregando os pecados do mundo – ele não deixou de notar o sofrimento à sua volta. E orou: "[...] Pai, perdoa-lhes, pois não sabem o que estão fazendo [...]" (Lucas 23.34). Além disso, consolou o homem ao seu lado dizendo: "[...] Eu garanto: Hoje você estará comigo no paraíso" (Lucas 23.43) e cuidou para que sua mãe fosse amparada. Mesmo em agonia, ele não pensou em si, mas nos outros.

A Bíblia nos exorta a ter a mesma atitude de Jesus (cf. Filipenses 2.5). Isso significa que, mesmo em meio à dor, devemos olhar ao redor e reconhecer quem mais está sofrendo. Precisamos considerar as necessidades dos outros, mesmo enquanto cuidamos das nossas.

Reconheço que isso não é fácil. Então, como é possível enxergar a dor alheia enquanto sofremos? A Bíblia nos orienta: "Portanto, uma vez que Cristo sofreu corporalmente, armem-se também do mesmo pensamento, pois aquele que sofreu em seu corpo rompeu com o pecado" (1Pedro 4.1).

Com a graça de Deus, você pode superar sua própria dor para enxergar a dos outros. E quando fizer isso, o pecado deixará de ter poder sobre sua vida, e você se tornará mais parecido com Jesus.

Essa verdade tem sido evidente em minha família. Com a graça do Senhor, fomos capazes de ajudar outras pessoas em sofrimento, mesmo enquanto lidamos com nossa própria dor. Como resultado, Deus nos deu propósito em meio à dor e nos permitiu apoiar muitos em seus processos de cura.

Deus também pode usar sua dor para ajudar aqueles que estão sofrendo.

# *Você tem o poder de Cristo*

Pois ele nos resgatou do domínio das trevas
e nos transportou para o Reino do seu Filho amado.

(Colossenses 1.13)

Na cruz, Jesus desmantelou o poder de Satanás de controlar sua mente, vida e destino. Quando ele disse: "[...] Está consumado [...]" (João 19.30), o Diabo devia ter reconhecido: "Fui derrotado". Os dias dele estão contados.

Jesus venceu a morte e o Maligno. No entanto, se você não tem o poder de Cristo em sua vida, está indefeso contra o Inimigo. Sem Cristo, você é impotente e Satanás pode manipular suas emoções, confundir sua mente e prender você em todo tipo de vício.

As duas armas preferidas de Satanás são a tentação e a condenação.

Com a tentação, ele minimiza o pecado: "Não é nada demais. Todo mundo faz isso. Você sabe o que o fará feliz melhor do que Deus". O Diabo não precisa falar em alta voz; ele simplesmente implanta essas ideias em sua mente.

No entanto, assim que você peca, ele muda a estratégia para condená-lo, e passa a maximizar o pecado. "Você fez isso mesmo? Sério? Deus nunca mais o amará. Já era. Você nunca poderá ser usado novamente. Esse erro é imperdoável".

Primeiro, Satanás atrai você com a tentação. Depois, ele o prende com a condenação. Percebe a estratégia maligna? Ele diminui a gravidade do pecado antes de você o cometer e, em seguida, a exagera após sua queda.

Mas na cruz, ao dizer "[...] Está consumado [...]" (João 19.30), Jesus não apenas derrotou a tentação e a condenação, mas também destruiu o poder de ambas. Ele o capacitou a resistir à tentação: "Pois ele nos resgatou do domínio das trevas e nos transportou para o Reino do seu Filho amado" (Colossenses 1.13).

A morte e ressurreição de Jesus representaram um golpe fatal em Satanás.

Se você tem Cristo em sua vida, o Inimigo não tem poder sobre você, exceto nas áreas que você permitir que ele acesse. Quando você cede à tentação, abre uma brecha para ele entrar.

Contudo, com o poder de Deus em sua vida, Satanás não pode feri-lo. Você está escondido com Cristo em Deus (cf. Colossenses 3.3) e, portanto, protegido. Você não precisa dar ouvidos ao Diabo. Agora, você tem o poder de dizer não.

# *Não há justificativa para uma resposta rude*

Irmãos, se alguém for surpreendido em algum pecado,
vocês, que são espirituais, deverão restaurá-lo com mansidão.
Cuide-se, porém, cada um para que também não seja tentado.
(GÁLATAS 6.1)

É PROVÁVEL QUE, EM algum momento, todas as pessoas em sua vida acabem decepcionando você. E por que isso acontece? Porque ninguém é perfeito.

Então, como reagir com amor quando alguém o decepciona?

A Bíblia nos orienta em Gálatas 6.1: "Irmãos, se alguém for surpreendido em algum pecado, vocês, que são espirituais, deverão restaurá-lo com mansidão. Cuide-se, porém, cada um para que também não seja tentado". A forma amorosa de lidar com decepções é responder com gentileza e evitar julgamentos. Mas como conduzir conversas difíceis com essa delicadeza? Como confrontar aqueles que amamos ao vê-los fazendo algo errado? A Bíblia nos ensina a fazê-lo com gentileza e respeito, sem qualquer atitude rude ou agressiva.

Aqui está uma equação simples para lembrar: certo + rude = errado.

Não importa se você está certo; se for rude, ninguém dará atenção ao que está dizendo. Em vez disso, apenas se defenderão. Se você deseja alcançar alguém que o decepcionou, é necessário responder de maneira gentil e amorosa.

Provérbios 15.4 nos lembra: "O falar amável é árvore de vida, mas o falar enganoso esmaga o espírito". Sempre temos a escolha de como falar com alguém – em especial com nossos filhos. Palavras duras podem causar feridas que durarão anos. Mas a Bíblia nos ensina que palavras bondosas têm o poder de curar e restaurar. Assim, quando seus filhos cometerem erros, não os critique severamente no calor do momento. Em vez disso, ofereça-lhes uma visão de como as coisas poderiam ser. Pronuncie palavras de vida, saúde e esperança, em vez de palavras duras de julgamento.

O mesmo se aplica aos nossos casamentos. Quantos conflitos conjugais poderiam ser evitados se, antes de falar, parássemos um minuto e escolhêssemos palavras gentis e amáveis, em vez de duras e vingativas?

Precisamos aprender a aliviarmos a pressão uns dos outros e a sermos gentis e delicados em nossas respostas.

# *Se você quer ser gentil, abra os olhos*

Ninguém deve buscar o seu próprio bem,
mas sim o dos outros.
(1Coríntios 10.24)

A gentileza começa com o olhar – a forma como você enxerga o mundo e se sensibiliza com as necessidades dos outros.

Na Bíblia, encontramos a história do Bom Samaritano, que, ao encontrar um viajante ferido após um ataque, decidiu parar para ajudá-lo. O texto afirma que quando ele viu a condição do homem, seu coração se encheu de compaixão (cf. Lucas 10.33). O detalhe é que *ele viu*. Esse é o ponto de partida. Se você deseja se tornar uma pessoa mais gentil, precisa ajustar seu olhar sobre o mundo e tornar-se mais atento às necessidades que o cercam.

Sabia que a pressa é inimiga da gentileza? Para ser gentil, é necessário desacelerar. Quando você está distraído, não sobra tempo para exercer gentileza.

Se você fizesse uma viagem de costa a costa, haveria várias formas de atravessar o país. De avião, você chegaria mais rápido, mas não veria muitas paisagens. Se optasse por um trem ou carro, teria a chance de observar mais coisas. Mas, se o objetivo fosse realmente apreciar cada detalhe, a melhor opção seria caminhar.

A Palavra nos orienta: "Ninguém deve buscar o seu próprio bem, mas sim o dos outros" (1Coríntios 10.24). O primeiro passo para praticar a gentileza é pedir ao Senhor um radar espiritual que o torne sensível às pessoas à sua volta que estão sofrendo emocional, espiritual e fisicamente.

Talvez você tenha nascido com essa sensibilidade natural. Você percebe imediatamente quando alguém está necessitado. Isso não significa que você seja mais espiritual do que os outros; é apenas uma característica sua. No entanto, se isso não o descreve, você pode ser como eu, com uma espécie de "TDAH espiritual". É fácil se distrair, focar nas tarefas diárias e acabar *não* percebendo o que acontece ao seu redor.

Contudo, se você se importa, então estará atento. Em Gálatas 6.7-8, lemos o seguinte: "[...] Quem planta egoísmo, ignorando a necessidade dos outros – e a Deus! –, colherá o mal. O resultado de sua vida será frutos inúteis [...]" (AM). Nem sempre é fácil perceber a necessidade dos outros, mas esse é o ponto de partida da gentileza.

# *Três realidades do céu*

Portanto, já que vocês ressuscitaram com Cristo,
procurem as coisas que são do alto, onde Cristo
está assentado à direita de Deus.

(Colossenses 3.1)

Muitas pessoas têm concepções equivocadas sobre como é o céu. Contudo, não seremos pequenos querubins de túnicas brancas, nem ficaremos flutuando em nuvens.

Precisamos desenvolver uma compreensão correta a respeito do céu. A Bíblia diz o seguinte em Colossenses 3.1: "Portanto, já que vocês ressuscitaram com Cristo, procurem as coisas que são do alto, onde Cristo está assentado à direita de Deus".

Afinal, o que a Bíblia nos ensina sobre essas "coisas do alto"?

*O céu é onde Deus vive e governa.* A Bíblia descreve o céu como a "habitação, casa e cidade de Deus". Em outras palavras, é o lugar onde ele reside.

Jesus também se refere ao céu como "Reino de Deus" ou "Reino dos Céus". Portanto, lá também é onde o Senhor governa. Salmos 123.1 reforça essa ideia ao dizer: "A ti levanto os meus olhos, a ti, que ocupas o teu trono nos céus".

*O céu é um lugar real*, não apenas um estado de espírito ou existência abstrata. A Bíblia afirma que no céu haverá ruas, árvores, água, casas e até animais. Seu corpo físico será renovado, e você terá um lugar real para habitar com esse novo corpo. Como Jesus prometeu: "Na casa de meu Pai há muitos aposentos; se não fosse assim, eu teria dito a vocês. Vou preparar lugar para vocês" (João 14.2).

*O céu foi planejado para você e para mim.* Deus não o criou para si mesmo, mas o desenhou para a sua família, como uma expressão de amor. A Bíblia nos lembra disso em Mateus 25.34: "[...] Venham, benditos de meu Pai! Recebam como herança o Reino que foi preparado para vocês desde a criação do mundo".

Nós, seres humanos, não fomos feitos para viver neste mundo para sempre. Fomos criados para o céu. Hebreus 13.14 nos diz: "Pois não temos aqui nenhuma cidade permanente, mas buscamos a que há de vir". De fato, este mundo não é o nosso lar; estamos apenas de passagem.

E, como Paulo escreveu em 1Coríntios 2.9, "[...] Olho nenhum viu, ouvido nenhum ouviu, mente nenhuma imaginou o que Deus preparou para aqueles que o amam". Não importa quão grandiosas sejam suas ideias sobre o céu, a realidade será infinitamente melhor do que qualquer expectativa que possa ter.

# *Seja fiel com o trabalho que lhe foi dado*

Quem é fiel no pouco, também é fiel no muito,
e quem é desonesto no pouco, também é desonesto no muito.
Assim, se vocês não forem dignos de confiança em lidar com as riquezas
deste mundo ímpio, quem confiará as verdadeiras riquezas a vocês?

(LUCAS 16.10-11)

SE VOCÊ PENSA que o céu será um lugar monótono, reconsidere essa ideia.

Lá, você não ficará sentado em uma nuvem sem fazer nada. Deus o criou e conhece seus interesses. Ele o dotou de dons espirituais, um coração único, habilidades, personalidade e uma variedade de características. Essa singularidade não foi concedida apenas para a terra; Deus a usará também na eternidade.

Sim, você terá trabalho no céu, mas há uma diferença entre o trabalho celestial e o terrestre: na Nova Jerusalém, você terá a garantia de desfrutar do que faz. O trabalho não gerará angústia ou estresse; será sempre significativo, prazeroso e satisfatório. Em outras palavras, você estará envolvido no trabalho dos seus sonhos para sempre.

Embora não possamos saber exatamente quais serão suas funções ou responsabilidades específicas no céu, podemos ter certeza de que serão determinadas com base em sua fidelidade às responsabilidades que Deus lhe confiou na terra. A vida é uma missão temporária, e o Senhor está atento para ver quanto confiável e fiel você é às responsabilidades que ele lhe atribuiu.

Se você aproveitar ao máximo as oportunidades que lhe são concedidas agora, ele lhe dará ainda mais no céu. Embora a entrada lá seja pela graça do Senhor, as recompensas e responsabilidades que você receberá dependerão de quão fielmente você o serviu aqui na vida terrena.

A Bíblia esclarece isso em Lucas 16.10-11: “Quem é fiel no pouco, também é fiel no muito, e quem é desonesto no pouco, também é desonesto no muito. Assim, se vocês não forem dignos de confiança em lidar com as riquezas deste mundo ímpio, quem confiará as verdadeiras riquezas a vocês?”.

Deus está observando como você administra seus recursos – finanças, tempo, relacionamentos, saúde ou oportunidades – não para fazer você se sentir culpado, mas porque deseja que você desfrute de todas as maravilhas que o céu tem a oferecer.

Ao escolher ser fiel em tudo o que Deus lhe confiou aqui neste mundo, você estará se preparando para receber muito mais no céu.

# *Maneiras fáceis de amar o próximo*

Se vocês de fato obedecerem à lei do Reino encontrada na Escritura que diz: "Ame o seu próximo como a si mesmo", estarão agindo corretamente.

(Tiago 2.8)

Garagens são uma conveniência maravilhosa, não é mesmo? Ao chegar em casa após um longo dia de trabalho, você pode simplesmente entrar, fechar a porta e evitar qualquer interação antes de chegar ao conforto do seu lar.

No entanto, essa conveniência pode, sem querer, impedir os cristãos de cumprir um dos mandamentos mais fundamentais de Deus: "Se vocês de fato obedecerem à lei do Reino encontrada na Escritura que diz: 'Ame o seu próximo como a si mesmo', estarão agindo corretamente" (Tiago 2.8).

"Ame o seu próximo como a si mesmo". É um mandamento simples, mas poderoso, que abrange todas as pessoas em sua vida. Contudo, muitos nem sequer conhecem os vizinhos que moram ao seu lado – e não é possível amar alguém que não conhece.

Deus se alegra ao ver as pessoas que ele criou em comunhão umas com as outras. Em Zacarias 3.10, ele disse: "[...] cada um de vocês convidará seu próximo para assentar-se debaixo da sua videira e debaixo da sua figueira".

Você pode não ter um vinhedo, mas talvez tenha uma área comum em seu condomínio ou um espaço em seu quintal. Com pouco esforço, é possível criar um ambiente acolhedor e ter um momento para familiarizar-se com seus vizinhos.

Esse contato pode começar com algo tão simples quanto sentar na varanda da frente e cumprimentar as pessoas que passam. Você nunca sabe quando um gesto amigável pode se transformar em uma conversa sobre Deus.

Se estiver trabalhando em um projeto de jardinagem, faça-o devagar para aproveitar as oportunidades de conexão com seus vizinhos. Está sem ovos para aquela receita de biscoitos? Peça emprestado a um vizinho – e depois compartilhe os biscoitos. Leve o cachorro para passear e converse com, pelo menos, uma pessoa. Mova a churrasqueira para o quintal da frente e organize uma festa improvisada na qual cada um traz sua carne. Sairá para correr ou caminhar? Convide alguém para ir com você.

Não deixe a correria do dia a dia ser uma desculpa para negligenciar o mandamento de Deus de amar o próximo. Estenda a mão, abra-se e compartilhe a vida com os outros, para que um dia possam compartilhar a eternidade com você.

# *Vale a pena esperar pelo milagre de Deus*

"Pois os meus pensamentos não são os pensamentos de vocês, nem os seus caminhos são os meus caminhos", declara o Senhor.

(Isaías 55.8)

Você já se deparou com um grande desafio em sua vida? Algo que parecia impossível de resolver sem que um milagre aconteça?

Se ainda não passou por isso, um dia passará. E quando esse momento chegar, você terá uma escolha a fazer: esperar por Deus ou tentar resolver tudo por conta própria.

Entretanto, a verdade é que milagres surgem de onde menos se espera; não são fruto do seu próprio esforço. A origem de um milagre é sempre inesperada.

Veja o exemplo de Abraão. Deus prometeu que ele teria um filho, e que o menino seria o pai de uma grande nação. Abraão, já com quase noventa anos, ainda não tinha filhos com sua esposa. Para que essa promessa se cumprisse, seria necessário um milagre.

Porém, esse não era o plano de Deus. O milagre que o Altíssimo havia planejado era para ocorrer através de Sara. A tentativa de Abraão foi uma solução inferior ao plano divino.

O mesmo se aplica a você. Suas tentativas de fazer as coisas acontecerem são sempre a segunda melhor opção – o caminho do Senhor é melhor.

Se você pudesse entender inteiramente os planos de Deus, então você seria Deus. Mas você não é. Como está escrito em Isaías 55.8: "'Pois os meus pensamentos não são os pensamentos de vocês, nem os seus caminhos são os meus caminhos', declara o Senhor".

Milagres sempre acontecem de maneiras inesperadas. Portanto, não há razão de se preocupar, ter medo ou tentar adivinhar como as coisas acontecerão.

Confie em Deus e declare: "Não sei como o Senhor fará isso, mas sei que fará". Então, apenas obedeça, vá para onde ele o guiar e prepare-se para testemunhar um milagre.

# *Quando Deus lhe der uma segunda chance, aproveite-a*

Como cooperadores de Deus, insistimos com
vocês para não receberem em vão a graça de Deus.
(2Coríntios 6.1)

**Todos nós cometemos** erros na vida, alguns grandes e outros pequenos. Às vezes, tais erros podem nos afastar da missão que o Senhor planejou para nós. Se você se encontra nessa situação, há uma boa notícia: Deus é um Deus de segundas chances. Quando perceber que ele está lhe oferecendo outra oportunidade de cumprir sua missão, não a desperdice. Aproveite-a, pois é o momento ideal para focar no chamado que ele tem para sua vida.

Paulo nos lembra em 2Coríntios 6.1: "Como cooperadores de Deus, insistimos com vocês para não receberem em vão a graça de Deus". O Senhor já fez muito por você – perdoou seus pecados e lhe concedeu inúmeras segundas chances.

E ele continuará a lhe dar novas oportunidades para servi-lo.

Considere o exemplo de Paulo. Antes, ele perseguia e matava cristãos por acreditar que eram hereges seguindo um líder desacreditado e morto.

Contudo, no caminho para Damasco, Jesus o confrontou e ofereceu-lhe uma nova chance, uma chance de cumprir sua verdadeira missão neste mundo. Paulo aceitou essa missão e deu uma virada de 180º – e nunca se esqueceu da segunda chance que recebeu do Senhor.

Em uma fase posterior de seu ministério, Paulo disse: "Todavia, não me importo, nem considero a minha vida de valor algum para mim mesmo, se tão somente puder terminar a corrida e completar o ministério que o Senhor Jesus me confiou, de testemunhar do evangelho da graça de Deus" (Atos 20.24).

A gratidão de Paulo por ser usado por Deus foi tamanha que sua missão divina se tornou a prioridade máxima em sua vida. Nada mais importava.

Independentemente da gravidade dos seus erros – seja um grande desvio do chamado de Deus ou um afastamento gradual – saiba que o Senhor não mudou sua missão. E ele está oferecendo uma segunda chance hoje.

Portanto, não hesite. *Comece agora.* Quando Deus lhe der outra oportunidade, obedeça.

Ao lhe dar uma segunda chance, ele está mostrando a imensidão da graça e do amor que tem por você.

# *Você precisa de uma fundação firme*

Embora os montes sejam sacudidos e as colinas sejam removidas,
ainda assim a minha fidelidade para com você não será abalada,
nem será removida a minha aliança de paz [...] eu a edificarei com turquesas,
edificarei seus alicerces com safiras. Farei de rubis os seus escudos,
de carbúnculos as suas portas, e de pedras preciosas todos os seus muros.
(Isaías 54.10-12)

Todos nós, em algum momento, precisamos de um novo começo. E Deus está sempre disposto a nos ajudar a fazê-lo. Quando a nação de Israel foi invadida pela Babilônia, o povo foi exilado e mantido em cativeiro por setenta anos. Os israelitas estavam desanimados, não apenas pela derrota, mas também pela destruição de sua cidade sagrada, Jerusalém.

Em meio a tudo isso, o Senhor não queria que se esquecessem de que ele continuava ao lado deles. Ele ainda os amava, e estava determinado a reconstruir – ou reiniciar – suas vidas.

Portanto, fez uma promessa: "Embora os montes sejam sacudidos e as colinas sejam removidas, ainda assim a minha fidelidade para com você não será abalada, nem será removida a minha aliança de paz [...] eu a edificarei com turquesas, edificarei seus alicerces com safiras. Farei de rubis os seus escudos, de carbúnculos as suas portas, e de pedras preciosas todos os seus muros" (Isaías 54.10-12).

Embora os israelitas talvez não tenham usado joias preciosas em cada pedra da reconstrução de Jerusalém, Deus queria que entendessem que ele restauraria a cidade – e suas vidas – com paz e bondade.

Uma fundação feita de argila e rocha pode durar alguns anos. Mas uma fundação edificada sobre as promessas divinas – os tesouros mais preciosos da terra – é eterna.

Quando Jó estava passando por dificuldades, um amigo lhe disse: "A vida será mais refulgente que o meio-dia, e as trevas serão como a manhã em seu fulgor. Você estará confiante, graças à esperança que haverá; olhará ao redor e repousará em segurança" (Jó 11.17-18).

Você sente que é hora de recomeçar, de fazer uma grande mudança em sua vida? Se a resposta for sim, então, você precisa de uma fundação sólida. E ela só pode ser encontrada em Deus, que o ama e cuida de você.

Você pode recomeçar hoje, deixando para trás os pecados e distrações que o afastam do Senhor – em outras palavras, arrependendo-se. À medida que ele reconstrói sua vida sobre uma fundação firme, você experimentará a bondade e a paz divinas. E sua vida brilhará mais do que o sol ao meio-dia.

# *Deus lhe oferece uma escolha*

Vejam que hoje ponho diante de vocês vida e prosperidade, ou morte e destruição. Pois hoje ordeno a vocês que amem o Senhor, o seu Deus, andem nos seus caminhos e guardem os seus mandamentos, decretos e ordenanças; então vocês terão vida e aumentarão em número, e o Senhor, o seu Deus, os abençoará na terra em que vocês estão entrando para dela tomar posse.

(Deuteronômio 30.15-16)

Muitas pessoas não compreendem Deus. Elas reconhecem que ele planejou a existência delas e tem um propósito específico para suas vidas, mas acreditam erroneamente que cada detalhe de seus dias já está predefinido. Essa visão as leva a pensar que não têm liberdade de escolha.

No entanto, a Bíblia ensina exatamente o oposto. Embora o Senhor tenha, de fato, um plano e um propósito para cada um de nós, esse plano não acontece de maneira automática. É possível perdê-lo, pois Deus não nos obriga a seguir o caminho que ele preparou. Ele nos concede a liberdade de escolher entre aceitar ou rejeitar a salvação, de obedecer ou desobedecer às suas direções. Temos a escolha de seguir ou ignorar o propósito para o qual fomos criados. Muitos, infelizmente, perdem seu propósito de vista por conta de escolhas equivocadas. A Bíblia é clara ao afirmar repetidas vezes que Deus não nos força a cumprir sua vontade.

Quando Moisés liderou os hebreus para fora do Egito, após quatrocentos anos de escravidão, ele lhes falou sobre uma terra que Deus havia prometido. Mas, antes de entrarem na Terra Prometida, o Senhor, por meio de Moisés, apresentou ao povo uma escolha, assim como ele faz conosco: "Vejam que hoje ponho diante de vocês vida e prosperidade, ou morte e destruição. Pois hoje ordeno a vocês que amem o Senhor, o seu Deus, andem nos seus caminhos e guardem os seus mandamentos, decretos e ordenanças; então vocês terão vida e aumentarão em número, e o Senhor, o seu Deus, os abençoará na terra em que vocês estão entrando para dela tomar posse" (Deuteronômio 30.15-16).

Deus estava oferecendo uma escolha ao povo. Ele desejava que desfrutassem da Terra Prometida, mas não os obrigou a aceitá-la. A decisão era deles. Essa situação ilustra a salvação – o processo de sair da escravidão do pecado para a liberdade em Cristo. Para desfrutar das bênçãos da Terra Prometida, os israelitas precisavam escolher obedecer ao Senhor. Da mesma forma, você também precisa decidir se aceitará a salvação e as boas coisas que o Pai Celestial planejou para sua vida.

Deus poderia ter criado você como uma marionete, programada para fazer o que ele quisesse – mas não foi assim. Ele lhe deu a capacidade de escolher. Se você escolher mal, isso pode se tornar sua maior maldição; mas se escolher com sabedoria, será sua maior bênção.

Hoje, o Senhor lhe oferece uma escolha entre a vida – aceitar a salvação e seguir o caminho de Cristo – ou a morte. Qual caminho você escolherá?

Ao escolher o caminho da vida, você pode dizer a Deus: "Senhor, creio que podes me salvar. E também escolho confiar em ti para cumprir o propósito que tens para minha vida, e depender do poder que colocaste em mim para realizar tudo o que planejas. Quero ir aonde me disseres para ir e fazer o que me disseres para fazer. Não sei o que o futuro reserva, mas sei que estarás comigo e me ajudarás a escolher teu caminho em cada momento. Quando for tentado a temer, duvidar ou pecar, quero escolher a ti e ao teu plano, pois sei que este é o único caminho para realmente viver. Em nome de Jesus, amém".

# *Confie no poder de Deus, não em seu próprio*

Ele não se cansa nem fica exausto [...] Ele fortalece o cansado e dá grande vigor ao que está sem forças [...] aqueles que esperam no Senhor renovam as suas forças.

(Isaías 40.28-29, 31)

Os momentos mais difíceis da vida podem esgotar sua energia e drenar você. Quando parece que tudo está desmoronando, é natural olhar para cima, desolado, e perguntar: "O que mais? O que vem agora? Não suporto mais nada".

O apóstolo Paulo teve sentimentos semelhantes: "[...] Fomos esmagados e oprimidos além da nossa capacidade de suportar, e pensamos que não sobreviveríamos" (2Coríntios 1.8, NVT).

Ele parecia estar prestes a desistir, mas veja o que aconteceu em seguida: "De fato, esperávamos morrer. Mas, como resultado, deixamos de confiar em nós mesmos e aprendemos a confiar somente em Deus, que ressuscita os mortos. Ele nos livrou do perigo mortal, e nos livrará outra vez. Nele depositamos nossa esperança, e ele continuará a nos livrar" (2Coríntios 1.9-10, NVT).

Paulo compreendeu que, se Deus pode ressuscitar os mortos, ele certamente poderia socorrê-lo. E isso também é verdade para você. O poder que trouxe Jesus de volta à vida está disponível. A ressurreição de Cristo prova que nenhuma situação é sem esperança demais e que qualquer problema pode ser resolvido. Se Deus pode ressuscitar um morto, ele pode restaurar sua saúde ou um casamento em crise. Ele pode dar um novo fôlego à sua carreira profissional.

Mas como você pode acessar esse poder? Você o recebe quando permite que o Senhor encha sua vida com o Espírito Santo. A Bíblia declara: "Pois Deus não nos deu espírito de covardia, mas de poder, de amor e de equilíbrio" (2Timóteo 1.7).

Quando o Espírito de Deus enche sua vida, você adquire verdadeiro autocontrole. Não é mais levado de um lado para o outro pelas circunstâncias. Com Cristo no comando, você pode enfrentar qualquer situação. Não depende mais apenas de suas próprias forças para manter tudo sob controle; você confia no poder de Deus. E a Bíblia nos assegura que "[...] ele não se cansa nem fica exausto [...] ele fortalece o cansado e dá grande vigor ao que está sem forças [...] aqueles que esperam no Senhor renovam as suas forças (Isaías 40.28-29, 31).

Deus é fiel. Não importa o que você esteja enfrentando, ele o sustentará.

# *O preconceito questiona a beleza da criação de Deus*

"Ame o seu próximo como a si mesmo" [...] Mas, se tratarem os outros com parcialidade, estarão cometendo pecado [...]

(Tiago 2.8-9)

Deus abomina o preconceito por tratar-se de uma forma de questionar a criação.

Ele nos fez diferentes. Criou raças, formas, tamanhos e personalidades diversas. Imagine como o mundo seria monótono se Deus não fosse criativo.

Um dos meus passatempos favoritos é colecionar pedras para fazer bordas em meu quintal. Aprendi que o segredo para uma borda de pedras realmente bonita é combinar pedras de diferentes cores. Isso realça a beleza de cada pedra.

O mesmo vale para as pessoas. O design criativo do Senhor só é plenamente revelado quando estamos em comunidade com pessoas que são diferentes de nós.

Quando alguém demonstra preconceito, está, na verdade, dizendo: "Deus, você errou ao criar uma variedade de pessoas. Todos deveriam ser iguais a mim". É uma expressão flagrante de orgulho e arrogância. Ao rejeitar o que o Senhor criou, estamos rejeitando o plano e design perfeitos dele.

Como está escrito em Tiago 2.1, 8-9: "Meus irmãos, como crentes em nosso glorioso Senhor Jesus Cristo, não façam diferença entre as pessoas, tratando-as com parcialidade [...] Se vocês de fato obedecerem à lei do Reino encontrada na Escritura que diz: "Ame o seu próximo como a si mesmo", estarão agindo corretamente. Mas, se tratarem os outros com parcialidade, estarão cometendo pecado e serão condenados pela Lei como transgressores".

Vivemos em tempos de grande divisão e partidarismo, mais do que jamais presenciei em minha vida. Em um mundo onde as pessoas estão prontas a se desentender, os cristãos devem se firmar na verdade de que não foram criados para ignorar as características que tornam todos únicos.

Negar as diferenças, inclusive as belas cores e outras particularidades da criação, é negar o próprio caráter do Senhor. Nossas diferenças são reflexos da maravilhosa criatividade divina.

Todos somos seres humanos, criados à imagem de Deus e profundamente amados por ele. Quando enxergamos cada pessoa dessa maneira, podemos vencer o preconceito com o poder do amor.

# *O refinamento conduz a um novo propósito*

Se alguém se purificar dessas coisas, será vaso para honra, santificado, útil para o Senhor e preparado para toda boa obra.

(2Timóteo 2.21)

Uma vez, vi um cartaz em um posto de gasolina que dizia: "Um motor limpo tem mais potência". Essa ideia também se aplica às pessoas.

Viver com a consciência limpa nos dá mais força. Nada nos desgasta mais do que a culpa, o arrependimento, a vergonha ou o esforço de esconder algo que sabemos estar errado.

Como estudante de história, li sobre grandes figuras de fé que enfrentaram momentos difíceis sem desistir. Antes de alcançar um novo propósito, sempre passavam por um processo de refinamento. Esse crescimento e transformação durante os tempos difíceis as preparavam para serem usadas por Deus de maneiras ainda mais significativas.

O primeiro passo para manter a vida limpa é a purificação pessoal. Deus usa pessoas santas e puras – não perfeitas. Sempre que você o observa usando alguém, verá que essa pessoa manteve sua vida limpa, enfrentou o pecado e foi purificada pelo perdão do Senhor, por meio de Jesus Cristo.

A Bíblia promete: "Se alguém se purificar dessas coisas, será vaso para honra, santificado, útil para o Senhor e preparado para toda boa obra" (2Timóteo 2.21).

Se você deseja ser um instrumento de Deus em tempos difíceis, o primeiro passo é a confissão e a purificação. Como disse Agostinho[1], o grande teólogo: "O começo das boas obras é a confissão das más obras".[2]

Como, então, se livrar da culpa, do arrependimento, da vergonha ou do medo de ser descoberto? Basta confessar, dizendo: "Deus, o Senhor está certo. O que fiz foi errado". A Bíblia nos assegura em 1João 1.9: "Se confessarmos os nossos pecados, ele é fiel e justo para perdoar os nossos pecados e nos purificar de toda injustiça".

Deus não quer que você caminhe carregando pesos desnecessários. Ele quer que você os deixe para trás. Será sempre difícil enfrentar tempos difíceis se você carregar, desnecessariamente, pesos do passado.

Alivie esse peso hoje, confessando seu pecado a Deus, e então começará a sentir a pressão diminuir. Estará pronto para o próximo propósito que ele tem para você.

[1] Santo Agostinho também conhecido como Agostinho de Hipona, foi um dos mais influentes teólogos e filósofos da Igreja Cristã. Ele passou por uma conversão ao Cristianismo após um período de vida dedicado ao estudo da filosofia e ao maniqueísmo. Como bispo de Hipona, escreveu extensivamente sobre temas como a natureza do pecado, a graça divina, a Trindade e a relação entre fé e razão. [N.T.]

[2] AGOSTINHO de Hipona. **Homilies on the Gospel of St. John. In: Augustine of Hippo:** Selected Writings. Tradução de Mary T. Clark. New York: Paulist Press, 1984, p. 291.

# *Quando puder, ajude os outros*

Enquanto é dia, precisamos realizar a obra daquele que me enviou. A noite se aproxima, quando ninguém pode trabalhar.

(João 9.4)

**Todos os dias,** Deus oferece oportunidades para que você seja bondoso com as pessoas ao seu redor. Enquanto faz isso, ele observa atentamente para ver como você reagirá.

Você escolherá agir com egoísmo ou estará atento às pessoas que precisam de uma palavra de incentivo, um gesto de apoio, um ouvido atento ou uma ajuda presente?

A Bíblia nos ensina: "Quanto for possível, não deixe de fazer o bem a quem dele precisa" (Provérbios 3.27).

Você nem sempre terá a oportunidade de ajudar; portanto, quando uma surgir, não a desperdice.

É provável que você tenha pessoas em sua vida que já considerou ajudar. Talvez tenha dito a si mesmo: "Gostaria de fazer algo pelo meu vizinho" ou "Quero realizar uma boa ação para aquela pessoa no trabalho". Apesar das suas boas intenções, nada foi feito. Por que isso acontece? Talvez você tenha criado desculpas, pensando: "Farei isso quando as coisas melhorarem".

Mas adivinha só? As coisas raramente melhoram.

O momento para fazer o bem é agora. A Bíblia nos adverte: "O agricultor que espera condições de tempo perfeitas nunca semeia; se ele fica observando cada nuvem, não colhe" (Eclesiastes 11.4, NVT).

Quando o Espírito de Deus lhe apresenta uma oportunidade de fazer o bem, é melhor fazê-lo imediatamente. Em outras palavras, faça o bem agora, pois o amanhã é incerto.

Jesus disse: "Enquanto é dia, precisamos realizar a obra daquele que me enviou. A noite se aproxima, quando ninguém pode trabalhar" (João 9.4).

Deus tem tarefas específicas que ele deseja que você realize. Não espere por condições perfeitas para cumpri-las. Em vez disso, busque diariamente as oportunidades que ele coloca diante de você para ajudar e encorajar os outros.

Qual ato de bondade você tem pensado em fazer? Talvez tenha pensado várias vezes: "Realmente gostaria de fazer isso por tal pessoa". Mas, até agora, não o fez. É hora de parar de adiar as coisas.

Faça algo.

# *Você não precisa entender o porquê*

Eu me apresso em obedecer aos teus mandamentos [...]

(Salmos 119.32, NTLH)

Se há um momento na vida em que você precisa se apressar, é quando Deus lhe diz para agir – mesmo que você não entenda o porquê.

Salmos 119.32 diz o seguinte: "Eu me apresso em obedecer aos teus mandamentos [...]" (NTLH).

Não é preciso compreender algo completamente para aproveitar seus benefícios. Por exemplo, não entendo todos os detalhes de como aviões se mantêm no ar, mas viajo de avião o tempo todo. Da mesma forma, não entendo como computadores funcionam, mas os utilizo diariamente.

Não é preciso compreender plenamente por que Deus o instrui a fazer algo para colher os frutos da obediência.

Se você é pai ou mãe, com certeza já passou pela situação em que pediu ao seu filho que fizesse algo e ele perguntou: "Por que devo fazer isso?". Sua resposta pode ter sido tão simples quanto: "Porque eu mandei".

O que você realmente quis dizer foi: "Você ainda não tem maturidade para entender, mas um dia compreenderá. Estou dizendo para fazer isso pelo seu próprio bem".

Se há alguém com autoridade suprema para dizer: "Porque mandei", esse alguém é Deus – o Criador, Governante do Universo e nosso Pai Celestial.

Na Bíblia, sempre que o Senhor dá uma ordem sem especificar um prazo, ele espera uma ação imediata.

Isso me faz lembrar de quando minha esposa, Kay, costumava chamar a família para o jantar. Se ela dizia: "Venham para o jantar às 17h30", todos sabíamos que precisávamos estar prontos para comer nesse horário. No entanto, se ela apenas dizia: "Venham para o jantar", deveríamos ir imediatamente. Assim como crianças que procrastinam, às vezes fingimos não ouvir a voz de Deus, mesmo quando ele fala claramente. Ou então lemos um mandamento na Bíblia e tentamos nos convencer de que aquela mensagem é para outra pessoa.

Entretanto, nenhum desses subterfúgios engana o Senhor. Essas tentativas de adiamento revelam uma rebelião sutil, que questiona tanto a autoridade de Deus quanto seu plano para nós.

Ter fé significa obedecer prontamente ao comando divino, mesmo quando você não entende ou vê obstáculos à frente. Por isso, avance com fé, confiante de que Deus, movido por amor, sempre tem seus melhores interesses em mente.

# *As duas coisas de que você precisa para controlar seus pensamentos*

A mentalidade da carne é morte,
mas a mentalidade do Espírito é vida e paz.
(Romanos 8.6)

Você já percebeu que sua mente nem sempre faz o que você manda?

Às vezes, seus pensamentos tomam direções inesperadas. Quando você precisa orar, sua mente se distrai.

A Bíblia nos instrui, nesses momentos, a levar "[...] cativo todo pensamento, para torná-lo obediente a Cristo" (2Coríntios 10.5). Mas o que isso realmente significa? No original grego, a palavra traduzida como "cativo" tem o sentido de "tomar como prisioneiro" – nesse contexto, trata-se de controlar seus próprios pensamentos.

Isso só é possível quando você usa as duas armas que todo cristão tem à disposição: o Espírito Santo e a Palavra de Deus.

*Primeiro, é essencial reconhecer o poder do Espírito Santo dentro de você.* Sem ele, você está indefeso. Como nos ensina Romanos 8.6: "A mentalidade da carne é morte, mas a mentalidade do Espírito é vida e paz". A presença de Jesus em sua vida é indispensável, pois, sem o Espírito Santo, a natureza pecaminosa tende a dominar sua mente e direcioná-la sempre para o caminho errado. Entretanto, quando o Espírito Santo assume o controle, você ganha o poder de subjugar cada pensamento.

*Em segundo lugar, você precisa se apoiar na Palavra do Senhor.* Jesus afirmou: "[...] Se vocês permanecerem firmes na minha palavra, verdadeiramente serão meus discípulos. E conhecerão a verdade, e a verdade os libertará" (João 8.31-32).

Muitas pessoas adoram citar a frase "a verdade os libertará", presente em universidades ao redor do mundo. No entanto, raramente mencionam a primeira parte do versículo, que fala sobre obedecer ao ensinamento de Jesus. Há uma tendência em dissociar a liberdade da verdade. Mas é justamente a verdade – revelada na Palavra e personificada em Jesus – que tem o poder de quebrar as correntes que nos aprisionam a pensamentos pecaminosos.

À medida que você confiar no Espírito Santo e encher sua mente com a Palavra de Deus, notará que seus pensamentos já não terão mais poder sobre você. Ao contrário, você será capaz de dominá-los e de viver na liberdade que Deus oferece.

# *Deus ouve orações sinceras*

Lancem sobre ele toda a sua ansiedade,
porque ele tem cuidado de vocês.
(1Pedro 5.7)

Se em algum momento você já orou: "Deus, me ajude. Estou sobrecarregado e desanimado. Não sei se consigo continuar", saiba que você foi sincero – e é exatamente esse tipo de oração que o Senhor deseja ouvir de você.

Você se sente sob ataque, exausto, rejeitado ou solitário? Conte tudo a Deus. Ele permite que você despeje sobre ele todos os seus sentimentos, pois a Bíblia nos encoraja: "Lancem sobre ele toda a sua ansiedade, porque ele tem cuidado de vocês" (1Pedro 5.7). No entanto, às vezes, ser honesto com Deus pode parecer intimidante. Você pode até tentar fingir que ele não sabe de tudo o que acontece em sua vida. Por isso, é importante lembrar-se de três verdades sobre Deus quando você orar.

*Primeiro, Deus conhece todas as suas emoções.* A Bíblia afirma que o Senhor "formou o coração de cada um; por isso, entende tudo que fazem" (Salmos 33.15).

Quando você compartilhar seus sentimentos com Deus, ele nunca dirá: "Isso é uma surpresa para mim". Por quê? Porque foi ele quem criou você. Nada o surpreenderá.

*Segundo, Deus entende seus sentimentos.* Conforme a Bíblia diz: "[...] o Senhor sonda todos os corações e conhece a motivação dos pensamentos [...]" (1Crônicas 28.9).

A maioria de nós não compreende o que sente. Às vezes, somos tomados por uma emoção e nos perguntamos: "De onde isso veio?". Mas, como fomos criados à imagem de Deus e ele nos deu emoções, ele sempre as entende.

*Por fim, Deus ama ouvi-lo.* Em Salmos 116.1-2, está escrito: "Amo o Senhor, porque ele ouve a minha voz e as minhas orações. Porque ele se inclina para ouvir, orarei enquanto viver" (NVT).

Embora você possa se sentir ocupado demais para conversar com ele, saiba que Deus nunca está ocupado demais para ouvi-lo. Ele não tem pressa e nunca dirá: "Do que você estava falando? Pode repetir?". Deus está sempre atento e disponível.

Portanto, sempre que estiver angustiado e no limite, ore com sinceridade e "[...] grite no meio da noite [...] derrame o seu coração como água na presença do Senhor [...]" (Lamentações 2.19).

# *Você não precisa ter todas as boas ideias*

Os sábios estão sempre aprendendo;
sua sede de conhecimento é insaciável.
(Provérbios 18.15, AM)

Um dos hábitos mais importantes que o ajudarão a perseverar em tempos difíceis é continuar aprendendo coisas novas. Quando você para de aprender, seu crescimento espiritual também estagna. Deus deseja que você cresça e se torne cada vez mais semelhante a ele.

Esse processo de crescimento está intimamente ligado à visão. Ter visão significa ser capaz de enxergar como uma boa ideia, mesmo que tenha sido pensada por outra pessoa, pode ser aplicada em sua vida. Provérbios 18.15 nos lembra: "Os sábios estão sempre aprendendo; sua sede de conhecimento é insaciável" (AM).

Uma característica da sabedoria é a disposição para aprender.

Não importa o quanto você já tenha estudado ou vivido, sempre é possível adquirir novos conhecimentos fazendo boas perguntas. Todos nós somos ignorantes em alguma área. Por isso, a Bíblia ensina: "Assim como o ferro afia o ferro, o homem afia o seu companheiro" (Provérbios 27.17). Todos ainda temos muito a aprender.

Grande parte do que você sabe foi adquirida por meio da imitação. Você aprendeu a andar, falar e comer observando outras pessoas. A maioria dos seus conhecimentos veio dessa observação e imitação.

Isso demonstra que você não precisa criar novas ideias ou estratégias em todas as situações – no trabalho, em casa ou na escola. Basta manter os olhos abertos para o que já está funcionando. Durante tempos difíceis, adote uma postura de aprendizado e aproveite a sabedoria que Deus coloca à sua volta.

Hoje, a inovação é quase um ídolo em nossa sociedade. Todos querem ser inovadores. Todos querem ser a pessoa que pensa em algo novo, diferente ou criativo.

Embora a inovação seja valiosa, se algo já está funcionando, por que reinventar a roda? Muitas vezes, a imitação é mais prática e eficaz do que a inovação.

O apóstolo Paulo disse em Filipenses 3.17: "Irmãos, sigam unidos o meu exemplo e observem os que vivem de acordo com o padrão que apresentamos a vocês". Paulo frequentemente encorajava outros a seguirem seu exemplo porque ele seguia o exemplo de Cristo. Ele exortava: "Tornem-se meus imitadores, como eu o sou de Cristo" (1Coríntios 11.1).

Em tempos de adversidade, procure aquilo que está funcionando – o que está alinhado com os propósitos de Deus, o que ele está abençoando – e imite isso. Esse é o momento de aprender com outros que têm fé.

# *Você nunca conseguirá medir a imensidão do amor de Deus*

Eu lhes dou a vida eterna, e elas jamais perecerão;
ninguém as poderá arrancar da minha mão.
(João 10.28)

Quando levei meus filhos ao Grand Canyon, meus dois meninos estavam especialmente inquietos. Enquanto nos aproximávamos da borda, segurava firmemente suas mãos. Eles queriam se soltar – mas eu jamais permitiria isso. Como pai, meu amor por eles era grande demais para correr o risco de soltá-los.

Da mesma forma, quando você pega na mão de Deus, haverá momentos em que você desejará soltá-la. Contudo, independentemente de como seus sentimentos ou circunstâncias variem, o Senhor permanece inabalável e fiel. Quando você se torna cristão, ele promete mantê-lo salvo até que chegue ao céu.

Jesus disse: "Eu lhes dou a vida eterna, e elas jamais perecerão; ninguém as poderá arrancar da minha mão" (João 10.28).

Houve momentos em minha vida em que disse: "Deus, não é conveniente ser seguidor de Jesus agora. Gostaria de me afastar um pouco". E ele, com amor e paciência, respondeu: "Você pode querer se afastar de mim, mas nunca soltarei sua mão. Você está seguro em minhas mãos, e ninguém pode tirá-lo da minha presença".

Lembre-se, as mãos do Senhor são maiores do que o Universo. Você jamais chegará ao limite delas. Da mesma forma, o amor de Deus é infinito – e você nunca conseguirá medir a imensidão dele.

Uma vez que você nasce de novo, não pode "desnascer". Quando seu nome é escrito no eterno Livro da Vida, ele é registrado com uma tinta que ninguém nem nada pode apagar: o sangue de Cristo. Uma vez salvo, sempre salvo.

Embora o futuro seja incerto e você não saiba quantos anos ainda tem pela frente, pode ter certeza de uma coisa: sua salvação nunca será perdida. Mesmo quando o mundo ao seu redor parecer desmoronar, você tem um Pai amoroso que sempre trabalha para o seu bem.

Portanto, tenha confiança e certeza de que aquele que segura sua mão jamais o deixará ir embora.

# *A correção de Deus não é punição*

Suportem as dificuldades, recebendo-as como disciplina;
Deus os trata como filhos. Ora, qual o filho
que não é disciplinado por seu pai?

(Hebreus 12.7)

Você sabe diferenciar punição de correção?

A punição é uma penalidade aplicada por algo que ocorreu no passado, enquanto a correção é um treinamento para o futuro.

A correção, portanto, é disciplina, não punição.

Quando algo ruim acontece, tendemos a pensar que Deus está nos punindo, mas, na realidade, ele está nos corrigindo. Como podemos ter certeza disso? Porque o Senhor não pune seus filhos – toda a punição pelos nossos pecados já foi suportada por Jesus na cruz.

Cada pecado que você já cometeu e ainda cometerá já foi pago. Por isso, Deus não pune você pelos seus pecados, mas o corrige. A correção divina é uma prova de amor, pois ele não quer que você continue seguindo na direção errada.

Uma das maneiras pelas quais Deus nos corrige é por meio da dor. Em Hebreus 12.8-10, lemos: "Se vocês não são disciplinados, e a disciplina é para todos os filhos, então vocês não são filhos legítimos, mas sim ilegítimos. Além disso, tínhamos pais humanos que nos disciplinavam e nós os respeitávamos. Quanto mais devemos submeter-nos ao Pai dos espíritos, para assim vivermos! Nossos pais nos disciplinavam por curto período, segundo lhes parecia melhor; mas Deus nos disciplina para o nosso bem, para que participemos da sua santidade". Deus não corrige aqueles que não são seus filhos. Como pai, não eu corrijo os filhos de outras pessoas, mas certamente corrigia os meus, sempre visando o bem deles, para que conhecessem a alegria de seguir ao Senhor e viver segundo os caminhos dele.

Se você escolheu seguir a Jesus e é filho de Deus, ele deseja o mesmo para você.

Seguir a Cristo implica em cooperar com qualquer forma de correção que o Senhor trouxer à sua vida – não porque ele quer puni-lo, mas porque o ama. Quando ele o corrige, não é por raiva, mas porque se importa com você.

A Bíblia nos ensina: "Suportem as dificuldades, recebendo-as como disciplina; Deus os trata como filhos. Ora, qual o filho que não é disciplinado por seu pai?" (Hebreus 12.7).

A correção de Deus é para o seu bem, mesmo quando dolorosa.

# *Seremos reconhecidos pelo amor que demonstramos*

Com isso todos saberão que vocês são meus discípulos,
se vocês se amarem uns aos outros.
(João 13.35)

A marca distintiva de um cristão não é o uso de símbolos como uma cruz, um crucifixo, uma pomba ou um adesivo de peixe no carro. O verdadeiro sinal de um cristão é o amor. Quantas pessoas reconhecem você como cristão pelo seu estilo de vida amoroso?

Nós falamos, cantamos, oramos e estudamos sobre o amor, mas será que o praticamos de fato? Para transformá-lo em um princípio de vida e torná-lo seu maior objetivo, é necessário agir agora, assim que terminar de ler este devocional. O amor se manifesta em ações. Primeiro, aja com amor nos relacionamentos que você já tem. Se não tem agido de maneira amorosa com alguém, este é o momento de buscar a reconciliação. Resolva as pendências com seus filhos, seu cônjuge, seu namorado ou namorada, seus pais, ou até mesmo seus colegas de trabalho ou escola.

Em seguida, comece a expandir o número de relacionamentos que possui. Se o amor é o objetivo mais importante da vida, precisamos estabelecer o máximo de conexões possíveis. Por que isso é importante? Porque o mundo conhecerá o amor de Deus por meio da forma como nós amamos uns aos outros – em especial na maneira como os cristãos demonstram amor pelos outros.

Não é possível viver um estilo de vida amoroso de forma isolada, como um eremita. O amor é soletrado como T-E-M-P-O. Amar as pessoas exige tempo. Se você ama seus amigos ou filhos, é importante passar tempo com eles. Da mesma forma, se ama Jesus, deve dedicar tempo a ele. O amor sempre demanda tempo e energia, mas sempre vale a pena.

Agora, imagine o impacto se todos na Igreja se comprometessem a agir com amor e a dedicar seu tempo de forma altruísta. As pessoas experimentariam um pouco do amor de Deus por meio de nós, e isso transformaria o mundo, expandiria o Reino de Deus e traria imensa alegria ao coração de Deus.

As pessoas são mais atraídas por Cristo do que persuadidas a segui-lo. São atraídas pelo amor do Senhor que se manifesta através daqueles que afirmam segui-lo. E só começarão a se importar com o que sabemos depois de perceberem que nos importamos com elas.

# *Dois passos para conhecer a vontade de Deus*

Se algum de vocês tem falta de sabedoria, peça-a a Deus, que a todos dá livremente, de boa vontade; e lhe será concedida.

(Tiago 1.5)

Se o seu desejo é conhecer a vontade de Deus, siga estes dois passos:

1. *Admita que você precisa de orientação.* Salmos 25.9 nos ensina que o Senhor "conduz os humildes na justiça e lhes ensina o seu caminho". Se você nunca entendeu qual era a direção do Senhor, talvez seja porque ainda não admitiu sua necessidade de orientação divina. Muitas vezes, você age na certeza de que já sabe o que fazer, sem buscar a Deus em oração. Toma decisões financeiras, planeja suas férias ou define rumos para sua carreira sem antes consultá-lo. Se é solteiro, pode até convidar alguém para sair sem pedir primeiro a opinião do Pai.

   Reconhecer que você precisa da direção de Deus é o primeiro passo para descobrir a vontade dele para a sua vida.

2. *Peça a Deus com fé por direções.* Tiago 1.5-6 afirma: "Se algum de vocês tem falta de sabedoria, peça-a a Deus, que a todos dá livremente, de boa vontade; e lhe será concedida. Peça-a, porém, com fé, sem duvidar, pois aquele que duvida é semelhante à onda do mar, levada e agitada pelo vento".

   Nestes versículos, vemos duas condições para acessar a sabedoria divina. Primeiro, é necessário pedir à pessoa certa: Deus. Não é ao cabeleireiro, ao mecânico ou a um influenciador digital que você deve recorrer. Você deve perguntar à pessoa certa, ao Altíssimo.

   Em seguida, faça seu pedido da maneira certa: esperando que Deus responda. Quantas vezes você já pediu a direção dele, mas no fundo não acreditava que ele realmente responderia? É preciso pedir com a confiança de que ele responderá. Afinal, ele é fiel e cumprirá o que prometeu.

   O Senhor valoriza a fé e promete conceder a você a sabedoria necessária para o próximo passo de sua vida.

# *Jesus protege e guia você*

[...] eu vim para que tenham vida e a tenham plenamente.
Eu sou o bom pastor. O bom pastor dá a sua vida pelas ovelhas.
(João 10.10-11)

**As ovelhas são** animais indefesos, o que faz com que o pastor precise carregar algumas ferramentas para proteger e cuidar do seu rebanho. Entre essas ferramentas, a vara serve para proteger, enquanto o cajado, com sua pequena curva, é usado para resgatar as ovelhas em perigo.

Assim como esses animais, nós também estamos perdidos e necessitamos de proteção e sentido. Por isso, Jesus veio à terra para ser nosso Bom Pastor. Ele disse: "[...] eu vim para que tenham vida e a tenham plenamente. Eu sou o bom pastor. O bom pastor dá a sua vida pelas ovelhas" (João 10.10-11).

De maneira semelhante ao pastor que utiliza a vara e o cajado para guiar e proteger suas ovelhas, Deus também deseja guiar e proteger você. Veja duas maneiras como ele faz isso:

1. *Se você seguir Jesus, ele o conduzirá na direção certa.* Imagine visitar uma grande cidade como Paris sem um guia; você provavelmente perderia muitas atrações importantes porque não saberia o que procurar.

   O mesmo acontece em sua vida. Você precisa de um guia – um pastor – que vá à sua frente. Jesus, o Bom Pastor, lidera pelo exemplo e o chama para segui-lo. Ao contrário de um vaqueiro, que dirige o gado por trás, Cristo não o empurrará pelos caminhos da vida. Ele ficará à sua frente, dizendo: "Observe como eu faço. Siga-me por onde vou". Como está escrito em João 10.4: "Depois de conduzir para fora todas as suas ovelhas, vai adiante delas, e estas o seguem, porque conhecem a sua voz".

2. *Se você levar suas dores a Cristo, ele agirá compassivamente.* Jesus entende que somos indefesos sem ele, por isso sente compaixão por nós. Mateus 9.36 diz: "Ao ver as multidões, [Jesus] teve compaixão delas, porque estavam aflitas e desamparadas, como ovelhas sem pastor" (Acréscimo do autor). O texto original em grego transmite a ideia de que ele foi profundamente tocado pela aflição das pessoas e desejou ajudá-las.

   Da mesma forma, quando você leva sua dor a Cristo, ele não o rejeita, mas o levanta. Ele não se incomoda com suas fraquezas; ao contrário, cura. Jesus é o nosso bom pastor.

# *Quatro aspectos poderosos da vulnerabilidade*

[...] Deus se opõe aos orgulhosos,
mas concede graça aos humildes.
(Tiago 4.6)

Aquilo que você considera sua maior vulnerabilidade na vida não é uma fraqueza; na verdade, é uma força. Deus pode transformar suas vulnerabilidades em ferramentas para capacitá-lo a cumprir seu propósito. Ser transparente e honesto com as outras pessoas sobre suas fraquezas é *espiritualmente fortalecedor*, pois abre uma porta para a graça de Deus. Como a Bíblia diz: "[...] Deus se opõe aos orgulhosos, mas concede graça aos humildes" (Tiago 4.6). Essa graça é o poder que você precisa para mudar.

Além disso, a vulnerabilidade promove *a cura emocional*. Em Tiago 5.16, está escrito: "[...] confessem os seus pecados uns aos outros e orem uns pelos outros para serem curados [...]". Se a sua intenção é apenas ser perdoado, então você apenas precisa confessar seu pecado a Deus. No entanto, se deseja ser curado, é necessário compartilhar suas fraquezas com outros.

A vulnerabilidade também é algo com que as pessoas *se identificam*. Tiago 3.2 afirma: "Todos tropeçamos de muitas maneiras [...]". Ao incluir a si mesmo nessa verdade, Tiago mostra que todos cometem erros, o que torna mais fácil para as pessoas se identificarem com você. Ninguém deseja estar perto de alguém narcisista. Contudo, quando você é vulnerável – ou seja, quando admite suas fraquezas e mantém uma perspectiva equilibrada a respeito de si mesmo – você se torna mais acessível para os outros.

Ser vulnerável é também uma qualidade *essencial para a liderança*. Se você não consegue ser vulnerável, então não é um líder, mas apenas um chefe. Como Tiago 3.13 nos ensina: "Quem é sábio e tem entendimento entre vocês? Que o demonstre por seu bom procedimento, mediante obras praticadas com a humildade que provém da sabedoria".

À medida que você adquire a sabedoria do Senhor, sua humildade também aumenta. Tiago 4.10 nos lembra: "Humilhem-se diante do Senhor, e ele os exaltará". Deus valoriza a humildade e a vulnerabilidade, e usa ambas para moldar você como líder.

Enquanto o mundo ensina a manter a guarda alta e a não demonstrar fraqueza, o Senhor nos chama a nos gloriarmos em nossas fraquezas, pois é por meio delas que o poder do Pai se aperfeiçoa e nos tornamos mais dependentes dele.

Você está disposto a baixar sua guarda para que suas fraquezas possam apontar outras pessoas para Cristo?

# *Para dar frutos, é preciso se conectar*

Permaneçam em mim, e eu permanecerei em vocês.
Nenhum ramo pode dar fruto por si mesmo se não permanecer na videira.
Vocês também não podem dar fruto se não permanecerem em mim.

(João 15.4)

Na noite anterior à sua morte, Jesus deu uma instrução a seus discípulos: "Permaneçam em mim, e eu permanecerei em vocês. Nenhum ramo pode dar fruto por si mesmo se não permanecer na videira. Vocês também não podem dar fruto se não permanecerem em mim" (João 15.4). Cristo compara a conexão espiritual a uma videira, e enfatiza que sem essa ligação vital com ele, você não pode ser produtivo ou frutífero. Para produzir frutos, é necessário estar conectado a Jesus e ao seu corpo, que é a Igreja.

Um ramo que se desconecta da planta não tem como dar frutos; da mesma forma, quando você não está espiritualmente conectado, começa a murchar e, eventualmente, morre, perdendo a força necessária para gerar frutos em sua vida.

Na primavera, costumo plantar uma variedade de vegetais e frutas. Mas se eu cortar um ramo fora, ele não conseguirá produzir tomates ou qualquer outro fruto. Para que seja frutífero, precisa estar unido à planta, a fim de receber a seiva e os nutrientes necessários.

Quando estamos conectados ao Corpo de Cristo, que tipo de frutos devemos produzir? A Bíblia nos ensina que "[...] o fruto do Espírito é amor, alegria, paz, paciência, amabilidade, bondade, fidelidade, mansidão e domínio próprio [...]" (Gálatas 5.22-23).

Pessoalmente, desejo ser mais amoroso, experimentar mais alegria e ter paz, independentemente das circunstâncias econômicas. Gostaria de ser mais gentil, mesmo com aqueles que são rudes comigo, e ser fiel às minhas promessas. Além disso, quero demonstrar bondade com aqueles que não são gentis e ter mais autocontrole.

Esse conjunto de qualidades é conhecido como fruto do Espírito, que serve como evidência de nossa conexão espiritual. Se você não percebe esses frutos se manifestando em sua vida, então esse é um sinal de que pode estar desconectado espiritualmente.

Deus nos ensina que a conexão espiritual é essencial para nossa vida. Precisamos estar ligados ao Corpo de Cristo. Juntos, somos mais fortes e capazes de produzir muito mais do que poderíamos sozinhos.

# *Toda pessoa é digna de respeito*

Tratem a todos com o devido respeito:
amem os irmãos, temam a Deus e honrem o rei.
(1Pedro 2.17)

O respeito tem se tornado um valor cada vez mais escasso e ameaçado nas últimas décadas.

Contudo, a Bíblia deixa claro que famílias e sociedades estáveis são construídas em torno do respeito. As Escrituras nos ordenam a honrar nossos pais, a respeitar a autoridade civil e a reverenciar os líderes da Igreja. Em 1Pedro, os maridos são instruídos a respeitar suas esposas, enquanto em Efésios, elas são chamadas a respeitar seus maridos. E, para que não haja dúvidas, a Bíblia também nos ensina: "Tratem a todos com o devido respeito [...]" (1Pedro 2.17).

Independentemente das crenças ou comportamentos, todos merecem respeito.

Mas por quê? Primeiramente, porque Deus criou a todos. Em Salmos 8.5, lemos: "Tu o fizeste um pouco menor do que os seres celestiais e o coroaste de glória e de honra". O Senhor não cria nada sem valor, não cria lixo; cada pessoa tem um valor inestimável, mesmo aquelas que tomam decisões erradas. Até a pessoa mais rejeitada pelo mundo é amada por Deus.

Além disso, Jesus morreu por todos. A Bíblia nos ensina: "Pois vocês sabem que não foi por meio de coisas perecíveis como prata ou ouro que vocês foram redimidos da sua maneira vazia de viver, transmitida por seus antepassados, mas pelo precioso sangue de Cristo, como de um cordeiro sem mancha e sem defeito" (1Pe 1.18-19). Talvez você não valorize certas pessoas, mas, para Deus, cada uma é tão valiosa que ele enviou o seu Filho para morrer por elas.

Portanto, ao demonstrar respeito pelos outros, você revela que conhece ao Senhor. E se você o conhece, sua vida será preenchida de amor, pois Deus é amor. Como a Bíblia diz: "Quem não ama não conhece a Deus, porque Deus é amor" (1João 4.8). O verdadeiro amor sempre trata as pessoas com consideração.

Quando você tratar os outros com respeito, também será respeitado. Essa é a lei da colheita: você colhe o que planta. A Bíblia afirma: "[...] o que o homem semear isso também colherá" (Gálatas 6.7).

Ao aprender a amar uns aos outros, desenvolvemos o desejo de demonstrar respeito uns pelos outros (cf. Romanos 12.10). Dessa forma, nos tornamos mais parecidos com Jesus.

# *Você precisa do apoio de um pequeno grupo*

Escolheu doze, designando-os apóstolos,
para que estivessem com ele, os enviasse a pregar.
(MARCOS 3.14)

SE EU PEDISSE para você completar a frase "Se quer que algo seja bem-feito, ...", é provável que você completasse com "faça você mesmo".

Porém, esse pensamento é típico de um perfeccionista em direção ao esgotamento – afinal, ninguém pode fazer tudo sozinho.

Jesus, sendo humano como nós, também não foi feito para lidar com o estresse da vida diária sozinho.

Curiosamente, a primeira coisa que Jesus fez ao começar seu ministério foi formar um pequeno grupo. Em Marcos 3.14, lemos: "Escolheu doze, designando-os apóstolos, para que estivessem com ele, os enviasse a pregar" (Marcos 3.14). Cristo sabia que Deus não queria que ele enfrentasse os desafios e dificuldades do ministério sozinho, mas sim com amigos ao seu lado.

Se alguém tinha o direito de dizer: "Se quer que algo seja bem-feito, faça você mesmo", esse alguém era Jesus. Ele possuía o poder de realizar qualquer coisa, mas, mesmo assim, reconheceu o valor de ter um pequeno grupo para apoiá-lo.

Quando foi ao jardim do Getsêmani, pouco antes de ser crucificado, disse aos seus discípulos em Mateus 26.38: "[...] A minha alma está profundamente triste, numa tristeza mortal. Fiquem aqui e vigiem comigo". Até Jesus precisou do apoio de um pequeno grupo para orar com ele em momentos de crise.

Grande parte do nosso estresse é autoimposto. O Senhor não nos chamou para sermos gerentes do Universo, nem espera que administremos nossas vidas por conta própria. Precisamos tanto da orientação e força divinas *quanto do* apoio de pessoas.

Muitas vezes, recusamos a ajuda dos outros devido à nossa insegurança e orgulho; consequentemente, continuamos estressados. Contudo, há pessoas de fé dispostas a nos ajudar e apoiar – assim como há pessoas que também precisam da nossa ajuda.

Reconheça suas limitações e admita que não pode fazer tudo por conta própria. Deus criou a Igreja justamente para ajudá-lo em momentos de estresse. Baixe sua guarda e confie que ele o guiará até as pessoas certas.

# *A misericórdia de Deus liberta você para servir*

Portanto, visto que temos este ministério pela misericórdia que nos foi dada, não desanimamos.

(2Coríntios 4.1)

Você foi criado para fazer a diferença com sua vida, não apenas para existir e viver de forma egoísta. Deus o moldou para servi-lo, e tudo isso é fruto da misericórdia divina.

"Portanto, visto que temos este ministério pela misericórdia que nos foi dada, não desanimamos" (2Coríntios 4.1).

Muitas pessoas associam a palavra "ministério" exclusivamente ao trabalho de ministros religiosos. No entanto, toda vez que você usa seus talentos, dons e habilidades dados por Deus para ajudar outra pessoa, está exercendo um ministério. Inclusive, mesmo em seu trabalho pode exercê-lo– seja como contador, professor ou motorista de caminhão.

Compreender que tudo o que o Senhor faz através de você é motivado por misericórdia, permite-nos perceber duas verdades:

1. *Você não precisa provar seu valor.* Já tentou demonstrar seu valor por meio do seu trabalho? Talvez você ache que quanto mais bem-sucedido for, mais valioso será. No entanto, seu valor não tem nada a ver com o seu trabalho, mas ao fato de que Deus o criou e o ama, e enviou Jesus para morrer em seu lugar. Compreender a misericórdia divina o liberta da corrida incessante pelo desempenho.
2. *Você não precisa se prender aos seus erros.* Todos nós cometemos erros e pecamos. Mas, graças à misericórdia do Senhor, você não precisa carregar o peso do seu passado. Você pode se arrepender e se afastar do pecado. Seu passado não precisa ser um obstáculo para o trabalho que o Pai preparou para você.

De fato, Deus nunca escolheu pessoas perfeitas para cumprir seus propósitos – porque, à exceção de Jesus Cristo, não existe ninguém perfeito. Ao lermos a Bíblia, percebemos que o Senhor usou pessoas de todos os tipos, apesar de suas falhas: Jacó era um mentiroso crônico. Raabe, uma prostituta. Jonas, medroso e relutante. Marta se preocupava excessivamente. A mulher samaritana teve vários casamentos fracassados. Pedro era impulsivo. Moisés, Davi e Paulo, culpados de assassinato. Mesmo assim, o Altíssimo fez grandes coisas por meio de cada um deles.

Nada pode impedir Deus de usar você. Graças à misericórdia do Senhor, você pode viver o propósito que ele tem para a sua vida.

# *Por que demonstrar amor no trabalho é importante*

Sua obra será mostrada, porque o Dia a trará à luz; pois será revelada pelo fogo, que provará a qualidade da obra de cada um.

(1Coríntios 3.13)

**Deus deseja usar** o seu trabalho como um meio para moldá-lo à imagem de Cristo. Contudo, aprender qualidades cristãs, como responsabilidade, caráter e amor, não é uma tarefa fácil. Para desenvolver essas coisas, é necessário responder às pessoas da mesma maneira que Jesus responderia – e isso pode ser um pouco difícil no ambiente de trabalho.

Então, por que você deve se esforçar tanto para se tornar mais parecido com Jesus em seu trabalho, seja remoto, presencial ou em qualquer outro lugar?

Em primeiro lugar, porque Deus avaliará seu trabalho um dia. A Bíblia nos ensina que "sua obra será mostrada, porque o Dia a trará à luz; pois será revelada pelo fogo, que provará a qualidade da obra de cada um" (1Coríntios 3.13).

Tudo o que você realizou em sua carreira será eventualmente exposto, pois Cristo irá inspecionar suas obras no Dia do Juízo. O trabalho de cada pessoa será testado pelo fogo para revelar o caráter e a qualidade do que foi feito. Mesmo que grande parte do seu esforço passe despercebido pelos outros, Deus vê tudo. Ele está observando, e você prestará contas a ele por seu trabalho, por mais insignificante que pareça. Não é necessário ser perfeito, nem o melhor, mas é importante trabalhar como se estivesse fazendo isso para Cristo – porque, na verdade, você está.

Em segundo lugar, você deve se esforçar para refletir a imagem de Jesus no seu trabalho porque o Senhor recompensará eternamente tudo o que for feito com amor. Hebreus 6.10 nos lembra: "Deus não é injusto; ele não se esquecerá do trabalho de vocês e do amor que demonstraram por ele [...]". Esse é um bom versículo para se ter em mente toda segunda-feira de manhã. Deus não se esquecerá do quanto você trabalha, do seu empenho em dar o seu melhor e do amor que demonstra em nome dele.

Seu trabalho é importante para o Senhor. Um dos propósitos divinos para a sua vida é que você se torne mais semelhante a Cristo. E seu trabalho pode ser um dos meios mais significativos pelos quais o Pai lhe ensina sobre responsabilidade, desenvolve seu caráter e promove o amor ao próximo. Sem contar que pode ser uma das maneiras mais significativas que ele usa para trazer você, e outros, para mais perto dele.

# *Procure maneiras de unir as pessoas*

Tudo isso é feito por Deus, o qual, por meio de Cristo, nos transforma de inimigos em amigos dele. E Deus nos deu a tarefa de fazer com que os outros também sejam amigos dele. A nossa mensagem é esta: Deus não leva em conta os pecados dos seres humanos e, por meio de Cristo, ele está fazendo com que eles sejam seus amigos. E Deus nos mandou entregar a mensagem que fala da maneira como ele faz com que eles se tornem seus amigos.

(2Coríntios 5.18-19)

Quando você quer restaurar um relacionamento, precisa focar na reconciliação, não na resolução. Esses conceitos, embora relacionados, são bastante diferentes. Reconciliação significa restabelecer o relacionamento. No entanto, isso não necessariamente implica que você se reconciliará romanticamente com um ex-cônjuge. Significa apenas que vocês estão em paz entre um com o outro.

Por outro lado, resolução implica resolver todos os desentendimentos – o que nem sempre é possível. Existem divergências que nunca serão superadas, pois somos todos diferentes. Contudo, é possível discordar sem ser desagradável. Isso é um sinal de maturidade, sabedoria e, acima de tudo, de um caráter semelhante ao de Cristo.

Podemos alcançar a unidade sem precisar de uniformidade. É possível caminhar juntos, de mãos dadas, mesmo que não enxerguemos tudo da mesma maneira. Após quase cinquenta anos de casamento com minha esposa, Kay, ainda não concordamos em várias questões. No entanto, permanecemos unidos e nos apoiamos. Vivemos em paz.

Vivemos em um mundo repleto de conflitos – guerras, divisões, discussões, preconceitos, racismo, terrorismo e partidarismo em todos os lugares. Como resultado, relacionamentos estão quebrados; economias, em colapso; governos, em crise; e corações, despedaçados.

Desafio você, como cristão, a se comprometer a ser um agente de reconciliação em meio a um cenário de conflitos. Busque formas de unir as pessoas.

A Bíblia diz em 2Coríntios 5.18-19: "Tudo isso é feito por Deus, o qual, por meio de Cristo, nos transforma de inimigos em amigos dele. E Deus nos deu a tarefa de fazer com que os outros também sejam amigos dele. A nossa mensagem é esta: Deus não leva em conta os pecados dos seres humanos e, por meio de Cristo, ele está fazendo com que eles sejam seus amigos. E Deus nos mandou entregar a mensagem que fala da maneira como ele faz com que eles se tornem seus amigos".

Se você é um seguidor de Cristo, possui um ministério de reconciliação. Sua missão é sair pelo mundo e proclamar: "Deus já fez tudo para restaurar sua comunhão com ele. Jesus pagou o preço por todos os seus pecados. Você não precisa ser inimigo do Senhor. Lembre-se: ele não está irritado com você. Ele o ama intensamente. Reconciliem-se com Deus. Vivam em paz com ele. E depois espalhem essa paz a todos ao seu redor".

# *A verdadeira razão pela qual discutimos*

Não olhe cada um somente para o que é seu,
mas cada qual também para o que é dos outros. Tende em
vós aquele sentimento que houve também em Cristo Jesus.
(Filipenses 2.4-5, ARA)

Entrar em um conflito é fácil, mas resolvê-lo pode ser desafiador. Então, como você pode resolver um? O primeiro passo é reconhecer e confessar a sua parte no problema. Depois, você precisa ouvir e entender os sentimentos e a perspectiva da outra pessoa.

Acreditamos que as discussões surgem por conta de ideias divergentes. No entanto, a raiz dos conflitos geralmente não está nas ideias em si, mas nas emoções que as acompanham. Sempre que há um conflito, os sentimentos de alguém foram feridos. Portanto, não é a ideia em si que provoca o atrito, mas a emoção por trás dela.

Pessoas machucadas tendem a machucar outras. Quanto mais alguém está ferido, maior é a probabilidade de que essa pessoa ataque outros. Por outro lado, aqueles que estão em paz consigo mesmos não infligem dor nos outros. Pessoas cheias de amor demonstram amor ao próximo, pessoas alegres irradiam alegria, e pessoas em paz vivem em harmonia com todos. Mas, quando alguém está ferido por dentro, acaba externalizando essa dor ferindo outros.

Se você deseja se conectar com as pessoas, precisa começar compreendendo as necessidades, dores e interesses delas. Por exemplo, se quer ser um bom vendedor, não deve começar falando do seu produto, mas focando nas necessidades e nos desejos do cliente. O mesmo se aplica a qualquer outra profissão; o ponto de partida deve ser sempre as necessidades, anseios e motivações das pessoas. Filipenses 2.4-5 nos aconselha: "não olhe cada um somente para o que é seu, mas cada qual também para o que é dos outros. Tende em vós aquele sentimento que houve também em Cristo Jesus" (ARA). Pergunte a si mesmo: você está tão preocupado em fazer as pessoas compreenderem seu ponto de vista que não está ouvindo o delas? Talvez seja hora de mudar o foco.

A resolução de conflitos começa com a perspectiva que você adota. Em Filipenses 2.4, o verbo "olhar" traduz a palavra grega "*skopeō*". O substantivo relacionado, "*skopos*", é a raiz das palavras "microscópio" e "telescópio". "*Skopeō*" significa "fixar os olhos em", ou seja, "focar". O versículo seguinte afirma que sua atitude deve ser como a de Jesus. Você se torna mais parecido com Cristo quando foca nas dores e necessidades dos outros em vez das suas próprias.

Um antigo provérbio diz o seguinte: "Procure entender antes de ser entendido". Quando você concentrar sua atenção nas necessidades da outra pessoa, em vez de nas próprias, será capaz de compreender melhor a situação e resolver o conflito.

# *A gentileza é uma prova de que você ama Jesus*

Não caluniem ninguém, sejam pacíficos, amáveis e mostrem sempre verdadeira mansidão para com todos os homens.

(Tito 3.2)

**Sua gentileza é** um testemunho para os não cristãos. Eles o observam o tempo todo, especialmente em momentos de pressão, para ver se sua reação será diferente. Quando você age com gentileza nessas situações, isso se torna um testemunho notável para o mundo.

Em Tito 3.2, está escrito: "Não caluniem ninguém, sejam pacíficos, amáveis e mostrem sempre verdadeira mansidão para com todos os homens".

Se você afirma ser um seguidor de Jesus, não deve falar mal de ninguém nem ser briguento. Pelo contrário, você é chamado a ser gentil e a tratar todos com cortesia. Isso também inclui aqueles que têm opiniões políticas diferentes? Com certeza.

Deus me concedeu o dom do evangelismo; por isso, passo grande parte do meu tempo conversando com pessoas cujas opiniões divergem completamente das minhas. Acredito que você não pode ganhar inimigos para Cristo; só amigos.

As pessoas raramente confiam em Jesus antes de confiarem em você. Elas geralmente não me perguntam sobre a credibilidade da Bíblia. Em vez disso, querem saber se sou confiável. Vivo com integridade? Sou gentil? Sou amoroso? Sou compassivo?

Se as pessoas gostarem do que veem em você, também estarão dispostas a ouvir o que você tem a dizer.

No entanto, aqui está o desafio: ao seguir o que está escrito em Tito 3.2, você poderá ser criticado por outros cristãos. Alguns podem dizer que está comprometendo suas crenças. Sei disso por experiência própria. Quando menciono que tenho amigos muçulmanos, judeus ou ateus, algumas pessoas questionam: "Como você pode fazer isso?", e me acusam de comprometer minha fé.

Demonstrar respeito pelas pessoas não implica comprometer suas convicções. Tenho amigos que não concordam comigo e outros que não compartilham da minha fé. Essas diferenças não me impedem de fazer amizade com ninguém, porque há uma questão mais importante em jogo: eles conhecem Jesus?

Um ótimo versículo para se viver é 1Pedro 3.15: "Antes, santifiquem Cristo como Senhor em seu coração. Estejam sempre preparados para responder a qualquer pessoa que pedir a razão da esperança que há em vocês".

# *A bondade e a misericórdia de Deus sempre o seguirão*

O Senhor protege todos os que o amam [...]

(Salmos 145.20, NAA)

Quando depositamos nossa confiança em Cristo, não precisamos temer o futuro, pois a bondade e a misericórdia divinas nos acompanham todos os dias.

Seguimos o Bom Pastor, que vai à nossa frente com sua vara e seu cajado. E, atrás de nós, como dois cães pastores, estão a bondade e a misericórdia, certificando-se que não nos desviaremos do caminho.

*A bondade do Senhor está cuidando de você.* Sabia que ele observa cada segundo da sua vida? Deus está sempre atento, pois você foi criado para ser amado. Ele conhece cada detalhe seu. O Salmos 145.20 nos assegura: "O Senhor protege todos os que o amam [...]" (Salmos 145.20, NAA).

Além de cuidá-lo, ele também o protege. A Bíblia afirma que ele "[...] ordenará a seus anjos que o protejam aonde quer que você vá" (Salmos 91.11, NVT).

Ser protegido por Deus não significa que somente coisas boas acontecerão com você.

Ainda haverá decepção e dor. No entanto, ele promete que tudo o que acontecer resultará em algo bom, mesmo que você não seja capaz de entender a maneira como ele está trabalhando.

*A misericórdia e a graça do Senhor sempre agem em você.* Conforme está escrito em Isaías 60.10: "[...] por causa de minha graça terei misericórdia de você" (NVT).

Graça é quando Deus lhe dá o que você não merece. Misericórdia é quando ele *não* lhe dá o que *você merece*. Por conta de todos os pecados, falhas e erros que já cometeu, você merece punição, mas Deus o perdoa por meio de Cristo. Isso é misericórdia.

É da natureza do Senhor ser misericordioso. Ele nunca se cansa de demonstrar sua misericórdia. Ele não se irrita quando você volta para pedir um pouco mais desse atributo divino.

A verdade é que ele está com você a cada momento, todos os dias, sempre oferecendo sua bondade e misericórdia.

Ninguém sabe o que acontecerá na próxima semana, muito menos na próxima década. Contudo, ao encarar o futuro, lembre-se: Deus abençoará sua vida abundantemente, e a bondade e misericórdia divinas estarão com você. Não há motivo para temer.

# *Busque a Deus, não apenas o que ele pode oferecer*

O Senhor olha dos céus para os filhos dos homens, para ver se há alguém que tenha entendimento, alguém que busque a Deus.

(Salmos 14.2)

Quando você está orando por cura e restauração, é normal desejar um milagre. Contudo, o foco principal deve ser buscar a Deus. Sua oração deve ser: "Senhor, anseio pela tua presença. Quero te conhecer". Pois, ao buscá-lo, você recebe tudo de que precisa.

A Bíblia está repleta de promessas para aqueles que buscam a Deus. Veja algumas delas:

*Se o meu povo, que se chama pelo meu nome, se humilhar e orar, buscar a minha face [...] dos céus o ouvirei [...]* (2Crônicas 7.14).

*Amo os que me amam, e quem me procura me encontra* (Provérbios 8.17).

*[...] Quem deseja se aproximar de Deus deve crer que ele existe e que recompensa aqueles que o buscam* (Hebreus 11.6, NVT).

*E lá procurarão o Senhor, o seu Deus, e o acharão, se o procurarem de todo o seu coração e de toda a sua alma* (Deuteronômio 4.29).

Busque a Deus, e não apenas as suas bênçãos. Ao fazer isso, você descobrirá a alegria de conhecê-lo melhor. Mesmo que não receba o que pensa ser o melhor para si, ficará em paz com o que o Senhor, em sua sabedoria, julga ser o melhor para você. Quando estiver passando por um divórcio, um aborto espontâneo ou uma demissão, busque a Deus, mais do que o alívio para sua dor.

Buscar ao Senhor não deve ser um passatempo casual. Não deixe para buscá-lo apenas nos momentos livres da rotina, depois de terminar suas tarefas ou quando se cansar de olhar para o celular. Faça do seu relacionamento com Deus a prioridade número um da sua vida.

"O Senhor olha dos céus para os filhos dos homens, para ver se há alguém que tenha entendimento, alguém que busque a Deus" (Salmos 14.2).

É raro encontrar alguém que busca ao Senhor com sinceridade. A maioria de nós quer a presença de Deus apenas para nos abençoar, mas não para permitir que ele nos transforme.

Você não se torna um discípulo fiel de Jesus oferecendo a ele o que sobra do seu tempo e energia. Busque-o em primeiro lugar, com todo o seu coração, e ele cumprirá todas as promessas de libertação e restauração em sua vida.

# *Agarre-se firmemente à Palavra de Deus*

E, agora, eu os entrego a Deus e à mensagem de sua graça que pode edificá-los e dar-lhes uma herança junto com todos que ele separou para si.

(Atos 20.32, NVT)

**Você não pode** manter a saúde física se não consumir alimentos que sejam benéficos e nutritivos para o seu corpo. Da mesma forma, você só poderá ser espiritualmente saudável se nutrir-se da verdade contida na Palavra de Deus.

Você deseja receber todas as bênçãos que Deus tem para lhe oferecer? Com certeza. Contudo, como isso é possível? As bênçãos são fruto direto da maturidade espiritual. A Bíblia nos ensina: "E, agora, eu os entrego a Deus e à mensagem de sua graça que pode edificá-los e dar-lhes uma herança junto com todos que ele separou para si" (Atos 20.32, NVT).

A mensagem da graça, revelada na Palavra de Deus, edificará sua vida. À medida que você cresce em maturidade espiritual, Deus pode conceder-lhe as bênçãos que ele reservou. Assim como há presentes que não podem ser dados aos bebês por falta de maturidade, há também bênçãos que o Senhor deseja entregar a você, mas, antes, é necessário amadurecer.

Você pode usar sua mão como um lembrete de como usar a Bíblia para crescer espiritualmente. Você se alimenta da Palavra de Deus por meio de seis ações: ouvir, ler, estudar, memorizar, meditar e aplicar. O "ouvir" representa seu dedo mindinho, "ler" corresponde ao dedo anelar, "estudar" ao médio, "memorizar" ao indicador, e o "meditar" ao polegar. Ademais, a aplicação da Palavra é simbolizada pela palma da mão.

Se a única forma de absorver a Palavra de Deus for ouvindo-a na igreja, então você terá uma aderência muito fraca, representada apenas pelo dedo mindinho. Afinal, esquecemos até 95% do que ouvimos em apenas 72 horas.

No entanto, quando você combina o ouvir com o ler e o estudar a Palavra de Deus diariamente, sua compreensão e retenção da verdade aumentam. Isso impede que Satanás a retire de você tão facilmente.

Ao praticar todas as seis ações, você desenvolverá uma aderência firme e forte da Palavra de Deus. Ninguém conseguirá tirá-la de você. Assim, você amadurecerá espiritualmente e, como consequência, receberá as bênçãos que acompanham esse crescimento.

# *Lance-se na misericórdia de Deus*

Lancem sobre ele toda a sua ansiedade,
porque ele tem cuidado de vocês.
(1PEDRO 5.7)

UMA DAS MELHORES coisas que você pode fazer ao experimentar um fracasso é se lançar na misericórdia de Deus. Isso é algo que Pedro fez, e temos a prova disso nos dois livros que ele escreveu na Bíblia.

Pedro cometeu uma falha terrível em sua vida: negou a Jesus três vezes em uma única noite. Contudo, ele não permitiu que a culpa, a vergonha ou o remorso o dominassem. Em vez disso, entregou toda a sua ansiedade a Deus, e essa decisão mudou tudo; ele se encheu de esperança por conta da misericórdia divina.

Em 1Pedro 5.7, ele escreveu: "Lancem sobre ele toda a sua ansiedade, porque ele tem cuidado de vocês". Neste versículo, a palavra grega traduzida como "lançar" implica a ideia de jogar ou arremessar algo.

Imagine que você está carregando uma mochila extremamente pesada, que exige toda a sua força para mantê-la sobre os ombros. Agora, pense se você tivesse um cavalo ao seu lado. Você poderia lançar essa mochila sobre as costas do cavalo, e ele carregaria esse fardo sem grande esforço.

É exatamente isso que o versículo sugere. Pegue todos os seus medos, inseguranças, culpas e qualquer outro fardo que esteja pesando sobre sua vida, e jogue-os sobre Deus. Lance-se na misericórdia dele e permita que ele carregue seu peso.

Mas como, de fato, fazer isso? Uma forma é por meio de uma oração como a seguinte: "Deus, realmente cometi um grande erro. Não mereço tua misericórdia. Afastei-me do Senhor e fiz escolhas erradas. Mas sei que és bondoso e perdoador, então estou me lançando em tua misericórdia. Preciso de um novo começo".

Essa oração é o antídoto para todas as mentiras que Satanás tenta plantar em sua mente. Ele adora sussurrar frases como "Você não é bom o suficiente. Quem você pensa que é? Por que Deus o usaria? Por que ele responderia às suas orações depois de tudo o que você fez?". Satanás não quer que você considere a misericórdia divina.

Antes do fracasso de Pedro, Jesus já o havia alertado sobre as artimanhas do Diabo. Contudo, Cristo também assegurou que oraria por Pedro e que sua dor seria usada para ajudar outras pessoas.

Essas verdades também se aplicam a você. Em alguns momentos, você enfrentará tentações e poderá falhar, mas Jesus estará sempre ao seu lado. Sua dor nunca será em vão.

Quando você lança suas preocupações sobre o Senhor, você se liberta do desespero.

# *É hora de admitir que seu jeito não está funcionando*

Tendo acabado de falar, [Jesus] disse a Simão: "Vá para onde as águas são mais fundas", e a todos: "Lancem as redes para a pesca". Simão respondeu: "Mestre, esforçamo-nos a noite inteira e não pegamos nada. Mas, porque és tu quem está dizendo isto, vou lançar as redes".

(Lucas 5.4-5)

Simão Pedro havia passado a noite inteira pescando, mas sem conseguir pegar nada. Então, Jesus o instruiu a lançar as redes mais uma vez. Imagino que tenha sido difícil para Pedro admitir seu fracasso. Afinal, ele era um pescador experiente, e essa era sua profissão. Ele sabia o que estava fazendo. No entanto, até os profissionais podem passar a noite inteira pescando e não capturar um único peixe.

Você também já se sentiu assim em sua vida? Às vezes, seu melhor esforço não é suficiente, e outras vezes você passa por situações que estão completamente fora do seu controle. Você não pode controlar a economia, o clima ou muitas outras coisas que afetam sua existência.

Então, o que fazer quando você se esforça no trabalho, mas não vê os resultados que espera?

Primeiro, é fundamental convidar Jesus para o seu barco. Em outras palavras, permita que ele seja o centro do seu trabalho. Uma vez que ele estiver no seu barco, você precisará admitir que o seu modo de fazer as coisas não está funcionando, para que ele possa assumir o controle. A Bíblia chama isso de confissão e, embora pareça difícil, é necessário fazê-la.

Por que é tão difícil admitir que o seu jeito de fazer as coisas não está funcionando? Algumas razões são:

- *Orgulho.* Você não quer que os outros pensem que não consegue lidar com a situação. Prefere parecer que tudo está sob controle, mesmo que isso signifique trabalhar incansavelmente sem obter os resultados desejados.

- *Teimosia.* Você não está disposto a mudar a maneira como faz as coisas. Muitas vezes, o sucesso de ontem pode se tornar o maior inimigo do sucesso de amanhã.

- *Medo.* Você tem receio de admitir que passou a noite inteira pescando e não pegou nada. Teme o que as pessoas podem pensar de você. Também pode ter medo de deixar Jesus entrar no seu barco, pois ele pode levá-lo em uma direção que você não deseja seguir.

Chegou o momento de confessar que seu jeito de fazer as coisas não está funcionando. É hora de orar: "Senhor, quero ter tudo sob controle, mas reconheço que não tenho. Quero estar no comando, mas sei que não estou. Quero seguir meu próprio caminho, mas sei que o teu é melhor. Por isso, entrego o controle a ti. Sei que o Senhor sempre esteve no comando. Confesso o pecado de confiar demais nas minhas próprias habilidades e trabalhar demais, em vez de confiar em ti. Não quero mais viver assim. Por favor, assuma o leme e me direcione conforme o plano que tens para mim".

Abandone o orgulho, a teimosia e o medo. Esteja disposto a dizer a Jesus, como Simão Pedro disse: "Porque és tu quem está dizendo isto, obedecerei". Jesus pode pegar seu barco e encher suas redes até transbordar.

# *O que está controlando você?*

Portanto, não permitam que o pecado continue dominando o corpo mortal de vocês, fazendo que obedeçam aos seus desejos. Não ofereçam os membros do corpo de vocês ao pecado, como instrumentos de injustiça; antes ofereçam-se a Deus como quem voltou da morte para a vida; e ofereçam os membros do corpo de vocês a ele, como instrumentos de justiça.

(Romanos 6.12-13)

**Todos os dias,** você é controlado por alguma coisa.

Pode ser o seu ego ou as expectativas que os outros colocam sobre você. Talvez seja o medo, a culpa, o ressentimento ou a amargura que dominam suas escolhas. Ou, quem sabe, esteja sendo controlado por uma substância ou um hábito. O fato é que, todos os dias, algo está no comando de sua vida.

A verdadeira liberdade se manifesta quando você decide o que controlará você. Quando escolhe permitir que Cristo seja seu guia – quando se submete ao Senhor –, você ganha poder para dominar todos os outros aspectos. Se Deus não ocupa o primeiro lugar em sua vida, algo ou alguém ocupará, e isso inevitavelmente exercerá uma influência negativa. No entanto, ao entregar tudo a Deus, ele sempre o conduzirá na direção certa.

Romanos 6.12-13 diz o seguinte: "Portanto, não permitam que o pecado continue dominando o corpo mortal de vocês, fazendo que obedeçam aos seus desejos. Não ofereçam os membros do corpo de vocês ao pecado, como instrumentos de injustiça; antes ofereçam-se a Deus como quem voltou da morte para a vida; e ofereçam os membros do corpo de vocês a ele, como instrumentos de justiça".

Entregar o controle a Deus é uma escolha consciente. E aqui estão alguns passos para ajudá-lo nesse processo:

- Reconheça que você tem tentado ser o próprio Deus em sua vida.
- Admita que não consegue mudar por conta própria.
- Peça a ajuda de Deus para iniciar essa mudança.
- Seja sincero com alguém sobre as coisas que precisam de transformação em você.
- Dê a Jesus Cristo controle total da sua vida.

Você realmente deseja mudar? Está disposto a seguir esses passos? Talvez se sinta exausto de tentar e falhar vez após vez. Em vez de continuar tentando sozinho, comece a confiar no Senhor. Ele lhe oferece a escolha entre depender dele ou continuar se apoiando em suas próprias forças. O resultado dessa escolha é liberdade ou frustração.

Então, por que não entregar tudo a Cristo? O que você tem a perder?

# *O remédio de Deus para quando você se sente cansado*

Será que você não sabe? Nunca ouviu falar?
O Senhor é o Deus eterno, o Criador de toda a terra.
Ele não se cansa nem fica exausto [...]

(Isaías 40.28)

Quanto mais mudanças acontecerem em sua vida, mais tempo você precisará passar na presença de Deus.

Chamo isso de "momento de íntima solitude", durante o qual, você lê a Bíblia, fala com o Senhor e permanece em silêncio para ouvir o que ele tem a dizer.

Quando você está estressado, esse período a sós com Deus funciona como um grande estabilizador. Além disso, é uma poderosa fonte de renovação quando você se sente exausto. Diante das inúmeras mudanças que enfrentamos diariamente, não é nenhuma surpresa que o estresse nos esgote.

Você está se sentindo cansado? É natural. O estresse tem esse efeito em nosso corpo. Mesmo após uma noite inteira de sono, muitas vezes ainda acordamos cansados, ou começamos a nos arrastar poucas horas depois de nos levantarmos. Se você sente que está apenas sobrevivendo, saiba que não está sozinho.

Nos momentos em que você se sentir sobrecarregado, exausto ou estressado, lembre-se da promessa do Senhor em Isaías 40.28: "Será que você não sabe? Nunca ouviu falar? O Senhor é o Deus eterno, o Criador de toda a terra. Ele não se cansa nem fica exausto [...]".

Deus criou todo o Universo em seis dias e, no sétimo, descansou, não por necessidade, mas para nos dar um exemplo do sábado. Ele nunca se cansa, nem se sente sobrecarregado ou exausto. O Altíssimo é capaz de lidar com tudo, inclusive com aquilo que você não consegue.

Se você dedicar mais tempo a ele, que jamais se cansa ou se fatiga, terá suas energias renovadas. Essa comunhão com o Pai não é um peso, uma tarefa árdua ou algo que o desgasta – é exatamente o oposto. O Senhor fortalece os cansados e oferece paz e descanso.

Portanto, se você está estressado, não busque soluções rápidas. Não procure atalhos. Não lute contra mudanças que estão fora do seu controle. Em vez disso, faça do tempo com Deus uma prioridade diária.

# *Toque a verdade da Palavra de Deus*

[...] levamos cativo todo pensamento,
para torná-lo obediente a Cristo.
(2Coríntios 10.5)

Tenho uma boa notícia para você: seu cérebro armazena tudo. Mas, ao mesmo tempo, tenho uma má notícia: seu cérebro armazena *tudo*. O que quer que ele armazene se torna a trilha sonora da sua vida.

Dia após dia, você é exposto a verdades e mentiras – e seu cérebro absorve ambas. Embora sua mente contenha muitas coisas boas, também há muito lixo armazenado. E o problema é que você, muitas vezes, baseia suas decisões nesse lixo. Talvez, na infância, adultos tenham dito que você não era bom o suficiente ou que nunca alcançaria nada. Embora fossem mentiras, você acreditou nelas. E talvez ainda esteja acreditando. Elas continuam lá, repetindo-se silenciosamente no fundo dos seus pensamentos, ao longo de cada dia.

Então, o que você deve fazer? É preciso mudar a trilha sonora que toca em sua mente. Substitua as mentiras pela verdade contida na Palavra de Deus.

Em 2Coríntios 10.5, está escrito: "[...] levamos cativo todo pensamento, para torná-lo obediente a Cristo". E Romanos 12.2 nos encoraja: "[...] transformem-se pela renovação da sua mente [...]". Mas como mudar a maneira de pensar? A resposta é: tocando uma trilha sonora baseada na verdade.

Comece pedindo a Deus que cure suas memórias. Ore a ele: "Senhor, preciso que cure essas memórias de rejeição, pecado, ressentimento, culpa e abuso. Elas me machucam. Por favor, me cure".

Depois, encha sua mente com a Palavra de Deus. Quanto mais você encher sua mente com a verdade, mais mentiras serão expulsas. Em vez de gastar todo o seu tempo assistindo televisão ou ouvindo música, dedique-se a encher sua mente com as verdades escritas na Bíblia.

Ela afirma que você é amável (cf. João 3.16), capaz (cf. 2Pedro 1.3), valioso (cf. Lucas 12.7), perdoado (cf. Salmos 103.12) e útil (cf. Efésios 4.12).

Deixe que essas verdades se tornem a trilha sonora da sua vida, e Deus transformará sua mente.

# *Para que suas conversas sejam boas, planeje e ore*

O homem sábio pensa antes de falar;
por isso o que ele diz convence mais.
(Provérbios 16.23, NTLH)

Quer ter uma conversa significativa com alguém? Então, planeje e ore antes. Peça a Deus: "Ensina-me *o que* dizer, *quando* dizer e como dizer".

Até mesmo Jesus fez isso.

Em João 12.49, ele afirmou: "Pois não falei por mim mesmo, mas o Pai que me enviou me ordenou o que dizer e o que falar". Cristo não falava por conta própria; ele se comunicava com o Pai, que lhe dava as palavras certas, no tempo certo, e da maneira correta.

Deus pode fazer o mesmo por você. Se isso ainda não aconteceu, pode ser porque você ainda não pediu. Talvez ainda não tenha buscado a sabedoria e o poder do alto. Como filho de Deus, você tem o direito de pedir o que precisa e confiar que ele proverá aquilo que *sabe* ser o melhor.

Você jamais participaria de uma reunião importante sem se preparar. Da mesma forma, antes de ter uma conversa com seu filho, cônjuge, chefe ou vizinho, é preciso planejar e orar. Essa é a única maneira de garantir que suas conversas sejam boas.

A Bíblia nos ensina o seguinte em Provérbios 16.23: "O homem sábio pensa antes de falar; por isso o que ele diz convence mais". Em outras palavras, se você deseja ser convincente, coloque sua mente para trabalhar antes de abrir a boca. Pense no que dirá.

Planejar suas conversas lhe permite considerar as circunstâncias e o contexto com uma mente clara, o que oferecerá uma perspectiva mais ampla. Com isso, você poderá conduzir a conversa de uma maneira mais construtiva, com graça.

Como está escrito em Colossenses 4.6: "seu falar seja sempre agradável e temperado com sal, para que saibam como responder a cada um". Ao colocar este versículo em prática, você aprenderá a se comunicar de maneira mais semelhante a Jesus. A única forma de garantir que suas palavras sejam gentis e bem pensadas é investindo tempo em planejamento e oração.

# *Bons ouvintes fazem boas perguntas*

Os propósitos do coração do homem são águas profundas,
mas quem tem discernimento os traz à tona.
(Provérbios 20.5)

**Um dos sinais** mais evidentes de que alguém é um excelente ouvinte é sua habilidade em fazer boas perguntas.

Para realmente engajar outra pessoa em uma conversa, evite perguntas que possam ser respondidas com um simples "sim" ou "não". Opte por perguntas que incentivem as pessoas a compartilhar o que realmente estão sentindo e pensando.

Por exemplo, em vez de perguntar: "Gostou do concerto?", pergunte: "Qual foi sua parte favorita do concerto?". Essa sutil mudança na formulação da pergunta faz uma enorme diferença na forma como a pessoa se abrirá para você.

Provérbios 20.5 nos ensina que "Os propósitos do coração do homem são águas profundas, mas quem tem discernimento os traz à tona". Se você deseja aprofundar seus relacionamentos e entender melhor sua família e amigos, reflita sobre a maneira como formula suas perguntas.

Uma frase que pode transformá-lo em um ouvinte excepcional é: "Conte-me mais". Ela pode ser utilizada repetidas vezes em suas interações com diferentes pessoas ao longo da vida.

Quando alguém começa a se abrir com você, não permita que a conversa termine após algumas frases. Em vez disso, quando a pessoa parar de falar, diga: "Conte-me mais". E, mesmo quando parecer que ela já compartilhou tudo, repita: "Conte-me mais". Cada vez que você pede mais, aprofunda o relacionamento – explora mais fundo o "poço" de pensamentos e sentimentos – e dá à pessoa a oportunidade de expressar mais de si mesma.

Você pode dizer a alguém que realmente se importa com o que ela tem a dizer, mas a melhor maneira de *demonstrar* isso é pedindo para ela compartilhar mais. Fazer isso é uma prova de que você está interessado e atento. E estar atento é uma forma de amor. Ao fazer perguntas, você demonstra que está disposto a oferecer seu tempo, foco e carinho, para que a pessoa se sinta ouvida e compreendida.

Deus nos criou para nos relacionarmos com pessoas. Quando você aprender a ouvir o que está no coração dos outros, seus relacionamentos serão transformados.

# *Deixe um legado de hospitalidade*

Pensemos uns nos outros a fim de ajudarmos todos
a terem mais amor e a fazerem o bem.
(Hebreus 10.24, NTLH)

Em uma família forte, as crianças aprendem desde cedo que Deus as criou e moldou para cumprir uma missão específica. Essas famílias exemplificam a dedicação, o serviço, a generosidade e a oração em suas rotinas diárias – características que não são comuns em uma família comum, mas que definem famílias *extraordinárias*.

Sou quem sou hoje, principalmente, por conta dos meus pais. Eles me ensinaram o valor de importar-se com os outros e colocaram em prática o ensinamento de Hebreus 10.24: “Pensemos uns nos outros a fim de ajudarmos todos a terem mais amor e a fazerem o bem” (NTLH). Meus pais não tinham muitos recursos financeiros, mas os dois possuíam o dom da hospitalidade e da generosidade. Amavam dar algo aos outros, mesmo quando tinham pouco. Vivíamos em uma área rural, onde meu pai cultivava um jardim de um acre cheio de vegetais. Não havia como nossa família consumir toda aquela produção, mas ele plantava com o objetivo de compartilhar – pois, embora não tivesse dinheiro sobrando, ele queria ajudar quem precisasse. Sempre plantávamos mais para poder doar mais.

Nossa casa estava sempre cheia de visitantes. Lembro-me de um dia em que meu pai calculou quantas refeições minha mãe havia preparado para os convidados em um ano: foram mais de mil refeições. Cresci em um ambiente no qual o lema era “doe sua vida”. Meus pais me ensinaram que a vida não é sobre nós mesmos, mas sobre ajudar os outros.

É isso que famílias extraordinárias fazem: ensinam uns aos outros como demonstrar amor e praticar o bem – ministrar e servir aos outros.

Um exemplo bíblico disso é a família de Cornélio, descrita no livro de Atos: “Ele e toda a sua família eram religiosos e tementes a Deus; dava muitas esmolas ao povo e orava continuamente a Deus” (Atos 10.2). Que legado incrível. Não seria maravilhoso se um dia as pessoas pudessem dizer isso sobre você e sua família?

Independentemente de você ter filhos ou não, o Senhor deseja que você deixe um legado como o de Cornélio. Ao modelar hospitalidade e serviço, você pode influenciar aqueles ao seu redor, sejam eles mais jovens em idade ou na fé, ajudando-os a descobrir a missão que Deus tem para a vida deles.

# *Você não pode mudá-lo, mas Deus pode usá-lo*

Vocês planejaram o mal contra mim, mas Deus o tornou em bem, para que hoje fosse preservada a vida de muitos.

(GÊNESIS 50.20)

VOCÊ SE LEMBRA da história de José?

Seus irmãos, movidos pelo ciúme por ele ser o filho favorito, decidiram vendê-lo como escravo. José foi levado ao Egito e, pelos treze anos seguintes, sua vida foi marcada por uma série de desventuras. Ele foi vendido como escravo, acusado falsamente de estupro e preso por um crime que não cometeu.

No entanto, Deus o colocou exatamente onde queria. O Senhor sabia que José se tornaria o segundo homem mais poderoso do Egito, a nação mais influente do mundo naquela época. Graças a essa posição, ele foi capaz de salvar tanto o Egito quanto Israel de um período de fome.

Além de salvar essas duas nações, ele também salvou sua própria família, a mesma que o havia vendido como escravo. Quando seus irmãos vieram até ele, José poderia ter escolhido confrontá-los e puni-los pelo mal que lhe fizeram.

Mas, em vez disso, ele optou por tratá-los com graça, e não amargura. Ele conseguiu fazer isso porque enxergava o propósito de Deus. José compreendia que o Altíssimo poderia transformar até a maior dor de sua vida em algo bom. Ele disse aos seus irmãos: "Vocês planejaram o mal contra mim, mas Deus o tornou em bem, para que hoje fosse preservada a vida de muitos" (Gênesis 50.20). Deus tomou o terrível pecado dos irmãos de José e o transformou em um meio de salvar muitas vidas.

Em sua vida, sempre haverá pessoas com más intenções, prontas a ressentir-se, criticá-lo e machucá-lo. Talvez você se encontre, em algum momento, como a vítima inocente do pecado de outra pessoa. Pode ser que não compreenda por que isso está acontecendo, mas não precisa entender tudo. Confie que Deus o vê, se importa e fará justiça. Assim como José, talvez você não possa mudar suas circunstâncias. E, às vezes, você pode se perguntar o que Deus está fazendo e como superará a situação.

Lembre-se, o Senhor pode usar tudo – seja bom ou ruim – para realizar seus propósitos. O plano divino de moldar seu caráter e torná-lo mais semelhante a Jesus não será frustrado por ninguém. O que os outros planejam para o mal, ele usará para o bem.

# *Quando você não perdoa, prejudica a si mesmo*

Mas, se não perdoarem uns aos outros,
o Pai celestial não perdoará as ofensas de vocês.
(Mateus 6.15)

Já aconteceu de você pedir perdão a Deus pelos erros que cometeu, enquanto desejava que outra pessoa fosse punida em vez de perdoada?

Esse tipo de atitude revela amargura e ressentimento, dois sentimentos que apenas trazem infelicidade. No final das contas, quem será prejudicado é você mesmo.

Jesus foi claro sobre como o perdão deve funcionar. Ele disse: "Mas, se não perdoarem uns aos outros, o Pai Celestial não perdoará as ofensas de vocês" (Mateus 6.15).

O perdão é algo que impacta seu passado, presente e futuro:

- No passado, Deus já perdoou você inúmeras vezes.
- A falta de perdão hoje só trará infelicidade.
- Você ainda precisará do perdão de Deus no futuro.

Após Jonas avisar os ninivitas, inimigos de Israel, sobre o julgamento do Senhor, eles se arrependeram. Deus, então, os perdoou, e decidiu não os punir. Isso deixou Jonas amargurado.

Você se lembra de como Jonas tentou fugir de Deus e, depois, clamou a ele de dentro do ventre do peixe? Naquele momento, ele desejava perdão para sua própria desobediência. No entanto, não queria que Deus estendesse o mesmo perdão para os ninivitas.

Tomado pela amargura, Jonas orou: "[...] Eu sabia que tu és Deus misericordioso e compassivo, muito paciente, cheio de amor e que prometes castigar, mas depois te arrependes. Agora, Senhor, tira a minha vida, eu imploro, porque para mim é melhor morrer do que viver" (Jonas 4.2-3).

Esse ressentimento só trouxe prejuízo a Jonas. Enquanto os ninivitas desfrutavam da graça de Deus, ele estava afundado em autopiedade. Por isso, não pôde experimentar a alegria e a liberdade que vêm com o perdão até que aceitou o plano de Deus.

Você está guardando rancor e se recusando a perdoar alguém, como Jonas fez? É essencial perdoar tanto aqueles que o magoaram no passado quanto os que o ferem no presente. A Bíblia ensina: "Se confessarmos os nossos pecados, ele é fiel e justo para perdoar os nossos pecados e nos purificar de toda injustiça" (1João 1.9).

Deus já perdoou seus pecados e prometeu continuar perdoando. Aqueles que receberam uma graça tão abundante como essa devem estar dispostos a estendê-la a outros.

# *Três maneiras de agradecer a Deus antecipadamente*

Mas eu, com um cântico de gratidão,
oferecerei sacrifício a ti. O que eu
prometi cumprirei totalmente.
A salvação vem do Senhor.

(JONAS 2.9)

SEMPRE QUE VOCÊ se sente sem esperança, parece contraproducente expressar gratidão. Afinal, por que alguém se sentiria grato ao chegar ao fundo do poço?

Jonas entendeu o porquê. No ventre de um grande peixe, antes mesmo de ser resgatado por Deus, ele nos mostrou a importância de agradecer antecipadamente pelas respostas às nossas orações: "Mas eu, com um cântico de gratidão, oferecerei sacrifício a ti. O que eu prometi cumprirei totalmente. A salvação vem do Senhor" (Jonas 2.9).

Mas qual é a diferença entre agradecer a Deus *antes* e agradecer a Deus *depois* de ele responder? Quando você espera para agradecer até que sua oração seja atendida, isso é gratidão. Contudo, agradecer antes que a resposta chegue é um ato de fé. Todos nós tendemos a expressar gratidão quando nossas orações são respondidas, mas demonstramos fé de verdade quando agradecemos ao Senhor antecipadamente.

Então, como podemos agradecer a Deus antecipadamente? Jonas nos ensina três maneiras de fazer isso:

1. *Jonas agradeceu a Deus louvando-o.* A Bíblia nos diz como fazer isso: "Por meio de Jesus, portanto, ofereçamos continuamente a Deus um sacrifício de louvor, que é fruto de lábios que confessam o seu nome" (Hebreus 13.15).

2. *Jonas agradeceu a Deus retornando à sua missão.* Ele reconheceu que havia pisado na bola, mas sabia que isso não anulava o propósito do Senhor para sua vida. Assim como Jonas, todos nós já cometemos erros. Mas isso não interrompe o plano divino. Nossa missão permanece a mesma, mesmo após tropeços.

3. *Jonas agradeceu a Deus confiando nele para o sucesso.* Como está escrito em Provérbios 3.5-6: "Confie no Senhor de todo o seu coração e não se apoie em seu próprio

entendimento; reconheça o Senhor em todos os seus caminhos, e ele endireitará as suas veredas".

Embora Jonas tenha fugido de Deus, ele acreditou que o Senhor não o havia abandonado, mesmo depois de haver desobedecido. Sua fé foi demonstrada ao agradecer antecipadamente – enquanto ainda estava no ventre do peixe.

Deus nunca o abandonará, ainda que você o desobedeça. Por isso, você pode agradecê-lo, antes mesmo de ver suas orações respondidas.

# *Avisar os outros é um ato de amor*

Jonas obedeceu à palavra do Senhor e foi para Nínive.
Era uma cidade muito grande, sendo necessários três dias
para percorrê-la. Jonas entrou na cidade e a percorreu durante um dia,
proclamando: "Daqui a quarenta dias Nínive será destruída.

(JONAS 3.3-4)

QUANDO DEUS ENVIOU Jonas a Nínive, sua missão era alertar o povo sobre as graves consequências de sua desobediência. O desejo do Senhor era que soubessem que o julgamento estava próximo, mas que ainda havia uma oportunidade para se arrependerem e voltarem a obedecer.

Deus queria dar ao povo de Nínive uma segunda chance.

Contudo, curiosamente, também acabou concedendo uma segunda chance ao próprio Jonas. Em vez de ir diretamente para Nínive, Jonas fugiu à direção oposta, o que o levou a ser engolido por um grande peixe. Após ser resgatado pelo Senhor, ele decidiu aproveitar essa segunda chance e finalmente obedecer.

A Bíblia nos relata: "Jonas obedeceu à palavra do Senhor e foi para Nínive. Era uma cidade muito grande, sendo necessários três dias para percorrê-la. Jonas entrou na cidade e a percorreu durante um dia, proclamando: 'Daqui a quarenta dias Nínive será destruída'" (Jonas 3.3-4).

Observe que a Bíblia menciona que Jonas entrou na cidade e a percorreu durante um dia fazendo uma proclamação, como se estivesse "avisando o povo". Um aviso é uma advertência cuidadosa sobre um perigo, armadilha ou problema iminente. Quando não estamos atentos aos avisos de Deus, ele pode colocar pessoas em nossas vidas para nos alertar. Na verdade, mais de cem versículos no Novo Testamento nos instruem a avisar uns aos outros. Esta é uma das responsabilidades que temos como seguidores de Cristo.

Em Atos 20.31, Paulo escreve: "[...] Lembrem-se de que durante três anos jamais cessei de advertir cada um de vocês disso, noite e dia, com lágrimas". É importante notar que Paulo estava tão angustiado para que os efésios atentassem ao seu aviso, que isso o levou às lágrimas. E por quê? Porque ele os amava.

Deus confia a cada cristão o ministério de advertir os outros. Quando você avisa alguém sobre algo, demonstra seu amor por Deus e por essa pessoa. Imagine que você soubesse que uma ponte estava caída e visse alguém dirigindo em direção a ela a 80 km/h – avisar essa pessoa seria um ato de amor.

Da mesma forma, se você realmente ama as pessoas em sua vida, então as avisará sobre as consequências de suas ações ou decisões imprudentes – pois um aviso, feito com piedade, é uma verdadeira expressão de amor.

# *Um novo dia, uma nova oportunidade de cumprir sua missão*

O Senhor [...] é paciente com vocês,
não querendo que ninguém pereça, mas que
todos cheguem ao arrependimento.

(2PEDRO 3.9)

UM ERRO COMUM que cometemos é enxergar as pessoas da Bíblia como super-heróis. No entanto, super-heróis não existem – nem nas Escrituras Sagradas, nem em lugar nenhum.

Tanto na Bíblia quanto no mundo de hoje, o Senhor usa apenas pessoas imperfeitas e quebrantadas. Ao dedicar um tempo à leitura bíblica, você logo perceberá que, se estiver disposto a ser usado por Deus, ele o usará, independentemente do que você tenha feito no passado. Nenhuma experiência ou erro fará com que ele desista da missão que tem para a sua vida.

Um exemplo claro disso é Jonas. Ele era uma pessoa comum que inicialmente não queria cumprir o que Deus lhe ordenara. Na verdade, quando recebeu sua missão, fugiu. No entanto, o Senhor lhe deu uma segunda chance, e ele acabou realizando o que havia sido chamado para fazer – mesmo com uma má atitude.

A missão de Jonas era chamar o povo de Nínive ao arrependimento. Diferente de outros profetas do Antigo Testamento, que faziam discursos fervorosos e imploravam ao povo, ele foi direto ao ponto, com um sermão de apenas sete palavras: "[...] Daqui a quarenta dias Nínive será destruída" (Jonas 3.4). Ele estava basicamente dizendo ao povo: "Vocês morrerão. Adeus".

Mesmo assim, Deus usou Jonas, apesar de sua má atitude. O resultado foi um dos maiores avivamentos espirituais da história, com uma cidade inteira se voltando para o Senhor. Esse milagre é ainda mais impressionante do que o resgate de Jonas do ventre do grande peixe. O Altíssimo escolheu esse profeta imperfeito e relutante para liderar um avivamento incrível. Ele foi paciente com Jonas e não desistiu dele, assim como não desistirá de você. Como a Bíblia nos lembra: "O Senhor [...] é paciente com vocês, não querendo que ninguém pereça, mas que todos cheguem ao arrependimento" (2Pedro 3.9).

Se você acordar amanhã de manhã, isso significa que Deus está lhe dando mais um dia – mais uma chance para cumprir sua missão.

Portanto, espere que Deus o use, e ele certamente o usará.

# *Qualquer cristão pode orar por cura*

[...] confessem os seus pecados uns aos outros
e orem uns pelos outros para serem curados [...]

(Tiago 5.16)

Você conhece alguém que precisa ser curado? Ou talvez *você mesmo* necessita ser curado? Se sim, pode começar a orar por cura hoje mesmo. Basta seguir os seguintes passos:

*Primeiro, assegure-se de que seu coração esteja limpo.* Pecados não confessados podem prejudicar suas orações por cura. A Bíblia nos ensina em Tiago 5.16: "[...] confessem os seus pecados uns aos outros e orem uns pelos outros para serem curados [...]". Embora ninguém seja perfeito, é possível pecar menos. Deus deseja que você se aproxime dele com confiança; e, para isso, é importante garantir que não haja nada entre você e ele que precise ser resolvido por meio da confissão.

*Em segundo lugar, seja específico.* Muitas pessoas temem que estejam limitando o agir de Deus; e dizem apenas: "Senhor, esteja com esta pessoa doente, mostre teu amor a ela e ajude-a a sentir tua presença". No entanto, como você reconhecerá a resposta de Deus se não fizer um pedido específico? Dê nome ao que está pedindo – não porque o Senhor precise de detalhes, mas porque ele quer que você perceba como ele trabalha nesses detalhes.

*Por fim, ore com fé.* Tiago 1.6 nos orienta: "Peça-a, porém, com fé, sem duvidar, pois aquele que duvida é semelhante à onda do mar, levada e agitada pelo vento". Ore com expectativa, confiante de que Deus responderá suas orações no tempo e da maneira dele. A pessoa por quem você está orando pode não ser curada nesta vida, mas isso não deve impedir você de orar com fé, ciente de que o Altíssimo nunca deixa de agir. Ele ouve você e se importa tanto com a pessoa por quem está orando quanto com a doença que pode estar lhe incomodando.

Então, coloque seu coração em ordem. Confesse seus pecados. Apresente a Deus de forma específica o que você deseja que ele faça por você e pelos outros. E, por fim, espere com confiança que ele aja.

# *Obediência tardia é desobediência*

Eu me apressarei e não hesitarei
em obedecer aos teus mandamentos.

(Salmos 119.60)

A Bíblia contém inúmeras diretrizes para a vida, frequentemente denominadas decretos, preceitos ou mandamentos de Deus. Independentemente do termo utilizado, o Senhor espera que você obedeça totalmente a essas instruções.

Imagine um pai que pede ao filho para realizar uma tarefa e o filho responde: "Pensarei nisso". Certamente haveria consequências, não?

No entanto, muitas pessoas agem assim com Deus. Quando ele pede que façamos algo, respondemos com um "Pensarei nisso".

Mas essa não é uma escolha que nos cabe. Isso se assemelha a uma criança dizendo ao pai: "Pensarei nisso".

Quando o Criador do Universo nos instrui a fazer algo, ele espera que o obedeçamos – *imediatamente*. Todo pai sabe que a obediência tardia é, na verdade, desobediência.

Além da prontidão, Deus deseja que obedeçamos plenamente aos mandamentos dele. Não podemos escolher quais instruções seguir e quais ignorar; a obediência parcial também é desobediência.

Salmos 119.60 nos lembra: "Eu me apressarei e não hesitarei em obedecer aos teus mandamentos".

Embora muitas vezes associemos a *pressa* a algo negativo, como o estresse e as pressões do cotidiano, a pressa é essencial quando se trata de obedecer a Deus. Ela significa que não questionamos as instruções divinas antes de cumpri-las; obedecemos primeiro e buscamos entender depois. Na verdade, só compreenderemos plenamente muitos dos mandamentos do Senhor após praticá-los. Em muitos casos, é a obediência que nos traz o entendimento.

Foi exatamente isso o que aconteceu com os discípulos. Quando Jesus os chamou, não tinham ideia do que os aguardava – mas obedeceram sem hesitação. Veja o que aconteceu quando Cristo chamou Simão e André: "E disse Jesus: 'Sigam-me' [...] No mesmo instante eles deixaram as suas redes e o seguiram" (Marcos 1.17-18).

E você? O que Deus tem pedido que faça, mas que ainda não começou a fazer? Por que está adiando? Lembre-se, ele sempre tem seus melhores interesses em mente. Portanto, vá em frente e faça o que ele ordenou.

# O crescimento espiritual requer mudança

Mas o fruto do Espírito é amor, alegria, paz,
paciência, amabilidade, bondade, fidelidade, mansidão
e domínio próprio. Contra essas coisas não há lei.
(Gálatas 5.22-23)

Em cada mudança que ocorre na sua vida, a vontade do Senhor é fazer com que você se torne mais semelhante a Jesus. A promessa encontrada em Romanos 8.28 é maravilhosa: "Sabemos que Deus age em todas as coisas para o bem daqueles que o amam, dos que foram chamados de acordo com o seu propósito". Contudo, essas palavras só fazem sentido ao lermos o versículo seguinte: "Pois aqueles que de antemão conheceu, também os predestinou para serem conformes à imagem de seu Filho [...]" (Romanos 8.29).

O Altíssimo não deseja que você faça parte da família dele apenas, mas que desenvolva as características que refletem a condição de um filho de Deus. O propósito divino é que você cresça espiritualmente, com Jesus Cristo como o modelo supremo de maturidade.

Portanto, como Jesus é? A descrição mais clara está no fruto do Espírito mencionado em Gálatas 5.22-23: "Mas o fruto do Espírito é amor, alegria, paz, paciência, amabilidade, bondade, fidelidade, mansidão e domínio próprio. Contra essas coisas não há lei". Deus cultiva esse tipo de fruto em você ao colocá-lo em cenários contrários às descrições do fruto do Espírito, para que você possa aprender e praticar tais virtudes.

Por exemplo, ninguém aprende a ser bondoso quando está cercado de pessoas gentis, nem a se contentar quando tem tudo o que deseja. Quando o Senhor ensina sobre o amor, ele coloca você junto a pessoas difíceis de amar, e não às amáveis.

Qualquer um pode ser feliz quando tudo está indo bem. No entanto, Deus ensina a respeito da verdadeira alegria em meio ao sofrimento, à dor e à tristeza. É simples ter paz quando não há conflitos, mas o Pai nos ensina sobre a paz que ultrapassa todo entendimento ao permitir que o caos, o sofrimento e a adversidade cruzem nosso caminho.

E como Deus ensina você a ter paciência? Ele o coloca em situações como uma fila interminável no DETRAN ou em uma sala de espera para uma consulta médica atrasada. Sempre que você precisa esperar, ele lhe ensina sobre paciência para que você se torne mais semelhante a Jesus.

A mudança pode ser difícil, mas as diversas formas de crescimento espiritual, seja em grandes *ou* pequenos aspectos, fazem com que todo o processo valha a pena.

# *É hora de começar a duvidar de suas dúvidas*

Do pecado, porque os homens não creem em mim.

(JOÃO 16.9)

NA RAIZ DE todo pecado há, mesmo que por um instante, uma dúvida a respeito de Deus. Jesus afirmou: "Do pecado, porque os homens não creem em mim" (João 16.9). Quando você não crê que Cristo é quem ele diz ser ou que cumprirá as promessas que fez, essa descrença se torna a base de todo pecado.

Existem emoções que servem como indicadores de quando você está duvidando de Deus.

Por exemplo, quando você sente medo ou ansiedade, isso revela uma descrença nas promessas divinas. A Bíblia contém mais de sete mil promessas, e o medo é um sinal de que você não está disposto a confiar nessas promessas que Deus oferece a todos os que o seguem.

A impaciência, por sua vez, expõe uma dúvida quanto ao tempo perfeito do Senhor. Ele tem um plano para sua vida, mas não age de maneira apressada. Quando esquecemos disso, tendemos a assumir o controle em vez de esperar pacientemente pelo tempo de Deus.

O ressentimento e a amargura indicam uma dúvida na sabedoria divina. Deus é sábio, bom e amoroso, mas quando as coisas não saem como planejado, você pode começar a pensar que ele cometeu algum erro, e acaba se esquecendo de que ele é capaz de transformar o mal em bem.

Sentimentos de culpa evidenciam uma descrença no perdão do Senhor. Quanto tempo um seguidor de Jesus deve se sentir culpado? Apenas o tempo necessário para confessar o pecado. Se você continua carregando a culpa do pecado, mesmo após confessá-lo, significa que não acredita, de fato, que já foi perdoado e, por isso, não consegue perdoar a si mesmo.

Quando você se sente inadequado, isso demonstra uma dúvida no poder divino. O Senhor diz o seguinte na Palavra: "[...] Minha graça é suficiente a você, pois o meu poder se aperfeiçoa na fraqueza [...]" (2Coríntios 12.9). Se você não acredita nessa verdade, isso mostra que está confiando em suas próprias forças, o que inevitavelmente levará ao desapontamento.

Para superar esses sentimentos de medo, impaciência, ressentimento, culpa e inadequação, é preciso começar a duvidar de suas dúvidas e acreditar na Palavra de Deus. Confie que Deus cumpre as promessas que faz, tem um tempo perfeito, é sábio, o perdoa e opera poderosamente através de você.

# *Por que você precisa de uma comunidade para recomeçar?*

Um homem sozinho pode ser vencido, mas dois conseguem defender-se. Um cordão de três dobras não se rompe com facilidade.

(Eclesiastes 4.12)

Se você deseja um recomeço em sua vida, basta pedir a Deus. Após isso, é importante encontrar pessoas que possam apoiar essa nova jornada.

Lidar com uma mudança de vida sozinho é um desafio quase insuperável. Se fosse possível, você já teria conseguido, mas a verdade é que não podemos fazer isso por conta própria. O Senhor nos criou para que a cura e o crescimento aconteçam quando outras pessoas se envolvem em nossas vidas.

A Bíblia nos ensina em Eclesiastes 4.10 e 12: "Se um cair, o amigo pode ajudá-lo a levantar-se. Mas pobre do homem que cai e não tem quem o ajude a levantar-se! [...] Um homem sozinho pode ser vencido, mas dois conseguem defender-se. Um cordão de três dobras não se rompe com facilidade".

Em outras palavras, com o apoio de outra pessoa, você não será facilmente derrotado. Um grupo de apoiadores é melhor ainda.

Ao tentar mudar sua vida, você inevitavelmente cometerá erros. Ninguém é perfeito, e no esforço de se tornar a pessoa que Deus quer que você seja, tropeços ocorrerão. É nesse momento que você precisará de pessoas amorosas ao seu redor para ajudá-lo a se levantar.

A comunidade é o remédio divino contra o desânimo. Seu pequeno grupo da igreja ou seus amigos cristãos podem ajudá-lo a manter sua perspectiva em ordem. Eles enxergam coisas que você, às vezes, não consegue perceber. Eles podem lembrá-lo das verdades do Senhor.

Em Romanos 12.5, está escrito: "Assim também em Cristo nós, que somos muitos, formamos um corpo, e cada membro está ligado a todos os outros". Na família de Deus, pertencemos uns aos outros. As pessoas na sua igreja e comunidade cristã são seus irmãos e irmãs, e você precisará do encorajamento deles enquanto Deus opera em sua vida.

Se você ainda não encontrou esse grupo de apoio, procure-o. Isso exigirá coragem e vulnerabilidade, mas se sentir que essas pessoas estão em falta no momento, peça ajuda ao Pai. Ele proverá tudo o que você precisa para um recomeço que o tornará mais parecido com ele.

# *Está preocupado? Lembre-se do que Deus já fez*

[...] para Deus todas as coisas são possíveis.

(Mateus 19.26)

A preocupação é uma reação humana comum em momentos de dificuldade. No entanto, em vez de se preocupar, Deus deseja que você se volte para ele em adoração. Uma forma de adorá-lo é confiar em quem ele é e no que pode fazer.

No livro de 2Crônicas, encontramos o exemplo do rei Josafá e do povo de Judá, que se viram em uma situação desesperadora. Três nações inimigas estavam prestes a atacar.

Apesar do medo que sentia, a atitude do rei foi reunir seu povo diante do Senhor. Ele se colocou à frente de toda a nação e orou em voz alta. Sua oração serve como um modelo poderoso de como buscar a Deus em tempos de estresse e sobrecarga. A primeira coisa a fazer quando orar nesses momentos é lembrar-se de quem ele é.

Concentre-se na força, no caráter e no poder do Senhor. Ele é capaz de lidar com qualquer situação, inclusive a que você está enfrentando agora. Jesus disse: "[...] para Deus todas as coisas são possíveis" (Mateus 19.26).

O rei Josafá trouxe essa verdade à memória: "[...] não és tu o Deus que está nos céus? Tu dominas sobre todos os reinos do mundo. Força e poder estão em tuas mãos, e ninguém pode opor-se a ti" (2Crônicas 20.6).

Embora os inimigos estivessem se aproximando, Josafá escolheu desviar o olhar do problema e focar na força e no poder do alto. Ele se lembrou de quem o Senhor era.

Depois de se lembrar de quem Deus é, lembre-se do que ele já fez. Pense nas vezes em que ele ajudou outras pessoas e em como já agiu em sua vida. Essa lembrança fortalecerá sua confiança de que ele também resolverá sua situação atual.

Ao orar, Josafá disse: "Não és tu o nosso Deus, que expulsaste os habitantes desta terra perante Israel [...]?" (2Crônicas 20.7). Ele estava se lembrando do momento em que Moisés conduziu os israelitas para fora do Egito até a Terra Prometida.

Lembrar que Deus havia ajudado Israel no passado deu a Josafá a confiança de que o mesmo aconteceria novamente.

Você está ansioso com algo hoje? Em vez de permitir que a ansiedade domine sua mente, dedique tempo à oração; lembre-se de quem Deus é e do que ele já fez. Confie que ele é capaz de lidar com qualquer desafio que você esteja enfrentando.

# *Como demonstrar fé e gratidão durante batalhas*

Quando começaram a cantar e a entoar louvores, o Senhor preparou emboscadas contra os homens de Amom, de Moabe e dos montes de Seir, que estavam invadindo Judá, e eles foram derrotados.

(2Crônicas 20.22)

Quando o povo de Judá, liderado pelo rei Josafá, se viu cercado por três nações inimigas, o rei tomou uma decisão inusitada: em vez de se preocupar, ele optou por guiar seu povo em adoração a Deus. Escolheram agradecer a vitória, mesmo antes dela acontecer.

No momento em que a batalha estava prestes a começar, com Israel de um lado do vale e seus inimigos do outro, seria natural que as tropas de Judá se preparassem e alinhassem para o confronto. No entanto, veja o que aconteceu: "[...] Josafá nomeou alguns homens para cantarem ao Senhor e o louvarem pelo esplendor de sua santidade, indo à frente do exército, cantando: "Deem graças ao Senhor, pois o seu amor dura para sempre" (2Crônicas 20.21).

Sim, você leu corretamente. Em vez de selecionar guerreiros para liderar o exército, o rei formou um coral. Imagine o que se passava na mente desses homens enquanto marchavam, cantando e desarmados, rumo ao campo de batalha. E quanto aos inimigos? Mesmo com essa estratégia incomum, os homens obedeceram. O coral avançou à frente do exército, proclamando o amor eterno do Senhor e agradecendo antecipadamente pela vitória.

Esse é o modo como Deus deseja que você enfrente suas batalhas também. Ele quer que você o agradeça antecipadamente pela solução dos seus problemas. Não se esqueça de que, ao agradecer depois que ele age, você está expressando gratidão, o que é essencial também. Contudo, quando você o agradece antes mesmo de ver o resultado, está demonstrando fé.

O próximo versículo revela o impacto dessa estratégia pouco convencional: "Quando começaram a cantar e a entoar louvores, o Senhor preparou emboscadas contra os homens de Amom, de Moabe e dos montes de Seir, que estavam invadindo Judá, e eles foram derrotados" (2Crônicas 20.22). O povo de Deus nem precisou levantar uma arma.

Essa é a lição que Deus quer que você aprenda. Ele deseja que você abandone suas armas – todos os métodos que tem usado para tentar resolver seus problemas por conta própria – e confie nele enquanto enfrenta seus desafios. Agradeça antecipadamente pela libertação e observe com gratidão enquanto ele luta em seu favor.

# *Como identificar seus pontos cegos*

Por que você repara no cisco que está no olho do seu irmão
e não se dá conta da viga que está em seu próprio olho?

(Mateus 7.3)

Qual é o pecado que você percebe mais clara e prontamente nos outros? Essa percepção pode revelar muito sobre os pecados presentes em sua própria vida.

Antes de julgar alguém, lembre-se de que todos nós temos pontos cegos – atitudes ou fraquezas que não enxergamos, mas que podem gerar conflitos com outras pessoas.

Quando sentir vontade de julgar alguém, escolha primeiro identificar e lidar com as suas próprias falhas. Jesus nos alertou sobre isso: "Por que você repara no cisco que está no olho do seu irmão e não se dá conta da viga que está em seu próprio olho? Como você pode dizer ao seu irmão: 'Deixe-me tirar o cisco do seu olho', quando há uma viga no seu? Hipócrita, tire primeiro a viga do seu olho, e então você verá claramente para tirar o cisco do olho do seu irmão" (Mateus 7.3-5).

Ele está dizendo: "Por que você está tão preocupado com o pecado de outra pessoa, quando não lidou com o seu próprio pecado? Cuide das suas fraquezas para que possa ajudar os outros".

Temos a tendência de julgar nos outros aquilo que não gostamos em nós mesmos. Se você luta contra a preguiça, por exemplo, é provável que critique os outros pela mesma razão. Da mesma forma, se é orgulhoso ou ganancioso, perceberá essas características em outra pessoa.

No entanto, a Bíblia nos aconselha em 1Coríntios 11.31: "Mas, se nós tivéssemos o cuidado de examinar a nós mesmos, não receberíamos juízo". Este versículo nos lembra da importância de uma autoavaliação sincera. Quando examinamos seriamente nossas vidas e reconhecemos nossas fraquezas, falhas e erros, evitamos o julgamento de Deus.

Deus está ao seu lado, não contra você. Ele já conhece seus pontos cegos e deseja ajudá-lo a enfrentá-los, para que possa crescer e amadurecer na fé.

# *Em uma tempestade, você precisa do "Eu Sou"*

Quando o viram andando sobre o mar, pensaram que fosse um fantasma. Então gritaram, pois todos o tinham visto e ficaram aterrorizados. Mas Jesus imediatamente lhes disse: "Coragem! Sou eu! Não tenham medo!"

(MARCOS 6.49-50)

SE VOCÊ ESTÁ enfrentando uma tempestade em sua vida agora, lembre-se de uma coisa: é nas tempestades que você descobre quem Jesus realmente é. Você percebe que ele não é apenas um homem, nem apenas um bom professor ou líder. Ele é Deus, o Criador do Universo.

No Evangelho de Marcos, capítulo 6, vemos que Cristo percebeu que seus discípulos estavam em dificuldades. Eles se encontravam no meio de um lago, sendo assolados pelo vento e pelas ondas, o que os impedia de seguir em frente. Então, Jesus foi até eles caminhando sobre a água: "Quando o viram andando sobre o mar, pensaram que fosse um fantasma. Então gritaram, pois todos o tinham visto e ficaram aterrorizados. Mas Jesus imediatamente lhes disse: 'Coragem! Sou eu! Não tenham medo!'" (Mateus 6.49-50).

Naquele momento, os discípulos ainda tinham algumas dúvidas. Talvez achassem que Jesus era apenas um grande profeta que conseguia operar certos milagres. No entanto, ao andar sobre as águas, ele deixou claro que era muito mais do que isso. Ele demonstrou que era, de fato, Deus.

Jesus também os desafiou e os tranquilizou ao mesmo tempo: "Não tenham medo. Sou eu".

No grego, idioma original deste texto bíblico, a expressão "Sou eu" é composta por duas palavras: *ego eimi*, que se traduz literalmente como "Eu Sou". Isso tem um profundo significado, pois "EU SOU" é o nome de Deus – não "Eu fui", "Eu serei" ou "Eu espero ser". Quando Jesus declara "Eu Sou", está afirmando que você não precisa temer, nem se preocupar. Ele é Deus – e isso é o suficiente.

Durante uma tempestade, você não precisa de um emprego, mas de Jesus. Você não precisa de um plano, mas de uma pessoa. Você não precisa de um sistema, mas de um Salvador. Você não precisa de um novo objetivo, mas de Deus.

Portanto, quando estiver passando por uma tempestade, lembre-se de que o Senhor não está distante, apático ou indiferente. Ele é o "EU SOU". Ele está na tempestade com você e o ajudará a atravessá-la.

# *Você consegue perceber onde Deus já está agindo?*

Mantenham os olhos abertos para o Eterno, observem suas obras, sempre atentos aos sinais da sua presença.

(Salmos 105.4, AM)

**Nos momentos difíceis,** você precisa estar mais atento do que nunca ao que Deus está fazendo. Mas por quê? Porque é justamente na adversidade que ele deseja ensinar-lhe lições importantes e ajudá-lo a crescer.

Salmos 105.4 nos instrui: “Mantenham os olhos abertos para o Eterno, observem suas obras, sempre atentos aos sinais da sua presença” (AM). Você tem buscado a presença do Senhor no meio de suas lutas? Tem procurado por ele em cada situação? É vital que mantenha seus olhos bem abertos. Esteja atento a todas as maneiras pelas quais ele está agindo e mostrando sua presença.

Podemos resumir essa atitude de estar alerta e atento em uma palavra: visão. Muitas pessoas têm uma compreensão equivocada do que significa ter visão.

É um dos conceitos mais mal compreendidos em livros e seminários de liderança. Frequentemente, fala-se dela como se ser visionário fosse uma capacidade de prever o futuro. No entanto, visão não se trata de prever o que está por vir.

Portanto, o que é visão? É perceber Deus agindo em sua situação e alinhar-se com o que ele está fazendo. É aproveitar ao máximo o que está acontecendo agora. Visão não é prever o futuro, mas ver a mão do Altíssimo em ação e decidir unir-se a ele nessa obra. Você mantém os olhos abertos, reconhece o trabalho do Senhor, e então age em conformidade. É como avistar uma onda e decidir surfar nela.

Em vez de orar para que o Senhor abençoe suas ações, você deve pedir a ele que mostre o que ele já está abençoando.

Todas as manhãs, converse com Deus: “Sei que hoje o Senhor fará coisas maravilhosas no mundo. Dá-me o privilégio de participar do que estás fazendo? Ajuda-me a perceber o que está acontecendo e dá-me a coragem de me levantar e fazer parte disso”.

Mesmo em tempos difíceis, Deus quer usá-lo para cumprir os propósitos divinos. O segredo está em manter os olhos abertos.

# *É hora de encarar a verdade*

Se afirmarmos que estamos sem pecado, enganamos
a nós mesmos, e a verdade não está em nós.
(1João 1.8)

O pecado sempre envolve uma forma de autoengano. Quando você peca, está se enganando ao acreditar que aquilo que está fazendo trará melhores resultados do que aquilo que Deus já lhe orientou a fazer.

Para romper esse ciclo de autossabotagem, pare de se enganar. Você precisa olhar para sua vida com honestidade, encarar a verdade e lidar com os problemas. O que em sua vida você está fingindo não ser um problema ou minimizando como se não fosse importante? O que você tem dito para si mesmo: "Isso não é nada demais"?

Não importa se está recorrendo a narcóticos, acumulando dívidas no cartão de crédito, assistindo pornografia ou lendo romances impróprios – todas essas coisas são tentativas de escapar da dor e do pecado. No entanto, você não conseguirá alcançar a cura até que reconheça a verdadeira raiz do problema.

Você não precisa chegar ao fundo do poço para mudar. Não precisa seguir o caminho da destruição. É possível reconhecer a raiz do problema agora e lidar com ela. Quando perguntados sobre o maior desafio que enfrentam, os conselheiros da igreja frequentemente respondem: "As pessoas esperam tempo demais antes de pedir ajuda. Quando pedem, já é quase impossível reverter a situação". A maioria das pessoas nega o problema até que seja tarde demais, o que resulta em dores desnecessárias. A Bíblia nos alerta: "Se afirmarmos que estamos sem pecado, enganamos a nós mesmos, e a verdade não está em nós" (1João 1.8).

Quais perguntas difíceis você precisa fazer sobre o pecado em sua vida? Quais sinais de alerta você tem ignorado?

Se você deseja cura, reconheça a raiz do seu problema e encare a verdade sobre *si mesmo*. Essa escolha nunca é a mais fácil, mas sempre é a correta.

Jesus compreende o que você está enfrentando. A Bíblia nos assegura: "Pois não temos um sumo sacerdote que não possa compadecer-se das nossas fraquezas, mas sim alguém que, como nós, passou por todo tipo de tentação, porém, sem pecado. Assim, aproximemo-nos do trono da graça com toda a confiança, a fim de recebermos misericórdia e encontrarmos graça que nos ajude no momento da necessidade" (Hebreus 4.15-16).

Deus está ao seu lado, trabalhando em você. Com o poder dele, você pode superar qualquer coisa.

# *Pessoas fiéis não desistem*

Por isso não desanimamos. Embora exteriormente estejamos a desgastar-nos, interiormente estamos sendo renovados dia após dia, pois os nossos sofrimentos leves e momentâneos estão produzindo para nós uma glória eterna que pesa mais do que todos eles.

(2Coríntios 4.16-17)

Você só se torna um fracasso quando desiste, e desistir nunca é a melhor opção. Por quê? Porque Deus usa momentos difíceis para testar sua persistência. Ele transforma sua dor em propósitos benéficos e, enquanto isso, observa se você permanecerá fiel a ele.

A diferença entre pessoas fiéis e infiéis está na reação diante das adversidades: as infiéis desistem ao primeiro sinal de dificuldade, enquanto as fiéis perseveram.

Pessoas fiéis são aquelas que se mostram determinadas, diligentes e persistentes. Elas não conhecem a palavra "desistir". Você já se perguntou como uma pequena semente se transforma em um carvalho robusto? Um carvalho nada mais é do que uma semente que se recusou a desistir.

A Igreja Saddleback, por exemplo, já existia há quinze anos e contava com mais de dez mil membros antes de construirmos nosso primeiro edifício. Durante esses primeiros quinze anos, usamos setenta e nove diferentes locais. Não há *glamour* em montar e desmontar uma igreja para dez mil pessoas toda semana; é trabalho árduo.

Você imagina quantas vezes senti vontade de desistir? Praticamente todas as segundas-feiras.

Mas Deus usou esses tempos difíceis para testar nossa persistência.

Se você está passando por um período de dificuldade, este versículo é para você: "Por isso não desanimamos. Embora exteriormente estejamos a desgastar-nos, interiormente estamos sendo renovados dia após dia, pois os nossos sofrimentos leves e momentâneos estão produzindo para nós uma glória eterna que pesa mais do que todos eles" (2Coríntios 4.16-17). Deus se preocupa mais com quem você está se tornando do que com o que está acontecendo em sua vida.

Muitas vezes, ele permite que provações, problemas e dificuldades surjam em sua vida para lhe ensinar a importância da diligência, determinação e caráter. Enquanto você continuar confiando em Deus e mantendo o foco na eternidade, ele renovará suas forças e lhe dará energia para seguir em frente. Como está escrito em Gálatas 6.9: "E não nos cansemos de fazer o bem, pois no tempo próprio colheremos, se não desanimarmos".

Os desafios que você está enfrentando agora são um teste da sua fidelidade. Você continuará a servir a Deus, mesmo quando a vida se torna difícil?

# *Para todos que precisam de uma segunda chance*

Esqueçam o que se foi; não vivam no passado. Vejam, estou fazendo uma coisa nova! Ela já está surgindo! Vocês não a reconhecem? Até no deserto vou abrir um caminho e riachos no ermo.

(Isaías 43.18-19)

Deus é o Deus das segundas chances – e das centésimas e milésimas também. A Bíblia está repleta de pessoas que receberam uma segunda chance. Abraão alegou que sua esposa era sua irmã por falta de fé na proteção de Deus. Moisés assassinou um homem. Sansão sucumbiu à raiva e luxúria. Raabe era uma prostituta. Davi cometeu adultério e orquestrou a morte do marido da mulher com quem se envolveu. Mesmo assim, todos esses personagens são citados como exemplos de fé em Hebreus 11.

Nosso Pai Celestial ama dar segundas chances. Se fosse necessário ser perfeito para receber a graça de Deus, ninguém teria chance alguma.

Um dos amigos de Jó ofereceu o seguinte conselho para ele se recuperar das perdas e voltar ao plano original de Deus: "Contudo, se você lhe consagrar o coração e estender as mãos para ele; se afastar das suas mãos o pecado e não permitir que a maldade habite em sua tenda, então você levantará o rosto sem envergonhar-se; será firme e destemido. Você esquecerá as suas desgraças, lembrando-as apenas como águas passadas. A vida será mais refulgente que o meio-dia, e as trevas serão como a manhã em seu fulgor. Você estará confiante, graças à esperança que haverá; olhará ao redor e repousará em segurança" (Jó 11.13-18).

Que promessa maravilhosa. Quando você se arrepende, o Senhor sempre oferece outra chance – acompanhada de coragem, esperança, proteção e descanso.

Para avançar em direção ao sonho de Deus para sua vida, você precisará fechar a porta do passado e abandonar sua tristeza, culpa e rancores para seguir em frente com fé.

"Esqueçam o que se foi; não vivam no passado. Vejam, estou fazendo uma coisa nova! Ela já está surgindo! Vocês não a reconhecem? Até no deserto vou abrir um caminho e riachos no ermo" (Isaías 43.18-19).

Confie no Senhor hoje para receber sua segunda chance. Você perceberá que até os dias mais sombrios do seu passado serão como a manhã no seu fulgor. E no deserto da sua dor, surgirão riachos.

# *O amor releva*

A sabedoria do homem lhe dá paciência;
sua glória é ignorar as ofensas.
(PROVÉRBIOS 19.11)

CERTAS PESSOAS INSISTEM em fazer as coisas do jeito delas, convencidas de que só há uma maneira certa de agir e que os outros estão sempre errados. Quando você não atinge os padrões delas, não hesitam em demonstrar sua insatisfação, e parece impossível agradá-las. Então, como podemos responder com amor a essas pessoas exigentes?

A Bíblia nos ensina que a paciência vem de uma perspectiva mais ampla: "A sabedoria do homem lhe dá paciência; sua glória é ignorar as ofensas" (Provérbios 19.11). Quanto mais entendemos o passado, as batalhas e os fardos que alguém carrega, mais nos tornamos pacientes com essa pessoa.

Muitas vezes, olhamos para as pessoas e pensamos: "Veja o quanto ainda precisam melhorar". Mas raramente paramos para dizer: "Quanto será que já progrediram?".

Talvez tenham crescido em uma família na qual não tiveram exemplos de bondade ou cortesia. Pode ser que tenham sido criadas em lares disfuncionais, e o simples fato de terem chegado até aqui já seja um milagre.

Quais fardos elas estão carregando? Doença? Problemas familiares? Perda de emprego? Existem inúmeras dificuldades que as pessoas enfrentam, e, frequentemente, nós sequer temos conhecimento delas.

Provérbios 19.11 nos orienta a ignorar as ofensas. Será que você se ofende facilmente? Fica tão sensível e irritável que qualquer olhar estranho, palavra esquecida ou falta de atenção o magoa? O amor releva certas coisas.

Lucas 6.31 nos lembra: "Como vocês querem que os outros lhes façam, façam também vocês a eles". O amor é compreensivo, não exigente. É o tipo de atitude que gostaríamos de receber quando estamos tendo um dia ruim, nos sentindo mal ou carregando fardos pesados.

Isso significa que devemos permitir que as pessoas passem por cima de nós? Que devemos ser passivos e deixar que digam o que quiserem?

Não. A chave é sempre manter a ternura. Jesus nunca cedeu aos manipuladores – como os líderes religiosos e fariseus legalistas. Eles impunham inúmeras regras que nem eles próprios conseguiam cumprir, mas Cristo não se deixou intimidar por suas exigências.

Ele manteve a ternura. Isso é amor em ação.

# *A motivação certa importa*

Mas não pregamos a nós mesmos, mas a Jesus Cristo,
o Senhor, e a nós como escravos de vocês, por causa de Jesus.
(2Coríntios 4.5)

Quanto mais você vive uma vida centrada em si mesmo, mais suscetível se torna ao desânimo. Isso acontece porque, ao esquecer que a vida não gira em torno de você, sentimentos como orgulho, medo ou amargura tendem a surgir. Esses sentimentos inevitavelmente levam ao desânimo, pois mantêm seu foco voltado para si mesmo.

A Bíblia nos ensina em 2Coríntios 4.5: "Mas não pregamos a nós mesmos, mas a Jesus Cristo, o Senhor, e a nós como escravos de vocês, por causa de Jesus".

Portanto, não se trata de você. Deus o colocou neste mundo com um propósito e deseja transmitir uma mensagem ao mundo por meio da sua vida. No entanto, essa mensagem não é sobre você, mas sobre Jesus.

Escolhi as palavras "Não é sobre você" para começar meu livro *Uma vida com propósitos*, pois acredito que essa é uma das mensagens mais contraculturais que podemos compartilhar no mundo atual. Quase tudo na sociedade – canções, *videogames*, programas de TV, notícias e anúncios – incita-nos a colocar nossos próprios interesses em primeiro lugar.

Às vezes, penso se deveria mesmo ter escrito essa frase no livro, pois não imaginava que, pelo resto da minha vida, seria continuamente desafiado por ela. Preciso me lembrar disso várias vezes ao dia. Quando sou elogiado, criticado, mal compreendido ou quando alguém discorda de mim, tenho que repetir para mim mesmo: "Não é sobre mim". Por que isso é importante? Porque quando me concentro demais em mim mesmo, acabo desanimado.

Em vez disso, como Paulo nos instrui no versículo mencionado, somos servos por causa de Jesus. Ou seja, somos impulsionados a servir aos outros devido ao que Jesus fez por nós.

Deus sempre se preocupa mais com *as motivações por trás de nossas ações* do que com *as próprias ações*. O "*porquê*" de fazermos algo é o que determinará por quanto tempo conseguiremos continuar fazendo-o. Se somos movidos por ambições egoístas, isso nunca será suficiente; eventualmente, o desânimo nos levará a desistir.

Entretanto, quando você é motivado a agir porque isso avança o Evangelho e glorifica a Jesus, encontra o encorajamento necessário para perseverar até o fim.

# *O que move Deus a responder uma oração?*

Tu, Senhor, conheces o desejo dos humildes;
ouvirás seu clamor e os confortarás.
(Salmos 10.17, NVT)

Deus sempre responde à humildade. Essa é a atitude necessária que move o coração divino a responder suas orações. A Bíblia afirma: "Tu, Senhor, conheces o desejo dos humildes; ouvirás seu clamor e os confortarás" (Salmos 10.17, NVT).

No Antigo Testamento, Daniel exemplificou essa postura de humildade. Mesmo sob intensa pressão para se conformar às normas culturais da sua época, ele se rendeu à graça do Senhor. Em vez de confiar em sua própria força, ele orou e reconheceu os pecados do povo: "Nós temos cometido pecado e somos culpados [...]" (Daniel 9.5), mas ele não parou por aí: "[...] Temos sido ímpios e rebeldes, e nos afastamos dos teus mandamentos e das tuas leis. Não demos ouvido aos teus servos, os profetas [...] Senhor, tu és justo, e hoje estamos envergonhados [...]" (Daniel 9.5-7).

Daniel tinha consciência de que nem ele nem os outros israelitas mereciam a bênção do Senhor. Por isso, humildemente confessou os pecados, reconheceu suas fraquezas e clamou pela misericórdia divina: "Agora, Senhor, conforme todos os teus feitos justos, afasta de Jerusalém, da tua cidade, do teu santo monte, a tua ira e a tua indignação [...] Ouve, nosso Deus, as orações e as súplicas do teu servo. Por amor de ti, Senhor, olha com bondade para o teu santuário abandonado" (Daniel 9.16-17).

Como Deus respondeu à humilde oração de Daniel? Com graça, comunicada por um mensageiro do Senhor: "[...] Daniel, você é muito amado. Preste bem atenção ao que vou falar [...] Desde o primeiro dia em que você decidiu buscar entendimento e humilhar-se diante do seu Deus, suas palavras foram ouvidas, e eu vim em resposta a elas" (Daniel 10.11-12).

Quando você humildemente confessa seus pecados a Deus, está entregando sua vontade a ele e reconhecendo sua fraqueza. Esse tipo de oração é honrado por Deus, que prometeu: "[...] Abençoarei os de coração humilde e oprimido, os que tremem diante de minha palavra" (Isaías 66.2).

Muitas pessoas hesitam em admitir suas fraquezas e pecados por temerem a punição. No entanto, o Senhor já conhece todos os seus pecados e apenas deseja que você os confesse. Ao demonstrar humildade, ele responde com graça.

Sempre que você orar: "Deus, preciso de ti. Não posso fazer isso sozinho", ele o ouvirá e fortalecerá.

# *Deus dá propósito aos ingredientes amargos*

Sabemos que Deus age em todas as coisas para o bem daqueles que o amam, dos que foram chamados de acordo com o seu propósito.

(Romanos 8.28)

**Pouca gente sabe,** mas sou um "mestre" confeiteiro (ou, pelo menos, é isso que minha família acredita). Há alguns anos, decidi aprender a fazer bolos, pensando que, se quisesse saboreá-los, deveria saber como prepará-los. Uma das minhas criações mais memoráveis foi um bolo de chocolate alemão, feito do zero, para comemorar o aniversário da minha esposa. Esse bolo, um dos mais desafiadores que já fiz, foi também um dos meus favoritos.

A experiência de fazer bolos me ensinou que os ingredientes, por si só, não são agradáveis ao paladar. Alguns, na verdade, são bem amargos. Imagine comer farinha pura – não é nada gostoso. O mesmo vale para fermento, ovos crus ou óleo; todos têm um sabor repulsivo. Até a baunilha, por mais aromática que seja, tem um gosto desagradável. Contudo, quando todos se juntam e são assados no forno, o resultado é delicioso.

Uma das promessas mais poderosas da Bíblia está em Romanos 8.28: "Sabemos que Deus age em todas as coisas para o bem daqueles que o amam, dos que foram chamados de acordo com o seu propósito".

Note que o versículo não afirma que *tudo* é bom. Uma olhada rápida nas manchetes dos jornais é uma prova disso. Também é importante destacar que essa promessa não se aplica a todos, mas apenas àqueles que amam a Deus.

A forma como o Senhor faz todas as coisas cooperarem para o bem é semelhante ao processo de assar um bolo. Em sua vida e no mundo, haverá elementos amargos e desagradáveis. Talvez você pense: "Isso não é bom. Não gosto dessa mudança na minha vida. Não gosto do que está acontecendo no mundo hoje".

Quando estiver passando por uma fase de mudanças rápidas e implacáveis, e alguns aspectos parecerem amargos, faça a escolha de não se tornar amargo; evite focar somente no lado negativo das circunstâncias. Mesmo quando você não conseguir ver, confie que Deus está pegando tudo – o bom e o amargo – e usando-o para cumprir a vontade dele.

Pode ser que você não consiga perceber isso agora, mas um dia provará a doçura do plano divino no céu.

# *Chega de motivações confusas*

[...] não procuro agradar a mim mesmo,
mas àquele que me enviou.
(João 5.30)

**O que o motiva** a levantar da cama todas as manhãs? O que o motiva a ir ao trabalho, estudar com empenho, servir, ser generoso, e amar os outros? O que o mantém em movimento mesmo quando a vida se torna estressante? Se você deseja evitar a constante batalha contra o estresse, precisa compreender sua motivação mais profunda.

Por que isso é importante? Porque motivações confusas podem fazer você se sentir dividido, como se estivesse sendo puxado em direções opostas. Jesus nos alertou: "Nenhum servo pode servir a dois senhores [...]" (Lucas 16.13).

Nem mesmo Deus pode agradar a todos. Enquanto uma pessoa ora por chuva, outra implora por sol. Em meus quarenta e dois anos como pastor, aprendi que sempre haverá alguém insatisfeito, porque as expectativas das pessoas são frequentemente conflitantes. Não posso agradar a todos, e nem você.

A Bíblia nos ensina que o medo dos homens é uma armadilha que captura nossos corações e mentes, e nos faz tropeçar. Por isso, Jesus declarou em João 5.30: "[...] não procuro agradar a mim mesmo, mas àquele que me enviou". Jesus sabia exatamente a quem ele buscava agradar.

Se você não está focado em agradar a Deus, então provavelmente está tentando agradar a muitas pessoas ao mesmo tempo. No entanto, decidir agradar ao Senhor é muito mais simples e menos estressante – porque tudo o que você fizer para agradar a ele será sempre o correto. Isso era o que tornava Cristo tão resistente ao estresse: ele se preocupava em agradar apenas uma pessoa. E você, de quem está buscando aprovação para sua felicidade? Quem você ainda tenta agradar? Para alguns, é um pai que nunca demonstrou apoio ou encorajamento. Para outros, um chefe impossível de satisfazer.

Mas lembre-se, você não é uma vítima. Sua liberdade é proporcional à sua escolha. Ninguém pode forçá-lo a atender às expectativas dos outros sem sua permissão.

Quando viver para Deus se tornar sua motivação mais profunda, você não será controlado pelo medo da rejeição. Em vez disso, será guiado pelo amor e encontrará liberdade para ser a pessoa que Deus o criou para ser.

# *Jesus está pronto para aliviar seu fardo*

Tomem sobre vocês o meu jugo e aprendam de mim,
pois sou manso e humilde de coração, e vocês encontrarão descanso
para as suas almas. Pois o meu jugo é suave e o meu fardo é leve.

(MATEUS 11.29-30)

VOCÊ TEM SE sentido sobrecarregado? Talvez isso seja um sinal de que está tentando controlar tudo ao seu redor. É comum agirmos assim, muitas vezes sem perceber. Mesmo quando não nos damos conta, acabamos agindo como se tudo dependesse exclusivamente de nós. Acreditamos que temos a responsabilidade de manter tudo em ordem e fazer as coisas acontecerem.

No entanto, quanto maior for sua necessidade de controle, mais sobrecarregado e vazio você se sentirá. Aprenda a abrir mão do controle.

Quando você busca a Jesus por estar exausto, ele lhe convida a dar um próximo passo de obediência: "Tomem sobre vocês o meu jugo e aprendam de mim, pois sou manso e humilde de coração, e vocês encontrarão descanso para as suas almas. Pois o meu jugo é suave e o meu fardo é leve" (Mateus 11.29-30).

O jugo ao qual Jesus se refere é uma estrutura de madeira colocada sobre dois animais para que possam trabalhar juntos, puxando uma carga. Quando você já se sente sobrecarregado, aceitar o jugo de Cristo pode parecer adicionar mais um peso. Pode surgir a dúvida: por que aceitar um jugo diferente e continuar carregando algo?

Entretanto, o propósito do jugo é justamente o oposto – é aliviar a carga, e não a aumentar. Compartilhar o jugo com Jesus significa dividir o peso que você carrega. Quando dois animais estão unidos por um jugo, a carga se torna mais leve, e não mais pesada.

Sem estar atrelado ao Senhor, você pode facilmente acelerar demais e acabar em apuros. Porém, ao se unir a ele, você não se moverá rápido demais, nem se desviará do caminho.

Gálatas 5.25 nos instrui: "Se vivemos pelo Espírito, andemos também pelo Espírito".

Você mantém o ritmo do Espírito de Deus quando está atrelado a Jesus, caminhando ao lado dele e permitindo que ele defina o ritmo. Cristo nunca teve pressa, e você também não terá quando estiver conectado a ele.

# *O contentamento é um processo de aprendizado*

[...] Não são dons de Deus tudo que vocês têm e são? Por que então tantos rótulos e disputas? Vocês já têm tudo de que precisam [...]

(1Coríntios 4.7-8, AM)

Em vez de voltarmos nossa atenção ao que nos falta ou às coisas que não acontecem, podemos escolher ser gratos pelo que já temos. Confesso que isso não é algo natural para mim, e talvez também não seja para você. Não foi fácil nem mesmo para o apóstolo Paulo, que escreveu: "[...] aprendi a ficar satisfeito com o que tenho" (Filipenses 4.11, NVT). Ficar contente é um processo que exige aprendizagem.

A Bíblia diz o seguinte em 1Coríntios 4.7-8: "[...] Não são dons de Deus tudo que vocês têm e são? Por que então tantos rótulos e disputas? Vocês já têm tudo de que precisam [...]" (AM).

A inveja surge do mito de que precisamos de mais para sermos felizes. Ela nos leva a olhar para os outros e questionar: "Por que eles? Por que merecem isso? Eu é que mereço o que eles têm". Se você se pegar pensando "Isso não é justo", já caiu na armadilha da inveja. Por outro lado, a gratidão nos leva a perguntar: "Por que eu? Por que o Senhor me deu isso? Sou abençoado, pois não mereço o que tenho". Essa mudança de perspectiva é transformadora.

Todos nós lutamos contra a inveja, embora seja difícil admitir, pois é uma emoção tão ruim. Quando sentimos inveja dos outros, há um desejo oculto de que fracassem, para que possamos nos sentir melhor por não terem mais do que nós. Parece loucura, não? Se aprendermos a ser gratos pelo que temos, podemos começar a nos libertar disso.

É importante entender que a inveja não é o mesmo que ter um desejo, sonho ou meta. É saudável ter aspirações. A inveja, no entanto, vai além de desejar *algo*; ela envolve ressentir-se de alguém que já possui o que você quer ou que alcançou um objetivo que você ainda não conseguiu atingir. Às vezes, ela é alimentada pela nossa própria imaginação. Muitas vezes, imaginamos coisas que não são verdadeiras sobre os outros e pensamos que a vida deles é perfeita. Mas a realidade geralmente é bem diferente.

A verdade sobre a inveja é que ela impede a felicidade até que você atinja aquele desejo ou objetivo. Ela nasce da falta de gratidão pelo que já temos.

No entanto, a Bíblia nos ensina que já temos mais do que precisamos e muito mais do que merecemos. Tudo em nossa vida é um presente do Senhor, e é ele quem decide quando e como nos abençoa. Nossa responsabilidade é escolher ser gratos e aproveitar ao máximo o que nos foi concedido.

Você pode optar pela gratidão todos os dias, dizendo a Deus: "Reconheço que tudo o que tenho veio de ti, e que tudo o que recebi é bom. Tenho o suficiente para cumprir tua vontade e ainda mais para ser generoso com os outros. Escolho ser grato por todas as tuas bênçãos, mas, acima de tudo, por teres se entregado por mim. Decido compartilhar da alegria daqueles que foram abençoados por ti e me regozijar na minha salvação. Prefiro estar contente em saber que tu estás comigo, cuidando de mim e trabalhando em mim para me tornar mais semelhante a Jesus".

Como nos lembra Eclesiastes 6.9: "Melhor é contentar-se com o que os olhos veem do que sonhar com o que se deseja [...]".

# *Como a grandeza de Deus nos liberta do medo*

[...] [Jesus] se levantou e repreendeu os ventos e o mar, e fez-se completa bonança. Os homens ficaram perplexos e perguntaram: "Quem é este que até os ventos e o mar lhe obedecem?"
(Mateus 8.26-27, acréscimo do autor)

Sempre que você se encontrar em uma situação sobre a qual não tem controle, a melhor coisa a se fazer é voltar o olhar para a grandeza de Deus. Ao fazer isso, você estará adorando ao Senhor, e a adoração se torna uma das defesas mais poderosas contra os ventos potencialmente devastadores que a vida pode trazer.

Nos dias tempestuosos – seja quando sua saúde estiver declinando, seu cônjuge for infiel ou seus amigos se afastarem – você terá uma escolha: entregar-se à preocupação ou optar por adorar ao Senhor.

O Novo Testamento nos oferece um exemplo poderoso disso. Jesus estava em um barco com seus discípulos no Mar da Galileia, conhecido por ser um grande lago onde tempestades surgem repentinamente. E foi exatamente isso que aconteceu.

Em Mateus 8.24-25, lemos: "De repente, uma violenta tempestade abateu-se sobre o mar, de forma que as ondas inundavam o barco. Jesus, porém, dormia. Os discípulos foram acordá-lo, clamando: 'Senhor, salva-nos! Vamos morrer!'". Enquanto o barco era sacudido violentamente pelas ondas, Cristo permanecia tranquilo, dormindo. Ele estava em paz, mas os discípulos entraram em pânico. Então Jesus perguntou-lhes: "[...] 'Por que vocês estão com tanto medo, homens de pequena fé?'. Então ele se levantou e repreendeu os ventos e o mar, e fez-se completa bonança. Os homens ficaram perplexos e perguntaram: 'Quem é este que até os ventos e o mar lhe obedecem?'" (Mateus 8.26-27).

Essa experiência deixou os discípulos maravilhados. Por um instante, esqueceram quem Jesus realmente era, mas ao vê-lo demonstrar seu poder sobre a natureza, o medo deles foi substituído pela admiração à grandeza do Senhor. Em outras palavras, essa experiência os levou a adorar.

A adoração é como ajustar suas velas para que os ventos da vida o impulsionem na direção de Jesus. Ventos tempestuosos podem facilmente desviá-lo do curso ou até ameaçar afundá-lo. Em vez de ceder ao desespero, permita que os ventos da dor, do trauma e do estresse o direcionem para o Pai, ajustando suas velas em direção a ele.

O que lhe tem causado medo nesta temporada da sua vida? Seja o que for, lembre-se: com Jesus a bordo, seu barco jamais afundará. Ele tem poder sobre a natureza – e sobre todas as outras coisas.

# *Quando o trabalho nos sobrecarrega*

Irmãos, não queremos que vocês desconheçam as tribulações que sofremos na província da Ásia, as quais foram muito além da nossa capacidade de suportar, a ponto de perdermos a esperança da própria vida. De fato, já tínhamos sobre nós a sentença de morte, para que não confiássemos em nós mesmos, mas em Deus, que ressuscita os mortos.

(2Coríntios 1.8-9)

Todos enfrentam problemas no trabalho, mas, às vezes, tais problemas parecem piorar até se tornarem insuportáveis, o que acaba deixando você com a sensação de que será engolido por eles.

O que fazer nessas situações? Faça o que Paulo fez quando se sentiu sobrecarregado.

Lembre-se, Paulo era um apóstolo de Jesus Cristo, e viajou por diversas regiões para compartilhar as Boas-Novas. Ele relatou em 2Coríntios 1.8-9: "Irmãos, não queremos que vocês desconheçam as tribulações que sofremos na província da Ásia, as quais foram muito além da nossa capacidade de suportar, a ponto de perdermos a esperança da própria vida. De fato, já tínhamos sobre nós a sentença de morte, para que não confiássemos em nós mesmos, mas em Deus, que ressuscita os mortos".

Se você se encontra diante de um problema difícil no trabalho, precisa fazer três coisas.

*Primeiro, entregue o problema ao Senhor em oração.* Como Paulo, você pode expressar a Deus: "Senhor, estou sobrecarregado. Sinto-me impotente e confuso. Não sei se conseguirei superar isso". Clame a Deus, e confie seu fardo a ele.

*Segundo, faça parte de um pequeno grupo.* Na passagem de 2Coríntios, Paulo usa a palavra "*nós*" seis vezes. Quando ele enfrentou uma situação difícil, não estava sozinho. Da mesma forma, você precisa de um grupo de irmãos e irmãs na fé em quem possa confiar. Especificamente, um pequeno grupo de amigos que estude a Bíblia com você, ore por você e o encoraje durante os desafios no trabalho.

*Terceiro, lembre-se de que o Senhor usa as pessoas ao seu redor no trabalho para ensiná-lo a amar.* A Bíblia nos orienta em 1Coríntios 16.14: "Façam tudo com amor". Uma maneira simples – mas não necessariamente fácil – de aprender a amar no trabalho é tratar seus colegas de trabalho como você gostaria de ser tratado.

No ambiente profissional – e em todas as áreas da sua vida – à medida que você desenvolve a habilidade de se relacionar bem com os outros, você está, na verdade, aprendendo a amar. E essa é justamente a razão da vida.

# *A chave para uma vida equilibrada: Jesus*

Busquem, pois, em primeiro lugar o Reino de Deus e
a sua justiça, e todas essas coisas serão acrescentadas a vocês.
(Mateus 6.33)

Se você deseja viver uma vida equilibrada, há uma pessoa na história a quem deve olhar como modelo: Jesus. Ao colocá-lo no centro da sua vida, você encontrará o equilíbrio que procura.

Imagine sua vida como uma roda, em que o centro é o cubo. Todos os aspectos da sua vida – relacionamentos, família, carreira, objetivos – são como os raios que se conectam a esse cubo. Todos nós organizamos nossas vidas em torno de algum ponto central. A questão é: qual será o seu? Será sua família? Sua carreira? O dinheiro?

Ou será Jesus?

Como descobrir em torno do que você está construindo sua vida? Observe o que mais ocupa seus pensamentos. É isso que o está direcionando.

O que você coloca no centro da sua vida é crucial para alcançar equilíbrio. Um centro sólido proporciona uma vida sólida, enquanto um centro frágil leva a uma vida instável. Quando ouço pessoas dizerem que suas vidas estão desmoronando, geralmente isso indica uma coisa: construíram suas vidas em torno de algo defeituoso. Algo além do Senhor tomou a prioridade em suas vidas.

O cubo da roda não só oferece estabilidade, mas também controla e influencia todos os aspectos da sua vida. O que você colocar no centro será sua fonte de poder. E o poder de uma roda sempre flui do centro para fora – nunca o contrário.

Faça de Jesus o centro da sua vida, e ele proporcionará a estabilidade, o controle e a força de que você precisa. Como a Bíblia ensina: "Busquem, pois, em primeiro lugar o Reino de Deus e a sua justiça, e todas essas coisas serão acrescentadas a vocês" (Mateus 6.33).

Quando você escolhe colocar Jesus no centro, todas as áreas da sua vida – desde sua família até sua carreira e seus objetivos – alcançarão equilíbrio nele. Cristo guiará sua vida, influenciará suas decisões, e trará o poder e a estabilidade necessários.

# *É bom ser humano*

O trabalho do tolo o deixa tão exausto que ele
nem consegue achar o caminho de casa.
(Eclesiastes 10.15)

Você não é Deus. Não possui todas as respostas, e não é capaz de fazer tudo sozinho. Se está lutando para encontrar equilíbrio na vida, reconhecer essas verdades pode ser um divisor de águas.

A Bíblia nos alerta: "O trabalho do tolo o deixa tão exausto que ele nem consegue achar o caminho de casa" (Eclesiastes 10.15).

É tolice se desgastar de tanto trabalhar. Já parou para pensar que, quando você trabalha demais, está assumindo um papel que pertence ao Senhor? O excesso de trabalho é, na verdade, uma forma de agir como se tudo dependesse de você, como se o mundo fosse desmoronar, caso você não o mantenha girando.

Contudo, isso está longe de ser verdade. Você não é o gerente do Universo. O mundo não parará de funcionar se você tirar um tempo para descansar e buscar um equilíbrio em sua vida. Deus está no controle de tudo.

Muitas vezes, o excesso de trabalho surge do desejo de agradar a todos. Mas é impossível agradar a todos. Nem mesmo Deus consegue satisfazer as expectativas de todos. Por exemplo, enquanto uma pessoa ora para que seu time vença, outra está orando pelo time adversário. Tentar fazer o que nem Deus pode é, no mínimo, insensato.

Quando você vive para atender às expectativas alheias, acaba acumulando um fardo de "deveres" sobre os ombros. Você pode pensar: "Deveria trabalhar mais horas", "Deveria ser tão ativo quanto os outros pais" ou "Deveria me voluntariar para este projeto". Contudo, ninguém está obrigando-o a fazer nada. É você quem escolhe assumir responsabilidades extras e, com essa escolha, vêm as consequências.

Ao negar suas limitações humanas e tentar fazer tudo, você está, na verdade, tirando a glória que pertence a Deus. Em 2Coríntios 4.7, a Bíblia nos lembra: "Mas temos esse tesouro em vasos de barro, para mostrar que o poder que a tudo excede provém de Deus, e não de nós".

Paulo nos lembra de nossa natureza humana, que é frágil e suscetível a falhas. Assim como vasos de barro, somos vulneráveis e podemos nos quebrar facilmente se não tomarmos cuidado. Esses vasos precisam ser tratados com delicadeza, caso contrário, quebrarão.

Mas há uma boa notícia: nossa fragilidade permite que o poder e a glória de Deus brilhem através de nós. Sua humanidade não é algo para se esconder. Pelo contrário, é uma oportunidade para celebrar o poder do alto agindo em sua vida.

Portanto, reconheça e aceite sua humanidade. E agradeça a Deus por ela.

# *A pergunta certa a fazer em tempos difíceis*

Por isso não desanimamos. Embora exteriormente estejamos
a desgastar-nos, interiormente estamos sendo renovados dia após dia,
pois os nossos sofrimentos leves e momentâneos estão produzindo
para nós uma glória eterna que pesa mais do que todos eles.

(2Coríntios 4.16-17)

Quando a vida se torna extremamente desafiadora, é comum as pessoas se perguntarem: "Por que eu?". No entanto, essa não é a melhor pergunta a se fazer. Em vez disso, tente perguntar: "Deus, qual é o seu propósito nisso?". A Bíblia nos ensina em 1Pedro 1.6-7: "Nisso vocês exultam, ainda que agora, por um pouco de tempo, devam ser entristecidos por todo tipo de provação. Assim acontece para que fique comprovado que a fé que vocês têm, muito mais valiosa do que o ouro [...]".

Nada acontece em sua vida por acaso. Embora o Senhor não cause o mal, ele pode trazer algo bom de cada situação, até mesmo das adversidades. As provações servem para revelar seu caráter, maturidade, segurança, valores e fé.

Uma das principais figuras na Bíblia é o apóstolo Paulo. Ele dedicou sua vida inteira ao serviço do Senhor, mas passou por situações terríveis. Paulo foi apedrejado, naufragou, foi espancado, deixado para morrer, preso, chicoteado e roubado.

Apesar de tudo isso, ele nunca permitiu que a amargura tomasse conta de seu coração. Em vez de perguntar: "Por que eu?", ele confiou no propósito de Deus, e aprendeu a confiar no Altíssimo mesmo nos momentos de dificuldade, quando não conseguia entender o que estava acontecendo.

Qual foi o segredo da persistência de Paulo? Ele escreveu em 2Coríntios 4.16-17: "Por isso não desanimamos. Embora exteriormente estejamos a desgastar-nos, interiormente estamos sendo renovados dia após dia, pois os nossos sofrimentos leves e momentâneos estão produzindo para nós uma glória eterna que pesa mais do que todos eles". Paulo mantinha sua esperança firme porque sabia que Deus tinha um propósito e uma recompensa que superavam qualquer dor que ele pudesse sentir.

Quando Jesus morreu na cruz, seus seguidores pensaram que tudo estava perdido. Porém, o que não conseguiam enxergar naquele momento era que Deus ainda estava em seu trono, no controle de um propósito maior. Após a ressurreição, Cristo apareceu a eles e disse: "[...] Paz seja com vocês! Assim como o Pai me enviou, eu os envio" (João 20.21). Momentos antes, eles não conseguiam compreender o motivo de tanto sofrimento, mas ali estava Jesus, revelando-lhes que Deus tinha uma nova missão para eles, que fazia parte de um plano grandioso.

O propósito de Deus para sua vida sempre será maior do que qualquer problema que você possa enfrentar. Confie no Senhor. Ele tem prazer em transformar crucificações em ressurreições e é especialista em reverter situações que parecem sem esperança.

# *Você quer sentir a presença de Deus?*

Com certeza os justos darão graças ao teu nome,
e os homens íntegros viverão na tua presença.
(Salmos 140.3)

**Louvar a Deus** nos ajuda a perceber a presença dele.

Digo "*perceber*" porque ele está sempre ao nosso lado, quer estejamos cientes disso ou não. Nunca houve um momento em sua vida em que ele não estivesse com você, atento a cada detalhe. No entanto, nem sempre conseguimos sentir essa presença. Às vezes, pode parecer que ele está a milhões de quilômetros de distância. Você pode *saber* que ele está ao seu lado, mas não *sentir* essa presença.

Então, o que fazer quando você deseja sentir a presença do Senhor, mas essa sensação parece distante? Reúna-se com outros membros da família de Deus e louve-o de todo o coração. O ato de louvar torna a presença dele mais palpável e real para você.

É essencial louvar a Deus de todo coração, mesmo quando você não sente vontade de fazê-lo. Por quê? Porque é mais fácil agir até que um sentimento surja do que esperar por um sentimento para, então, agir. Se você aguardar por um certo sentimento antes de agir, muitas vezes, ele poderá nunca surgir.

As ações frequentemente precedem sentimentos, e isso vale para todas as áreas da vida. Se você não se sente próximo do seu cônjuge ou de alguém importante, comece a agir de forma mais amorosa; essa atitude trará os sentimentos de volta.

Nos momentos em que você não tem vontade de louvar a Deus, é precisamente quando mais *precisa* louvá-lo. Se você só ora ou louva quando sente vontade, o Diabo pode tentar garantir que essa vontade nunca apareça.

Pessoas imaturas se deixam guiar por sentimentos. Quando você amadurece, faz o que é certo, independentemente de como se sente.

Salmos 140.13 nos diz: "Com certeza os justos darão graças ao teu nome, e os homens íntegros viverão na tua presença".

Isso significa que, embora você esteja sempre na presença de Deus, ao louvá-lo e viver de acordo com a vontade dele, você começará a sentir e reconhecer essa presença.

Portanto, se você deseja sentir a presença do Senhor, a resposta é simples: louve-o mais. O louvor e a presença divina andam de mãos dadas.

# *O que fazer quando você começa a se preocupar*

Descanse no Senhor e aguarde por ele com paciência; não se aborreça com o sucesso dos outros [...]

(Salmos 37.7)

Você talvez não ouça a palavra "*aborrecer*" com frequência nos dias de hoje. Embora seja um termo antiquado, ele se refere a "se preocupar". Quando você se aborrece, fica estressado, ansioso e impaciente. Essas preocupações surgem tanto quando as coisas estão acontecendo rápido demais e você sente que não consegue acompanhar o ritmo, quanto quando os acontecimentos parecem lentos demais e você deseja que Deus acelere o processo. Em geral, não nos importamos em esperar, desde que possamos reclamar enquanto isso. No entanto, escolher esperar no Senhor, em vez de se aborrecer, é, na verdade, uma expressão de fé. Essa atitude reflete sua confiança no caráter do Pai. Ao esperar com paciência, você demonstra que confia nele e reconhece humildemente sua dependência dele.

A Bíblia nos ensina em Salmos 37.7: "Descanse no Senhor e aguarde por ele com paciência; não se aborreça com o sucesso dos outros [...]".

Uma das maiores causas de estresse em nossas vidas é a constante comparação com os outros. Em vez de focarmos no amor de Deus e no que ele tem feito por nós, desviamos nossa atenção para as outras pessoas, e focamos no que possuem e nós não.

Esse hábito de se comparar não é sábio, pois você é único. O Senhor tem um plano específico para sua vida, diferente de qualquer outro. Se você deseja o plano de outra pessoa, acaba perdendo de vista o propósito que o Pai tem para você. A comparação inevitavelmente leva ao aborrecimento; e quando você se compara, começa a se preocupar.

Ademais, preocupar-se é completamente inútil. Cada segundo gasto em preocupação é um desperdício, pois a preocupação não leva a nada. Ela não pode alterar o passado, nem controlar o futuro. Tudo o que ela faz é tornar o presente miserável. É como se balançar em uma cadeira de balanço – você gasta energia, mas não sai do lugar.

Filipenses 4.6, somos aconselhados: "Não se aflijam nem se preocupem. Em vez de se preocupar, orem. Permitam que as súplicas e os louvores transformem seus receios em orações" (AM).

Preocupar-se nunca mudará coisa alguma, mas a oração pode. Portanto, não se aborreça – simplesmente ore.

# *Qual é o seu plano de emergência para a tentação?*

[...] fuja de todas essas coisas más [...]

(1Timóteo 6.11)

Você tem um plano de emergência para escapar das tentações? Já pensou em estratégias preventivas para evitar suas maiores fraquezas? Se ainda não, é hora de começar a planejá-las.

A Bíblia é bastante clara sobre o que deve ser feito em situações de tentação: você deve fugir. É importante ter uma medida de segurança, uma rota de fuga.

Como está escrito em 1Timóteo 6.11: "[...] fuja de todas essas coisas más [...]".

A orientação bíblica é que você se afaste rapidamente de qualquer situação que possa tentá-lo. Não adianta discutir com a tentação – você sempre acabará perdendo. As emoções tomarão o controle, e nem sempre agiremos de forma lógica sob a influência delas.

Independentemente da tentação, você deve fugir dela imediatamente. Seja uma trapaça nos negócios ou algo de natureza sexual, sua resposta deve ser a mesma: fugir.

No entanto, melhor do que fugir da tentação é preveni-la. Em outras palavras: se você não quer ser picado, não cutuque uma colmeia de abelhas.

Anos atrás, quando era ministro de jovens, costumava dizer: "Não espere estar no banco de trás de um carro com alguém para decidir que se manterá sexualmente puro e esperará pelo casamento. Os hormônios agirão, e você ficará sobrecarregado". A estratégia preventiva deve ser definida antecipadamente, a fim de evitar situações que possam levar à tentação.

O mesmo princípio se aplica a todas as áreas da vida.

Por exemplo, se você sabe que fica irritado com seus filhos quando está cansado, desenvolva uma estratégia preventiva. Talvez colocar as crianças para dormir mais cedo ou ter um momento de silêncio na parte mais difícil do dia possa ajudar. Não espere até se deparar com um dilema moral nos negócios para decidir ser íntegro. Construa mecanismos de responsabilidade em seu plano de negócios para evitar a tentação antes que ela surja.

Tire um tempo hoje para pensar em estratégias preventivas contra a tentação. E se elas falharem, tenha um plano de emergência: não tente resistir à tentação – fuja dela. Essa é a forma mais simples e segura de se manter longe do perigo.

# *Toda mudança começa com uma escolha*

Tenha cuidado com o que você pensa, pois a sua vida é dirigida pelos seus pensamentos.

(Provérbios 4.23, NTLH)

Você está em busca de um novo começo? Não estou falando de uma mudança de cidade, mas de um *reset* em alguma área da sua vida que se encontra estagnada. Com o passar do tempo, passamos por vários momentos de renovação, pois o Senhor não apenas nos criou, mas também deseja nos moldar para que nos tornemos a pessoa que ele sempre sonhou.

Para viver esse *reset* e transformação, o primeiro passo é trabalhar sua mentalidade – como você se enxerga, percebe os outros, encara seus problemas e, mais importante, como vê a Deus.

Se sua mentalidade não mudar, uma simples mudança de cenário não terá grande impacto. Porque, não importa quão longe você vá, seus pensamentos continuarão a acompanhá-lo e a prendê-lo.

Por exemplo, se você está estressado e decide ir à praia para relaxar, ainda levará o estresse consigo, pois ele reside em sua mente. Se você não lidar com o estresse primeiro, ele continuará a afetar outras áreas da sua vida.

A transformação começa na mente, porque são os seus pensamentos que orientam sua vida. Como está escrito em Provérbios 4.23: "Tenha cuidado com o que você pensa, pois a sua vida é dirigida pelos seus pensamentos" (NTLH).

Toda ação e reação, tudo o que você sente e faz, começa como um pensamento. Se você não pensasse, não aconteceria.

Essa verdade pode ser usada tanto para o bem quanto para o mal: pensamentos positivos geram hábitos e escolhas saudáveis; pensamentos negativos levam a comportamentos e hábitos prejudiciais.

A verdade é que, muitas vezes, sabotamos nosso próprio sucesso pela maneira como pensamos e conversamos com nós mesmos. A Bíblia afirma: "Porque ele pensa somente em si mesmo [...]" (Provérbios 23.7, A21).

Os problemas nos relacionamentos, por exemplo, não começam no relacionamento em si, mas na mente. Isso vale para o dinheiro, sexo, hábitos, alimentação, trabalho ou qualquer outra coisa. Não é possível renovar nenhum aspecto da sua vida sem antes transformar sua maneira de pensar.

A mudança começa com uma escolha. Você tem o poder de decidir no que pensar. Chegou a hora de fazer escolhas que reflitam a pessoa que Deus quer que você seja.

# *Deus transforma bagunças em obras-primas*

Cria em mim um coração puro, ó Deus, e renova
dentro de mim um espírito estável.
(Salmos 51.10)

Um dia, Deus ordenou ao profeta Jeremias que fosse à casa de um oleiro para observar como ele moldava potes de barro.

Jeremias, então, notou algo interessante: "Sempre que um pote de barro em que estava trabalhando não saía ao gosto dele, como acontece às vezes quando se trabalha com barro, ele simplesmente começava de novo, usando o mesmo barro para fazer outro pote" (Jeremias 18.4, AM).

Enquanto Jeremias assistia ao trabalho do oleiro, Deus disse a ele: "Assim como este oleiro trabalha com o barro, eu trabalho com vocês, Israel" (Jeremias 18.6, AM).

Talvez você sinta que sua vida está em desordem. Talvez seu vaso" esteja marcado por decisões equivocadas ou circunstâncias adversas que o desviaram do plano original. Como resultado, sua vida pode não ter seguido o caminho que você pretendia.

No entanto, lembre-se de que você é o barro. Você não é o oleiro. Deus é o oleiro, e ele não descarta o barro deformado. Ele não ignora a dor pela qual você passou.

Deus não jogará fora sua personalidade ou a essência de quem ele o criou para ser. Ao contrário, ele aproveita tudo em você – o bom, o ruim e o confuso. Com mãos gentis e fortes, ele começa a remodelar sua vida e a aplicar pressão nos lugares certos para transformá-lo em uma bela e valiosa obra-prima.

Esse processo acontece quando você se entrega totalmente ao Senhor e ao trabalho das mãos amorosas dele.

Ele é especialista em novos começos. Você pode começar de novo hoje mesmo, basta fazer a oração que o rei Davi fez em Salmos 51.10: "Cria em mim um coração puro, ó Deus, e renova dentro de mim um espírito estável".

Nunca é tarde demais para recomeçar. Entregue todo o caos da sua vida nas mãos de Deus, o Grande Oleiro, e confie nele para realizar uma nova obra em você.

# *Como lidar com diferenças*

Aceitem o que é fraco na fé sem
discutir assuntos controvertidos.
(Romanos 14.1)

Quando Deus pede que seus seguidores vivam em unidade, ele não espera que sejamos todos iguais. Se esse fosse o objetivo, ele nos teria criado de maneira idêntica.

Por amor à unidade na igreja, não devemos permitir que nossas diferenças nos separarem. Precisamos valorizar essa diversidade enquanto nos concentramos no que realmente importa: aprender a amar uns aos outros como Cristo nos amou e cumprir os propósitos do Senhor para cada um de nós dentro da igreja.

Mas como podemos manter a unidade com aqueles que nos irritam?

A Bíblia nos dá diretrizes claras: "Aceitem o que é fraco na fé sem discutir assuntos controvertidos" (Romanos 14.1).

Ao discordar de um irmão na fé – ou de qualquer outra pessoa – é importante ser rápido para ouvir e lento para se irritar. Porque, muitas vezes, aqueles que nos incomodam agem sem plena consciência do que estão fazendo. Podem estar reagindo à própria dor, sem perceber que estão gerando conflitos. Se você soubesse quanto as pessoas já superaram na vida, provavelmente se alegraria por suas conquistas, em vez de criticá-las por onde estão agora.

Quando tiver um conflito com alguém cujo passado você não conhece, evite descartar ou julgar a pessoa por conta de comportamentos que você não entende. Em vez de pensar: "O que há de errado com ela?", pergunte: "O que deve ter acontecido para que ela se comporte assim?".

As pessoas que ferem outras pessoas, muitas vezes, são aquelas que já passaram por traumas ou crises.

Aqueles que parecem menos merecedores de sua gentileza são, na verdade, os que mais precisam de doses extras de amor e compreensão. Para promover a unidade na igreja, ofereça empatia e compaixão, em vez de julgamento.

Reconhecer o valor de alguém e a história que Deus está escrevendo através da vida dessa pessoa não só a transforma, mas também pode impactar uma comunidade inteira.

# *O amor nos ajuda a encarar a verdade*

Antes, seguindo a verdade em amor,
cresçamos em tudo naquele que é a cabeça, Cristo.
(Efésios 4.15)

Quando você acredita em uma mentira, não consegue fazer as mudanças que realmente necessita, o que inevitavelmente leva à autossabotagem.

Talvez você esteja preso a um engano sobre o que lhe trará felicidade, sobre a verdadeira natureza de Deus, ou sobre o que constitui sucesso de verdade. É possível também que esteja alimentando mentiras a respeito de si mesmo, do seu passado ou do presente.

A Bíblia nos adverte em 1João 1.8: "Se afirmarmos que estamos sem pecado, enganamos a nós mesmos, e a verdade não está em nós". Reconhecer que existe um problema, e que ele reside em nós, é o primeiro passo para a transformação. Quando você culpa os outros ou se recusa a aceitar a verdade, está apenas se iludindo e perpetuando hábitos prejudiciais.

Para que a mudança pessoal ocorra, é necessário não apenas aprender a verdade sobre si mesmo, mas também enfrentá-la e tomar as medidas necessárias para seguir em frente.

Na realidade, encarar a verdade sobre quem você é a coisa mais amorosa que você pode fazer por si mesmo, pelos outros e por Deus. Efésios 4.15 nos ensina: "Antes, seguindo a verdade em amor, cresçamos em tudo naquele que é a cabeça, Cristo".

Você deseja crescer? Quer mudar? Almeja uma nova vida ou um recomeço em alguma área específica?

Observe novamente o que Efésios 4.15 nos diz: "[...] seguindo a verdade em amor [...]". Se você ama a si mesmo, se ama a Deus e se ama ao próximo, então, precisa encarar a verdade sobre quem você é.

A questão, portanto, é: qual é a melhor fonte para encontrar essa verdade? Consulte o manual do Criador – a sua Bíblia. A única forma de descobrir seu propósito é conhecendo o seu Criador e lendo as Escrituras Sagradas.

Para superar suas fraquezas – sejam elas fruto de circunstâncias, genética, criação ou escolhas pessoais – encare a verdade a respeito de si mesmo. E essa verdade está na Palavra do Senhor.

# *O amor expulsa o medo*

Aquele que pratica o pecado é do Diabo, porque o Diabo vem pecando desde o princípio. Para isso o Filho de Deus se manifestou: para destruir as obras do Diabo.

(1João 3.8)

Jesus derrotou a morte, e isso significa que ele também derrotou Satanás. De fato, esse foi o propósito central da vinda dele à terra. A Bíblia afirma que o Filho de Deus se manifestou para destruir as obras do Diabo (cf. 1João 3.8).

Mas o que exatamente são essas obras do Diabo? Ele manipula sua mente, enchendo-a de preocupações, culpa, ressentimento, raiva, medo e confusão. Satanás tenta convencê-lo de que você não vale nada, de que é fraco e está sem esperança e sem rumo.

Esses pensamentos e emoções são as ferramentas que Satanás utiliza para mantê-lo escravizado.

A arma mais poderosa que o Maligno usa para atrapalhar sua vida é o medo. A Bíblia é clara ao afirmar que o medo não vem de Deus: "No amor não há medo; ao contrário o perfeito amor expulsa o medo [...]" (1João 4.18). A mesma Bíblia nos ensina que Deus é amor (cf. 1João 4.16). Portanto, quando você sentir medo, lembre-se de que isso não vem do Senhor, pois no amor, que é a essência divina, não há lugar para o medo.

Como pastor, aprendi que o que mais amedronta as pessoas é a morte. Satanás usa esse medo como uma ferramenta para manipulá-las.

Contudo, Jesus venceu a morte e destruiu as obras do Diabo. Portanto, quando você, como cristão, enfrenta a dor de uma perda, você lamenta com esperança.

Você lamenta porque sente a falta daqueles que se foram. Contudo, mesmo em meio à tristeza, sabe que, se eles acreditavam em Cristo, você os verá novamente no céu. Eles estão lá, onde todos nós fomos destinados a estar desde o princípio.

Em Hebreus 2.14-15, a Bíblia declara: "Portanto, visto que os filhos são pessoas de carne e sangue, ele também participou dessa condição humana, para que, por sua morte, derrotasse aquele que tem o poder da morte, isto é, o Diabo, e libertasse aqueles que durante toda a vida estiveram escravizados pelo medo da morte".

Portanto, sempre que sentir o medo se aproximando do seu coração – seja o medo da morte ou qualquer outro tipo – lembre-se de que ele não vem de Deus. Peça, então, que o Senhor expulse esse medo com o amor perfeito dele.

# *O hábito que o mantém de pé*

Antes, santifiquem Cristo como
Senhor em seu coração [...]
(1Pedro 3.15)

Fazer da gratidão um hábito é essencial para se manter firme em dias difíceis. Quando você passa por desafios, precisa se apoiar na gratidão ao Senhor. A Bíblia nos ensina em 1Pedro 3.14-15: "Em condições favoráveis ou desfavoráveis, mantenham o coração atento, em adoração a Cristo, Senhor de vocês. Estejam prontos para falar e explicar a qualquer um que perguntar por que vocês adotaram esse estilo de vida, sempre com a maior gentileza" (AM).

Mas, afinal, o que é adoração? É tanto louvor quanto gratidão. Significa louvar a Deus por quem ele é e agradecer por tudo o que já fez. Adorar durante momentos de dificuldade ajuda você a perseverar.

Na verdade, tanto a gratidão quanto o louvor são verdadeiros antídotos contra o desânimo. É impossível ser grato e desanimado ao mesmo tempo. A gratidão elimina a tentação de enxergar as situações como fora do controle divino. Ela nos lembra que, independentemente das circunstâncias, os propósitos de Deus para nossa vida não mudam. Assim, a gratidão se torna um sinal claro de saúde espiritual e emocional.

Também é verdade que, se não cultivarmos a gratidão, corremos o risco de nos tornarmos cínicos. Por quê? Porque sempre haverá problemas no mundo que nos causarão dor. Contudo, a gratidão nos oferece uma perspectiva equilibrada e nos ajuda a lembrar das bênçãos, mesmo em meio às adversidades.

É possível que, no momento, seja difícil ser grato, em especial diante de tantas necessidades não atendidas em sua vida. Saiba que o Senhor se importa com elas e está pronto para ajudar; ele apenas espera que você clame a ele.

Ao buscar a ajuda de Deus para suprir suas necessidades, é importante que você o faça com um coração grato. E como fazer isso? Reconheça as bênçãos que o Altíssimo já concedeu. Agradeça a bondade dele, e diga: "Deus, tu me ajudaste no passado. Sei que continuarás me ajudando no futuro. Preciso da tua ajuda agora".

Filipenses 4.6 nos orienta: "[...] orem a Deus pedindo aquilo de que precisam e agradecendo-lhe por tudo que ele já fez" (NVT).

A petição e a gratidão devem caminhar lado a lado. Agradecer a Deus pela graça recebida no passado nos dá confiança de que ele nos oferece graça e provisão no presente e continuará oferecendo no futuro, especialmente em tempos difíceis.

# *Para mudar sua vida, mude seus pensamentos*

Feliz é aquele que [...] tem prazer na lei do Senhor
e nela medita dia e noite. Ele é como a árvore plantada à margem
do rio, que dá seu fruto no tempo certo. Suas folhas
nunca murcham, e ele prospera em tudo que faz.

(Salmos 1.1-3, NVT)

Se você deseja transformar sua vida, comece mudando sua forma de pensar.

Essa é a chave para um novo começo em qualquer aspecto da vida – seja um *hobby*, carreira, casamento ou família. Em Efésios 4.23, está escrito: "Deixem que o Espírito renove seus pensamentos [...]" (NVT).

Renovar a mente significa adotar novos pensamentos e atitudes. Consiste em entregar ao Senhor suas atitudes e pensamentos errados, para que ele "[...] os transforme por meio de uma mudança em seu modo de pensar [...]". (Romanos 12.2, NVT)

Para renovar sua mente, duas ações são essenciais:

*Em primeiro lugar, dê mais atenção à Palavra de Deus do que ao mundo.* A Bíblia afirma que "feliz é aquele que [...] tem prazer na lei do Senhor e nela medita dia e noite. Ele é como a árvore plantada à margem do rio, que dá seu fruto no tempo certo. Suas folhas nunca murcham, e ele prospera em tudo que faz" (Salmos 1.1-3, NVT). Você gostaria que essas características fossem uma verdade em sua vida? Portanto, medite na Palavra do Senhor diariamente.

*Segundo, examine seus pensamentos.* Em vez de aceitar tudo o que vier à sua mente, pergunte a si mesmo: "Eu realmente quero pensar isso? É verdade? É útil? Como isso me faz sentir? Eu realmente quero me sentir dessa forma?".

A Bíblia nos instrui a levar "[...] cativo todo pensamento, para torná-lo obediente a Cristo" (2Coríntios 10.5). Todo sentimento começa com um pensamento. O que você pensa é uma escolha sua, e não é necessário acreditar em tudo o que passa pela sua cabeça. Quando perceber um pensamento que sabe ser mentira, substitua-o pela verdade de Deus. E a única maneira de conhecer a verdade é por meio da leitura da Palavra de Deus.

Comece a mudar seus pensamentos hoje. Isso proporcionará um novo começo e mudará sua vida.

# *Esteja atento aos padrões previsíveis de Satanás*

Sei o que me faz feliz mais do que Deus". Nesse momento, você legitima seu desejo errado e se convence de que não é tão ruim assim. E então, você cai em desobediência. A Bíblia nos adverte: "Se vocês perdoam a alguém, eu também perdoo; e aquilo que perdoei, se é que havia alguma coisa para perdoar, perdoei na presença de Cristo, por amor a vocês, a fim de que Satanás não tivesse vantagem sobre nós; pois não ignoramos as suas intenções.

(2Coríntios 2.10-11)

Você não pode vencer a tentação sem antes compreender como ela funciona.

Satanás não tem novas ideias; ele tem utilizado as mesmas tentações desde o início da humanidade.

As táticas que ele empregou lá no Jardim do Éden são as mesmas que ele usa até hoje. Deus disse claramente a Adão e Eva que podiam comer de qualquer árvore no jardim, exceto o fruto da árvore do conhecimento do bem e do mal. No entanto, quando Satanás tentou Eva, ele questionou: "Deus *realmente* disse que você não pode comer este fruto?". E então, sugeriu: "Experimente. Você não morrerá se o comer. Na verdade, você será como Deus".

O Diabo usa o mesmo padrão em sua vida todos os dias. Ele frequentemente começa despertando em você um desejo inadequado, como a inveja, a luxúria ou a impaciência. Ou então, ele pega um desejo legítimo, como por comida, sexo ou amor, e tenta você a satisfazê-lo de maneira errada e no momento inadequado. Satanás é capaz de transformar qualquer desejo em algo destrutivo. Em seguida, ele semeia dúvidas sobre a Palavra de Deus, sussurrando: "Deus *realmente* disse isso?". Ele cultiva essa dúvida até que ela floresça em uma mentira que você, por estar vulnerável, acaba aceitando. Por trás de cada pecado há uma mentira que você escolheu acreditar. Lembre-se, o Maligno é astuto; ele conhece suas fraquezas e trabalha sem parar para transformar sua dúvida em uma completa decepção.

Quando você acredita na mentira de Satanás, está implicitamente dizendo: "Sei o que me fará mais feliz do que Deus faz". Nesse momento, você legitima seu desejo errado e se convence de que não é tão ruim assim. E então, você cai em desobediência. A Bíblia nos adverte: "Se vocês perdoam a alguém, eu também perdoo; e aquilo que perdoei, se é que havia alguma coisa para perdoar, perdoei na presença de Cristo, por amor a vocês, a fim de que Satanás não tivesse vantagem sobre nós; pois não ignoramos as suas intenções" (2Coríntios 2.10-11).

Deus não deseja que você seja ignorante em relação às artimanhas do Inimigo. Quando você entende as táticas dele, pode antecipar seus esquemas. A chave para resistir à tentação é estar preparado para responder aos padrões previsíveis que Satanás usa.

# *Sirva a Jesus servindo aos outros*

Então os justos lhe responderão: "Senhor, quando te vimos com fome e te demos de comer, ou com sede e te demos de beber? Quando te vimos como estrangeiro e te acolhemos, ou necessitado de roupas e te vestimos? Quando te vimos enfermo ou preso e fomos te visitar?". "O Rei responderá: 'Digo a verdade: O que vocês fizeram a algum dos meus menores irmãos, a mim o fizeram'".

(MATEUS 25.37-40)

POUCO ANTES DE morrer na cruz, Jesus disse: "[...] Tenho sede" (João 19.28). Esse momento revela sua humanidade, mostrando que, embora fosse Deus, Jesus viveu entre nós como um homem.

A Bíblia relata que os soldados romanos mergulharam uma esponja em vinagre e a ergueram até os lábios de Jesus. O vinho azedo era para aliviar sua sede. Você não gostaria de ter estado lá para poder dar água a Cristo naquele momento de necessidade, aliviando sua sede? Sem dúvida, você veria isso como um privilégio e uma bênção, poder servi-lo naquele instante.

Contudo, aquele momento já passou, e você não pode mais ajudar a Jesus dessa forma. No entanto, ainda é possível servi-lo ajudando aqueles ao seu redor, em nome de Jesus. Muitas pessoas estão espiritualmente sedentas, em busca de propósito e significado para suas vidas. Anseiam por respostas sobre o sentido de sua existência e sobre o que devem fazer.

Essas pessoas precisam saber que Jesus pode saciar essa sede, que ele é a resposta que procuram ao buscarem satisfação em várias coisas. Precisam saber que ele está presente em meio à depressão, desânimo e desespero que sofrem.

Cristo nos ensina que, ao servir aos outros, estamos servindo a ele. Portanto, quando você sentir o desejo de fazer algo por ele, procure por alguém que esteja em necessidade. Jesus disse: "[...] Digo a verdade: O que vocês fizeram a algum dos meus menores irmãos, a mim o fizeram" (Mateus 25.40).

Sempre que você oferece um copo de água a alguém com sede, está, de certa forma, oferecendo-o a Jesus. Da mesma maneira, ao guiar aqueles que estão espiritualmente sedentos até ele, você demonstra amor. Esse amor se manifesta ao atender às necessidades físicas, emocionais ou espirituais das pessoas, por amor a Cristo, que suportou a sede na cruz por você. A única maneira de servir a Deus é servindo às pessoas, ajudando os outros em nome dele.

Então, quem são as pessoas ao seu redor que parecem estar espiritualmente sedentas? Peça ao Senhor que lhe mostre quem elas são e a melhor maneira de conduzi-las até Cristo.

# *Perdoar e esquecer?*

Espere confiante no Eterno; não abandone o caminho.
Ele dará a você um lugar ao sol enquanto
você observa o ímpio ser desbancado.
(SALMOS 37.34, AM)

VOCÊ PROVAVELMENTE JÁ ouviu a frase "perdoar e esquecer" inúmeras vezes. No entanto, há um problema com essa ideia: esquecer é impossível. Não é viável apagar uma mágoa da memória. Na verdade, quanto mais você tenta não pensar em algo, mais acaba se concentrando justamente naquilo que deseja esquecer.

A verdade é que Deus não espera que você esqueça nada. Em vez disso, ele deseja que confie nele e observe como ele pode transformar a dor em algo bom. Isso é mais importante do que simplesmente esquecer. Quando você percebe o Senhor agindo para gerar algo bom de uma situação dolorosa, é possível agradecê-lo por isso. Afinal, você não pode agradecer a Deus por algo que foi esquecido.

Romanos 8.28 nos lembra: "Sabemos que Deus age em todas as coisas para o bem daqueles que o amam, dos que foram chamados de acordo com o seu propósito".

Esse versículo não afirma que todas as coisas são boas, porque muitas, de fato, não são. Doenças, relacionamentos rompidos, guerras e abusos estão longe de ser bons.

Existem muitas situações na vida que são ruins. Nem tudo o que acontece neste mundo é da vontade de Deus.

No entanto, ele promete trabalhar para o bem em meio às adversidades, desde que você confie nele. Você pode ir até ele e dizer: "Senhor, entrego a ti tudo em minha vida".

Em troca, ele concederá paz ao seu coração. Uma paz que surge ao perceber que você pode perdoar, mesmo sem compreender totalmente a dor, pois confia que Deus transformará a dor em algo bom.

Portanto, você não precisa esquecer o que alguém fez de errado com você. Mesmo que tentasse, não conseguiria. Mas a boa notícia é que o Senhor não exige que você esqueça. Ele apenas pede que você perdoe e confie que ele gerará algo bom a partir da sua dor.

# *Não se contente com soluções falsas*

Aqueles que acreditam em ídolos
inúteis desprezam a misericórdia.

(Jonas 2.8)

Quando estamos em apuros, é comum sentirmos a tentação de buscarmos uma solução rápida – ou, pelo menos, algo que alivie nosso estresse.

Muitas vezes, nossas famílias, finanças, carreiras ou saúde estão em crise, e, com as costas contra a parede, tentamos de tudo para resolver a situação – menos pedir ajuda a Deus.

Precisamos rejeitar qualquer tentativa de recorrer a soluções falsas e, em vez disso, voltar-nos para Deus.

Jonas teve a oportunidade de refletir sobre isso enquanto estava preso no ventre de um grande peixe. Ele orou: “Aqueles que acreditam em ídolos inúteis desprezam a misericórdia” (Jonas 2.8).

Embora hoje em dia poucas pessoas esculpam ídolos de madeira ou pedra, ainda assim temos nossos ídolos. Alguns idolatram seus carros, outros suas casas ou roupas. Às vezes, pessoas colocam fortuna, prazer ou fama acima de tudo. Qualquer coisa que colocamos acima de Deus se torna um ídolo.

A única solução para nossos problemas é a graça de Deus. Sempre que nos voltamos buscando solução em outras coisas, estamos voltando nossos olhos para um ídolo.

Lembro-me de quando, anos atrás, minha família estava de férias e, como gosto de aprender sobre rochas e minerais, decidimos entrar em uma loja de pedras de coleção. Lá, havia uma seção inteira dedicada a cristais de quartzo, cada um prometendo resolver uma variedade de problemas. As etiquetas afirmavam que poderiam proporcionar contentamento, confiança, criar um escudo protetor, e, até mesmo, oferecer intuição psíquica.

Mas eu sabia que não poderiam me ajudar com nenhuma dessas coisas. Na verdade, as promessas associadas a eles me lembraram de Romanos 1.25: “Trocaram a verdade de Deus pela mentira, e adoraram e serviram a coisas e seres criados, em lugar do Criador, que é bendito para sempre [...]”.

Quando você escolhe acredita que algo além do Senhor resolverá seus problemas, está colocando sua confiança em um objeto inanimado, e servindo a uma criação em vez de ao próprio Criador.

No fundo do oceano, dentro de um grande peixe, Jonas não se voltou para um ídolo, mas confiou em Deus para ajudá-lo – e Deus o atendeu.

Ele fará o mesmo por você.

# *Pessoas resilientes sabem ficar quietas*

De madrugada, quando ainda estava escuro,
Jesus levantou-se, saiu de casa e foi para
um lugar deserto, onde ficou orando.
(Marcos 1.35)

A chave para resistir ao estresse é justamente o que alguns cristãos menos fazem: passar tempo a sós com Deus. Essa prática espiritual é essencial para desenvolver um espírito resiliente e lidar com o estresse crônico.

Orar é uma ótima forma de aliviar o estresse. É como uma câmara de descompressão, na qual você pode liberar a tensão de manter aparências ou corresponder à expectativa das pessoas. Nesse espaço, você descarrega seus fardos e admite que não pode carregá-los sozinho. Além disso, você é lembrado de que Deus está pronto e disposto a ajudá-lo em cada situação estressante que experimentar na vida.

Mas como é possível desenvolver o hábito de passar tempo a sós com o Senhor? Duas palavras: prática e repetição. Nada se torna um hábito, a menos que você o faça repetidas vezes, de maneira regular e consistente.

Jesus desenvolveu hábitos espirituais. Em Lucas 22.39, está escrito que ele costumava deixar Jerusalém e ir ao Monte das Oliveiras para orar. E Marcos 1.35 diz o seguinte: "De madrugada, quando ainda estava escuro, Jesus levantou-se, saiu de casa e foi para um lugar deserto, onde ficou orando".

Não importava quão ocupado estivesse, Cristo sabia que precisava de um tempo a sós com Deus para orar. Você costuma ter um tempo assim também, em que desacelera e fica em silêncio diante do Senhor para refletir sobre a vida e renovar suas forças? Se deseja ser uma pessoa resiliente, desenvolva o hábito de passar tempo com Deus.

Enquanto a fama de Jesus se espalhava e grandes multidões vinham para ouvi-lo, ele fazia do tempo a sós com Deus um hábito. A Bíblia diz que "[...] Jesus retirava-se para lugares solitários e orava" (Lucas 5.16). Se Jesus sentiu a necessidade de frequentemente se afastar da multidão e ficar a sós com o Pai Celestial, quem dirá nós.

Como o barulho muitas vezes causa estresse, considere começar sua manhã com Deus em vez de conferir o telefone, assistir a TV ou checar as redes sociais. Fique em silêncio e abra seu coração para o que ele quer fazer em você. Faça da meditação na Palavra e da presença do Senhor um hábito diário.

# *Deus ama ouvi-lo cantar*

Vamos à presença dele com ações de graças;
vamos aclamá-lo com cânticos de louvor.

(Salmos 95.2)

Nem todos possuem a mesma "linguagem de amor". Temos formas distintas de sentir e expressar amor porque somos diferentes.

Você sabia que Deus também possuiu linguagens de amor? Ele se alegra quando demonstramos nosso amor por ele de certas maneiras.

Uma das formas que ele gosta que expressemos nosso amor e gratidão é através de cânticos. A Bíblia nos diz que Deus também canta. Ele entoa canções de amor e alegria sobre nós. Como está escrito em Sofonias 3.17: "Pois o Senhor, seu Deus, está com vocês; ele é poderoso e os salvará. Deus ficará contente com vocês e por causa do seu amor lhes dará nova vida. Ele cantará e se alegrará" (NTLH).

Embora você nunca tenha ouvido Deus cantar sobre você, um dia, no céu, ouvirá a voz dele – e será o som mais belo e alegre que ouvirá.

A Bíblia nos instrui, em diversas passagens, a expressar nossa gratidão ao Senhor por meio de canções. Salmos 147.7 nos convida: "Cantem ao Senhor com ações de graças; ao som da harpa façam música para o nosso Deus". E em Salmos 95.2, lemos: "Vamos à presença dele com ações de graças; vamos aclamá-lo com cânticos de louvor".

Cantar para Deus é um dos principais motivos pelos quais nos reunimos para adorar. Em Colossenses 3.16, somos exortados: "[...] cantem salmos, hinos e cânticos espirituais com gratidão a Deus em seu coração".

Talvez você não goste de cantar, ou sinta que não canta bem. Pode até pensar: "Não sei cantar", seja qual for o motivo.

Mas Deus ama sua voz e deseja ouvi-la; afinal, foi ele quem a deu a você. Você precisa aprender a se aceitar da maneira como ele o aceita. Ele se agrada em ouvir você cantar louvores a ele, independentemente de como soe.

Não espere até estar na igreja para cantar. Louve ao Senhor o tempo todo, em qualquer lugar, com gratidão e alegria em seu coração por quem ele é e pelo que fez por você. Como nos lembra Salmos 44.8: "Em Deus nos gloriamos o tempo todo, e louvaremos o teu nome para sempre".

# *A Santa Ceia gera gratidão*

Não é verdade que o cálice da bênção que abençoamos é a participação no sangue de Cristo e que o pão que partimos é a participação no corpo de Cristo?

(1Coríntios 10.16)

Ao participarmos da Santa Ceia, somos lembrados do sacrifício de Jesus na cruz. Não é um ritual vazio realizado pelos cristãos por mera obrigação. Pelo contrário, Deus deseja que participemos da Santa Ceia como uma forma de nos ajudar a lembrar. Mas por que é tão importante lembrar? Para que possamos ser, de fato, gratos. Só é possível expressar gratidão por coisas que lembramos.

Jesus usou o pão e o vinho como símbolos para nos ajudar a manter viva a grata lembrança do que ele fez por nós na cruz.

Em 1Coríntios 11.23-25, a Bíblia relata: "[...] Jesus, na noite em que foi traído, tomou o pão e, tendo dado graças, partiu-o e disse: 'Isto é o meu corpo, que é dado em favor de vocês; façam isto em memória de mim'. Da mesma forma, depois da ceia ele tomou o cálice e disse: 'Este cálice é a nova aliança no meu sangue; façam isto sempre que o beberem em memória de mim'".

A Santa Ceia também é conhecida como Eucaristia, palavra que se origina de um termo grego que significa "ação de graças". Assim, a Ceia torna-se um ato de reflexão e agradecimento. É uma das formas preferidas do Senhor para que expressemos nossa gratidão a ele. Existem muitas formas de agradecê-lo – por meio de cânticos de louvor, ofertas e, especialmente, pelo cálice da bênção.

"Não é verdade que o cálice da bênção que abençoamos é a participação no sangue de Cristo e que o pão que partimos é a participação no corpo de Cristo?" (1Coríntios 10.16).

Ao bebermos do cálice da Santa Ceia e comermos o pão, não estamos apenas seguindo um ritual cristão. Não limitamos nossa gratidão a um evento na igreja. Estamos, de fato, declarando a Deus: "Pai, obrigado por enviar Jesus para viver uma vida perfeita e morrer pelos nossos pecados, para que possamos ser perdoados".

À medida que lembramos do alto preço que Cristo pagou para nos salvar, nossa resposta natural é uma gratidão profunda, que permeia e transforma todas as áreas da nossa vida.

# *Seu guia para enfrentar gigantes*

Os ímpios estão à espera para destruir-me,
mas eu considero os teus testemunhos.
(Salmos 119.95)

Você provavelmente já ouviu a história de Davi e Golias, repleta de detalhes notáveis. Primeiro, Davi – um jovem rapaz na época – escolheu enfrentar um gigante em combate. Ainda mais impressionante é o fato de que ele enfrentou Golias com confiança e otimismo.

Embora você talvez nunca precise enfrentar um Golias literalmente, todos nós, em algum momento, deparamo-nos com gigantes. Pode ser um desafio na saúde, nas finanças ou nos relacionamentos. Mas como podemos enfrentar tais gigantes com a mesma confiança e otimismo dados por Deus a Davi?

Os salmos nos revelam quatro hábitos que deram essa confiança a Davi. Se você cultivar esses mesmos hábitos, poderá enfrentar os maiores gigantes da vida, confiante de que Deus estará ao seu lado.

- *Conecte-se com Deus todas as manhãs.* Antes de Davi conversar com qualquer pessoa ao amanhecer, ele falava com Deus: "De manhã ouves, Senhor, o meu clamor; de manhã te apresento a minha oração e aguardo com esperança" (Salmos 5.3).

- *Medite nas promessas de Deus ao longo do dia.* Davi lidava com pressões o tempo todo, mas mantinha sua paz ao focar na Palavra de Deus. Ele declarou: "Os ímpios estão à espera para destruir-me, mas eu considero os teus testemunhos" (Salmos 119.95).

- *Confie na libertação do Senhor, mesmo quando as circunstâncias sejam adversas.* Davi disse: "Por que você está assim tão triste, ó minha alma? Por que está assim tão perturbada dentro de mim? Ponha a sua esperança em Deus! Pois ainda o louvarei; ele é o meu Salvador e o meu Deus" (Salmos 42.11). Ele tinha plena convicção de que Deus, que o ajudara no passado, o ajudaria novamente no futuro.

- *Converse com outros crentes.* Davi não enfrentou os gigantes da sua vida sozinho; ele contava com apoio emocional e espiritual. Ele afirmou: "Sou amigo de todos os que te temem e obedecem aos teus preceitos" (Salmos 119.63).

Você está enfrentando algum gigante em sua vida hoje? Enfrente-o com a confiança e otimismo que provêm da sua fé em Deus.

# *Não reviva a mágoa. Deixe-a no passado*

E, quando estiverem orando, se tiverem alguma coisa contra alguém, perdoem-no, para que também o Pai celestial perdoe os seus pecados.

(Marcos 11.25)

Quando somos feridos por outras pessoas, nossa reação instintiva é lembrar do que aconteceu e tentar revidar.

Contudo, 1Coríntios 13.5 nos diz o contrário: "[o amor] não guarda rancor" (Acréscimo nosso).

Portanto, como devemos reagir a quem nos machucou? Como podemos lidar com as feridas que guardamos em nossa memória?

Não reviva essas mágoas, deixe-as no passado. Liberte-se do peso das ofensas. Perdoe e siga em frente com sua vida.

Geralmente, quando somos machucados, tendemos a reviver essa dor de três maneiras:

Primeiro, revivemos a mágoa em nossa mente. Entretanto, o ressentimento é autodestrutivo. Ele apenas mantém a dor viva, sem oferecer cura ou solução. Seus pensamentos predominantes determinam a direção em que você se move. Se sua mente está sempre presa em mágoas passadas, você acabará preso ao passado. Mas se focar em seu potencial, você se moverá para alcançá-lo.

Segundo, tendemos a repetir a mágoa em nossos relacionamentos. Usamos a dor como arma, e dizemos coisas como: "Lembra quando você fez aquilo?". Provérbios 17.9 nos ensina que "aquele que cobre uma ofensa promove amor, mas quem a lança em rosto separa bons amigos". Insistir nos erros passados destrói qualquer relacionamento – amizade, casamentos etc.

Por fim, repetimos a mágoa ao fofocar sobre ela. Contamos a todos, exceto a Deus e à pessoa com quem temos o problema. Você sabia que o Senhor abomina a fofoca? Ele a abomina tanto quanto abomina o orgulho – e a fofoca nada mais é do que uma forma de orgulho. Ao espalhar fofocas, tentamos nos exaltar e nos sentir melhores. No entanto, Deus despreza tanto o orgulho quanto a fofoca.

O amor não guarda rancor nenhum. Ele não permite que uma ferida se transforme em ressentimento, fofoca ou orgulho.

Marcos 11.25 nos aconselha: "E, quando estiverem orando, se tiverem alguma coisa contra alguém, perdoem-no, para que também o Pai Celestial perdoe os seus pecados". A *Amplified Bible* acrescenta que devemos deixar a mágoa no passado.

É assim que o amor responde.

# *A fé expressa gratidão a Deus antecipadamente*

[...] [Abraão] não duvidou nem foi incrédulo em relação à promessa de Deus, mas foi fortalecido em sua fé e deu glória a Deus, estando plenamente convencido de que ele era poderoso para cumprir o que havia prometido.

(Romanos 4.20-21, acréscimo nosso)

Ter fé significa esperar com alegria pela libertação do Senhor, mesmo que isso não aconteça da maneira como você planejava.

Foi exatamente isso que Abraão fez. Quando se deparou com a impossibilidade de ter um filho aos cem anos, ele louvou a Deus antes mesmo de ver a promessa cumprida.

A Bíblia relata que Abraão "[...] não duvidou nem foi incrédulo em relação à promessa de Deus, mas foi fortalecido em sua fé e deu glória a Deus, estando plenamente convencido de que ele era poderoso para cumprir o que havia prometido" (Romanos 4.20-21).

Quando você agradece a Deus *após* ele agir, demonstra gratidão. Contudo, agradecê-lo *antes* de ele agir é um ato de fé. A completa confiança de Abraão em algo que parecia impossível para os outros revelava a profundidade de sua fé.

Até mesmo Jesus agradeceu ao Senhor antecipadamente. Antes de ressuscitar Lázaro dos mortos, ele orou com fé: "[...] Pai, eu te agradeço porque me ouviste" (João 11.41).

É importante entender que Deus nem sempre nos livra da maneira como esperamos. Há três maneiras diferentes pelas quais Deus pode nos livrar:

- *Circunstancial:* Deus muda as circunstâncias.
- *Pessoal:* Deus muda *você* ao lhe dar uma nova perspectiva, desenvolver seu caráter ou mudar sua atitude.
- *Final:* Em alguns casos, a libertação só ocorrerá no céu, onde não haverá mais lágrimas nem dor.

Deus nunca prometeu remover toda a nossa dor. Ele não prometeu que não teríamos atrasos ou momentos de impasse. Em vez disso, disse que, um dia, estaremos no céu, livres de qualquer sofrimento. Até lá, ele nos dará a força necessária para superarmos as dificuldades da vida, e nos acompanhará em cada situação dolorosa e aparentemente impossível.

Paulo escreveu em Romanos 5.2: "[...] nos gloriamos na esperança da glória de Deus". Demonstramos nossa confiança no Senhor ao agradecê-lo pela libertação recebida, mesmo cientes de que ela pode não acontecer até que estejamos no céu. Isso é fé de verdade, a "[...] certeza daquilo que esperamos e a prova das coisas que não vemos" (Hebreus 11.1).

# *Experimente escrever suas orações*

Então o Senhor me respondeu: "Escreva claramente
a visão em tábuas, para que se leia facilmente".
(HABACUQUE 2.2)

SE VOCÊ DESEJA ouvir a voz de Deus, faça o seguinte: vá para um local tranquilo, espere expectante e pacientemente, e peça ao Senhor que revele o que ele deseja comunicar. Em seguida, anote as respostas de Deus às suas perguntas.

No livro de Habacuque, o Senhor instrui o profeta: "[...] Escreva claramente a visão em tábuas, para que se leia facilmente" (Habacuque 2.2).

Foi assim que o livro de Habacuque foi escrito. No capítulo 1, o profeta escreveu o que ele disse a Deus. No capítulo 2, ele registrou as respostas que recebeu do Senhor. De forma semelhante, muitos salmos nasceram em momentos de solitude de Davi. Ele meditava nos primeiros cinco livros da Bíblia, o Torá, e escrevia seus pensamentos, que se transformaram em salmos. Em muitos deles, Davi começa expressando seus sentimentos e termina registrando o que Deus responde.

Se sua vida de oração se encontra estagnada e você se vê repetindo as mesmas frases – como "Deus, esteja com essa pessoa" ou "Abençoe este alimento para o sustento de nossos corpos" – considere tentar algo novo: comece a escrever suas orações.

"Como assim? Quer dizer que não preciso falar?". Exatamente. Escrever também é uma forma de oração. Deus pode ouvir seus pensamentos. Basta escrevê-los.

E quanto a escrever uma oração e depois lê-la? Claro, isso também é válido. Tanto o ato de escrever quanto o de ler são formas de oração.

Essa prática é conhecida como o hábito espiritual de manter um diário, algo que pode beneficiar todos os cristãos.

Um diário espiritual difere de um diário comum. Enquanto o comum foca no que você faz, o espiritual se concentra nas lições que você aprendeu – nos erros que cometeu e no que Deus lhe ensinou.

Comece hoje mesmo a escrever seu diário espiritual. Ele o ajudará a ouvir e a lembrar o que Deus está dizendo.

# *Os problemas nos forçam a depender de Deus*

Amados, não se surpreendam com o fogo que surge entre vocês para prová-los, como se algo estranho estivesse acontecendo.
(1Pedro 4.12)

Jesus nos alertou que teríamos dificuldades ao longo da vida. Ninguém está imune à dor, nem protegido do sofrimento, e todos, em algum momento, enfrentam adversidades.

O apóstolo Pedro reafirma que os problemas fazem parte da nossa jornada: "Amados, não se surpreendam com o fogo que surge entre vocês para prová-los, como se algo estranho estivesse acontecendo" (1Pedro 4.12). Deus usa situações difíceis para nos aproximar dele. A Bíblia afirma o seguinte: "O Senhor está perto dos que têm o coração quebrantado e salva os de espírito abatido" (Salmos 34.18). As experiências mais profundas e íntimas de adoração frequentemente surgem em nossos momentos mais sombrios – quando o coração está partido, quando nos sentimos abandonados e não vemos saídas, quando a dor é intensa – e nos voltamos para o Senhor. É em meio ao sofrimento que aprendemos a fazer orações mais sinceras, autênticas e honestas, pois na dor, não temos energia para palavras superficiais.

Joni Eareckson Tada[1] observou uma vez: "Quando a vida é tranquila, podemos nos contentar em apenas saber *sobre* Deus – em imitá-lo, citá-lo e falar sobre Ele. Porém, é no sofrimento que realmente *conheceremos* Jesus"[2]. Existem certas coisas sobre o Senhor que só podemos aprender no sofrimento.

Deus poderia ter evitado que José fosse preso, que Daniel fosse jogado na cova dos leões, que Jeremias fosse lançado em um poço lamacento, que Paulo sofresse três naufrágios, ou que os três jovens hebreus fossem lançados na fornalha, mas ele não o fez. Permitiu que esses problemas acontecessem, e cada uma dessas pessoas se aproximou ainda mais dele como resultado.

Os problemas nos forçam a olhar para o Senhor e a confiar nele, em vez de depender de nós mesmos. Paulo testificou sobre esse benefício: "De fato, já tínhamos sobre nós a sentença de morte, para que não confiássemos em nós mesmos, mas em Deus, que ressuscita os mortos" (2Coríntios 1.9). Você nunca saberá que Deus é tudo o que você precisa até que ele seja tudo o que você tem.

[1] Joni Eareckson Tada é uma autora, palestrante e defensora dos direitos das pessoas com deficiência, conhecida por seu trabalho inspirador em prol da comunidade de deficientes. Ela fundou a organização "Joni and Friends" em 1979, com o objetivo de fornecer apoio espiritual e prático às pessoas com deficiência em todo o mundo. Além de ser autora de mais de 50 livros, Joni também tem se destacado como artista, usando a boca para pintar, e tem sido uma voz poderosa em campanhas contra a eutanásia e a pesquisa com células-tronco embrionárias. [N.T.]

[2] TADA, Joni Eareckson. **31 Days toward Intimacy with God**. Colorado Springs: Multnomah Books, 2005, p. 9.

# *O caminho desconfortável conduz a um milagre*

Então a palavra do Senhor veio a Elias: "Vá imediatamente para a cidade de Sarepta de Sidom e fique por lá. Ordenei a uma viúva daquele lugar que lhe forneça comida". E ele foi [...]

(1Reis 17.8-10)

Em certos momentos, você pode sentir medo ou vulnerabiliadde. Afinal, você não sabe para onde está indo, quanto tempo levará ou o que acontecerá ao chegar. Então, o que fazer?

Lembre-se de que o percurso para um milagre frequentemente atravessa territórios desconfortáveis. Um exemplo disso está em 1Reis 17.8-10: "Então a palavra do Senhor veio a Elias: 'Vá imediatamente para a cidade de Sarepta de Sidom e fique por lá. Ordenei a uma viúva daquele lugar que lhe forneça comida'. E ele foi [...]".

As instruções de Deus exigiam que Elias percorresse mais de cem milhas por uma região perigosa. Ele havia irritado o rei Acabe ao profetizar uma longa seca, e todos que encontrassem Elias no caminho saberiam quem ele era.

Ao chegar finalmente em Sarepta, Elias encontrou uma viúva pobre que seria responsável por alimentá-lo. No entanto, a cidade era habitada por pessoas pagãs que não hesitariam em matá-lo. Como essa viúva poderia defendê-lo ou protegê-lo?

Apesar das aparentes falhas no plano, Elias não questionou o Senhor dizendo: "Deus, há três problemas com teu plano: estás me enviando à direção errada, ao lugar errado e com a proteção errada". Elias simplesmente obedeceu.

O caminho para um milagre frequentemente nos conduz por territórios desconfortáveis, para que aprendamos a depender de Deus. E isso se repete ao longo da Bíblia:

- Antes que Moisés pudesse liderar os israelitas para fora da escravidão e rumo à Terra Prometida, eles tiveram que atravessar o Mar Vermelho.
- Antes de Davi derrotar Golias, ele precisou entrar no campo de batalha.
- Para garantir a vitória, Deus orientou Josafá a colocar o coro à frente do exército.

Milagres não acontecem quando você está em sua zona de conforto. Se tudo estiver sob controle em sua vida, você não sentirá a necessidade de um milagre. Mas é nos momentos ruins – seja financeiramente, emocionalmente ou fisicamente – que milagres se tornam necessários. Se você está nervoso, inquieto ou inseguro, pode ser um sinal de que está no caminho para um milagre.

Siga o exemplo de Elias: obedeça a Deus, e você verá o milagre ao final da estrada.

# *As muitas facetas da misericórdia*

Mas a sabedoria que vem do alto é antes de tudo pura; depois, pacífica, amável, compreensiva, cheia de misericórdia e de bons frutos, imparcial e sincera.

(TIAGO 3.17)

A MISERICÓRDIA TEM O poder de transformar seus relacionamentos. Se você deseja ser um agente de misericórdia, aqui estão 7 questões que deve compreender:

- *Misericórdia significa ser paciente com as peculiaridades dos outros:* "Mas a sabedoria que vem do alto é antes de tudo pura; depois, pacífica, amável, compreensiva, cheia de misericórdia e de bons frutos, imparcial e sincera" (Tiago 3.17). Quanto mais sábio você se tornar, mais paciência e misericórdia desenvolverá.

- *Misericórdia significa ajudar aqueles que sofrem ao seu redor:* "Quanto for possível, não deixe de fazer o bem a quem dele precisa" (Provérbios 3.27). O amor ao próximo não pode existir sem a prática da misericórdia.

- *Misericórdia significa dar às pessoas uma segunda chance:* "Livrem-se de toda amargura, indignação e ira, gritaria e calúnia, bem como de toda maldade. Sejam bondosos e compassivos uns para com os outros, perdoando-se mutuamente, assim como Deus os perdoou em Cristo" (Efésios 4.31-31). Quando alguém o fere, o impulso pode ser vingar-se, mas o caminho de Deus é diferente.

- *Misericórdia significa fazer o bem àqueles que o ferem:* "Amem, porém, os seus inimigos, façam-lhes o bem e emprestem a eles, sem esperar receber nada de volta. Então, a recompensa que terão será grande e vocês serão filhos do Altíssimo, porque ele é bondoso para com os ingratos e maus. Sejam misericordiosos, assim como o Pai de vocês é misericordioso" (Lucas 6.35-36). A misericórdia oferece o que as pessoas precisam, não o que merecem – assim como Deus faz conosco.

- *Misericórdia significa ser gentil com aqueles que o ofendem:* "Tenham compaixão daqueles que duvidam; a outros, salvem, arrebatando-os do fogo; a outros, ainda, mostrem misericórdia com temor, odiando até a roupa contaminada pela carne" (Judas 1.22-23). Ganhar pessoas para Cristo deve ser mais importante do que vencer uma discussão.

- *Misericórdia significa construir pontes de amor para os impopulares:* "Vão aprender o que significa isto: 'Desejo misericórdia, não sacrifícios'. Pois eu não vim chamar justos, mas pecadores" (Mateus 9.13). A misericórdia busca intencionalmente estabelecer amizades com aqueles que são marginalizados.

- *Misericórdia significa valorizar os relacionamentos acima das regras:* "O amor não pratica o mal contra o próximo. Portanto, o amor é o cumprimento da Lei" (Romanos 13.10). Priorize as pessoas em vez de um partido político, coloque as necessidades delas acima dos procedimentos, e os relacionamentos antes das regulamentações.

Escolha o amor em vez da Lei. Busque a ajuda de Deus através da oração: "Deus, desejo ser cheio de misericórdia, porque tu és misericordioso. Tu me mostraste o caminho em tua Palavra, mas reconheço que não posso seguir esse caminho sozinho. Preciso do Espírito Santo para me lembrar, a cada momento do dia, como Jesus tratava as pessoas, para que possa tratá-las da mesma maneira. Por favor, ajude-me a avaliar cada decisão com base na misericórdia, no amor e na graça, em vez de procurar servir aos meus próprios interesses. Guie meus passos para que escolha teu caminho acima do meu e outros possam ver tua misericórdia através de mim. Em nome de Jesus, amém".

# *Escolha ter esperança novamente*

Por que você está assim tão triste, ó minha alma?
Por que está assim tão perturbada dentro de mim?
Ponha a sua esperança em Deus! Pois ainda
o louvarei; ele é o meu Salvador [...]
(Salmos 42.5)

**O mundo está, e** sempre esteve, à procura de esperança. Até mesmo uma renomada revista de negócios já estampou em sua capa a manchete: "Em busca de esperança".[1] No entanto, como cristãos, essa busca já terminou; nossa esperança está em Jesus.

Ainda assim, mesmo sabendo de onde vem nossa esperança, ficamos desanimados em certos momentos. Vivemos em um mundo quebrado, no qual o pecado persiste, e é fácil, às vezes, sentir que perdemos a esperança.

Salmos 42.5 nos diz: "Por que você está assim tão triste, ó minha alma? Por que está assim tão perturbada dentro de mim? Ponha a sua esperança em Deus! Pois ainda o louvarei; ele é o meu Salvador [...]".

Duas palavras se destacam nesse versículo: *esperança* e *louvor*. As duas ideias estão intimamente conectadas. Se você deseja ser uma pessoa esperançosa, precisa aprender a louvar ao Senhor. É por intermédio do louvor que a esperança aumenta.

Quando você louva a Deus, veja o que ele lhe oferece: "A todos que choram em Sião ele dará uma bela coroa em vez de cinzas, uma alegre bênção em vez de lamento, louvores festivos em vez de desespero [...]" (Isaías 61.3, NVT).

O luto é a maneira pela qual expressamos a dor de perder algo. Nos últimos anos, muitos de nós sofremos grandes perdas – seja de amigos ou familiares, emprego, confiança, segurança financeira ou, até mesmo, sonhos.

Em Isaías 61.3, o Senhor nos apresenta uma escolha. Você prefere beleza ou cinzas? Alegria ou tristeza? Louvor ou desespero?

A resposta é óbvia: todos desejamos beleza, alegria e louvor.

E o mais importante é que você pode ter tudo isso. Mesmo nos momentos de desânimo e luto, você pode optar por louvar a Deus. Adorá-lo em meio à dor é uma escolha que restaura sua esperança, porque o lembra da verdade e da razão pela qual você pode ter esperança novamente.

[1] **BLOOMBERG BUSINESSWEEK.** Even a popular business magazine. 15 nov. 2021.

# *Você é livre para ser quem é*

Porque somos criação de Deus realizada em
Cristo Jesus para fazermos boas obras, as quais
Deus preparou antes para nós as praticarmos.

(Efésios 2.10)

Deus não o criou para ser outra pessoa. Quando você estiver diante dele no céu, ele não perguntará por que você não foi mais parecido com sua irmã, seu pai ou seu vizinho. Deus o fez único e deseja que você seja autêntico.

A vontade de Deus é que você seja *você mesmo.*

A Bíblia diz o seguinte: "Porque somos criação de Deus realizada em Cristo Jesus para fazermos boas obras, as quais Deus preparou antes para nós as praticarmos" (Efésios 2.10).

Portanto, o Senhor quer que você seja quem ele o criou para ser, para que possa cumprir o propósito específico que ele designou para sua vida.

O problema é que muitas pessoas caem na armadilha de tentar ser quem não são. Buscam incessantemente a aprovação dos outros ou acreditam que Deus as amaria mais se agissem de uma maneira diferente. Mas o amor do Pai não é condicional. Ele o ama, independentemente de como você age.

Quando você permite que o medo de ser autêntico domine sua vida, acaba se afastando do seu propósito. Temer que os outros não gostem de você se descobrirem quem realmente é poderá levá-lo a viver de maneira insegura e limitada. Porém, a Bíblia nos lembra: "Pois vocês não receberam um espírito que os escravize para novamente temerem, mas receberam o Espírito que os torna filhos [...]" (Romanos 8.15).

O antídoto para a insegurança é permitir que o Espírito de Deus aja em sua vida. Quando você vive como um filho de Deus e reconhece seus erros e fraquezas, você se liberta para ser quem Deus o criou para ser.

Você sabia que suas imperfeições são, na verdade, algo bom? As pessoas não crescem com base em suas forças, mas a partir de suas fraquezas. Mostrar apenas suas qualidades ao mundo não aproxima as pessoas de você; na verdade, pode até gerar inveja ou distanciamento. Contudo, ao admitir suas imperfeições e ser autêntico, você se aproxima dos outros.

Então, está pronto para ser autêntico? A escolha é sua: você pode permanecer preso e escravizado pelo medo, ou pode decidir ser quem realmente é e desfrutar das bênçãos que Deus planejou para você.

# *Outra chance de recomeçar*

Quem esconde os seus pecados não prospera,
mas quem os confessa e os abandona encontra misericórdia.
(Provérbios 28.13)

Tenho uma confissão a fazer: detesto golfe. No entanto, meu irmão era apaixonado por esse esporte e, enquanto ele estava vivo, eu adorava jogar golfe com ele, pois isso nos permitia passar um tempo juntos.

Durante nossas partidas, descobri algo de que realmente gosto no golfe: o *mulligan*.[1] Em um jogo informal, é como uma nova chance. Se você faz uma jogada ruim, o *mulligan* permite que você tente novamente sem que o erro conte no seu placar.

Como seguidores de Jesus, devemos viver sob os "*mulligans*" de Deus, ou seja, a graça do Senhor. Ele sempre nos perdoa, e nos oferece a oportunidade de tentar novamente, de dar o nosso melhor – e de não ter nossos erros contabilizados contra nós.

Você pode pensar: "Mas isso não é justo". E, realmente, não é. É graça; é misericórdia.

A Bíblia está repleta de versículos que falam sobre *mulligans* – sobre a graça e a misericórdia do Senhor. Um exemplo é Provérbios 28.13: "Quem esconde os seus pecados não prospera, mas quem os confessa e os abandona encontra misericórdia". Em outras palavras, recebe um *mulligan*. Essa é a preciosa graça de Deus. Se você se recusar a admitir seus erros, nunca terá sucesso – mas ao confessar e abandonar seus pecados, recebe uma nova chance.

Outro exemplo de *mulligan* é encontrado em Lamentações 3.22-23: "Graças ao grande amor do Senhor é que não somos consumidos, pois as suas misericórdias são inesgotáveis. Renovam-se cada manhã; grande é a sua fidelidade!". Deus nunca deixará de amá-lo– porque o amor dele é baseado em quem ele é, não no que você faz. Cada novo dia é mais uma chance que Deus o concede.

Você precisa começar a enxergar cada dia como um "dia de *mulligan*" – mais uma oportunidade dada por Deus. Toda manhã, ele oferece a você outra chance – uma nova oportunidade.

Ao acordar amanhã, lembre-se: "pois os dons e o chamado de Deus são irrevogáveis" (Romanos 11.29). Nenhum pecado que você cometeu mudará o chamado ou os dons de Deus em sua vida. As misericórdias dele se renovam a cada manhã.

[1] O termo "mulligan" no golfe refere-se a uma segunda chance para repetir uma tacada sem penalidade, normalmente usada após uma jogada ruim, especialmente na primeira tacada de um buraco. Embora popular em partidas informais, ele não é permitido nas regras oficiais do golfe. A origem do termo é incerta, mas uma teoria popular sugere que ele recebeu o nome de um golfista chamado David Mulligan, que supostamente usava essa prática nos anos 1920. [N.T.]

# *Mais misericórdia, mais semelhança com Jesus*

O amor [...] não é ciumento, nem presunçoso. Não é orgulhoso, nem grosseiro. Não exige que as coisas sejam à sua maneira. Não é irritável, nem rancoroso.
(1Coríntios 13.4-5, NVT)

Uma das melhores formas de demonstrar amor à sua família é optando pela misericórdia. Ela é, basicamente, o amor em ação. Portanto, quando você decide ignorar pequenas irritações e trata sua família com gentileza – mesmo quando não merecem – você está praticando a misericórdia.

Outra maneira de manifestar misericórdia em seu lar é deixar as mágoas do passado de lado.

Você costuma guardar na memória as vezes em que alguém da sua família comete um erro?

É rápido em lembrar essa pessoa de como ela o feriu? A Bíblia nos ensina que o verdadeiro amor não armazena rancor e ofensas para usá-las mais tarde como vingança. Quando você carrega ressentimento, dificilmente consegue demonstrar amor.

A Bíblia declara que "O amor [...] não é ciumento, nem presunçoso. Não é orgulhoso, nem grosseiro. Não exige que as coisas sejam à sua maneira. Não é irritável, nem rancoroso" (1Coríntios 13.4-5, NVT).

Observe como as palavras "irritável" e "rancoroso" aparecem juntas no mesmo versículo. Essa é a razão pela qual as pessoas frequentemente agem de forma rude: estão reagindo a uma ferida do passado que mantêm dentro de si. Ou seja, estão descontando suas frustrações nos outros. Quando respondem a essa mágoa do passado, tornam-se incapazes de se relacionar de forma saudável no presente.

Levítico 19.18 reforça essa ideia ao dizer: "Não procurem vingança nem guardem rancor contra alguém do seu povo, mas ame cada um o seu próximo como a si mesmo. Eu sou o Senhor".

Será que mágoas passadas estão mantendo seus relacionamentos presos em ciclos de dor hoje? Não deixe que o ressentimento prejudique sua relação com seu cônjuge ou filhos. Além disso, evite compartilhar mágoas com outras pessoas. Isso também é fofoca. Em vez disso, simplesmente deixe essas dores para trás.

Às vezes, é mais difícil mostrar misericórdia às pessoas mais próximas de você. No entanto, quando consegue deixar as ofensas de lado e agir com misericórdia, está aprendendo a ser mais parecido com Jesus. Sua escolha de ser misericordioso gera impactos que vão além do seu círculo familiar. Optar pelo amor e pela misericórdia demonstra aos outros que seguir a Jesus traz paz aos relacionamentos. Deixar para trás as mágoas revela ao mundo o tipo de amor que, de fato, cura e restaura.

# *Por que os cristãos devem ser gratos?*

Que eles deem graças ao
Senhor por seu amor leal [...]
(Salmos 107.8)

**Há muitas razões** para sermos gratos a Deus – não apenas no Dia de Ação de Graças, mas o tempo todo. Abaixo estão algumas razões pelas quais, como cristãos, devemos ser as pessoas mais gratas do mundo.

*Primeiramente, podemos ser gratos porque o Senhor nos deu a vida.* Salmos 139.13-14 nos lembra: "Tu criaste o íntimo do meu ser e me teceste no ventre de minha mãe. Eu te louvo porque me fizeste de modo especial e admirável [...]". Nossa própria existência depende de Deus, o que já é um motivo para sermos gratos.

*Podemos expressar nossa gratidão por ainda estarmos vivos.* Deus nos criou e nos sustentou até aqui. Cada novo dia é um presente divino. Como está escrito em Eclesiastes 11.8: "Viva alegre durante todos os anos da sua vida [...]" (NTLH).

*Podemos ser gratos porque Deus nos salvou.* Salmos 13.5 expressa isso claramente: "[...] o meu coração exulta em tua salvação".

*Podemos ser gratos pela bondade de Deus.* A Bíblia afirma: "[...] louvarei o teu nome, ó Senhor, porque tu és bom" (Salmos 54.6).

*Podemos agradecer porque Deus responde às nossas orações. Salmos* 118.21 diz o seguinte: "Dou-te graças, porque me respondeste [...]".

*Podemos ser gratos porque Deus nos guia.* Salmos 16.7 declara: "Bendirei o Senhor, que me aconselha [...]".

*Podemos ser gratos porque Deus nos perdoa.* A Bíblia diz em Salmos 118:1: "Digam ao SENHOR como vocês são gratos, porque Ele é bondoso e sempre misericordioso" (CEV).

*Podemos agradecer ao Senhor porque ele nos perdoa.* Em Salmos 118.1, está escrito: "Deem graças ao Senhor porque ele é bom; o seu amor dura para sempre".

*Podemos ser gratos porque o amor do Pai por nós é eterno.* Salmos 107.8 diz: "Que eles deem graças ao Senhor por seu amor leal [...]".

Tenho uma sugestão para você no Dia de Ação de Graças, em especial se estiver reunido com amigos e familiares. Use os versículos acima como ponto de partida para uma discussão sobre as razões mais importantes pelas quais devemos ser gratos. Quando todos estiverem reunidos, peça para que cada pessoa leia um dos versículos e compartilhe por que se sente agradecida por aquele atributo de Deus.

Você verá como a gratidão de todos transbordará.

# *Oito maneiras como a gratidão nos abençoa*

Aprofundem nele suas raízes e sobre ele edifiquem sua vida.
Então sua fé se fortalecerá na verdade que lhes
foi ensinada, e vocês transbordarão de gratidão.
(Colossenses 2.7, NVT)

Quando Deus deseja que você faça a coisa certa, ele frequentemente associa um benefício à ação necessária. Isso também se aplica à gratidão. Ser grato permite que você desfrute de grandes bênçãos. A seguir estão oito maneiras pelas quais a gratidão pode transformar sua vida:

- *A gratidão melhora seu cérebro e saúde física.* Se perguntar a um médico, ele provavelmente confirmará que a gratidão é uma das emoções humanas mais saudáveis.

- *A gratidão gera felicidade.* Se seu objetivo é ser feliz, pratique a gratidão. Lembre-se de tudo o que Deus já fez por você. As pessoas mais felizes são, geralmente, as mais gratas.

- *A gratidão favorece um sono tranquilo.* Cultivar a gratidão o lembra do cuidado de Deus e de como ele supre todas as suas necessidades. Confiar na provisão divina permite que você substitua a preocupação pelo descanso.

- *A gratidão é o antídoto para emoções tóxicas.* Ela ajuda a derrotar sentimentos como preocupação e qualquer sentimento de raiva e medo.

- *A gratidão fortalece os relacionamentos.* Ao expressar gratidão, você tende a enfrentar menos conflitos em seus relacionamentos.

- *A gratidão abre portas para novas oportunidades.* Quando você demonstra gratidão às pessoas, faz amigos mais facilmente e tem acesso a oportunidades que, de outra forma, não teria.

- *A gratidão é sinal de maturidade espiritual.* Em Colossenses 2.7, lemos: "Aprofundem nele suas raízes e sobre ele edifiquem sua vida. Então sua fé se fortalecerá na verdade que lhes foi ensinada, e vocês transbordarão de gratidão" (NVT). Quanto mais você amadurece espiritualmente, mais grato se torna.

- *A gratidão traz bênçãos por agradar a Deus.* A Bíblia nos ensina que Deus aprecia "[...] um sacrifício de gratidão [...]" (Salmos 116.17).

É fácil deixar que o Dia de Ação de Graças se torne algo mais do que um momento de gratidão. Muitas vezes, dedicamos um dia inteiro à preparação da refeição, passamos várias horas assistindo a jogos de futebol, conversando e nos divertindo. E, em meio a tudo isso, reservamos apenas um minuto ou dois para agradecer a Deus em oração – afinal, qualquer coisa além disso faria a comida esfriar.

Embora seja importante expressar gratidão no Dia de Ação de Graças, o Senhor não quer que essa atitude seja limitada a um único dia no ano. Ele deseja que você cultive um espírito de gratidão ao longo de todo o ano, para que possa experimentar as bênçãos do alto diariamente.

# *O verdadeiro primeiro Dia de Ação de Graças*

Celebrem então a festa das semanas ao Senhor,
o seu Deus, e tragam uma oferta voluntária conforme
as bênçãos recebidas do Senhor, o seu Deus.

(Deuteronômio 16.10)

A comemoração que a maioria dos americanos considera como o primeiro Dia de Ação de Graças ocorreu há cerca de quatrocentos anos.

Contudo, três milênios antes disso, Deus já havia instruído a nação de Israel a estabelecer uma festa de ação de graças, chamada Festa das Semanas ou Festa da Colheita. O povo era orientado a celebrar a bondade do Senhor e a expressar gratidão por meio de uma oferta especial anual.

Deuteronômio 16.10-11 diz o seguinte: “Celebrem então a festa das semanas ao Senhor, o seu Deus, e tragam uma oferta voluntária conforme as bênçãos recebidas do Senhor, o seu Deus. E alegrem-se perante o Senhor, o seu Deus, no local que ele escolher para habitação do seu Nome [...]”.

Nesse primeiro Dia de Ação de Graças, o povo de Israel deveria apresentar um presente de gratidão no local de culto. Essa prática de dar uma oferta de gratidão tem sido mantida pelo povo de Deus por milênios e é frequentemente mencionada nas Escrituras Sagradas.

Em Salmos 50.23, Deus diz: “Quem me oferece sua gratidão como sacrifício honra-me, e eu mostrarei a salvação de Deus ao que anda nos meus caminhos”. A Bíblia nos instrui repetidas vezes que nossa oferta deve ser a primeira parte de nossa renda – e não o que resta – para que Deus seja colocado em primeiro lugar em nossas finanças.

Cada vez que você faz uma oferta a Deus, ela reflete três tipos de gratidão: pelo passado, presente e futuro. Sua oferta reflete a gratidão pelas bênçãos que ele concedeu no passado, pelas que concede no presente, e a fé pelas bênçãos futuras. O Senhor sempre honra a fé com bênçãos.

A Bíblia contém mais promessas relacionadas à doação fiel e à generosidade do que a qualquer outra questão. Deus deseja que seus filhos sejam como ele, e ele é um Deus generoso. Jesus ensinou em Lucas 6.38: “Deem e será dado a vocês: uma boa medida, calcada, sacudida e transbordante será dada a vocês. Pois a medida que usarem também será usada para medir vocês”.

Se você confiou em Cristo para ser perdoado e salvo, então, pode ter a certeza de que Deus cuidará de você. Sua oferta de gratidão demonstra ao Senhor que você confia nele em todas as coisas e em todos os momentos.

# *A chave para o amor duradouro*

Tudo sofre, tudo crê, tudo espera, tudo suporta.

(1Coríntios 13.7)

O amor duradouro é persistente e determinado. Ele é diligente e resoluto, capaz de suportar os momentos mais difíceis sem desistir do relacionamento. Podemos afirmar que, de certa forma, ele é teimoso.

O propósito de um relacionamento não é apenas trazer felicidade, mas também promover santificação. Relacionamentos – seja com um cônjuge, filho ou amigo – nos ensinam a valorizar o outro mais do que a nós mesmos. Ao perseverar nos momentos difíceis, aprendemos lições que, de outra forma, jamais seriam assimiladas.

Quando minha esposa e eu nos casamos, descobrimos que éramos completamente opostos. Nossa primeira discussão começou na noite de núpcias, e as coisas só pioraram depois disso. Amávamos um ao outro, mas tínhamos dificuldades para nos entender.

No entanto, tínhamos feito um voto e decidimos que o divórcio não era uma opção. Determinamos: "Faremos isso dar certo, nem que nos mate" – e quase nos matou. Buscamos aconselhamento, mesmo sem recursos financeiros, e fizemos sacrifícios para honrar nosso compromisso. Crescemos juntos. Lutamos durante os primeiros dois anos de casamento, mas essa luta nos tornou pessoas melhores.

Talvez você precise ouvir isso hoje: não desista. Continue. Persevere. Seja teimoso. Não abandone o amor duradouro de Deus só porque ele exige esforço. Sempre valerá a pena.

Aprender a amar é a maior lição que podemos aprender na vida, e é por isso que o Senhor nos colocou neste planeta. No entanto, nem sempre é fácil – e, às vezes, é realmente desafiador amar certas pessoas.

Embora não exista um "segredo" para o amor, a chave está em permitir que o amor de Deus flua através de você.

Em Filipenses 2.5, lemos: "Seja a atitude de vocês a mesma de Cristo Jesus". O amor humano tem seus limites, mas com o amor de Jesus em nós, podemos oferecer um amor que perdura.

Entregue sua vida a ele – e permita que ele ame os outros através de você.

# *Você precisa de mais equilíbrio? Comece louvando a Deus*

Bendiga o Senhor a minha alma! Bendiga o Senhor todo
o meu ser! Bendiga o Senhor a minha alma! Não esqueça nenhuma
de suas bênçãos! É ele que perdoa todos os seus pecados e cura
todas as suas doenças, que resgata a sua vida da sepultura e o coroa
de bondade e compaixão, que enche de bens a sua existência,
de modo que a sua juventude se renova como a águia.

(Salmos 103.1-5)

Quando enfrentamos problemas, é comum esquecermos todas as coisas boas em nossas vidas e focarmos apenas no que é negativo.

Entretanto, concentrar-se no problema nos desequilibra. Por exemplo, um conflito em um relacionamento importante pode distorcer sua percepção a respeito de toda a sua vida. Nessas circunstâncias, é difícil enxergar as bênçãos quando o foco está nos problemas. Louvar a Deus, no entanto, nos ajuda a lembrar das bênçãos divinas, o que restaura nosso equilíbrio. Louvar, adorar e agradecer ao Senhor nos faz perceber que nem tudo em nossa vida é ruim.

No Salmo 103, o salmista descreve momentos extremamente difíceis enfrentados pelo povo de Deus, mas também enumera todas as razões pelas quais poderiam agradecer e louvar ao Altíssimo: "Bendiga o Senhor a minha alma! Bendiga o Senhor todo o meu ser! Bendiga o Senhor a minha alma! Não esqueça nenhuma de suas bênçãos! É ele que perdoa todos os seus pecados e cura todas as suas doenças, que resgata a sua vida da sepultura e o coroa de bondade e compaixão, que enche de bens a sua existência, de modo que a sua juventude se renova como a águia" (Salmos 103.1-5).

Quando focamos demais em um problema, ele se torna tão predominante que acabamos negligenciando todas as coisas boas à nossa volta. Porém, a vida nunca é totalmente boa ou ruim.

Por vivermos em um mundo imperfeito, jamais haverá um momento em que tudo será perfeito. Por mais que as coisas estejam bem, sempre haverá algo a ser trabalhado. Mas, ao mesmo tempo, também nunca haverá um momento em que tudo estará 100% ruim. Mesmo nos piores dias, sempre há algo pelo qual podemos agradecer a Deus. Quando estamos desequilibrados, podemos esquecer nossa identidade em Cristo e nos tornarmos inseguros. É o louvor que restaura nosso equilíbrio.

Louvar a Deus nos faz recordar das bênçãos que já recebemos e nos ajuda a relembrar quem realmente somos. A adoração equilibra nossa vida entre o bom e o ruim, entre o que as pessoas dizem que somos e quem realmente somos.

# *Como ser grato em tempos difíceis*

Oramos também para que sejam fortalecidos com o poder glorioso de Deus, a fim de que tenham toda a perseverança e paciência de que necessitam. Que sejam cheios de alegria e sempre deem graças ao Pai. Ele os capacitou para participarem da herança que pertence ao seu povo santo, aqueles que vivem na luz.

(COLOSSENSES 1.11-12)

EXPRESSAR GRATIDÃO PODE ser especialmente desafiador durante tempos difíceis, pois exige que você olhe além das suas circunstâncias e dores, e foque na verdade e bondade de Deus.

Mesmo em meio a dificuldades, sempre há algo em sua vida pelo qual você pode ser grato. Além disso, há três verdades sobre o Senhor pelas quais todos podemos ser gratos, independentemente das circunstâncias. Podemos ser gratos porque:

*Deus nos dá forças para superar os desafios.* Como afirma Colossenses 1.11-12: "Oramos também para que sejam fortalecidos com o poder glorioso de Deus, a fim de que tenham toda a perseverança e paciência de que necessitam. Que sejam cheios de alegria e sempre deem graças ao Pai. Ele os capacitou para participarem da herança que pertence ao seu povo santo, aqueles que vivem na luz".

*Os tempos difíceis não podem alterar o plano divino.* Quando você está firmemente ancorado nos propósitos eternos do Senhor, sua fé permanece inabalável, independentemente da intensidade da tempestade. Nada do que aconteceu com você ou os erros que cometeu podem mudar os propósitos de Deus para sua vida.

"Viram o que conseguimos? Um reino inabalável! conseguem entender como devemos ser gratos? Não apenas agradecidos, mas em atitude de adoração profunda e reverentes na presença de Deus" (Hebreus 12.28, AM).

*Deus está transformando nossas vidas.* Ele está nos moldando e aperfeiçoando, passo a passo, dia após dia. Embora tal transformação não ocorra de uma hora para outra, ela é constante e, o que o Senhor começou em sua vida, ele terminará. Ele o guiará até a eternidade.

A Bíblia diz em 2Coríntios 3.18: "Portanto, todos nós, com o rosto descoberto, refletimos a glória que vem do Senhor [...]" (NTLH).

Quais hábitos saudáveis Deus deseja que você desenvolva para se tornar mais parecido com ele? Enquanto trabalha para incorporar esses hábitos em sua rotina, o Senhor operará em você. Quando você se abre para o agir do Altíssimo, ele o leva a um novo nível de maturidade.

Nada impedirá o trabalho dele em sua vida. Portanto, seja paciente consigo mesmo enquanto ele o guia nesse processo de amadurecimento e encontre maneiras de louvá-lo e expressar sua gratidão.

# *Como a gratidão pode mudar sua vida*

Façam tudo sem queixas nem discussões.

(FILIPENSES 2.14, NVT)

SE VOCÊ DESEJA transformar uma vida sobrecarregada em uma transbordante, o primeiro passo é ser grato e abandonar o hábito de reclamar.

A prática da gratidão pode ser iniciada logo ao acordar. Antes mesmo de sair da cama, pense nas coisas pelas quais é grato. Por exemplo: "Deus, sou grato pelo ar que respiro; por esta cama; por estar em segurança". Mesmo que, a princípio, pareça difícil encontrar razões para agradecer, o simples esforço de buscar um motivo já altera a química do seu cérebro e gera substâncias que promovem paz e felicidade.

A Bíblia diz para evitarmos reclamar e discutir em tudo o que fizermos (cf. Filipenses 2.14).

Agora, pense: como reclamar realmente o ajuda? Se você reclamar do tempo, isso mudará o clima? Se reclamar da sua aparência, isso a transformará? Se reclamar do seu cônjuge, filhos ou trabalho, essa atitude alterará quem eles são?

Reclamar é uma total perda de tempo. É uma prática que perpetua o problema sem oferecer soluções. Sem contar que reclamar nunca traz alívio ou conforto. Deus, ao contrário, deseja que sua vida transborde alegria e gratidão por tudo o que ele tem feito (cf. Colossenses 2.7).

Muitas vezes, ouço pessoas perguntarem: "Pastor Rick, só quero saber qual é a vontade de Deus para minha vida. O que ele quer que eu faça em meu relacionamento? O que espera que eu faça em minha carreira? Como devo agir na escola?".

Mas por que Deus revelaria o segundo passo se você ainda não deu o primeiro? Se deseja conhecer a vontade do Senhor, comece com o passo inicial: seja sempre grato. Só então você estará pronto para descobrir o próximo passo. Como dizem as Escrituras Sagradas: "Deem graças em todas as circunstâncias, pois esta é a vontade de Deus para vocês em Cristo Jesus" (1Tessalonicenses 5.18).

Portanto, se você quer ter uma vida que transborde alegria e propósito, em vez de uma vida sobrecarregada, comece pelo início: pare de reclamar e comece a ser grato.

# *Perdoe, pois Deus o perdoou*

Sejam bondosos e compassivos uns para com os outros, perdoando-se mutuamente, assim como Deus os perdoou em Cristo.

(Efésios 4.32)

A vida é difícil – todos nós já sabemos disso.

É inevitável que você passe por feridas e decepções nesta vida. E muitas delas serão causadas intencionalmente – frutos diretos das ações ou palavras de outras pessoas. Não é raro que, ao ouvir a palavra "*perdão*", memórias dolorosas venham à mente. As feridas parecem tão recentes quanto o momento em que foram infligidas.

Quando alguém o machuca, perdoar pode parecer uma tarefa quase impossível. Muitas vezes, é mais tentador manter a mágoa e guardar rancor. Você pode pensar que isso lhe trará algum alívio ou fará a outra pessoa sofrer, mas, na realidade, esse sentimento apenas prolonga sua infelicidade, enquanto a outra pessoa segue a própria vida.

O perdão, por outro lado, traz a paz necessária para seguir em frente com propósito. Mas há uma razão ainda mais profunda para você perdoar.

Você deve perdoar porque Deus o perdoou.

Como está escrito em Efésios 4.32: "Sejam bondosos e compassivos uns para com os outros, perdoando-se mutuamente, assim como Deus os perdoou em Cristo".

Refletir sobre o quanto Deus o perdoou pode ajudá-lo a ser mais compassivo e perdoar aqueles que o feriram.

O contrário também é verdade. Se você não acredita ou aceita pela fé que foi perdoado, provavelmente encontrará dificuldades em perdoar os outros. Nesse caso, talvez seja necessário refletir se realmente acredita no perdão do Senhor. Abra seu coração e converse com ele sobre quaisquer dúvidas que possa ter.

Pense da seguinte maneira: Deus apagou completamente os seus pecados por meio do sacrifício de Cristo na cruz. Todas as punições que você merecia foram anuladas porque ele o perdoou. À medida que essa verdade se enraíza em você, guardar rancor contra outra pessoa se tornará cada vez mais difícil.

Peça ao Senhor a fé necessária para aceitar que Jesus já fez tudo o que era preciso para reconciliá-lo com ele. E lembre-se: por mais grave que seja a ofensa contra você, nunca será necessário perdoar alguém mais do que Deus já o perdoou.

# *Sua dor pode torná-lo mais semelhante a Cristo*

Embora sendo Filho, ele aprendeu a obedecer por meio daquilo que sofreu; e, uma vez aperfeiçoado, tornou- se a fonte da salvação eterna para todos os que lhe obedecem.

(HEBREUS 5.8-9)

TODA DOR EM sua vida é uma oportunidade para o desenvolvimento do seu caráter. Como você aprende a amar se não se sente amado? Como descobre a alegria em meio à dor? Como encontra paz em meio ao caos? Como desenvolve paciência quando a impaciência toma conta de você?

Você aprende tudo isso, com a graça de Deus, justamente nos momentos de dor. Nessas situações, você precisa decidir se permitirá que a dor seja um trampolim para a maturidade ou um obstáculo para o seu crescimento espiritual.

Ao decidir seguir Jesus, o propósito maior do Senhor é torná-lo mais semelhante a Cristo. Como parte da família de Deus, ele deseja que você cresça. E, para isso, ele o conduz pelas mesmas experiências pelas quais Jesus passou: momentos de solidão, frustração, incompreensão, crítica e sofrimento.

A Bíblia nos ensina: "Embora sendo Filho, ele aprendeu a obedecer por meio daquilo que sofreu; e, uma vez aperfeiçoado, tornou- se a fonte da salvação eterna para todos os que lhe obedecem" (Hebreus 5.8-9).

Se Jesus foi aperfeiçoado por meio do sofrimento, então você também amadurecerá da mesma forma, pelo mesmo caminho.

Há certas coisas que apenas podem ser aprendidas por meio da dor. Nesse sentido, a dor pode se transformar em um presente, se você permitir que ela o aproxime do Senhor em adoração, dos outros em comunhão e de maneira mais profunda no discipulado.

Quando Paulo escreveu à igreja de Corinto, ele destacou as diversas maneiras pelas quais a dor os faria crescer. Ele disse em 2Coríntios 7.11: "Agora, digam-me: não são maravilhosos os caminhos que a tristeza toma para nos aproximar de Deus? Vocês estão mais vivos, mais cuidadosos, mais sensíveis, mais reverentes, mais humanos, mais apaixonados, mais responsáveis" (AM).

Essas sete qualidades que refletem a semelhança com Cristo também se desenvolvem em você quando pede a Deus para usar sua dor na construção do seu caráter. Se fizer isso, a dor não o deixará como o encontrou – ela o transformará.

# *O que o deixa vulnerável à tentação?*

Acima de tudo, guarde o seu coração,
pois dele depende toda a sua vida.
(Provérbios 4.23)

Se você deseja resistir às tentações, precisa compreender o que o torna vulnerável às investidas de Satanás.

Efésios 4.27 nos alerta: "não deem lugar ao Diabo". Nesse contexto, "lugar" se refere a uma posição estratégica, que pode ser utilizada para avançar ou ganhar terreno. Portanto, quando a Bíblia nos instrui a não dar lugar ao Diabo, significa não permitir que ele encontre espaço em sua vida para explorar suas fraquezas e desviá-lo do caminho. Há um ponto específico que o torna particularmente suscetível à tentação. E qual seria esse ponto? Qualquer emoção negativa. Sempre que você se fixa em uma, abre uma porta para Satanás e torna-se vulnerável à tentação. Por isso, a Palavra nos ensina em Provérbios 4.23: "Acima de tudo, guarde o seu coração, pois dele depende toda a sua vida".

Talvez você acredite que, para vencer a tentação, o foco deve estar no comportamento. No entanto, Deus orienta que seu foco esteja nos seus pensamentos e nas emoções que eles geram. Em outras palavras, como Provérbios 4.23 nos ensina, ele quer que você concentre sua atenção em seu coração.

Satanás não o aprisiona pelo seu comportamento, mas pelos seus pensamentos. Ele manipula suas emoções todos os dias, jogando com seus sentimentos e gerando dúvidas sobre a Palavra de Deus. Ele é hábil em manipular seus estados emocionais e influenciar seus pensamentos de forma a distorcer sua percepção e confiança no Senhor.

Uma vez que ele captura suas emoções – ou seja, uma vez que seu coração está envolvido –, você está preso. Ele sabe que suas emoções negativas o conduzirão ao pecado.

O Inimigo tem pleno conhecimento de quais emoções são mais tentadoras para você e as utilizará como ferramentas de destruição. Se tais emoções possuem tanto poder, não seria prudente que você as identifique também?

A única maneira de combater qualquer tentação em sua vida é identificando as emoções que o tornam vulnerável. Em seguida, direcione sua mente para a Palavra de Deus, a fim de que você possa substituir essas emoções negativas com o amor do Pai.

# *Você não precisa saber de tudo*

Sem fé é impossível agradar a Deus, pois quem dele se aproxima precisa crer que ele existe e que recompensa aqueles que o buscam.

(Hebreus 11.6)

Todos nós, inevitavelmente, passamos por momentos difíceis. Talvez você já tenha se encontrado em meio a uma situação desafiadora e pensado: "Por que Deus não me avisou sobre isso? Teria facilitado muito as coisas".

Deus, no entanto, não nos revela seu plano com antecedência por duas razões: primeiro, porque provavelmente não conseguiríamos compreendê-lo. Nossa capacidade de compreensão é limitada quando se trata de entender os caminhos do Senhor. Ele é Deus, e nós, meros humanos.

A segunda razão é que o Senhor deseja que confiemos nele. A Bíblia nos ensina que a maneira de agradar ao Altíssimo não é por meio de rituais, regras ou religião, mas fé. Como está escrito em Hebreus 11.6: "Sem fé é impossível agradar a Deus, pois quem dele se aproxima precisa crer que ele existe e que recompensa aqueles que o buscam".

Os grandes personagens da Bíblia – Moisés, José, Ester, os profetas, Rute, Pedro, Paulo, João, Maria, entre outros – provavelmente desejaram que Deus lhes desse algum aviso enquanto lidavam com provações, tentações, perseguições, sofrimentos, expectativas frustradas e circunstâncias aparentemente fora de controle. A fé deles foi colocada à prova de maneiras excepcionais.

Assim como nós, tudo o que podiam fazer diante do desconhecido era confiar que Deus sabia o que era melhor, que ele tinha uma visão mais ampla e estava trabalhando em seu bom plano.

É exatamente isso que você precisará fazer quando as coisas não estiverem indo como o planejado. Quando os negócios começarem a falhar, seu filho se afastar de Deus, seus investimentos não tiverem o retorno esperado, ou sua saúde tomar um rumo inesperado –momentos em que Deus está testando sua fé. É quando você deve se erguer e demonstrar em quem realmente acredita.

Quando a vida parecer sem sentido, continue confiando no plano divino. Confie na sabedoria, no tempo, nas promessas e, acima de tudo, no amor do Senhor.

# *Por que esperar em Deus?*

Quem permanece firme não perderá sua recompensa.
Vocês por certo já ouviram falar da paciência de Jó e
sabem que Deus o recompensou no final. Lembrem-se:
Deus se importa conosco em tudo, até mesmo nos detalhes.

(Tiago 5.11, AM)

A pergunta que inevitavelmente surge quando passamos por um longo período de dificuldades é: "Quando as coisas voltarão ao normal?".

No entanto, a verdade é que nem sempre as coisas voltarão ao que eram antes. Às vezes, a situação pode até piorar antes de melhorar, e, em algumas ocasiões, precisamos nos adaptar a um novo normal.

Em vez de pensar em quando a vida voltará a ser o que era, o questionamento deve ser: "O que farei se a vida *não* voltar ao normal?". A resposta é simples: não deposite sua esperança nas circunstâncias, na economia ou em outras pessoas para que tudo se resolva. Em vez disso, coloque sua esperança em Deus.

Mas por que devemos esperar em Deus? Porque ele é o único que conhece o futuro. Ele já escreveu o desfecho da história. O Altíssimo cuida de cada detalhe de nossas vidas, o que nos permite confiar que, independentemente das circunstâncias, tudo acontecerá conforme o plano divino.

A história de Jó ilustra bem essa verdade. Imagine-se no lugar de Jó, que perdeu tudo – sua saúde, seus bens e até sua família. Ele não sabia o que o futuro reservava, nem que Deus restauraria sua vida no final, mas, ainda assim, ele confiava no Senhor.

"Quem permanece firme não perderá sua recompensa. Vocês por certo já ouviram falar da paciência de Jó e sabem que Deus o recompensou no final. Lembrem-se: Deus se importa conosco em tudo, até mesmo nos detalhes" (Tiago 5.11, AM).

Deus cuidou dos detalhes da vida de Jó porque ele se importava com seu servo. Da mesma forma, o Senhor se importa com você e cuidará de tudo, independentemente do que tenha enfrentado até agora. À medida que você confia nele para lidar com os detalhes da sua vida, ele revelará o próximo passo a ser dado e alinhará todas as coisas.

Sua história é parte de um plano maior. O Senhor orquestrou cada detalhe para os propósitos dele e está trabalhando o tempo todo para que tudo se cumpra – no tempo dele, do jeito dele e para a glória dele.

Portanto, não importa o que você esteja enfrentando agora, confie na promessa de Deus de que, no final, tudo converterá para o bem. Isso é motivo suficiente para esperar e confiar fielmente nele.

# *Deus está atento, e ele se importa*

Como um pai tem compaixão de seus filhos,
assim o Senhor tem compaixão dos que o temem.
(Salmos 103.13)

Deus é um Pai carinhoso, amoroso e compassivo. Ele o ama de uma forma que vai além do que pode imaginar.

Ele *é a própria personificação* do amor, e o criou com o propósito de amá-lo. Em cada ação, ele demonstra esse amor; a compaixão é uma das suas características mais extraordinárias.

A Bíblia diz em Salmos 103.13: "Como um pai tem compaixão de seus filhos, assim o Senhor tem compaixão dos que o temem". Deus se preocupa com todos os detalhes da sua vida e sempre age compassivamente.

Os discípulos de Jesus, em sua maioria, eram pescadores experientes. Certo dia, enquanto navegavam com ele, Jesus, cansado, adormeceu no barco. Uma tempestade violenta se formou, algo que não deveria assustar os discípulos, pois estavam habituados a enfrentar tempestades. No entanto, essa era diferente; era tão intensa que os deixou aterrorizados. O barco balançava demais, e a água invadia o convés. Em meio ao pânico, acordaram a Cristo com uma das perguntas mais importantes que qualquer pessoa pode fazer na vida: "Senhor, você não se importa?".

Fazemos essa pergunta a Deus o tempo todo e de inúmeras maneiras: "Deus, vistes o meu diagnóstico médico? Não te importas?", "Percebes a situação em que meu casamento está? Não te importas?", "Vês as dificuldades que meus filhos enfrentam na escola? Não te importas?", "Sabes como o medo tem tomado conta da minha mente. Não te importas?".

A resposta a todas essas perguntas é: sim, Deus se importa. Ele se preocupa com você mais do que poderia imaginar, e deseja ajudá-lo mais do que você desejaria ser ajudado. O Senhor sabe o que realmente trará alívio a sua situação, melhor do que você mesmo. Ele está atento a cada detalhe, e se importa.

A Bíblia nos assegura: "Lancem sobre ele toda a sua ansiedade, porque ele tem cuidado de vocês" (1Pedro 5.7).

Se pudesse compreender e sentir o quanto seu Pai Celestial se importa com você, com certeza não deixaria de retribuir esse amor.

Hoje, dê o primeiro passo em direção à paz interior, e "lance toda a sua ansiedade" sobre seu compassivo Pai Celestial.

# *Deus quer o que você tem para oferecer*

[...] "Onde compraremos pão para esse povo comer?".
Fez essa pergunta apenas para pô-lo à prova,
pois já tinha em mente o que ia fazer.

(João 6.5-6)

**Você se lembra** da história em que Jesus alimenta 5 mil pessoas com apenas cinco pães e dois peixes? Entre tantas pessoas presentes, é surpreendente pensar que apenas uma delas trouxe um lanche. No entanto, acredito que muitos talvez tenham escondido suas cestas de piquenique sob as roupas, relutantes em compartilhar com os outros.

Ainda assim, houve um menino que, diferente dos demais, ofereceu o pão e os peixes que tinha levado. Ele entregou a Cristo o pouco que possuía, e Deus usou isso não apenas para alimentar milhares de pessoas, mas também para demonstrar quão compassivo e poderoso ele é.

Deus sempre começa com o que temos. Talvez você sinta que tem pouco tempo, que suas finanças são limitadas, ou que não possui muitos talentos.

Porém, o que realmente importa é a disposição de entregar tudo ao Senhor. Dê a ele o seu coração, reputação, passado, presente e futuro. Pode parecer pouco, mas quando você entrega seus cinco pães e dois peixes a Deus, ele pode fazer muito.

Em João 6.5-6, Jesus perguntou: "[...] 'Onde compraremos pão para esse povo comer?'. Fez essa pergunta apenas para pô-lo à prova, pois já tinha em mente o que ia fazer". Ele não estava preocupado com a logística de alimentar 5 mil pessoas, pois já tinha em mente o que faria. Ele percebeu a necessidade antes mesmo dos discípulos e já tinha um plano.

Hoje, você precisa compreender essa verdade: o Senhor já tem a solução antes mesmo de você se dar conta do problema. Ele não se sente ansioso diante de nenhum problema que parece sem solução. Para ele, nunca é tarde demais. Jesus viu seu problema antes de você e já preparou um plano para resolvê-lo. Ele conhece a solução antes mesmo de você perceber que há um problema.

Então, por que se preocupar? Reconheça que está enfrentando um desafio impossível e entregue ao Pai tudo o que tem. Então, observe como ele transforma seus pães e peixes em um banquete.

# *A humildade começa aqui*

"[...] 'Deus se opõe aos orgulhosos, mas concede graça aos humildes'. Portanto, submetam-se a Deus [...]

(Tiago 4.6-7)

É preciso coragem para ser humilde. Por quê? Porque a humildade não é uma tendência natural dos seres humanos. Precisamos escolher ser humildes, dia após dia.

Uma das formas mais significativas de praticar essa humildade corajosa é submeter nossos planos ao Senhor. No entanto, o que frequentemente fazemos é o oposto: traçamos nossos planos sem sequer consultá-lo. Só depois, oramos pedindo que ele os abençoe – planos dos quais ele nem foi parte desde o início. E quando esses planos falham, nos sentimos frustrados e zangados com Deus.

Essas situações revelam o nosso orgulho, algo que o Pai abomina. Tiago 4.6-7 nos ensina: "[...] 'Deus se opõe aos orgulhosos, mas concede graça aos humildes'. Portanto, submetam-se a Deus [...]".

Posso pensar em muitas pessoas com as quais não gostaria de competir. Não me imaginaria competindo na piscina contra Michael Phelps[1] ou em uma quadra de basquete contra LeBron James.[2]

Mas, mais do que isso, jamais gostaria de estar em oposição a Deus. Afinal, essa é uma batalha que ninguém pode vencer. A Bíblia nos adverte que, quando somos dominados pelo orgulho, não apenas desagradamos ao Senhor, como também nos colocamos em posição de oposição a ele. Sempre que o orgulho toma conta de nós, nos tornamos inimigos de Deus. Isso é muito sério.

Mas o que significa, na prática, submeter-se ao Altíssimo e render seus planos a ele? Romanos 6.13 explica: "[...] ofereçam-se a Deus como quem voltou da morte para a vida; e ofereçam os membros do corpo de vocês a ele, como instrumentos de justiça".

Render-se significa orar algo como: "Deus, escolho seguir teus planos para a minha vida, não os meus. Sei que tu não revelarás todo o teu plano de uma vez, então avançarei um passo de cada vez, confiante de que proverás o necessário em cada etapa".

Tenha coragem, faça essa oração hoje, e repita-a diariamente. Você verá como Deus começará a abençoá-lo com graça, à medida que vive de acordo com os planos divinos para a sua vida.

---

[1] Michael Phelps é o nadador mais condecorado da história das Olimpíadas, com um total de 28 medalhas, sendo 23 de ouro. Sua carreira olímpica se estendeu de 2000 a 2016, durante a qual ele quebrou inúmeros recordes mundiais e se tornou um ícone do esporte aquático. Phelps é amplamente considerado o maior nadador de todos os tempos. [N.T.]

[2] LeBron James é um dos maiores jogadores de basquete de todos os tempos, conhecido por sua versatilidade, habilidade de pontuação e liderança em quadra. Com várias aparições nas finais da NBA e múltiplos prêmios de MVP, LeBron é frequentemente comparado a outras lendas do basquete, como Michael Jordan. Além de seu impacto no esporte, ele também é reconhecido por seu trabalho filantrópico e influência cultural. [N.T.]

# *O que você está esperando que Deus faça?*

Três vezes roguei ao Senhor que o tirasse de mim. Mas ele me disse: 'Minha graça é suficiente a você, pois o meu poder se aperfeiçoa na fraqueza'. Portanto, eu me gloriarei ainda mais alegremente em minhas fraquezas, para que o poder de Cristo repouse em mim. Por isso, por amor de Cristo, regozijo-me nas fraquezas, nos insultos, nas necessidades, nas perseguições, nas angústias. Pois, quando sou fraco, é que sou forte.

(2Coríntios 12.8-10)

Deus usou a experiência mais fisicamente dolorosa da minha vida para me moldar e ensinar a depender dele.

Nasci com um transtorno cerebral que, entre outras coisas, torna a fala em público uma experiência dolorosa. Meu cérebro funciona de maneira extremamente intensa e rápida, o que provoca diversos problemas em meu corpo. Durante mais de cinquenta anos, orei ao Senhor todos os dias pedindo a cura. E, todas as vezes, ele me respondeu: "Minha graça é suficiente para você".

Apesar de Deus ter escolhido não remover aquilo pelo qual mais supliquei, como Jó, posso afirmar: "Embora ele me mate, ainda assim esperarei nele [...]" (Jó 13.15). Nem mesmo o apóstolo Paulo recebeu respostas para todas as suas orações. Ele, inclusive, mencionou o que chamava de "espinho na carne" – um problema que lhe causava grande dor. Em 2Coríntios 12.8-10, está escrito: "Três vezes roguei ao Senhor que o tirasse de mim. Mas ele me disse: 'Minha graça é suficiente a você, pois o meu poder se aperfeiçoa na fraqueza'. Portanto, eu me gloriarei ainda mais alegremente em minhas fraquezas, para que o poder de Cristo repouse em mim. Por isso, por amor de Cristo, regozijo-me nas fraquezas, nos insultos, nas necessidades, nas perseguições, nas angústias. Pois, quando sou fraco, é que sou forte".

Se Deus nunca mais disser "sim" a qualquer outra das minhas orações, ainda assim, devo a ele toda a minha vida – e você também. Ele tem um plano melhor, uma perspectiva mais ampla e um propósito mais elevado do que podemos compreender.

O que você tem pedido em oração que ainda não aconteceu? Talvez seja o desejo de se casar, mudar para outro lugar ou conquistar uma promoção no trabalho. Talvez esteja pedindo a Deus para conceder algo ou remover algo, como uma doença crônica. Ou, quem sabe, tenha enfrentado algo que pareceu o fim da sua história.

Saiba que este capítulo da sua vida passará, mas sua história ainda não terminou. Seja qual for o seu anseio, confie que o Pai está trabalhando para o seu bem. Mesmo quando ele não remove a sua dor, o Senhor lhe concederá graça e força para enfrentá-la.

# *Três coisas para orar em sua dor*

[...] *Aba*, Pai, tudo te é possível. Afasta de mim este cálice; contudo, não seja o que eu quero, mas sim o que tu queres.

(Marcos 14.36)

Na noite que precedeu sua crucificação, Jesus se retirou para orar no Jardim do Getsêmani. Consciente de que no dia seguinte enfrentaria tortura e uma morte dolorosa na cruz, ele sentiu o peso do que estava por vir. Assim como qualquer um de nós, Cristo não queria passar por essa agonia. "Indo um pouco mais adiante, prostrou-se e orava para que, se possível, fosse afastada dele aquela hora" (Marcos 14.35).

Jesus buscava saber se havia outra maneira pela qual Deus poderia salvar o mundo. Jesus expressou seus sentimentos ao Pai, e pediu uma alternativa. Ao fazer essa oração, ele nos mostra que está tudo bem dizer ao Senhor que não queremos passar pelo sofrimento.

No versículo seguinte, Marcos 14.36, Jesus clama: "[...] *Aba*, Pai, tudo te é possível. Afasta de mim este cálice; contudo, não seja o que eu quero, mas sim o que tu queres".

Nesta oração, ele nos ensina três atitudes que devemos tomar ao orar em meio à dor:

- *Afirme o poder de Deus.* Comece reconhecendo a soberania do Senhor, dizendo: "Pai, tu tens poder sobre todas as coisas. Confio que estás no controle desta situação. Sei que tens o poder para me livrar deste sofrimento e que podes tirar essa dor imediatamente".

- *Peça com paixão.* Em seguida, apresente seu pedido com sinceridade: "Senhor, peço que me concedas o que te peço. Alivia essa dor e sofrimento. Vê minha angústia, pois sei que te importas e que estás comigo. Confio que atenderás minha oração. Não permitas que essa dor seja meu fardo por mais tempo".

- *Aceite o plano de Deus.* Por fim, submeta-se à vontade divina: "Deus, não desejo passar por esse sofrimento, mas, acima de tudo, desejo que o teu plano, teu propósito e tua perspectiva prevaleçam. Faz a tua vontade em minha vida, mesmo que isso signifique suportar essa dor. Sei que estarás comigo, me fortalecerás e me tornarás mais parecido com o Senhor".

Essa oração não é fácil, em especial quando estamos sofrendo, mas é a oração que Deus sempre honra e responde.

# *O que há do outro lado dos seus problemas?*

[...] nossos sofrimentos leves e momentâneos estão produzindo para nós uma glória eterna que pesa mais do que todos eles. Assim, fixamos os olhos, não naquilo que se vê, mas no que não se vê, pois o que se vê é transitório, mas o que não se vê é eterno.

(2Coríntios 4.17-18)

Quando uma crise surge, você precisa agir de forma inteligente para superá-la. Isso significa ouvir a Palavra de Deus, buscar conselhos sábios, tomar boas decisões e continuar avançando, sempre lembrando que essa crise é temporária. Ela não durará para sempre. Em 1Pedro 4.12, a Bíblia nos lembra: "Amados, não se surpreendam com o fogo que surge entre vocês para prová-los, como se algo estranho estivesse acontecendo".

Vivemos em um mundo onde provações e testes são inevitáveis. Desde que o pecado entrou em cena, nada funciona perfeitamente. Tudo está de alguma forma comprometido – o clima, a economia, nosso corpo e nossos melhores planos. O profeta Isaías descreve essa realidade ao dizer: "A terra sofre por causa do pecado de seus habitantes, pois transgrediram as leis de Deus, violaram seus decretos e quebraram sua aliança eterna [...] A terra se despedaçou [...]" (Isaías 24.5, 19).

Neste mundo, tudo está perdido, abandonado e confuso. Até a natureza geme em sofrimento. É natural, então, questionar por que Deus permitiu que o pecado e o mal entrassem no mundo.

É porque ele desejava que tivéssemos a liberdade de escolha, e muitas vezes escolhemos o mal. O egoísmo e o egocentrismo humanos geram problemas tanto na sociedade quanto no meio ambiente.

Este mundo não é o céu, e é exatamente por isso que Jesus nos ensinou a orar da seguinte forma: "[...] seja feita a tua vontade, assim na terra como no céu" (Mateus 6.10). O céu é perfeito, livre de tristeza, doença, dor ou estresse, mas não devemos esperar o céu na terra. Um dia, alcançaremos esse lugar perfeito, mas ainda não estamos lá. Enquanto isso, você superará qualquer provação que esteja enfrentando e, quando olhar para trás, ficará maravilhado com tudo o que Deus fez por meio do seu problema.

Você enfrentará mais desafios e passará por novas adversidades, mas pode sempre se apoiar nesta verdade: "[...] nossos sofrimentos leves e momentâneos estão produzindo para nós uma glória eterna que pesa mais do que todos eles. Assim, fixamos os olhos, não naquilo que se vê, mas no que não se vê, pois o que se vê é transitório, mas o que não se vê é eterno" (2Coríntios 4.17-18).

# *Entregue sua defesa a Deus*

Preparas um banquete para mim à vista dos meus inimigos [...]

(Salmos 23.5)

O Rei Davi sabia o que significava ser atacado emocionalmente, verbalmente e fisicamente. Ainda jovem, foi ungido pelo profeta Samuel como o futuro rei de Israel, embora Saul ainda ocupasse o trono.

Mesmo sendo fiel ao rei Saul, ele passou a ser alvo da inveja e ódio dele, pois Saul o via como uma ameaça ao reinado e, por isso, decidiu matá-lo. Assim, Davi teve que esconder-se em cavernas, enquanto Saul espalhava mentiras a seu respeito por todo o reino.

Apesar de tudo isso, Davi nunca proferiu uma palavra contra o rei, nem revidou os ataques. Ele compreendeu que o Senhor estava usando aquele tempo de provações para moldá-lo e prepará-lo para se tornar um rei segundo o coração de Deus.

Davi expressou sua confiança em Deus ao declarar: “Preparas um banquete para mim à vista dos meus inimigos [...]” (Salmos 23.5).

Ele sabia que não precisava gastar suas forças se defendendo, pois confiava que o Senhor seria seu defensor.

É preciso muita fé e humildade para confiar em Deus e descansar na proteção dele quando se é atacado e incompreendido, em especial quando rumores se espalham a seu respeito. Nesses momentos, o impulso natural é querer reagir e se defender. No entanto, Davi nos ensina a confiar no Altíssimo, e permitir que ele lide com aqueles que nos atacam.

Deus deseja não apenas nos defender, mas também ter comunhão conosco. Como está escrito: “Mas tu nos darás as boas-vindas de braços abertos quando corrermos para ti em busca de abrigo. Que a festa dure a noite inteira! monta guarda durante a celebração” (Salmos 5.11, AM).

Tanto o Salmo 23 quanto o Salmo 5 nos apresentam a imagem de um banquete preparado em momentos inesperados – não em tempos de paz, mas em meio a ataques.

Você está enfrentando uma batalha difícil? Deus sabe disso. Talvez esteja lutando por seu emprego, saúde, sanidade ou dignidade. Em meio a essa batalha, o Senhor deseja preparar um banquete no próprio campo de batalha, para encorajá-lo. E esse encorajamento está ao seu alcance hoje, quando você entrega suas preocupações, dores e o controle a Jesus e descansa nas promessas divinas.

Como filho de Deus, saiba que seu Pai Celestial se orgulha de você. Os críticos podem difamá-lo, ignorá-lo, ridicularizá-lo ou desprezá-lo, mas não podem impedi-lo de receber as bênçãos do alto. Como a Bíblia nos assegura: “Ele me levou ao salão de banquetes, e o seu estandarte sobre mim é o amor” (Cântico dos Cânticos 2.4).

# *O Bom Pastor dá direção e protege*

Todos nós, como ovelhas, nos desviamos,
cada um de nós se voltou para o seu próprio caminho [...]

(Isaías 53.6)

Deus vê cada pessoa como valiosa e digna de ser buscada, encontrada e salva. A Bíblia nos ensina que Deus "[...] deseja que todos os homens sejam salvos e cheguem ao conhecimento da verdade" (1Timóteo 2.4).

Contudo, muitas pessoas permanecem espiritualmente perdidas. Estar espiritualmente perdido significa seguir o próprio caminho ao invés do plano divino. Quando isso acontece, essas pessoas perdem duas coisas: direção e proteção.

Essa realidade é claramente ilustrada na parábola da ovelha perdida, contada em Lucas 15.3-6. Nela, um pastor deixa para trás noventa e nove ovelhas seguras para ir em busca daquela que se perdeu. Ele não pensa: "Tenho noventa e nove ovelhas salvas, posso esquecer a perdida". Pelo contrário, todas as ovelhas são igualmente importantes para ele. E, quando ele encontra a ovelha que se perdeu, "[...] coloca-a alegremente nos ombros" (Lucas 15.5) e volta feliz para casa.

Assim como as ovelhas, pessoas espiritualmente perdidas acabam perdendo sua direção. Isso não é intencional; acontece quando alguém pensa: "Aquela grama parece mais verde". E, ao seguir por esse caminho, acaba se desviando. A Bíblia reflete essa condição humana: "Todos nós, como ovelhas, nos desviamos, cada um de nós se voltou para o seu próprio caminho [...]" (Isaías 53.6).

Além da direção, quem está espiritualmente perdido também perde a proteção do Senhor. Tal como uma ovelha longe de seu pastor, você se torna vulnerável quando não tem a proteção do pastor para guardá-lo dos perigos da vida. Por isso, é essencial seguir Jesus, o Bom Pastor, para não ficar sozinho e indefeso.

A Bíblia reforça essa verdade ao dizer: "[...] o povo vagueia como ovelhas aflitas pela falta de um pastor" (Zacarias 10.2).

Contudo, quando você se coloca sob os cuidados do Bom Pastor, recupera tanto a direção quanto a proteção. Isso não significa que estará livre de dificuldades, mas que Deus trabalhará "[...] em todas as coisas para o bem daqueles que o amam [...]" (Romanos 8.28). Se você, ou alguém que conhece, está sentindo falta da direção e proteção do Senhor hoje, lembre-se: Jesus é o Bom Pastor que considera cada pessoa como extremamente valiosa e "deseja que todos sejam salvos".

# *Não importa o que você fez, Deus o aceitará de volta*

[...] com profunda compaixão eu a trarei de volta.

(ISAÍAS 54.7)

NESTA ÉPOCA DE Natal, você precisa de uma renovação em sua vida? Está se sentindo seco? Precisa de um reavivamento espiritual?

Volte para o Senhor.

Você pode pensar: "Mas você não sabe o que fiz". Na verdade, não preciso saber, porque, independentemente de quem você seja ou do que tenha feito, Deus ainda deseja que você volte para ele.

Outra dúvida pode surgir: "Deus não me repreenderá? Estou afastado dele há meses, anos, até décadas". Veja a promessa que Deus faz para aqueles que retornam a ele: "[...] com profunda compaixão eu a trarei de volta" (Isaías 54.7).

Lembre-se, Deus não está zangado com você. Deus não se irrita com seus assuntos. Pelo contrário, ele o ama. Ele enviou Jesus para morrer em seu lugar, e o Espírito Santo deseja habitar em seu coração. O Natal é a maior prova do amor de Deus por nós.

Muitas pessoas não conseguem sentir esse amor porque estão ouvindo as vozes erradas. Se você focar no que outros dizem sobre você, ou até mesmo nas críticas que faz a si mesmo, isso poderá abatê-lo. É crucial que pare de acreditar cegamente em tudo o que pensa sobre si mesmo. Nem sempre suas percepções refletem a verdade. Na realidade, muitas vezes nos enganamos mais do que qualquer outra pessoa. Nossos sentimentos podem ser enganosos, o que nos torna maus juízes de nós mesmos. E isso é uma realidade para todos nós.

Você precisa decidir em quem confiar. Construirá sua vida com base na opinião dos outros? Será abatido pelas críticas nas redes sociais? Permitirá que seus sentimentos guiem suas decisões?

Ou escolherá ouvir o que Deus diz sobre você, que é a verdade?

Atos 3.19 nos exorta: "Mas é hora de mudar de vida! voltem para Deus, para que ele limpe os seus pecados e derrame bênçãos para renová-los" (AM).

Apesar de sermos falhos, somos também amados e preciosos. Você pode estar sentindo que chegou ao fim de si mesmo, sem saber para onde virar. Mas, lembre-se, sempre há um Deus para quem voltar.

# *Como lutar contra pensamentos destrutivos*

Quem vive segundo a carne tem a mente voltada para
o que a carne deseja; mas quem vive de acordo com o
Espírito tem a mente voltada para o que o Espírito deseja.

(Romanos 8.5)

Libertar sua mente de pensamentos destrutivos não é uma tarefa fácil. Três forças se opõem às suas boas intenções, e nenhuma delas cede facilmente. Por isso, é necessário lutar o tempo todo para libertar sua mente desses inimigos.

Quais são essas forças que batalham em sua mente?

O primeiro inimigo é a sua antiga natureza. Em Romanos 8.5, lemos: "Quem vive segundo a carne tem a mente voltada para o que a carne deseja; mas quem vive de acordo com o Espírito tem a mente voltada para o que o Espírito deseja". Mesmo após se tornar cristão e adquirir uma nova natureza, a velha natureza – quem você era antes da conversão – continua a exercer influência sobre você.

O segundo inimigo é Satanás. Embora ele não tenha o poder de forçá-lo a agir, o Diabo sempre tenta semear pensamentos negativos em sua mente. No entanto, você pode resistir a esses ataques. A Bíblia ensina: "Portanto, submetam-se a Deus. Resistam ao Diabo, e ele fugirá de vocês" (Tiago 4.7). Resistir ao Diabo é uma maneira poderosa de combater pensamentos negativos.

O terceiro inimigo é o sistema de valores do mundo. A Bíblia descreve esse sistema em 1João 2.16: "Pois tudo o que há no mundo – a cobiça da carne, a cobiça dos olhos e a ostentação dos bens – não provém do Pai, mas do mundo".

Felizmente, a Bíblia também nos ensina como enfrentar essa batalha mental. Em 2Coríntios 10.4-5, está escrito: "As armas com as quais lutamos não são humanas; ao contrário, são poderosas em Deus para destruir fortalezas. Destruímos argumentos e toda pretensão que se levanta contra o conhecimento de Deus e levamos cativo todo pensamento, para torná-lo obediente a Cristo".

"Levar cativo" significa controlar seus pensamentos; ou seja, não permitir que vagueiem livremente, mas submetê-los à verdade da Palavra de Deus.

Deus lhe dá o poder necessário para superar qualquer pensamento destrutivo. Quando perceber que seus pensamentos estão seguindo em uma direção errada, tome a iniciativa e mude o rumo.

# *A fraqueza pode ser uma coisa boa*

Como são felizes os que em ti encontram força [...]

(SALMOS 84.5)

VOCÊ TEM SE sentido cansado o tempo todo? Sente como se estivesse sempre no limite de suas forças?

A explicação para isso é simples: você é humano.

Sua força é limitada, mas a força de Deus é ilimitada. Sua energia se esgota, mas a de Deus é inesgotável. Enquanto você se cansa, ele jamais se exaure ou enfraquece.

Salmos 84.5 nos ensina: "Como são felizes os que em ti encontram força [...]". Se você deseja experimentar a bênção de Deus em sua vida, deve confiar nele para renovar suas forças.

Um exemplo poderoso dessa dependência foi Hudson Taylor[1], um dos cristãos mais conhecidos do século XIX e missionário na China. Mesmo sendo um gigante espiritual, na velhice, sua saúde se deteriorou e o deixou fisicamente frágil. Em uma carta a um amigo, ele confessou: "Estou tão fraco que não consigo escrever; não consigo ler minha Bíblia; não consigo nem orar. Só posso descansar nos braços de Deus como uma criança pequena, e confiar".[2]

Em algum momento da sua vida, você pode se encontrar em uma situação semelhante, fraco demais para trabalhar, orar, ler a Palavra ou participar de um estudo bíblico. O que fazer nessas circunstâncias? É nesses momentos que deve descansar na força do Senhor, entregar-se aos braços dele, como uma criança, e confiar.

A fraqueza pode ser uma bênção se ela o levar a depender mais de Deus. Em 2Coríntios 12.8-10, Paulo escreveu: "Três vezes roguei ao Senhor que o tirasse de mim. Mas ele me disse: 'Minha graça é suficiente a você, pois o meu poder se aperfeiçoa na fraqueza'. Portanto, eu me gloriarei ainda mais alegremente em minhas fraquezas, para que o poder de Cristo repouse em mim. Por isso, por amor de Cristo, regozijo-me nas fraquezas, nos insultos, nas necessidades, nas perseguições, nas angústias. Pois, quando sou fraco, é que sou forte".

Esse é o paradoxo da dependência em Deus: quanto mais fraco você se sente, mais depende dele. E quanto mais depende dele, mais forte você torna.

[1] Hudson Taylor foi um missionário britânico do século XIX, conhecido por fundar a Missão para o Interior da China (China Inland Mission). Ele é amplamente reconhecido por sua abordagem inovadora ao trabalho missionário, que incluía a adoção de vestimentas e costumes chineses para melhor se integrar à cultura local. Taylor desempenhou um papel crucial na expansão do Cristianismo na China, estabelecendo uma rede de missionários que alcançou regiões até então inexploradas pelo cristianismo ocidental. [N.T.]

[2] COWMAN, L. B. **Streams in the Desert.** Grand Rapids: Zondervan, 2006. 10 de maio.

# *Diante da oposição, escolha adorar em vez de se preocupar*

Todavia, mesmo que venham a sofrer porque
praticam a justiça, vocês serão felizes. Não temam aquilo
que eles, não fiquem amedrontados. Antes, santifiquem Cristo
como Senhor em seu coração. Estejam sempre preparados para responder
a qualquer pessoa que pedir a razão da esperança que há em vocês.

(1PEDRO 3.14-15)

O CRISTIANISMO NÃO É para os fracos ou covardes; é preciso coragem para seguir Jesus.

Você já se perguntou o que realmente custa seguir a Cristo? Diferente de muitos crentes ao redor do mundo, você talvez não viva em uma região onde a opressão violenta é uma realidade. No entanto, é provável que enfrente diariamente uma repressão silenciosa, à medida que a sociedade se torna cada vez mais secular e hostil à fé cristã.

Independentemente do lugar onde vive, é natural sentir medo quando confrontado com oposição por causa de sua fé. Mas como superar o medo à oposição? Como vencer o temor da desaprovação ou da rejeição?

Você precisa estar cheio do amor de Deus. A Bíblia ensina: "No amor não há medo; ao contrário o perfeito amor expulsa o medo [...]" (1João 4.18). Quando a oposição se levantar, foque no amor que o Senhor tem por você. Aqueles que encontram descanso na certeza do amor de Deus não temem a rejeição ou a desaprovação.

Em 1Pedro 3.14-15, a Bíblia afirma: "Todavia, mesmo que venham a sofrer porque praticam a justiça, vocês serão felizes. Não temam aquilo que eles, não fiquem amedrontados. Antes, santifiquem Cristo como Senhor em seu coração. Estejam sempre preparados para responder a qualquer pessoa que pedir a razão da esperança que há em vocês".

Quando você se sente pressionado a silenciar sua fé, tem diante de si uma escolha: preocupar-se ou adorar. Em outras palavras, você pode entrar em pânico ou orar; pode se concentrar nos problemas, na pressão e na perseguição, ou pode se concentrar no Senhor.

Quando você é oprimido por conta da sua fé, sente pressão. Mas, em vez de ceder a essa pressão, volte o seu olhar para o alto. Em outras palavras, escolha adorar – pois adorar significa, basicamente, concentrar-se em Deus.

Portanto, na próxima vez que enfrentar oposição, opte por adorar em vez de se preocupar.

# *As Boas-Novas do amor de Deus*

Pois há um só Deus e um só mediador entre Deus
e os homens: o homem Cristo Jesus.

(1Timóteo 2.5)

O Natal é um tempo de Boas-Novas, mas elas não se referem a presentes, uma refeição farta, ou mesmo ao tempo compartilhado com amigos e familiares.

O verdadeiro significado do Natal está nas Boas-Novas do amor de Deus.

A Bíblia nos ensina que, sem Deus, todos estão perdidos. Sem o Senhor, ficamos sem rumo e não conseguimos alcançar o impacto eterno que poderíamos ter. Sem Deus, a alegria vai embora, e a certeza de uma eternidade no céu não é segura.

No entanto, a boa notícia do Natal é que Deus enviou Jesus para buscar e salvar aqueles que estão perdidos. Como está escrito em 1Timóteo 2.5, "Pois há um só Deus e um só mediador entre Deus e os homens: o homem Cristo Jesus".

Se você já frequentou uma igreja, provavelmente ouviu a palavra "salvação" inúmeras vezes. Mas talvez ainda se pergunte o que a Bíblia realmente quer dizer com essa palavra. A salvação pode ser comparada a um diamante – é possível analisá-la sob várias perspectivas. Aqui estão algumas:

- *Jesus veio para resgatá-lo.* É impossível resolver todos os seus problemas sozinho. Mesmo que tente mudar, você não possui o poder necessário para transformar sua vida. Jesus veio para lhe dar esse poder.

- *Jesus veio para recuperar o que foi perdido.* Você anseia por recuperar partes da sua vida que se perderam – seja sua força, confiança, reputação, inocência ou relacionamento com Deus. Contudo, só Jesus pode restaurar essas áreas.

- *Jesus veio para reconectá-lo a Deus.* Muitas pessoas temem que o Senhor as repreenderá se voltarem para ele. No entanto, ele não está irado com você, mas *apaixonado* por você. Jesus veio para restaurar a harmonia entre você e Deus.

Infelizmente, muitas pessoas celebram o Natal sem jamais aceitar o presente gratuito da salvação oferecido por Jesus. Esse presente permanece desembrulhado ano após ano. Não cometa o mesmo erro. Você foi criado por Deus e para Deus. Até que compreenda isso, a vida nunca terá um sentido.

Neste Natal, não deixe de abrir o presente mais importante que já recebeu: um novo relacionamento com o Pai por meio de Jesus.

# *Não se contente em apenas esperar ir para o céu*

E este é o testemunho: Deus nos deu a vida eterna,
e essa vida está em seu Filho. Quem tem o Filho, tem a vida;
quem não tem o Filho de Deus, não tem a vida.

(1João 5.11-12)

Imagine que você vá a um *shopping* hoje e pergunte às pessoas se acreditam que irão para o céu ou para o inferno. Muitas provavelmente responderiam: "*Espero* ir para o céu".

No entanto, esperar não é suficiente. Oro para que essa não seja a sua resposta. O destino eterno é algo sério demais para ser deixado na incerteza.

A realidade é que não temos a garantia de mais um minuto neste mundo, muito menos de mais uma hora. As estatísticas mais recentes nos mostram que as taxas de mortalidade permanecem em 100%. A morte é inevitável, e seria insensato não estar preparado para ela. Portanto, não adie a decisão mais importante da sua vida.

A Bíblia nos ensina em 1João 5.11-12: "E este é o testemunho: Deus nos deu a vida eterna, e essa vida está em seu Filho. Quem tem o Filho, tem a vida; quem não tem o Filho de Deus, não tem a vida".

A mensagem é clara: ter Jesus significa ter vida. Não ter Jesus significa não ter vida. A escolha está em suas mãos.

Você não irá para o céu por causa da fé de outra pessoa, nem para o inferno pelas escolhas de outra pessoa. A decisão é sua. Somente você pode determinar onde passará a eternidade.

Esse é o verdadeiro motivo pelo qual celebramos o Natal e a Páscoa. Se Jesus não tivesse vindo ao mundo, e se não tivesse morrido e ressuscitado, nossa situação seria desesperadora. Nada do que fizéssemos faria diferença. Sem o sacrifício de Cristo, não teríamos essa escolha.

Em Colossenses 2.13-14, a Bíblia declara: "Quando vocês estavam mortos em pecados e na incircuncisão da sua carne, Deus os vivificou com Cristo. Ele nos perdoou todas as transgressões e cancelou a escrita de dívida, que consistia em ordenanças e que nos era contrária. Ele a removeu, pregando-a na cruz".

A cruz é a resposta para o seu pior problema: a separação de Deus. Hoje, escolha se reconciliar com Deus por meio de Jesus e assegure sua eternidade no céu.

# *Abra seu coração todo para Jesus*

Eis que estou à porta e bato. Se alguém ouvir a minha voz e abrir a porta, entrarei e cearei com ele, e ele comigo.

(Apocalipse 3.20)

Já imaginou o que o dono da hospedaria deve ter sentido ao perceber, naquele primeiro Natal, que não tinha oferecido abrigo ao Filho de Deus? Penso que seu testemunho poderia ter sido algo assim:

> "Foi a temporada mais movimentada que já experimentei como dono de uma hospedaria, tudo por conta do censo ordenado por César Augusto. Minha hospedaria ficou lotada por semanas, e essa renda me proporcionou uma segurança financeira para a vida inteira. Então, aquele casal apareceu. Como eu poderia imaginar quem eram? Não se diferenciavam de outras famílias que já havia recusado. Assim, sem pensar duas vezes, disse: 'Desculpe, estamos lotados. Não há vagas disponíveis para vocês'. Na tentativa de ajudar, lhes ofereci o estábulo atrás da hospedaria para passarem a noite. Mas agora sou lembrado como o homem que disse: 'Desculpe, não há lugar'. Fui eu quem relegou o Salvador do mundo ao meio dos animais. Esse se tornou o meu legado: não dei espaço para Jesus. Perdi Jesus porque estava ocupado demais para perceber o que Deus estava fazendo bem diante de mim. Naquele momento, parecia inconveniente que Cristo aparecesse, então, o empurrei para um canto. Agora percebo que sempre há alguma distração, inconveniência ou preocupação que usamos como desculpa para não abrir espaço para Jesus. Se pudesse voltar atrás, teria oferecido toda a hospedaria a ele. Perdi a oportunidade quando ele bateu à minha porta. Mas, para você, ainda há tempo. Ainda dá para refletir sobre a sua vida e pensar se seus 'quartos' estão ocupados com o que realmente importa ou se estão apenas abarrotados. Você ainda tem a chance de reservar um lugar para o mais importante dos convidados".

Quando Jesus bater à sua porta, você pode dar a ele as boas-vindas e a recepção que ele merece. Na verdade, Ele está batendo agora: "[...] Se alguém ouvir a minha voz e abrir a porta, entrarei e cearei com ele, e ele comigo" (Apocalipse 3.20).

Você pode ouvi-lo? Está atento? Abrirá a porta?

# *Três barreiras que o impedem de ouvir a voz de Deus*

Portanto, livrem-se de toda impureza moral e da maldade que prevalece e aceitem humildemente a palavra implantada em vocês, a qual é poderosa para salvá-los.

(TIAGO 1.21)

O QUE A VOZ de Deus e os celulares têm em comum? Ambos requerem que você esteja na posição certa para ouvi-los claramente.

Quando você está em um prédio grande, o sinal do seu celular pode ficar instável. Em uma área deserta, provavelmente não terá serviço nenhum. Para garantir uma conexão clara e confiável, é preciso estar no lugar certo.

O mesmo se aplica ao seu relacionamento com Deus. Se você deseja ouvir a voz do Senhor, deve se posicionar corretamente.

Caso contrário, sua mente se fechará – você se apegará aos seus próprios desejos em vez de buscar a vontade do Pai. Nesse estado, seu coração se endurece e se torna resistente à voz divina.

Aqui estão três barreiras que podem manter seu coração e mente fechados à mensagem de Deus:

- *Orgulho.* Se você acredita que pode lidar com tudo sozinho e que não precisa do Senhor, provavelmente não ouvirá quando ele falar. O orgulho bloqueia sua abertura à possibilidade de que ele tenha algo importante a lhe dizer.
- *Medo.* Muitas pessoas evitam ouvir a Deus por medo. Você pode temer ser visto como fanático religioso por ouvir a voz dele ou obedecer à direção do Espírito Santo. Ou talvez tema as mudanças que precisaria fazer em sua vida se seguisse a orientação divina.
- *Amargura.* Quando você se apega às mágoas, ressentimentos ou rancores, seu coração se endurece, e você se torna incapaz de ouvir a Deus. Um coração endurecido fica frio e defensivo, até mesmo em relação ao amor do Senhor.

Tiago 1.21 nos ensina: "Portanto, livrem-se de toda impureza moral e da maldade que prevalece e aceitem humildemente a palavra implantada em vocês, a qual é poderosa para salvá-los". Chegou a hora de se libertar da amargura, do medo e do orgulho que bloqueiam sua capacidade de ouvir a voz do Senhor e viver o propósito que ele tem para você. Assim, você poderá ouvi-lo com um coração e uma mente abertos, e aceitar com humildade o que ele deseja comunicar.

# *Você precisa querer ouvir a Deus*

E lá procurarão o Senhor, o seu Deus, e o acharão,
se o procurarem de todo o seu coração e de toda a sua alma.
(Deuteronômio 4.29)

Você não conseguirá ouvir a voz de Deus a menos que realmente deseje isso com todo o seu ser.

Deus não revelará o plano dele para sua vida se você estiver apenas interessado em discutir ou debater. Ele não compartilhará a visão dele se você pretende apenas analisá-la sem compromisso. O Senhor não mostrará a você o propósito para o qual foi colocado neste mundo apenas para você dizer: "Pensarei sobre isso". Não. Isso precisa ser uma necessidade em sua vida. Você deve clamar: "Preciso saber por que estou aqui. Preciso entender o que o Senhor deseja que eu faça com a minha vida. Preciso ouvir a tua voz e ter a tua visão".

O rei Davi expressa essa necessidade no livro de Salmos: "Tenho grande alegria em fazer a tua vontade, ó meu Deus [...]" (Salmos 40.8). Em outro salmo, ele declara: "A minha alma consome-se de perene desejo das tuas ordenanças" (Salmos 119.20).

Davi declarou apaixonadamente que o que mais desejava era honrar a Deus. Para ele, ser obediente e seguir ao Senhor não eram opções, mas as únicas coisas que ele desejava fazer. Ele usava expressões como "Anseio por isso", "Desejo isso", "Tenho fome disso" e "Sou como um cervo sedento por água" para ilustrar sua sede pela presença do Altíssimo.

Quando você ficar desesperado assim, finalmente ouvirá a voz de Deus.

Muitas pessoas oram, mas não escutam o Senhor. Para elas, a oração é um monólogo, uma via de mão única. Contudo, um relacionamento não pode ser construído sobre monólogos. Imagine se eu falasse com minha esposa o tempo todo, mas ela nunca me respondesse? Isso não seria um relacionamento de verdade. É necessário que haja diálogo, uma troca mútua de palavras e sentimentos.

Ouvir a Deus é tão importante quanto falar com ele em oração. Mas como isso acontece? O primeiro passo é desejar ouvir a voz dele mais do que qualquer outra coisa.

Deuteronômio 4.29 nos assegura: "E lá procurarão o Senhor, o seu Deus, e o acharão, se o procurarem de todo o seu coração e de toda a sua alma". Esta é uma garantia.

# *Seu tempo está nas mãos de Deus*

Mas eu confio em ti, Senhor, e digo: Tu és o meu Deus.
O meu futuro está nas tuas mãos [...]
(Salmos 31.14-15)

Quando as coisas não acontecem conforme o seu cronograma, é natural sentir a tentação de duvidar e questionar a Deus e o tempo dele. A ansiedade em relação ao futuro pode se intensificar, e o estresse pode aumentar à medida que você percebe que seus planos não estão se concretizando como imaginou.

No entanto, quanto mais você confia em Deus, menos espaço o medo terá em sua vida. Por quê? Porque a fé é o oposto do medo. Quando você permite que a fé preencha sua vida, o medo simplesmente não encontra lugar para se instalar.

Em Marcos 5.36, Jesus nos tranquiliza com as palavras: "[...] Não tenha medo; tão somente creia".

Essa mensagem é tão importante que a frase "não tenha medo" é repetida inúmeras vezes tanto no Antigo quanto no Novo Testamento. Deus deseja que compreendamos que, ao confiarmos no tempo dele, não há necessidade de temer.

Confiar no Senhor se torna a maior fonte de alívio de estresse em sua vida. Quanto mais você deposita sua confiança nele, menos o estresse terá poder sobre você. Uma forma prática de demonstrar essa confiança é por meio da oração. Quando pedir algo a Deus, resista à tentação de impor prazos ou condições para a resposta. Deixe que o tempo dele prevaleça, e mostre a ele que você valoriza a vontade divina acima da sua própria.

Para fortalecer sua fé, faça das palavras de Salmos 31.14-15 sua oração: "Mas eu confio em ti, Senhor, e digo: Tu és o meu Deus. O meu futuro está nas tuas mãos [...]".

Por que não memorizar esses versículos? Ao acordar todas as manhãs, ore o salmo 31: "Confio em ti, Senhor. Tu és o meu Deus. O meu futuro está nas tuas mãos".

Provavelmente, você tem mais tarefas do que tempo disponível para realizá-las hoje. Por isso, peça ao Pai que o ajude a organizar suas prioridades para que possa se concentrar no que realmente importa, sem se preocupar com o restante. Entregue sua agenda a ele, dizendo: "Entrego meu cronograma, calendário e agenda. Meu futuro está em tuas mãos, e por isso, não temerei nada. Confiarei em ti".

É assim que a fé se desenvolve. É assim que ela substitui o medo.

# *Abandone a necessidade de se vingar*

Amados, nunca procurem vingar-se, mas deixem com Deus a ira, pois está escrito: "Minha é a vingança; eu retribuirei", diz o Senhor.

(Romanos 12.19)

**O perdão tem como** essência a renúncia ao desejo de vingança. Em Romanos 12.19, a Bíblia nos ensina: "Amados, nunca procurem vingar-se, mas deixem com Deus a ira, pois está escrito: 'Minha é a vingança; eu retribuirei', diz o Senhor".

Você pode pensar: "Se eu abrir mão do meu direito de me vingar de quem me feriu, isso será injusto". E, de certa forma, você está certo, é realmente injusto. Mas quem disse que o perdão deveria ser justo? Foi justo Jesus perdoar nossos erros e nos libertar? Não. Contudo, não queremos que o Senhor seja *justo* conosco; desejamos que ele seja *misericordioso*. Afinal, todos nós tendemos a querer justiça feita sobre os outros, mas perdão para nós mesmos.

Sabemos que a vida não é justa, e o perdão também não é. Isso é o que chamamos de graça, e foi dessa maneira que Deus a demonstrou a nós. Um dia, ele terá a última palavra, corrigirá as injustiças e acertará as contas. Portanto, deixe a parte da justiça nas mãos dele. Sua tarefa é se concentrar no perdão, para que possa encontrar paz em seu coração e seguir em frente com sua vida.

Caso contrário, você correrá o risco de cair na armadilha da amargura. Ressentimento e amargura são emoções que não trazem benefício nenhum. Os médicos afirmam que essas são as emoções mais prejudiciais à saúde, pois a corroem como um câncer. Guardar rancor contra aqueles que o feriram não mudará o passado e, certamente, não mudará o futuro. O máximo que acontecerá é que o seu presente será arruinado.

Ao se apegar ao ressentimento, você permite que as pessoas do passado continuem a feri-lo no presente. E isso não é sábio. As pessoas do seu passado ficaram no passado; elas só continuarão a machucá-lo se você escolher continuar sentindo a dor. Em vez disso, liberte-se da necessidade de vingança ou justiça. Deixe essa responsabilidade para Deus.

Hebreus 12.15 nos adverte: "Cuidem que ninguém se exclua da graça de Deus; que nenhuma raiz de amargura brote e cause perturbação, contaminando muitos".

# *Confrontando pelas motivações certas*

Por que você repara no cisco que está no olho do seu irmão
e não se dá conta da viga que está em seu próprio olho?
[...] tire primeiro a viga do seu olho, e então você verá claramente
para tirar o cisco do olho do seu irmão.

(Mateus 7.3, 5)

Aprender a amar como Jesus é um processo, que começa com gestos simples e fáceis de amor. E, conforme você amadurece, torna-se capaz de enfrentar situações mais complexas com o mesmo amor. Com o tempo, você aprenderá a lidar com as questões relacionais que mais o assustam – e aprenderá a fazê-lo com amor.

Um desses desafios complexos e assustadores é aprender a confrontar alguém sobre questões que estão dificultando o relacionamento. Esse tipo de confronto pode parecer intimidante para quase todos, mas há algo que você pode fazer desde o início que fará toda a diferença: verificar sua motivação.

Verificar sua motivação permite determinar se você está confrontando a pessoa pelos motivos corretos. E qual seria o motivo certo? É quando o confronto é feito para o benefício da outra pessoa, e não para satisfazer uma necessidade sua. O motivo errado, por outro lado, é quando você sente a necessidade de desabafar ou descarregar emoções, em vez de agir em amor.

Tendemos a criticar outras pessoas pelas fraquezas que mais odiamos em nós mesmos. Se você luta contra o orgulho, por exemplo, consegue identificar o ego em um segundo. Da mesma forma, se você é propenso à preguiça, notará rapidamente essa característica em outras pessoas. Em outras palavras, aquilo que mais nos incomoda em nós mesmos também nos irrita nos outros.

É por isso que Jesus nos ensina: "Por que você repara no cisco que está no olho do seu irmão e não se dá conta da viga que está em seu próprio olho? [...] tire primeiro a viga do seu olho, e então você verá claramente para tirar o cisco do olho do seu irmão" (Mateus 7.3, 5).

Embora a perfeição não seja um pré-requisito para falar a verdade em amor, é essencial que você não esteja cometendo o mesmo erro que pretende criticar. Antes de confrontar alguém, em especial com o objetivo de ajudar, assegure-se de que você não seja culpado do mesmo pecado.

Portanto, confronte alguém com a motivação correta. E qual é a motivação correta? Ajudar, não machucar. Lembre-se de sempre fazer tudo em amor.

# *Ofereça seu tempo como presente*

Filhinhos, não nos limitemos a dizer que amamos uns
aos outros; demonstremos a verdade por meio de nossas ações.
(1João 3.18)

Você já terminou suas compras de Natal?

Talvez seus amigos e familiares tenham lhe entregado listas de desejos repletas de itens que gostariam de ganhar, como o modelo mais recente de celular, um brinquedo especial ou ingressos para um grande evento.

No entanto, o que as pessoas realmente desejam não pode ser embalado em um presente. Mais do que objetos, o que mais anseiam é o seu tempo.

O tempo é o bem mais precioso que você possui, pois representa a sua própria vida. Cada um de nós tem uma quantidade limitada de tempo, determinada por Deus, e não podemos ter mais do que já temos.

Quando você dedica seu tempo a alguém, está oferecendo uma parte da sua vida que jamais poderá ser recuperada. Por isso, o tempo é um presente de valor inestimável.

Os relacionamentos deveriam sempre estar no topo das nossas prioridades, mas muitos sofrem por falta de tempo. Mesmo pessoas que vivem na mesma casa muitas vezes se cruzam à noite e trocam só um beijo apressado. Quando o tempo juntos diminui, os relacionamentos começam a morrer.

Muitas coisas podem roubar o tempo necessário para que um relacionamento floresça: o trabalho, as atividades diárias, os *hobbies* e, até mesmo, um envolvimento excessivo em um ministério.

Se você está se perguntando como pode dedicar mais tempo às pessoas que ama, a solução é mais simples do que parece: comece desligando a TV e colocando o celular de lado. Esses pequenos ajustes podem ajudar a dar prioridade ao tempo compartilhado com os outros.

Deus lhe deu uma quantidade específica de tempo neste mundo, mas também tempo o suficiente para que possa fazer o que realmente importa. Cabe a você decidir quais são essas coisas e reservar tempo para elas.

O Natal é uma das épocas mais agitadas do ano, e o tempo pode parecer escasso. No entanto, o que realmente importa é priorizar o que é mais importante – como as pessoas – no topo da sua lista.

Enquanto faz suas compras de Natal e participa das atividades da temporada, lembre-se do que realmente importa. Ofereça o presente mais valioso de todos: o seu tempo.

# *Neste Natal, receba o melhor presente já dado*

Ao aceitar, pela fé, o que Deus sempre
desejou para nós – consertar nossa situação com ele,
tornar-nos prontos para ele –, alcançamos tudo isso
com Deus por causa do nosso Senhor Jesus.

(Romanos 5.1, AM)

Imagine que você me desse um presente de Natal e eu nunca o abrisse. Certamente, você se sentiria desapontado. Além disso, o presente perderia completamente o seu propósito, pois eu não poderia desfrutar dos benefícios de algo que nunca abri.

Deus nos deu o maior presente de Natal: Jesus. No entanto, muitos de nós, ano após ano, passamos pelo Natal sem desembrulhar esse presente – o presente da salvação que ele nos oferece. Celebrar o Natal sem abrir o maior presente de todos parece sem sentido. Afinal, por que não desembrulhar o presente que oferece perdão pelo passado, um propósito para viver e a promessa de um lar eterno no céu?

O Senhor preparou um caminho para que você estivesse em comunhão com ele, e tudo o que precisa fazer é aceitar o presente da salvação. A Bíblia nos ensina: "Ao aceitar, pela fé, o que Deus sempre desejou para nós – consertar nossa situação com ele, tornar-nos prontos para ele –, alcançamos tudo isso com Deus por causa do nosso Senhor Jesus" (Romanos 5.1, AM).

Anos atrás, fiz uma oração simples quando dei o passo de fé e aceitei a Jesus em minha vida. Se essas palavras refletem o desejo do seu coração, você também pode orá-las agora mesmo. Ao fazer isso, este Natal se tornará o melhor de todos para você.

> "Querido Deus, embora não compreenda tudo, agradeço por seu amor por mim. Obrigado por estar ao meu lado. Obrigado porque tu não enviaste Jesus para me condenar, mas para me salvar. Hoje, recebo o presente de Natal do teu Filho. Reconheço que pequei e peço que me perdoe. Por favor, salva-me do meu passado, arrependimentos, erros, pecados, hábitos, dores e vícios. Salva-me de mim mesmo. Comprometo-me a seguir-te pelo resto da minha vida e peço a graça, a força e a sabedoria necessárias para ser obediente e fiel a ti. Obrigado porque agora tenho paz contigo e paz em meu coração. Ajuda-me a compartilhar com todos que conheço sobre a paz que também podem encontrar em ti. Em nome de Jesus, amém".

# *O Natal continua trazendo Boas-Novas*

[...] Estou trazendo boas-novas de grande alegria para vocês, que são para todo o povo.

(LUCAS 2.10, AM)

INDEPENDENTEMENTE DO QUE esteja acontecendo no mundo ou em sua vida, você ainda pode encontrar alegria neste Natal. As Boas-Novas de grande alegria, proclamadas pelo anjo há mais de dois mil anos, continuam sendo uma fonte de alegria eterna e verdadeira.

O anjo disse: "[...] Estou trazendo boas-novas de grande alegria para vocês, que são para todo o povo: Hoje, na cidade de Davi, nasceu o Salvador, que é Cristo, o Senhor. Isto servirá de sinal para vocês: encontrarão o bebê envolto em panos e deitado numa manjedoura" (Lucas 2.10-12).

Neste Natal, você pode se alegrar por três motivos:

*Primeiro, Deus ama você.* Ele enviou Jesus em uma missão de amor. A Bíblia nos ensina que ele é amor. O Senhor criou todo o Universo para que pudesse criar a humanidade, e criou a humanidade para poder criar *você*, simplesmente porque ele *o* ama.

O amor de Deus não depende de suas ações. Ele o ama por quem ele é, não pelo que você faz. Como a Bíblia diz: "Glória a Deus nas alturas, e paz na terra aos homens aos quais ele concede o seu favor" (Lucas 2.14).

*Segundo, Deus está com você.* A Bíblia nos revela que Jesus é Emanuel (cf. Mateus 1.23), o que significa "Deus conosco". Ele realmente esteve conosco quando veio ao mundo, e continua ao nosso lado hoje. Mesmo que você não sinta a presença dele, isso não o torna menos real. Ainda que outros o tenham abandonado, Deus nunca o deixará.

Saber que o Senhor está ao seu lado traz paz, porque você não precisa se preocupar ou se angustiar sobre o futuro. Deus está no controle de tudo, não suas circunstâncias. Quando ele está perto, não há razão para temer.

*Terceiro, Deus é por você.* Ele está ao seu lado e deseja o seu sucesso. Jesus mesmo disse: "Pois Deus enviou o seu Filho ao mundo, não para condenar o mundo, mas para que este fosse salvo por meio dele" (João 3.17). Muitas pessoas temem a Deus por causa da culpa, mas Cristo não veio para condenar o mundo; ele veio para salvá-lo.

Essas são, de fato, boas-novas. E é por isso que este Natal é um momento tão especial para celebrar.

# *Como encontrar a ajuda de que precisa hoje*

Quando você atravessar as águas, eu estarei com você;
quando você atravessar os rios, eles não o encobrirão.
Quando você andar através do fogo, não se queimará; as chamas
não o deixarão em brasas. Pois eu sou o Senhor, o seu Deus [...]

(Isaías 43.2-3)

Quando você decidiu seguir a Cristo, esperava que a vida se fosse perfeita?

Se sim, provavelmente logo percebeu que, mesmo como cristãos, enfrentamos todo tipo de provação – em nossos relacionamentos, finanças, saúde física ou mental. Algumas pessoas esperam que a vida aqui seja um pedaço do céu na terra. No entanto, precisamos lembrar que este mundo não é o céu.

Na realidade, a vontade de Deus é raramente feita na terra. Vivemos em um planeta marcado por imperfeições: o clima é imprevisível, a economia é instável, nossos corpos e relacionamentos nem sempre funcionam como gostaríamos. Por conta do pecado, coisas ruins acontecem.

Mesmo assim, podemos confiar nas promessas do Senhor para nos sustentar: "Quando você atravessar as águas, eu estarei com você; quando você atravessar os rios, eles não o encobrirão. Quando você andar através do fogo, não se queimará; as chamas não o deixarão em brasas. Pois eu sou o Senhor, o seu Deus [...]" (Isaías 43.2-3).

Ao atravessar águas profundas e rios de dificuldade, Deus não promete que você não se molhará; mas ele *garante* que não se afogará. Quando passar pelo fogo, sentirá o calor, mas o Senhor promete que as chamas não o queimarão. Em outras palavras, você superará essas situações.

Em Filipenses 4.13, lemos: "Tudo posso naquele que me fortalece".

Isso não significa que você pode fazer tudo por conta de quem você é, mas sim que pode enfrentar qualquer desafio que a vida lhe trouxer, porque você o faz com a força de Cristo.

Talvez, neste momento, você não se sinta forte. Porém, a força de que precisa virá no momento certo. A Palavra nos ensina a orar pedindo a Deus o nosso pão *diário*, não semanal ou mensal. Isso significa pedir a força necessária para enfrentar os desafios de hoje.

Deus o sustentará em meio aos problemas. Ele sempre dá a força necessária para o dia.

# *Como examinar sua vida*

Cada um examine os próprios atos, e então poderá orgulhar-se de si mesmo, sem se comparar com ninguém.

(GÁLATAS 6.4)

**DEUS O CRIOU** de forma única e com um propósito, mas é natural que, em certos momentos, você se sinta sem direção. Talvez, ao pensar no futuro, você se veja mais confuso do que esperançoso.

Se esse é o seu caso, pode ser que tenha se esquecido de um importante conselho bíblico encontrado em Gálatas 6.4: "Cada um examine os próprios atos, e então poderá orgulhar-se de si mesmo, sem se comparar com ninguém".

Este versículo nos oferece uma orientação em duas partes. Primeiro, você deve examinar seu próprio trabalho – olhe para o seu passado e extraia lições dele. Em seguida, evite se comparar com os outros. É fácil se distrair observando o que Deus tem feito na vida de outras pessoas, mas o foco deve estar no que ele tem feito em você e por meio de você. A comparação pode levá-lo ao desânimo ou ao orgulho, e ambas as emoções roubam sua alegria.

Deus tem um jeito melhor para você descobrir quais são os próximos passos planejados para você. Ele deseja que você examine seu passado, não para revivê-lo, mas para usá-lo como um trampolim para o futuro. Sim, o Senhor não quer que você desperdice as experiências passadas, *ele quer aproveitá-las.*

Porém, pode ser difícil saber como revisitar o passado de forma eficaz. Para facilitar, aqui vai um exercício simples: pegue uma folha de papel e divida-a em segmentos que representem diferentes períodos da sua vida (períodos de cinco anos ou décadas funcionam bem).

Agora, faça uma análise do seu próprio trabalho criando um inventário de vida e respondendo a duas perguntas para cada período: *no que você era bom? O que gostava de fazer?*

Depois de completar essa análise, procure padrões. Se você era bom em algo na juventude, há grandes chances de que ainda seja. Talvez exista algo de que gostava alguns anos atrás e que tenha esquecido. Após identificar esses padrões, pergunte a Deus como ele deseja que utilize essas informações – seja para celebrar vitórias ou para discernir trabalhos futuros que ele possa ter para você.

Evite a armadilha da comparação. Em vez disso, faça uma análise honesta do seu passado e, com isso, avance com confiança rumo ao seu futuro.

# *Você nunca poderá superar a generosidade de Deus*

Deem e será dado a vocês: uma boa medida,
calcada, sacudida e transbordante será dada a vocês.
Pois a medida que usarem também será
usada para medir vocês.

(LUCAS 6.38)

QUANDO VOCÊ OFERTA com um coração motivado pelo amor a Jesus, seu propósito não é receber algo em troca. No entanto, a realidade é que Deus sempre o *abençoará*.

Às vezes, parece que Deus nos desafia a uma espécie de "competição" de generosidade. Ele parece dizer: "Vejamos quem pode ser mais generoso. Você dá algo para mim e para os outros, e darei algo para você – veremos quem vence". Claro, Deus sempre vence. A Palavra nos ensina repetidas vezes que, ao desenvolvermos um espírito generoso, acabaremos recebendo ainda mais. Essas bênçãos podem ser materiais, mas, muitas vezes, são as bênçãos espirituais que provêm de um coração generoso.

Jesus explicou isso de forma clara: "Deem e será dado a vocês: uma boa medida, calcada, sacudida e transbordante será dada a vocês. Pois a medida que usarem também será usada para medir vocês" (Lucas 6.38).

Para ilustrar, imagine que você vai a um mercado para comprar grãos. Você leva um saco de estopa e paga para que ele seja cheio. Enquanto o vendedor despeja os grãos, você os pressiona no saco e o agita suavemente para que se acomodem e caibam mais. Seu objetivo é maximizar a quantidade de grãos no saco.

Jesus está dizendo que as bênçãos de Deus funcionam da mesma forma. Quando você é generoso, ele retribui tão generosamente que você terá que abrir espaço para receber ainda mais. Deus abençoa em medida completa – e além – quando você aprende a ser generoso como ele. A maneira como você oferta na vida dos outros reflete a maneira como Deus dará a você. Ele deseja que você seja generoso porque quer que se torne mais parecido com ele. Não há como se tornar mais semelhante a Cristo sem aprender a dar generosamente.

Essa é uma das decisões mais importantes que você tomará. Sua vida será definida por compartilhar as bênçãos que Deus lhe concedeu? Será marcada por uma alegria em abraçar as promessas do Senhor enquanto renuncia às coisas deste mundo? Lembre-se: a medida que você usar para dar algo a alguém determinará a medida que receberá de volta. A quantidade de bênçãos que o Senhor derramará sobre sua vida depende de como você decide abençoar os outros.

# *Este não é o fim da história*

De todos os lados somos pressionados, mas não desanimados; ficamos perplexos, mas não desesperados; somos perseguidos, mas não abandonados; abatidos, mas não destruídos [...] sabemos que aquele que ressuscitou o Senhor Jesus dentre os mortos, também nos ressuscitará com Jesus e nos apresentará com vocês.

(2Coríntios 4.8-9, 14)

Quando o futuro é incerto e o medo toma conta do seu coração, pode parecer que sua história está chegando ao fim.

No entanto, a Bíblia nos conforta com a seguinte verdade: "De todos os lados somos pressionados, mas não desanimados; ficamos perplexos, mas não desesperados; somos perseguidos, mas não abandonados; abatidos, mas não destruídos [...] sabemos que aquele que ressuscitou o Senhor Jesus dentre os mortos, também nos ressuscitará com Jesus e nos apresentará com vocês" (2Coríntios 4.8-9, 14).

Portanto, quando a vida parecer incerta, lembre-se: você não pode perder. No final, você sairá vitorioso, independentemente das circunstâncias. Mesmo que sua vida terrena chegue ao fim, você será levado diretamente à presença do Senhor, se crer em Jesus como seu Salvador.

E, na verdade, quando você chegar no Céu, sua história estará apenas começando.

Já imaginou assistir a uma série dramática em que cada episódio termina em um suspense, que o deixa em dúvida sobre a sobrevivência do herói? A tensão pode ser esmagadora.

Contudo, quando todas as temporadas já foram lançadas, a tensão diminui, porque você sabe que o herói sobreviveu por seis temporadas. Cada episódio não é o fim da história; o herói sempre encontra uma maneira de superar as dificuldades e avançar para a próxima temporada.

É assim que sua vida é. Mesmo nos momentos mais difíceis, você pode ter a certeza de que essa situação não é o capítulo final da sua história. A esperança se torna possível no meio de uma crise quando você adota uma perspectiva eterna.

Um dia, quando você encontrar Jesus no céu, toda dor, doença, tristeza, estresse e luto desaparecerão. Veja o que o futuro no céu reserva para você: "Ele enxugará dos seus olhos toda lágrima. Não haverá mais morte, nem tristeza, nem choro, nem dor, pois a antiga ordem já passou" (Apocalipse 21.4).

Portanto, esta vida não é o fim da história. Embora não saibamos o que o futuro nos reserva, temos plena confiança em quem o controla.

# *Como louvar a Deus quando você está preso*

Por volta da meia-noite, Paulo e Silas estavam orando e cantando hinos a Deus; os outros presos os ouviam. De repente, houve um terremoto tão violento que os alicerces da prisão foram abalados. Imediatamente todas as portas se abriram, e as correntes de todos se soltaram.

(Atos 16.25-26)

**Você já chegou** ao final de um ano, vendo todos ao seu redor animados com as novidades que o próximo ano promete, mas sentindo que, para você, nada realmente mudou? Se já passou por isso, então sabe como é sentir-se estancado.

Se atualmente você se sente preso por algum medo, vício ou situação fora do seu controle, saiba que nunca houve um momento mais oportuno para agradecer a Deus e louvá-lo. O louvor não apenas quebra as correntes que o prendem, mas também abre portas para novas oportunidades – portas que você jamais conseguiria abrir por conta própria.

Em Atos 16, Paulo e Silas foram presos porque as autoridades locais não gostavam que os dois pregassem sobre Jesus. No entanto, à meia-noite, em vez de se desesperarem, decidiram louvar e adorar ao Senhor. Eles não esperaram pela libertação para começar a louvar; fizeram isso enquanto ainda estavam acorrentados. A Bíblia nos conta: “Por volta da meia-noite, Paulo e Silas estavam orando e cantando hinos a Deus; os outros presos os ouviam. De repente, houve um terremoto tão violento que os alicerces da prisão foram abalados. Imediatamente todas as portas se abriram, e as correntes de todos se soltaram” (Atos 16.25-26).

Que milagre extraordinário. E ele nos serve como uma poderosa metáfora do que Deus pode fazer em sua vida quando você o louva, mesmo em meio às dificuldades. Ele é capaz de romper as correntes que o prendem, transformar sua maneira de pensar e revelar como ele continua a operar para o seu bem.

Observe também que os outros prisioneiros ouviram Paulo e Silas louvando ao Senhor. O seu louvor sempre será um testemunho para aqueles que ainda não creem. Muitas vezes, acreditamos que as pessoas se impressionam com nossa prosperidade, mas o que realmente as impacta é como passamos pelas adversidades. Não é o sucesso que leva as pessoas a querer conhecer Cristo, mas a maneira como lidamos com nossos problemas.

Portanto, independentemente do que você esteja enfrentando, tome a decisão de louvar a Deus. Conforme você desenvolver o hábito do louvor, perceberá como o Altíssimo começará a transformar sua vida – a começar pela maneira como pensa.

# *Apoiando-se nas promessas de Deus*

O Senhor, o Deus dos céus, que me tirou da casa de meu pai e de minha terra natal e que me prometeu sob juramento que à minha descendência daria esta terra, enviará o seu anjo adiante de você para que de lá traga uma mulher para meu filho.

(Gênesis 24.7)

No início de cada ano, muitas pessoas definem metas para si mesmas. Elas se comprometem a perder peso, a passar mais tempo com os filhos, a ler mais, a alcançar um objetivo específico no trabalho ou a completar outra meta, seja ela nobre ou não.

Entretanto, nem todas as metas possuem um propósito espiritual. Metas piedosas são baseadas nas promessas do Senhor encontradas em sua Palavra. São elas que nos fornecem coragem e fé para perseverar, em especial quando a tendência natural é sucumbir ao medo ou à preocupação.

Em Gênesis 24, Abraão deu ao seu servo Eliezer uma tarefa bastante difícil: encontrar uma esposa para seu filho Isaque. Inicialmente, Eliezer deixou que o medo o dominasse e, portanto, perguntou a Abraão: "E se eu encontrar uma esposa para Isaque, mas ela não quiser vir comigo?".

Abraão, então, lembrou Eliezer da promessa de Deus: "O Senhor, o Deus dos céus, que me tirou da casa de meu pai e de minha terra natal e que me prometeu sob juramento que à minha descendência daria esta terra, enviará o seu anjo adiante de você para que de lá traga uma mulher para meu filho" (Gênesis 24.7). Depois que Abraão lembrou Eliezer da promessa do Senhor, o medo dele desapareceu. E o mesmo acontece conosco: é natural sentir receio ao nos comprometermos com grandes metas. Ninguém deseja falhar.

A Bíblia nos exorta a não confiarmos em nossa própria força para alcançar nossos objetivos. Na verdade, se conseguimos alcançar nossas metas apenas com nosso próprio esforço, talvez não estejamos buscando metas que sejam, de fato, piedosas. As Escrituras Sagradas nos asseguram inúmeras vezes que Deus nos concede a sua força. Em Isaías 40.31, está escrito: "Mas aqueles que esperam no Senhor renovam as suas forças. Voam alto como águias; correm e não ficam exaustos, andam e não se cansam".

Em toda a Bíblia, Deus nos assegura que estará ao nosso lado enquanto estabelecemos metas para melhorar nossa saúde, nos tornarmos pais mais presentes, quitarmos nossas dívidas e aumentarmos nossa vida de oração ao longo do próximo ano. No entanto, se não conhecermos essas promessas e as reivindicarmos, acabaremos nos preocupando desnecessariamente com a realização dessas metas.

A verdade é que você não precisa ter uma fé imensa para alcançar grandes objetivos. Tudo o que você precisa é de um pouco de fé – em um Deus grandioso. O Senhor a quem você serve é o Criador do Universo, capaz de fazer qualquer coisa.

Você está pronto para confiar em Deus para realizar o impossível? Então, ore hoje: "Deus, acredito que estás realizando grandes coisas no mundo e desejo que me uses para fazer grandes coisas pelo teu Reino. Ajuda-me a ser fiel ao estudar a tua Palavra, para que possa conhecer as tuas promessas e definir meus planos, metas e sonhos com base na verdade. Dá-me a tua sabedoria para discernir o caminho certo e a coragem para segui-lo, mesmo quando estiver com medo. Enquanto busco reconhecer todas as maneiras pelas quais tu estás agindo, ajuda-me a lembrar que o maior serviço que posso prestar é amar e servir aos outros em teu nome. Oro por uma fé ousada neste novo ano, enquanto confio em teu plano, teu propósito para mim e teu amor. Em nome de Jesus, amém".

# *Agradecimento*

Gostaria de expressar minha sincera gratidão a Jon Walker, um membro valioso da minha equipe editorial por mais de duas décadas. Seu compromisso e colaboração têm sido essenciais para o desenvolvimento de centenas de recursos e a criação de ferramentas de crescimento espiritual que Deus tem usado para impactar e transformar milhões de vidas ao redor do mundo.

# *Sobre o autor*

**Rick Warren foi** apontado pela revista Time como o líder espiritual mais influente dos Estados Unidos e uma das 100 pessoas mais influentes do mundo. Suas obras, que incluem dezenas de milhões de cópias publicadas em 200 idiomas, têm impactado leitores ao redor do mundo. Seus livros mais conhecidos, *Uma Vida com Propósitos* e *Uma Igreja com Propósitos*, foram citados de maneira consistente em pesquisas nacionais de pastores (realizadas pela Gallup, Barna e Lifeway) como os dois livros mais úteis em circulação.

Juntamente com sua esposa, Kay, Rick Warren fundou a Igreja Saddleback, a Rede com Propósitos, o Plano PEACE e o projeto Esperança para a Saúde Mental. Ele também é cofundador do programa Celebrate Recovery, que tem ajudado inúmeras pessoas em sua jornada de recuperação. Warren já discursou em 165 países, inclusive em importantes fóruns globais como as Nações Unidas, o Congresso dos Estados Unidos, diversos parlamentos, o Fórum Econômico Mundial, TED e o Instituto Aspen, além de ter palestrado em prestigiadas universidades como Oxford, Cambridge e Harvard.

Ele é diretor executivo da coalizão Finishing the Task, um movimento global composto por denominações, organizações, igrejas e indivíduos que se unem com o objetivo de cumprir a Grande Comissão. Este esforço visa garantir que todos, em qualquer lugar, tenham acesso a uma Bíblia, a um cristão, a uma comunidade cristã local e a orações.

# Sobre o autor

## *Aprenda, ame e viva a Palavra!*

Para ajudá-lo(a) a avançar em direção a tudo o que Deus tem reservado para você, criei o *Daily Hope* – um devocional e podcast GRATUITO, enviado diretamente para o seu e-mail todos os dias. Este recurso oferece ensinamentos bíblicos que chegam à sua caixa de entrada, com o objetivo de inspirá-lo(a) a estudar a Palavra do Senhor e a aprofundar seu relacionamento com ele. Ouvir o *Daily Hope* será uma fonte de encorajamento, essencial para que você viva a vida para a qual foi criado(a).

*Pastor Rick*

# *Referências bíblicas*

Exceto em caso de indicação contrária, todas as citações bíblicas foram extraídas da Nova Versão Internacional © 2018 por Editora Vida.

As citações bíblicas marcadas com a sigla NVT são extraídas da Nova Versão Transformadora © 2016 por Editora Mundo Cristão.

As citações bíblicas marcadas com a sigla AM são extraídas da A Mensagem: Bíblia em Linguagem Contemporânea © 2014 por Editora Vida.

As citações bíblicas marcadas com a sigla NAA são extraídas da Nova Almeida Atualizada © 2017 por Sociedade Bíblica do Brasil.

As citações bíblicas marcadas com a sigla NTLH são extraídas da Nova Tradução na Linguagem de Hoje © 2000 por Sociedade Bíblica do Brasil.

As citações bíblicas marcadas com a sigla A21 são extraídas da Bíblia Almeida Século 21 © 2008 por Edições Vida Nova.

As citações bíblicas marcadas com a sigla ARA são extraídas da Almeida Revista e Atualizada © 1993 por Sociedade Bíblica do Brasil.

As citações bíblicas marcadas com a sigla ARC são extraídas da Almeida Revista e Corrigida © 2009 por Sociedade Bíblica do Brasil.

As citações bíblicas marcadas com a sigla NBV-P são extraídas da Nova Bíblia Viva Português © 2007 por Biblica, Inc.®

Esta obra foi composta em *Richmond*
e impressa por Eskenazi sobre papel
Polem Bold 70 g/m² para Editora Vida.